中国诗人易学与诗学

李瑞卿　著

中国社会科学出版社

图书在版编目(CIP)数据

中国诗人易学与诗学/李瑞卿著. —北京：中国社会科学出版社，2022. 12

ISBN 978 - 7 - 5227 - 0962 - 8

Ⅰ. ①中… Ⅱ. ①李… Ⅲ. ①诗人—《周易》—哲学思想—研究—中国—古代②诗学—研究—中国—古代 Ⅳ. ①B221. 5②I207. 2

中国版本图书馆 CIP 数据核字(2022)第 195493 号

出 版 人 赵剑英
责任编辑 郭晓鸿
特约编辑 杜若佳
责任校对 师敏革
责任印制 戴 宽

出 版 中国社会科学出版社
社 址 北京鼓楼西大街甲 158 号
邮 编 100720
网 址 http://www. csspw. cn
发 行 部 010 - 84083685
门 市 部 010 - 84029450
经 销 新华书店及其他书店

印 刷 北京明恒达印务有限公司
装 订 廊坊市广阳区广增装订厂
版 次 2022 年 12 月第 1 版
印 次 2022 年 12 月第 1 次印刷

开 本 710 × 1000 1/16
印 张 26. 25
插 页 2
字 数 369 千字
定 价 139. 00 元

目　　录

绪　论

诗歌创作和诗学思考是无法割裂于人的生命存在、道德生活，以及心灵的自由希求的。中国诗人的创作和思索更是在很长时期内自觉地滋生于其系统的自然观、本体论、心物论中，并同时成就着自我的道德人生与审美境界。诗歌可以成为逍遥我心、各任其性的媒介，但它往往是道的印迹或德之辉光；诗歌也可以成为宗教或强权理性的破坏力量，但它如欲承担大任，就不能彻底叛悖于道的逻辑，尽管诗歌与道之关系错综复杂。

在儒家看来，志于道和游于艺原本就统一于天人合一的生命过程①，无论是道德的践行，还是形诸歌咏的审美愉悦都是人的生命形态本身。如果要证明这一存在方式的合理性，在易学中会找到谨严可信的逻辑，从阴阳变化、天命流行的角度来看，天与人、道与艺，即是一而二、二而一的氤氲化生——于生生不息中，成性存存。这得益于易道深邃广大的建构能力，它给世界以化生模式、阐释空间，给人以行为规则，给诗歌、艺术以既有法度又不乏自由的理路与逻辑。毫无疑问，在易道视野下的哲学与诗学的共生关系与存在于西哲那里诗歌与哲学的紧张关系，形成了鲜明的对照。“共生”与“紧张”，这是两种文化方式，孰优孰劣当然不能简单评判，因为它们各有具体的

---

① 此处的“游于艺”的“艺”，根据黄克剑考证，当指《诗》《书》《礼》《乐》《易》《春秋》。参考黄克剑《〈论语·述而〉“游于艺”义趣辨正》，《哲学动态》2012 年第 8 期。

语境和社会形势。我们之所以致力于易道与诗关系的探讨是源于这种共生关系在中国诗学史上占据要津，影响深远。比如刘勰推原文道，四杰主张文儒合一，韩、柳期望文以载道，宋儒力求文道合一，以及明清人的文学复古也源于他们对儒道的重新思考，等等。历史上每一次大的文化复兴活动，都是由儒道与诗携手完成，而儒道之内涵常借易学思维的深入而更新。再者，易道与诗的共生模式中包蕴着对诗之本体与方法论、价值观的缜密思考，易学的本体论、圣人论、心物关系模式直接地影响着诗学理论的内在肌理，同时，诗学的思考也反馈到哲学领域中。更重要的是，中国易学与诗学的理论资源将有益于当代的哲学与诗学的思考。

一　易道与诗

生而为人，立于天地之间，不假外力而返本归元，直到无思而澄明时，唯有“道”这一概念是对那境界的恰当描述。道既是道路，也是无迹；道既是本源，也是归宿；道既是宇宙自然，也是人之本心，致道的境界即是天人合一。道的归宿和来源是一，道就是一，也是这“一”使天人合一。道对于古代哲学家来说无疑是神奇的理想，这道又不是神秘论的，也不是停留于个人主观体验的，它是一种形而上的实在①。《周易》中的道——可称为易道，同样是一种理想实在。当下关于易道的解释很多，被解释为“大化流行”“基

① 西方哲学史上存在过各种各样的实在论，江怡在《分析哲学教程》（北京大学出版社2009年版）有详细的介绍，他说：“（这些实在论）都是以追求世界本源或认识来源作为其理论出发点”，“20世纪在西方哲学中出现的各种实在论虽然形式各异，内容庞杂，但代表着哲学上的一种基本倾向，即承认认识对象不依赖我们的认识而存在。”“现代实在论思想带有明显的语言分析哲学特征。它们不像素朴的实在论那样讨论语言之外的世界是否独立于我们对它的思考而存在，而是讨论我们的语言是否以及如何描述语言之外的事态，我们语言的意义以及真理是否依赖于语言之外的事实”。《周易》承认一个形而上的实在的存在，从语言哲学的角度来看，卦象和系辞（也即爻象辞）形成的语言符号系统是以深赜之理为呈现对象的。尽管在实际的应用中，卦象和系辞发挥阐释功能，但总是以求真归一为目的。

本规律”等[①]。“大化流行”依然是一个形而上的概念，但它的意思是道在现实界的展开，这就是说，易道具有形而上性质，但又指在现实界的展开。成中英“易道本体论”兼综易道本源与现实形式立论，思维恢宏缜密，深得其妙，他说：“易意义的本体宇宙是以纯粹的创造性为本体，即是以之为创发之本与创发之体、创发出多姿多彩的品物流行的生命宇宙。人生于其中，故必须以此宇宙的本体为人的生命的本体，方能创造出真善美的人文价值。”[②] 这纯粹的创造性是自然生生不息并和谐有序的根源，成中英先生将其具体化为“和”，认为“和”是变易的目标，也是变易之所以变易的内在动力。可以说，“和”是生生不息的生命秩序和理性。那么，这一理性根源的根源又在何处或又是如何呢？成中英先生以生生源发义（彰显不易性）、变异多元义（彰显变异性）、秩序自然义（彰显简易性）、交易互补义（彰显交易性）、和谐相成义（彰显和易性）等五项含义来阐释易道，并将“生生源发义”为第一义[③]，也就是说，生生不已的恒常之理创发为世界，并赋予价值。但若细致考量，“生生不已”并不必然产生价值。虽然成先生也强调易的简易性和秩序性，认为易道变化出的宇宙万象有其条理结构，变化之道也有其合理性规则，但只是笼统归之为“合理性”[④]，而没有追溯合理性之本源。这个本源同样在一阴一

---

① 冯友兰《〈易传〉的哲学思想》（《哲学研究》1960 年第 Z2 期）中将道解释为“规律”和“大化”、“大流行”。张岱年《中国古典哲学中若干基本概念的起源与演变》（《哲学研究》1957 年第 2 期）中写道：“系辞上传说：‘一阴一阳之谓道’。阴阳二气，相互对立，相互推移，由阴而阳，由阳而阴，相互更迭，相互接续，这就是道。所谓道即是阴阳二气交互推移的过程。”1979 年发表的《论〈易大传〉的著作年代与哲学思想》（《中国哲学》第 1 辑，生活·读书·新知三联书店 1979 年版）一文写道：“《系辞上》说：‘通乎昼夜之道而知’、‘一阴一阳之谓道’。又说：‘知变化之道者其知神之所为乎！’所谓道指事物变化的规律，而这规律的基本内容是一阴一阳即对立两方面的相互推移相互转化。”［日］佐藤贡悦《浅探〈易传〉的“道”范畴——读〈易传·系辞传〉札记》[《中山大学学报》（哲学社会科学版）1986 年第 4 期] 说：“这里所谓‘道’，实际上是对宇宙变化中阴阳消长、阴阳循环、阴阳交替的一切趋向、秩序、规律的总概括。”

② ［美］成中英：《易学本体论》，北京大学出版社 2006 年版，第 13 页。

③ ［美］成中英：《易学本体论》，北京大学出版社 2006 年版，第 5 页。

④ ［美］成中英：《易学本体论》，北京大学出版社 2006 年版，第 9 页。

阳的太极中，生生不已而得其所然的根本，就在于一阴一阳的特殊关系——其中不是简单地存在着对立变化，而是存在着天理和秩序感。中国古代的易学家如王弼、朱熹、王船山等人都有溯本归源的论证。

《易》有太极，太极生两仪，两仪生四象，四象生八卦，八卦定吉凶，吉凶生大业。《易传》中的太极，郑玄认为是“淳和未分之气”（王应麟《周易郑玄注》），也是孔颖达所说的“太极谓天地未分之前元气混而为一，即太初、太一也”。此种演化如何可能？《系辞》中提出“一阴一阳之谓道”。阴阳对立可成变化，但这对立中有尊卑之别，高下之不同。王弼注“天尊地卑，乾坤定矣”曰：“乾坤其易之门户，先明天尊地卑，以定乾坤之体。”这即是说，自然化生的发源与过程中不仅存在对立，也存在体势或秩序。易道的秩序感来自其本身的秩序，易道变化之因也来源于秩序。朱熹将太极阐释为“本体”，“开启了朱子学理解太极与阴阳、理与气的存在关系模式”[①]，他主张气理合一，但理气有别，在逻辑上理在气先。王船山承认“理”的存在，认为气理合一，气外无理，气为实体，而理是气的规则。他说：“凡言理者……，是动而固有其正之谓也。既有当然而抑有所以然之谓也。”[②]“理”是运动中本来有的正当的秩序和条理，而将气化的根源进一步归结为“神”。他说：“盖气之未分而能变合者即神，自其合一不测而谓之神尔，非气之外有神也。”[③] 这里所说的“神”是“变合”的根源。王船山太极中包含了神、理、气等内容。无论是王弼，还是朱熹、王船山，都在建构自然化生的价值根源和理性根源。这个理是太极，也是天，是几千年来中国人崇敬的自然之天和天命之天。

《周易》以数理和卦象创造性地刻画易道规律，描述自然之天和

---

① 陈来：《朱子〈太极解义〉的哲学建构》，《哲学研究》2018 年第 2 期。

② 王夫之：《读四书大全说》，中华书局 1975 年版，第 719 页。

③ 王夫之：《张子正蒙注》卷 2，《船山全书》，岳麓书社 1992 年版，第 12 册，第 82 页。

天命之天。张载在解释《说卦》“参天两地而依数，观变于阴阳而立卦”时说：“地所以两，分刚柔男女而效之，法也；天所以参，一太极两仪而象之，性也。一物两体者，气也。一故神，两故化，此天之所以参也。两不立则一不可见，一不可见则两之用息。两体者，虚实也，动静也，聚散也，清浊也，其究一而已。有两则有一，是太极也。若一则有两，有两亦一在，无两亦一在。然无两则安用一？不以太极，空虚而已，非天参也。”[①] 这段文字推原了象数根源，卦象来自阴阳变化，有其必然的规律，也有其必然之数。具体论之，有一则有两，无两也一在，但没有两则一之用不显，所以天数就是三，地数就是二，天数中包含地数，体现了“天有包地之德，阳有包阴之道”[②]。当然，这已是太极生天地——发生演化以后的情形了。在演化之前，若用数来衡量，天地之数是五十有五，阳数有五，阴数有五，都由一而来。衍化以后，则有大衍之数五十，因为天地设位，易行乎其中，若从数的角度来看，就要从五十五中去掉天数三与地数二，表示易变是在天地框架内进行，五十则成天地衍生之数。《系辞》有“天地之数”和“大衍之数”的区分，当代学者混淆这两个概念，认为大衍之数即天地之数，《系辞》原文“大衍之数五十”后脱“有五”二字。[③] 其实，大衍之数与天地之数存在严格区分，《易传》试图以严密的数学逻辑来描述宇宙变化。同时，也规定了数学所描述的境界、占筮所适用的范围是在天地框架内。

《河图》《洛书》中的象、数也是如此。朱熹在解释“大衍之数五十”时，引《河图》与《洛书》中的数理，他说：“《河图》《洛书》之中数皆五，衍之而各极其数以至于十，则合为‘五十’矣。《河图》积数五十五，其‘五十’者，皆因五而后得。独五为‘五

---

① 张载：《横渠易说·说卦》，《张载集》，中华书局1978年版，第233—234页。

② （三国魏）王弼注，（唐）孔颖达疏：《周易正义》，北京大学出版社1999年版，第324页。

③ 金景芳、高亨、廖明春等都持“脱文”论。参见廖明春《〈周易〉经传十五讲》，北京大学出版社2004年版，第48—55页。

十’所因，而自无所因，故虚之则但为‘五十’。又五十五之中，其四十者，分为阴阳老少之数，而其五与十者无所为，则又以五乘十，以十乘五，而亦皆为‘五十’矣。《洛书》积数四十五，而其四十者，散布于外，而分阴阳老少之数，唯五居中而无所为，则亦自含五数，而并为‘五十’矣。”[①] 朱熹认为五十之数由五衍化而来，又以为五居中而无所为，虽然在此处未明确说明五代表天数三与地数二，但我们可以推测，《河图》《洛书》中，数学所描述的也是天地境界内的变化。

《河图》《洛书》是北宋时刘牧、阮逸根据五行生成数与方位构成的数理模型而画成的[②]，只不过，刘牧主张“图九书十”，而蔡元定则主张“图十书九”。五行观念来自《尚书·洪范》，“一曰水，二曰火，三曰木，四曰金，五曰土”。水之后是其相对者火，木与金也是刚柔相对，水与土也是相对关系。这是一个有生气、有对立的过程——生机呈现，其对立面也出现，最后归于平静和沉寂，回于大地。郭店楚简《太一生水》中有类似的言论：“大一生水，水反辅大一，是以成天。天反辅大一，是以成地。天地复相辅也，是以成神明。神明复相辅也，是以成阴阳。阴阳复相辅也，是以成四时。四时复相辅也，是以成寒热。寒热复相辅也，是以成湿燥。湿燥复相辅也，成岁而止。”[③] 但《洪范》提出宇宙化生的五个自然要素，并给予数学化和伦理化，一、二、三、四、五，表达了“加”的过程，此过程中有对立变化，一、三、五是阳，二、四是阴。因为有伦理，所以数字常与方位、季节联系在一起，因为包含了数学，所以，它又有可能建立

---

① 李光地撰，李一忻点校：《周易折中》，九州出版社2002年版，第718页。

② 刘大钧说：“然考之‘河图’、‘洛书’中黑白圆圈的数目及其分布，恐怕也不是宋人闭门凭空臆造之作，而是附会前人《易》注而出。”他援引《易纬·乾坤凿度》《万名经》，以及张惠言《周易郑氏注》卷下所引郑玄注《系辞》，论证了《河图》《洛书》所本。参见刘大钧《周易概论》，巴蜀书社2008年版，第128页。

③ 参照李零郭店楚简《太一生水》释文。李零：《郭店楚简校读记》，北京大学出版社2002年版，第32页。

其数学的模型。汉代蔡邕《月令章句》:“东方有木三土五,故数八;南方有火二土五,故数七;西方有金四土五,故数九;北方有水一土五,故数六。”西汉扬雄《太玄 · 玄图》:“一与六共宗,二与七为朋,三与八成友,四与九同道,五与五相守。”这即是《河图》《洛书》的理论基础。《河图》《洛书》中确实存在了自然之理。以河图为例,一六居北,北方为水;二七居南,南方为火;三八居东,东方为木;四九居西,西方为金;五十居中央,中央为土。各对数字都是一阴一阳,表示了阴阳相合的意思。其中有相生相克,顺时针方向可见五行相生,一六水生三八木,三八木生二七火,二七火生五十土,五十土生四九金,四九金生一六水。四正之数相对,则表现为相克。其中也体现了土生万物的思想,一到五可以表达原初的生数,六、七、八、九、十,都由五而成,等等。

简而言之,易道之理并非虚玄幽眇之理,而是可以被数学描述之理,易道可以与数学模型同构,易道即是数理,[①] 更值得我们留心的是,易道的适用范围并非无远而弗届,而是局限在天地境界之内——它在本源上是秩序之道与人生之理。圣人通过数理的表达——依数立卦以推行教化,合乎自然之道。世界由一而生,人生之道即是要反归乎一,天人合一的途径于是不离数理的方式,人文情怀与伦理构想中必含科学理性。我们理解的易道不同于耶、道、释,它总是与数学携手同行,关乎日用,遵守科学准则,将易道当宗教即削减了易道内容,但在易道的思路中,也可以生发宗教情怀。阮籍对此或许早有省悟,《通易论》表达了谨严的自然观、伦理观,而《大人先生传》作为《通易论》的补充,回答着人如何超越于天地界域而与自然为一的难题。《大人先生传》中的大人超越天地境界,越过了在人间看来的至尊太一,然后又回到太始、太初、太清。这是冲破时空而进入混沌,摆脱形、气而入于太清或浮明的过程,也是超越大化而入于真自

① 关于《周易》与现代数学关系,已经有专门著作论及。如董光璧《易图的数学结构》,上海人民出版社 1987 年版;欧阳维诚《周易的数学原理》,湖北教育出版社 1993 年版。

然、由世俗人生而入于真人状态的过程。这一过程逆向于自然演化的秩序，但在哲学层次上与《易纬·乾凿度》有类似之处，存在着太初、太始、太一组成的层次系统，只不过《大人先生传》溯其道而寻之。当然，在易学史上，历代易学家在阐释易道时，科学与理性精神占据了主流。

易道哲学承认一个形而上的实在，或曰道，或曰天，或曰太极，或曰一，这一实在的承认和数学的描述（或可称之为“证明”），对后世哲学与诗学的影响是非常深刻的。首先，对形而上实在（易道）的追求，不流于虚玄之悟，而是致力于有传承谱系、可落实于现实的文、武、周公、孔孟之道。在处理文道关系时，以道为根本，以道为价值之源。其次，易道中的生生之德、理性精神，构成了中国诗学审美的独特景观。

古道的道义性在于它是实践理性，也在于它有着容纳社会、历史的数学模式。在这个意义上，我们可以说，它是一种实在，一种真理。它属于过去，也属于未来，具有普适价值。刘勰《原道》篇既讲“神理”，也言“自然之道”，它是人文的本体。其一，从人文的自然属性而言。刘勰认为，人乃性灵所钟、五行之秀，是天地之心，“心生而言立，言立而文明，自然之道也”①。意谓人之灵心必然表现为文字华章，正如黄侃所说：“盖人有思心，即有言语，既有言语，即有文章，言语以表思心，文章以代言语。”② 其二，从人文神圣性而言，即《原道》篇中所说的圣人“原道心以敷章，研神理而设教”而生人文。③ 人文的神圣性是由圣人的智慧和神明构成的，圣人推研神理的思想直接脱胎于《周易》。刘勰说：“人文之元，肇自太极。幽赞神明，《易》象惟先。”人文发端于太极，最初圣人以《易》象来彰显神明，此意思出于《说卦》。人文的神圣性也直接来自天然神

① 刘勰：《文心雕龙·原道》。
② 黄侃：《文心雕龙札记》，中国人民大学出版社 2004 年版，第 3 页。
③ 刘勰：《文心雕龙·原道》。

性。刘勰《原道》篇曰："若乃《河图》孕乎八卦，《洛书》韫乎九畴，玉版金镂之实，丹文绿牒之华，谁其尸之？亦神理而已。"黄河出图，神龟献书，这些神迹的主宰是神理。神理和自然之道异名而同实。《神思》篇《赞》曰："神用象通，情变所孕。物以貌求，心以理应"，意谓写作之事是动用心神、写物绘象、表情达意的过程。这一过程也内含着"至精而后阐其妙，至变而后通其数"的精思阐微。"通其数"就是"幽数潜会"之义，也是智慧境界中回环不息的周密思索和精致体验。《周易》中有"极数知来"的说法，《周易》认为世界由数组成并形成变化不测之道，也即《周易·系辞上》所说："天数五，地数五。五位相得而各有合，天数二十有五，地数三十，凡天地之数五十有五，此所以成变化而行鬼神也。"那么只有把握数变，才可以深刻了解世界，《周易·系辞》曰："极数知来之谓占，通变之谓事"，借助"数"的手段而深入宇宙秘密处，所谓"极深而研几"。

至于韩愈则在现实中承接儒家古道传统，反对佛道之虚无，以形诸实践为要，主张有为之道，而有为之道的道义性就存在于古道中。古道不仅是一个历史形态，而且是一个具有普遍价值的实在。明代李梦阳开复古文风，有"知《易》者可与言诗"之论[①]，全面地将易理与诗理比类。在复古问题上，李梦阳讲"法"，与何景明主"悟"形成鲜明对照。正如何景明所云："空同子刻意古范，铸形宿镆，而独守尺寸。仆则欲富于材积，领会神情，临景构结，不仿形迹。"[②] 李梦阳所说的"法"应有两个层次，一是古法，二是物之"自则"。"古法"与"自则"的统一，也源于其易道思维。宋儒将易道或阐释为天理，或阐释为良知，都以承认它们的实在性为前提，文章即是易道的展开，尽管思路各有不同，但均以儒道为价值之渊薮、精思冥搜之目的。杨万里"去词去意"论之理路，是理学新成果在诗学领域

① 李梦阳：《论学》（上篇），《空同集》卷66，四库全书本。

② 何景明：《与李空同论诗书》，《何大复先生集》卷32，四库全书本。

中的创造性运用，既富深幽之思致，又坚守了儒学精神。一方面，让诗之本真（至理、至情、诗境界，等等）呈现且呈现出一种实在，而不是佛老的玄妙之理；另一方面，这种呈现也只有在排除私意和引发众议的过程中才能实现。他要排除由语言带来的混杂的意识，让诗的境界如同道一样显现出来。正因为如此，杨万里认为诗人发掘并泄露了天地的秘密。

易道的生生之德和理性精神表现于诗学领域，在古代诗论家那里非常普遍，引易学逻辑进入诗学思考当属自然而然，而对于易学思路的自觉运用，使他们建立了周密精深的理论体系，如刘勰、王勃、范仲淹、欧阳修、苏洵、邵雍、王安石、司马光、苏轼、杨万里、郝经、吴澄、李梦阳、王船山等人。人与天合一，则道与艺合一，文的创生同构于宇宙化生、易道变化。先以苏轼为例。在自然观方面，苏轼认为事物乃无心而成；在性命论方面，以无我无为、“莫知其所以然而然”为圣人境界，这些基本哲学观念成为苏轼诗学的思想基础。“初无定质”是指行文的无意而成，他说：“所示书教及诗赋杂文，观之熟矣。大略如行云流水，初无定质，但常行于所当行，常止于不可不止，文理自然，姿态横生。”[①] 这是苏轼在诗学中对“用息功显”“我有是道，物各得之”的自然之道的效仿，也是对“所遇而为之，是心着于物”的圣人应物精神的运用；而既重视秩序又重视人神，既能顺应自然之理又能发挥个性是“初无定质”论的主旨。文章写作在根本上模仿了自然，而如同自然一样演绎而成的文章必然如行云流水，滔滔汩汩。李梦阳常用《易》学观念来看待人事，体察万物，其中《化理》上、下篇，将阴阳、五行理论运用于对世界的勘察和解释中。在诗学方面，李梦阳有“知《易》者可与言诗”的理论，全面地将易理与诗理作比类，提出“情者，动乎遇者也”[②] “文者，

---

① 苏轼：《答谢民师推官书》，《苏轼文集》卷49，中华书局1986年版，第4册，第1419页。

② 李梦阳：《梅月先生诗序》，《空同集》卷51，四库全书本。

随事变化，错理以成章者也”的主张[①]。“格调”论的提出与李梦阳对心体的认识及对易学的自觉运用有关，既主张情思的自由奔放，触处逢春，也主张心要有“格”；既有“感而遂通”之用[②]，也有“寂然不动”之体，即要“一以应万”[③]。

王船山将其自然化生理论引入诗学中。他认为“神”“气”“理”在阴阳化生过程中是统合为一的[④]，“神理”可以被描述为阴阳变化、事物化生过程中的根源性、合理性、神奇性的运动力量。“神理”流荡于天地之间，而天之化生表现在人就是心物相感，此过程中，心物感应如同阴阳翕辟，且心神通于太虚之神，故心神与外物相感便可达到物我为一、天人合一之境。王船山以此为起点，以阴阳错综为原则建构了情景关系——情景不分又互相对待。王船山情景交融论继承传统感兴论，强调心物间的瞬间感动，但又避免了天人间、心物间的直接感应，在阴阳模式下营造出深刻的意境，其中景外设景、两镜取影之论尤为精彩。受阴阳化生理论影响，在美学上，王船山主张曲折有态的形式中的自然之美。而“以意为主”[⑤]“以言起意”理论的提出[⑥]，使自然之美与生动形式天衣无缝地结合。其“意伏象外”论，是对苏轼“文无定质”说的反驳，体现了他建立在阴阳化生哲学上的道器合一论、文道合一论的儒家正统色彩。

易道本体论可以生发出诗学本体论，从体悟易道的方法论可以直接观照到审美方法。具体而言，审美中的心物关系不是随性的感性经

---

① 李梦阳：《论学》（上篇），《空同集》卷65，四库全书本。

② 李梦阳：《异道篇》，《空同集》卷66，四库全书本。

③ 李梦阳：《化理》（下篇），《空同集》卷65，四库全书本。

④ 李瑞卿：《王船山诗学的易学观照》，《古代文学理论研究》第32辑，华东师范大学出版社2011年版。

⑤ 王夫之：《夕堂永日绪论内编》，《姜斋诗话》，《船山全书》，岳麓书社1995年版，第15册，第819—820页。

⑥ 王夫之：《评孟浩然〈鹦鹉洲送王九之江左〉》，《唐诗评选》卷1，《船山全书》，岳麓书社1995年版，第15册，第897页。

验，而是遵循了一定的规则。而此规则指向道真与诗美，固然易道是一种不易的实在，但变易也是其本质，所以易道之本体又是运动的过程，易道与审美的方法也必然与时俱进，于是，审美的方法，即心物关系的处理也代代不同，人人各异，但这些众多的不同点却服从于严谨的逻辑链条。没有陶渊明的审美方法，就不能有谢灵运的审美方法，没有谢灵运的审美方法，就不能有王勃的审美方法。没有唐代的审美方法，就不可能有宋人对心物关系的独特处理。如果想在感性上有所突破，必须借助理性之刀锋在旧有规则的界域内切开新的裂缝，因为依靠个人的主观感觉不能判断是否就是真正的新感觉，其普遍性必然来自新的理性创构，而新的感觉常依凭于理性的引导。我们并不否认在审美自由中非理性的参与，但是在中国的主流诗学中有着很强的理性传统却是事实。

伽达默尔反对康德美学中对认识的排斥，“他（康德）否认了趣味有任何认识意义”[①]，从而提出了艺术能否表现真理的问题。他说：“在艺术中难道不应有认识吗？在艺术经验中难道不存在某种确实是与科学的真理要求不同、但同样确实也不从属于科学的真理要求的真理要求吗？”[②] 艺术直接的、瞬间的、天才的审美体验并不能孤立地存在，而是必然地要落实到现实的时间中，在阐释和理解中，美即自然生成——真理即在自然化生的过程中显现。

中国诗人的审美过程是对易道的模仿，心与物正是审美过程中的乾坤两极，情与景彼此包孕互生，于是，可以内极才情，外周物理，物以貌求，心以理应。审美中的真理性认识是在心物关系中自然呈现的，但这审美中的真理性认识又是独特的，易道的理性精神固然影响着诗人的审美，但诗人建构的是一种不同于现实的艺术世

① ［德］汉斯－格奥尔格·伽达默尔：《真理与方法》，洪汉鼎译，商务印书馆 2010 年版，第 67 页。

② ［德］汉斯－格奥尔格·伽达默尔：《真理与方法》，洪汉鼎译，商务印书馆 2010 年版，第 143 页。

界，其理性的形态自有别趣。性情可以自由其间，寻找着那接纳自己的纯粹形式，从滞重的现实摆脱出来，欲回归易道本体，所以，诗人不离玄理，重视形式；但审美过程中的生命体验，又使他不能弃绝红尘而遗世独立，而徜徉在敞开的现象世界中，因此，诗人的理性是幽眇之理，体验之理。正是由于这种永不停息的情感体验和一往无前的探赜索隐，诗人并不在合目的的审美愉悦处超然沉醉，而是通过诗思的路径回归本体。在这个意义上，艺术的存在和生成是离不开理性精神的，易道思维方法使理性精神在生生之德中得以灌注于诗人的探索中。"艺术的万神庙并非一种把自身呈现给纯粹审美意识的无时间的现时性，而是历史地实现自身的人类精神的集体业绩。"① 伽达默尔深知艺术与真理是携手同行的，审美经验是自我理解的问题，也是理解他物的问题，是阐释问题，但如何理解和阐释，人类的精神又是如何通过艺术家进入艺术品中而成为艺术灵魂，则语焉不详。

二　圣人与诗人

可以发现，中国诗学的文道论、诗人论、审美方法论的背后始终有着圣人论的影子。圣人论为中国诗论提供着价值观、方法论上的指针，尤其是在那些具有严谨逻辑的依附于易学系统的诗论中，圣人精神成为有机的诗论血脉而渗透其中。圣人问题是中国哲学的重要问题，研究成果不可谓不多，不过，我们的讨论的焦点是《周易》的圣人论。此处的《周易》圣人论，以《易传》中的圣人论为主，也包括历代易学家兼诗论家的圣人论。《系辞》讲一阴一阳之道下万物的自然化生，也描绘了圣人沟通天地、探赜索隐的神圣功绩。所谓圣人"观象制器，以前民用"；"穷神知化"；"知周乎万物，而道济天下"；"圆而神，方以知"；"通神明之德，以类万物之情"；等等。圣

① ［德］汉斯－格奥尔格·伽达默尔：《真理与方法》，洪汉鼎译，商务印书馆 2010 年版，第 142 页。

人能以天地为法，以广大智慧顺应外物，沟通天人[1]。圣人是上古时代的实际存在，这是古代思想家们深信不疑的，但圣人是否能在现实中重现身影，儒家的态度是悲观的，孔子所谓庶几之道即是一个明证。不过，圣人已经成为一种理念的象征，在他们那里保留了价值的渊薮和智慧的方法，而《周易》圣人论不仅包含政治论、道德论，更重要的是蕴含着对一些基本哲学理念的思考。相对于后来的圣人论，《周易》圣人论具有原发色彩。

关于圣人的论述在《系辞》中有：

> 夫《易》，圣人所以极深而研几，唯深也，故能通天下之志；唯几也，故能成天下之务；唯神也，故不疾而速，不行而至。

> 探赜索隐，钩深致远。

> 子曰："天下何思何虑？"天下同归而殊涂，一致而百虑。……精义入神，以致用也。……《易》，无思也，无为也，寂然不动，感而遂通天下之故。非天下之至神，其孰能与于此？

> 圣人以此洗心，退藏于密，吉凶与民同患。神以知来，知以藏往。

> 仰则观象于天，俯则观法于地，观鸟兽之文与地之宜。近取诸身，远取诸物，于是始作八卦，以通神明之德，以类万物之情。

> 是故，夫象，圣人有以见天下之赜，而拟诸其形容，象其

① 金春峰：《〈周易〉经传梳理与郭店楚简思想新释》，中国言实出版社2004年版，第108页。

物宜。

圣人是超乎寻常的智者，他们可以精义入神；神以知来；通达神明；不疾而速，不行而至，等等，并通过非凡的神力在现实之上建立功业，推行易道。他们不是创造一切的上帝，只是取法天地，探赜索隐的现实超人，他们从现象界入手而抵达本体，这里的本体与西方哲学中的本体是不同的。成中英先生有论："本体是本而后体，本是根源，体是体系，本体是指宇宙呈显的生动活泼、生生不息的整体，具有时间性、空间性、生命性与创造性"。①"本体为有本有源、能够发育万物、显示生命与精神的实体存在，含括天地宇宙万物与人的生命，并有持续不断生生不已的生命力，实现为阴阳互补、有无相继的动态创发过程。"② 圣人的本体境界即是儒者的道的境界，就是在宇宙中体悟到生命与精神的真谛并现实地呈现出来。"一阴一阳之谓道，继之者善也，成之者性也。""子曰：'易其至矣乎！'夫易，圣人所以崇德而广业也。知崇礼卑。崇，效天；卑，法地。天地设位而易行乎其中矣！成性存存，道义之门。"③ 这就是说，圣人继善成性，成性存存，就是要在宇宙创化的节律中顺应自然，发展生命，成就与天合一的生命本体。《易传》所重视的即是圣人通神致真、会通达变的能力，精思感物的认知方法，以及圆融完善的道德境界。

《易》与天地准，故能弥纶天地之道。仰以观于天文，俯以察于地理，是故知幽明之故。原始反终，故知死生之说。精气为物，游魂为变，是故知鬼神之情状。与天地相似，故不违。知周乎万物，而道济天下，故不过。旁行而不流，乐天知命，故不

① ［美］成中英：《创造和谐》扉页，上海文艺出版社 2002 年版。

② ［美］成中英：《诠释空间的本体化与价值化——本体诠释学与哲学诠释学的比较与整合（代序）》，见成中英主编《本体与诠释：中西比较》（第三辑），上海社会科学院出版社 2003 年版。

③ 《周易·系辞上》。

忧。安土敦乎仁，故能范围天地之化而不过。曲成万物而不遗。通乎昼夜之道而知。故神无方，而易无体。一阴一阳之谓道。[①]

圣人的认知触及了幽明之故、生死之说、鬼神情状，可谓洞极幽微，而圣人的易道推行，则能遍济天下，曲成万物。圣人最终所达到的境界即是“神”的境界。“神无方而易无体”，易道的推行变幻无体，妙用如神。“神”用来于“神”体，这是因为圣人之“神”合于自然之神。自然之神即是自然变化，“一阴一阳之谓道”，意味着世界发生源于对立变化，并以此为动因自然展开；“阴阳不测之谓神”，意味着宇宙变化的不可测量，孔颖达疏曰：“天下万物，皆由阴阳，或生或成，本其所由之理，不可测量之谓神也，故云‘阴阳不测之谓神’。”那么，圣人如何去合于自然之神呢？自然之神是指自然变化莫测，自然变化的根源却只能是自然，要顺应自然，与物推移，就需要遵循自然的本来法则。圣人的通神，并不表现为神秘主义的追随不测的自然变化，而是行简易之道。从上述文字中可以看到，圣人在仰观俯察，原始反终，知周万物，乐天知命，安土敦仁，范围天地，等等，其基本的体认原则就是首先掌握自然的基本规律。后世的《周易》阐释者探讨宇宙之运动根源呈现出虚玄倾向，如王船山上溯到气之未分以前，以宇宙的动因为“神”。王船山认为太虚本体清通虚湛，其自身运动为“含神起化”，[②] 他说：“盖气之未分而能变合者即神，自其合一不测而谓之神尔，非气之外有神也。”[③] 这里所说的“神”是引起“变合”的根源。

在《系辞》中为自然之道和圣人之道设定了一个基本前提——即“天尊地卑”。自然的所有变化从此开出，阴阳二气也是在天地范围之内的，阮籍《通易论》讲的就是天地境界，《大人先生论》则讲

① 《周易·系辞上》。

② 王夫之：《张子正蒙注》卷2，《船山全书》，岳麓书社1992年版，第12册，第83页。

③ 王夫之：《张子正蒙注》卷2，《船山全书》，岳麓书社1992年版，第12册，第82页。

的是如何突破天地境界，阮籍论《易》得其根本，在他看来天地秩序是不能忽视的。天地秩序的设定使自然的展开与回复不至于漫无边际，而能自由有度，化成道境，且将本体世界落实在现实之上。而这一设定也使得《周易》在方法论中，得以引入天地之数，建立数学与逻辑模型。那么，圣人通神的方法论就有规则可循，甚至有数据可量。《周易》圣人论可开启下列话题，其一，圣人来于自然，简易之道可至超凡能力；其二，圣人入神并非幻觉，是发现并遵守了自然规则；其三，圣道在现实中实现，心物关系非虚化关系。这些哲学观念也同时可渗透到诗学思想中。

圣人来于何处?《系辞》在理论上早已回答这一问题。《系辞》说：

> 天尊地卑，乾坤定矣。卑高以陈，贵贱位矣。动静有常，刚柔断矣。方以类聚，物以群分，吉凶生矣。在天成象，在地成形，变化见矣。是故刚柔相摩，八卦相荡。鼓之以雷霆，润之以风雨。日月运行，一寒一暑。乾道成男，坤道成女。乾知大始，坤作成物。乾以易知，坤以简能。易则易知，简则易从。易知则有亲，易从则有功。有亲则可久，有功则可大。可久则贤人之德，可大则贤人之业。易简而天下之理得矣。天下之理得，而成位乎其中矣。

宇宙的开辟变化不因外力，而是在其自身内部有着两种对立的力量。动与静，刚与柔，吉与凶，既有自然性质的，也有社会性质的。在天地时空中，其初始原因则归于自然的变化——风雨雷电，寒暑昼夜，以至成男成女。而从常人到圣贤，则是因为能行简易之道。一切由自然化生而来，自然中有着运动与变化的能量与原因，但此变化不至于淆乱无常，则是因为“天尊地卑，乾坤定矣”。这个设定给出了自然何以变化、何以有灵的根本原因。熊十力认为，“乾坤之实体是一，而其性互异，遂判为两方面。乾坤两性之异，乃其实体内部之矛盾也。乾主动开坤，坤承乾起化，卒乃化除矛盾，而归合一。宇宙大变化，固原于实体之内部有矛盾，要归于保合太和，乃利贞”[①]。“孔子《周易》本以乾阳坤阴，相反相成，为其根本原则。但与此原则密切相关者，更有乾阳统坤阴，坤阴承乾阳之最大原则。我以为此是《周易》辩证法之最特殊而又最精密处。”[②] 熊十力的阐释似乎并不通脱，但却是符合《周易》基本思想的。如果不承认或忘却“乾坤”所具有的根本属性，如果不承认或忘却“天尊地卑”之秩序，而去追溯所谓根本原因，对宇宙的阐释就可能走向无法证实的神秘论。王船山将阴阳变化最初的动因归为“神”。他认为太虚本体清通虚湛，其自身运动为“含神起化”，[③] 他说：“盖气之未分而能变合者即神，自其合一不测而谓之神尔，非气之外有神也。”[④] 当然，并不是说不能将思维突破向缥缈的太虚，将存在原因归向虚无的神与只谈存在不作形而上关怀者并无两样。中国的本体存在论的前提是承认“天尊地卑，乾坤定矣”这一形而上实在。

“乾知大始，坤作成物。乾以易知，坤以简能”，[⑤] 这是宇宙变化的易简之道，圣人遵循易简之道，则能成贤人之德，建贤人之功，得天下之理；“天下之理得，则成位乎其中”。所谓易简之道，就是顺应自然的大智慧、大道德。王弼注“可久则贤人之德，可大则贤人之业”说：“天地易简，万物各载其形；圣人不为，群方各遂其业；德业既成，则入于形器，故以贤人目其德业。”[⑥] 王弼将圣人理解为超出世外的无为者是片面的，圣人顺应自然也可以说是一种无为，但准确地说是遵循大道，应时而动。阮籍易学中，提出“天地，‘易’

① 熊十力：《乾坤衍》，上海书店出版社2008年版，第188页。

② 熊十力：《乾坤衍》，上海书店出版社2008年版，第202页。

③ 王夫之：《张子正蒙注》卷2，《船山全书》，岳麓书社1992年版，第12册，第83页。

④ 王夫之：《张子正蒙注》卷2，《船山全书》，岳麓书社1992年版，第12册，第82页。

⑤ 《周易·系辞上》。

⑥ 韩康伯注：《系辞上》，见王弼著，楼宇烈校释《王弼集校释》，中华书局2012年版，第233页。

之主也，万物，‘易’之心也”的主张[①]。这样的心物关系模式是在易道实践中进行的，天地为主，意味着对自然规律的顺从；万物为心，表现为对外物的谦逊和因应，唯有如此方可感应通气，普及教化。因此，感应自然的伟大气度和超凡能力是值得后世学者发扬的。这样的圣人观念渗入政治和艺术理念中就会产生积极的影响，王勃就是个突出的例子。王勃易学认为，自然化生都在阴阳之道中，一切的祸福吉凶肇端于幽明寒暑之变化。基于此，王勃发挥其圣人观念以应世变，认为圣人能尽一己之心而穷天下之理；而《易纬》中对孔子的神化和汉帝国尊孔子为“素王”的倾向在其圣人观中重现。王勃崇尚的文学境界是立于天地间、与道神交的“大丈夫”之文[②]，从而将圣人式的神性引到诗人身上，完成了新的文儒合一。

“天尊地卑”的秩序感是圣人存在的原因之一，由此自然可导出圣人。圣人不是超自然的存在，圣人的通神是不是一种幻觉呢？“天下之理得，而成位乎其中”[③]，找到天下之理，即找到自己的位置，成就德行，也即进入了得道境界。得天下之理或得道不是在意识领域的感觉，也不是语言上的宣称，而是标征于实际的行为。圣人的精义入神或通达神明，在应物过程中表现出来，若达到理想的境界即是入神。另外，圣人可以在理性上直接通神明之德，通过仰观俯察，“近取诸身，远取诸物，于是始作八卦，以通神明之德，以类万物之情”。[④]基于数学的卦象系统是圣人通神的方法，制器、通变、教化都以此为本。《周易·系辞下》说：“包牺氏没，神农氏作，斫木为耜，揉木为耒，耒耨之利，以教天下，盖取诸益。日中为市，致天下之民，聚天下之货，交易而退，各得其所，盖取诸噬嗑。神农氏没，

① 阮籍：《通易论》，见阮籍著，陈伯君校注《阮籍集校注》，中华书局1987年版，第116页。

② 蒋清翊：《山亭思友人序》，《王子安集注》卷9，上海古籍出版社1995年版，第273—274页。

③ 《周易·系辞上》。

④ 《周易·系辞下》。

黄帝、尧、舜氏作，通其变，使民不倦；神而化之，使民宜之。易穷则变，变则通，通则久。是以自天祐之，吉无不利。黄帝、尧、舜垂衣裳而天下治。盖取诸乾、坤。”① 圣人之神需落实于圣功，圣功的完成则离不开理性，而这理性是本原于基本的自然之数的。人类认知获得理性的方式是多种多样的，《周易》的可贵处就在于引入了数学和逻辑的模式，将精妙入神的认识方法与自然法则融合为一。中国诗学中建立的法而无法的模式大都渊源于此，有见识的理论家都是在法则之上来谈超越法则，而不虚谈神妙。苏轼“常行于所当行，常止于不可不止”之论②、吕本中的活法论、杨万里的诗法论都包含了上述内涵。苏轼认为诗歌法度与审美的神妙并不存在矛盾，得自然之数，深研物理，又能错综变化，便可以由法而达到无法，所谓“出新意于法度之中，寄妙理于豪放之外也”③。吕本中则讲求活法，规矩具备而出规矩之外，即法度规矩中是有一种自由存在的。这显然是延续了苏轼由法而无法的思路。所不同者在于，苏轼重视对物理、形态的探赜研几，在得自然之数的基础上精妙如神；吕本中则限于法本身的遵循与新变，其“活法”是与对诗法的参悟联系在一起的，得活法时，可以走向法的自由，也就是“有定法而无定法，无定法而有定法”的境界。④ 杨万里融合了苏轼和吕本中诗法理论，既包括了对法本身的了悟，又有着直触自然的艺术冲动。

圣道需要在现实中实现，心物关系非虚化关系。《周易》中的易道的境界不是虚无缥缈的幻境，也非怡情自得的心理满足，尽管易道境界中包含着形而上的体验，也有着情感上的愉悦，但易道起于现实、落于现实，从而与佛、道思想大异其趣，这也正是易道的伟大与特别之处。韩愈以兴复古道自任，即是要在现实中坚守不能轻易兑现

① 《周易·系辞下》。

② 苏轼撰，孔凡礼点校：《苏轼文集》卷49，中华书局1986年版，第4册，第1418页。

③ 郑午昌：《中国画学全史》，上海古籍出版社2001年版，第99页。

④ 刘克庄：《后村集》卷24，四库全书本。

的儒道。按照一般的常识，作为思想家的韩愈完全有条件建立精密的思想体系。在此之前，儒、道、释在学理上业已融合，谢灵运《辨宗论》折中孔、释，倡言顿悟而力主新论；到隋唐时代则有中国化的佛教宗派如天台、华严、禅宗出现，它们会通儒道而自成精致体系，但是，韩愈却没有在学说形态上走向精密化，而是立足日用，推行仁义之道。《送浮屠文畅师序》说："民之初生，固若禽兽夷狄然；圣人者立，然后知宫居而粒食，亲亲而尊尊，生者养而死者藏。是故道莫大乎仁义，教莫正乎礼乐刑政。"[①] 韩愈所理解的圣人之道是日常礼乐刑政，而非清净寂灭的境界。

《原道》篇曰："博爱之谓仁，行而宜之之谓义；由是而之焉之谓道，足乎己无待于外之谓德。仁与义为定名；道与德为虚位。……凡吾所谓道德云者，合仁与义言之也，天下之公言也。"[②] 意思是说，博爱是仁，对仁的合理的推行则是义，从仁义出发而实践则是道。道是永远开拓着的境界，与具体的依于仁义的行动有关。当然，圣道的实现又是以圣人的神性为前提的，韩愈在《省试颜子不贰过论》中为我们预设了一个完美的圣人——"抱神明之正性，根中庸之至德"，他是至理至德的象征，他的自由行为必然合乎规矩法则。其文曰："夫圣人抱诚明之正性，根中庸之至德，苟发诸中形诸外者，不由思虑，莫匪规矩；不善之心，无自入焉；可择之行，无自加焉：故惟圣人无过。所谓过者，非谓发于行、彰于言，人皆谓之过而后为过也；生于其心则为过矣。"[③] 这段文字所言，似乎与后来宋儒"克己"功夫类似，但仔细体会则是全然不同的，其目的不在"克己"，不固守在以去欲、去恶为最终目的的思想自戕中，而在于为行动的自由开道。"颜回不贰过"，意味着颜回的行动可以没有"过"，这就为人的行动找到了合法性，只要初衷是好的，从正心诚意出发，那么行动就

---

① 韩愈撰，马其昶校注：《韩昌黎文集校注》，上海古籍出版社 1986 年版，第 252—253 页。

② 韩愈撰，马其昶校注：《韩昌黎文集校注》，上海古籍出版社 1986 年版，第 13 页。

③ 韩愈撰，马其昶校注：《韩昌黎文集校注》，上海古籍出版社 1986 年版，第 124 页。

是自由合理的。显然，韩愈给“有为”开出了先天之理性。受其崇尚“有为”之道的影响，其文论也主张有为，提倡不平则鸣的批判精神。而最有意思的是，韩愈不仅在其道论中开出了自由的实践，而且依照此逻辑开出了自由的文学。《南阳樊绍述墓志铭》说：“然而必出于己，不袭蹈前人一言一句，又何其难也！必出入仁义，其富若生蓄，万物必具，海含地负，放恣横从，无所统纪；然而不烦于绳削而自合也。”[①] 韩愈认为文章发于人心，就必然存在自由创新与合乎规矩完美统一的可能。出于仁义，必然有生气纷繁的自由，必然能合于绳墨，符合大道。自由的审美之途可以是出于仁义之心的任情摇荡，放恣横纵。把张扬的艺术个性和儒家仁义完美地结合起来的思路，与其道论中有为与仁义的有机结合是极其类似的，也与《周易》所谓在天尊地卑的秩序中自由化生的宇宙观是极其类似的。

从《易传》的宇宙论逻辑可以推出圣人的存在，人性之灵来自乾坤秩序，圣人之神也可累积而成，那么，“抱神明之正性，根中庸之至德”的圣人是有存在的理论基础的。圣人的此种境界即是人性本体，后来的理学家在处理心物关系时，希望回到类似于圣人的本体世界，既然在理路上没有障碍，那么，至少可以成为一种理路。朱熹说：“心之全体，湛然虚明，万理具足”[②]，“心者，人之神明，所以具众理而应万事者也。”[③] 但是，心不即是性，也不即是理，而只有在澄明状态中才可万理具足，随物以应。又说：“人心如一个镜，先未有一个影象，有事物来，方始照见妍丑。若先有一个影象在里，如何照得！人心本是湛然虚明，事物之来，随感而应，自然见得高下轻重，事过便当依前恁地虚，方得。”[④] 朱熹的这一思路是具有代表性

① 韩愈撰，马其昶校注：《韩昌黎文集校注》，上海古籍出版社 1986 年版，第 540—542 页。
② （宋）黎靖德编，王星贤点校：《朱子语类》卷 5，中华书局 1986 年版，第 94 页。
③ （宋）朱熹：《尽心上注》，《孟子集注》卷 7，四库全书本。
④ （宋）黎靖德编，王星贤点校：《朱子语类》卷 16，中华书局 1986 年版，第 347 页。

的，回到湛然虚明就是要回到超越现实的自由状态，这是付诸实践的开端。于是，心与物的关系成为类似于自然化生的过程，因为，自然化生的条件在于自由和秩序，也正是在这样的心物关系中，人创造着、完成着生命过程。邓晓芒对这一思路心存疑虑，他说："尽管儒家信徒们的本意也许并不要伪善，但建立在儒家心性论的这种良好自我感觉之上的'君子'人格具有一种结构性的伪善。正是这种结构性的伪善使得儒家士大夫能够不止于空谈心性，而是义无反顾、当仁不让地投身入经国大业，自认为有这杯酒垫底，就可以无所不用其极而'问心无愧'、无须忏悔。"① 意思是说，儒家的心性本体是没有客观标准的自我感觉，以此作为实践的起点，整个行动过程就没有了任何的监督和忏悔。这种说法是值得商榷的，儒家的心性本体以圣人的神明境界为范本，而从前文所论可以知道，圣人的通神是建立在理性思考的基础上的，所以，君子的"湛然虚明"也不能被断然认定为纯粹是一种没有客观标准的自我感觉。如果是一种随意的、专断的自我感觉，那么，就不是"湛然虚明"的。而如果非要给"湛然虚明"找出一个客观标准，那么，所谓客观标准则是一种专断。在此需特别指出的是，所谓的圣人精神并不是脱离事物的精神性存在，它永远存在于包含心物关系的实践之中，日用而不知。同时，圣人精神之于诗学并不是有一种澄明之精神灌注于诗学中，而是在道艺不分中并存。诗学与道以及圣人之关系具有同一性特征，但诗学也自有其疆界，儒家诗学境界也不会逗留在虚幻的艺术与道德之中，在这一点上儒家诗学被圣人精神所范导。作为理论概念，圣人与诗人之关系其实颇为复杂，它们的重要分野也和语言密切相关。

三 语言问题

朱熹《易学启蒙》中有《本图书》《原卦画》，《周易本义》中

① 邓晓芒：《康德哲学诸问题》，生活·读书·新知三联书店2006年版，第95页。

有天地自然之《易》、伏羲之《易》、文王周公之《易》、孔子之《易》的划分，即在天地自然中的周流变化与圣人演易、易书成立、易道推行存在同一关系。杨万里则将易分为“天易”“竹易”“人易”三类，他说：“易有三，一曰天易，二曰竹易，三曰人易，天尊地卑，乾坤定矣，天易也；书不尽言，言不尽意，竹易也；存乎其人，存乎德行，人易也。”在此姑且用“易理”“易书”“用易”来描述。因“天尊地卑”的秩序而有“乾坤定位”，乃至自然化生，这是作为世界本源的“易理”，“书不尽言，言不尽意”的“易书”则是易理的语言符号形式，而存乎德行的现实履践则是“用易”之道。此三者可谓三位一体，构成了易道的实际内容。作为语言符号形式的易书是圣人对“天下之赜”的揭示，也是对世界的阐释和理解。《周易·系辞上》曰：

> 圣人有以见天下之赜，而拟诸其形容，象其物宜，是故谓之象。圣人有以见天下之动，而观其会通，以行其典礼，系辞焉以断其吉凶，是故谓之爻。言天下之至赜而不可恶也，言天下之动而不可乱也。拟之而后言，议之而后动，拟议以成其变化。

《周易》是一个语言符号系统，圣人探赜索隐而立象系辞，形成由卦象和语言构成的符号体系，而圣人的存在保证了这一语言符号系统的真理性质，它揭示真谛，体现圣意，成就易道。卦象来自对幽微之理的摹状和抽象，即通过可见之形容，体现规律。孔颖达正义曰：“‘圣人有以见天下之赜’者，赜谓幽深难见，圣人有其神妙，以能见天下深赜之至理也。‘而拟诸其形容’者，以此深赜之理，拟度诸物形容也。见此刚理，则拟诸乾之形容；见此柔理，则拟诸坤之形容也。”“深赜之理”在此指的是“刚”与“柔”或“泰”与“否”这样一些基本的理性。“系辞”（也即爻象辞）则是针对六爻表达的具体时位而作的判断，来源于圣人在具体境遇中的会通之思和典法礼义的施行[①]。“会通之思”不是意识哲学中的自我反思，而是联系于“天下之动”，并要付诸实际的易道推行，具有“通以显体”的特征[②]。此外，在《系辞传》中关于真谛[③]、圣意、卦象、“系辞”（也即爻象辞）之关系的论述还有：

《周易·系辞上》：“是故天生神物，圣人则之。天地变化，圣人效之。天垂象，见吉凶，圣人象之。河出图，洛出书，圣人则之。易有四象，所以示也。系辞焉，所以告也。定之以吉凶，所以断也。”

《周易·系辞上》：“圣人立象以尽意，设卦以尽情伪，系辞焉以尽其言，变而通之以尽利，鼓之舞之以尽神。乾坤其易之缊邪？”

《系辞上》：“是故夫象，圣人有以见天下之赜，而拟诸其形容，象其物宜，是故谓之象。圣人有以见天下之动，而观其会通，以行其典礼，系辞焉以断其吉凶，是故谓之爻。极天下之赜者存乎卦，鼓天下之动者存乎辞。化而裁之存乎变，推而行之存乎通，神而明之存乎其人。默而成之，不言而信，存乎德行。”

---

① 《周易·系辞上》孔颖达正义：“‘而观其会通，以行其典礼’者，既知万物以此变动，观看其物之会合变通，当此会通之时，以施行其典法礼仪也。”

② “会通之思”类似于李景林所指出的中国古代哲学的本体之思。他说：“老庄言‘道’，不出‘六合’；孔孟之教，悉存诸人伦日用和‘行与事’之间。即‘人伦日用’、‘六合之内’之实存界域的连续流行之‘通’性开显和挺立‘道’之超越的‘体性’，此为中国古代哲学本体论学说之一大特色。这一特色，可以‘通以显体’一语简单地表示。”李景林：《通以显体——从老庄道论看中国古代哲学的本体学说》，载成中英主编《本体与诠释：中西比较》（第三辑），上海社会科学院出版社2003年版，第171—172页。

③ 真谛，在此其实意指真理本身，笔者之所以用“真谛”，是因为“真理”一词被附加了太多的社会伦理色彩。真谛具有超时空性质，但又能呈现于现实中，象和辞是真谛的现实表现形式或者说是圣人求真的媒介。

象是圣人所立，辞也是圣人所系。圣人“立象以尽意”，所以，象表达圣意，但圣人之意则与“神物”“天垂象”“天下之赜”有关，后者是前者的根源，圣人之意与圣人所立之象旨在揭示真谛，而中间绝对少不了圣人这一环节。象与辞是真理性实在的另一种表达方式，“系辞焉，所以告也”，“系辞焉以尽其言”，圣人在此同样不可或缺。可以说，语言符号中必然地包含了真理与人的阐释，某种意义上“立象”与“尽意”又是一种立法，它使混沌的世界清晰明澈，而象与辞在实际发挥功用时则更不可排除人的阐释因素，但这阐释又不能是唯我所是——它接近着真理的幻影。

对《周易》语言符号系统本原性的追溯，发现其独特内涵并不困难。首先，象与辞必然体现着真谛与圣意，语言之用的发挥依赖于卦象的逻辑，语言并非唯一的独断的表达形式。其次，象与辞系统并非孤立的语言符号系统，而是密切联系着社会实践，也与人穷理尽性的道德修持不可分开。这当然是笔者初步的见解，易书广大，易道无穷，易的语言哲学包罗万象。中国诗论中很多话题需要着力去揭示，以防止阐释的随意性。理解其背后的哲学，包括语言哲学尤其重要，对于语言的素朴的经验性理解常成为进一步窥测其背后思想或实在的障碍，对语言系统结构的解析则使人沿阶而上渐近于真。诗学中的语言或许不总是纯修辞的、纯感性的，在感觉或情调背后存在着严谨的结构性支撑。易学思想常称为中国古代诗人和诗论家的理论资源，这在逻辑上是自然而然的事情，而易学中的语言哲学则更为直接地渗透到诗学中。

以表现真谛和圣意为旨归的语言观念，以及达此目的的语言形式，对诗学中的语言观和具体的语言表现形式产生了深刻的影响。象和辞（语言）的存在要以求真为依据，这是《周易》给我们提供的基本原则，也只有如此，圣人的一切教化活动才成为可能：“极天下之赜者存乎卦，鼓天下之动者存乎辞。化而裁之存乎变，推而行之存乎通，神而明之存乎其人。默而成之，不言而信，存乎德行。”历经易教推行、会通之思以后，求真的结果表现在人的德行中，到此神明境界，则脱离了象与辞，象与辞可以去求真，但象与辞并不是真谛本身，言说只是一个显现真谛的过程，而非终极目的。言说本身折射了真谛的影，它与真谛相随，正如朱熹所主气合理的关系，理不是气，气不是理，气与理合，气中有理。所以，象、辞中必有真谛。

由于辞（语言）并不是唯一的真理代言者，在宣示真的过程中，语言将动用其独特的功能，这就意味着，一方面语言总是在过程中呈现真谛；另一方面，为了更好地呈现，语言要将自己隐藏起来。这些语言是在语用意义上存在的，阐释着背后的真谛，卦辞和爻辞表述的是比较完整的事件，有一定的故事性与象征性，所谓近取诸身，远取诸物，引物连类；也正如《系辞下》所说："开而当名，辨物正言，断辞则备矣。其称名也小，其取类也大。其旨远，其辞文，其言曲而中。其事肆而隐。"孔颖达疏"辨物正言"曰："谓辨天下之物，各以类正定言之。若辨健物，正言其龙；若辨顺物，正言其马，是辨物正言也。"即龙与马的象征是在辨理的前提下形成的，称名虽小，寓意广大。但幽微深远的真谛通过象征物体现时，简单的指示并不能曲尽其妙，而需要借助曲折过程的展示，即"言曲而中""事肆而隐"。比如，《乾》卦中从潜龙勿用到亢龙有悔，借助龙的故事以喻事物发展过程中的元、亨、利、贞，或君子的人生历程。"龙战于野"则通过龙的战斗，来象征阴阳斗争、圣人变革。近年来对《周易》卦爻辞性质的研究已经逐渐扬弃孤立地训诂卦爻辞的"占筮记录"说，认识到卦爻辞中有明确的中心意旨，它与卦象结合，来阐释"世界之理"①。卦爻辞是自觉地显示某种真谛的语言形式，它对于真谛的显示是和卦象一起来完成的，卦象中隐含的逻辑成为语言形式的制约。象与辞共同构成易经的经典文本，而当我们进入文本阐释完成伽

① 参看金春峰《〈周易〉卦及卦爻辞的诠释方法——〈大象〉对〈周易〉解读的启示》，《陕西师范大学学报》（哲学社会科学版）2010 年第 2 期；姜广辉《〈易经〉：从"鬼谋"到"人谋"》，《湖南大学学报》（社会科学版）2011 年第 5 期。

达默尔（也即加达默尔）所谓视域融合时，受制于卦象中的科学逻辑是自然而然的。《周易》是被阐释的经典，但同时又为读者提供了超越自然语言的保证阐释普遍性的结构。而这一结构在伽达默尔的阐释学中似乎是缺乏的。

伽达默尔阐释学在综合传统解释学成果的基础上，认识到文本的阐释必须回到存在论中——他受到了海德格尔的影响。海德格尔肯定存在同思维关系中的优先性和本原性，“这一论断还有一种对伽达默尔极为重要的意义：它把自我理解的概念——实际上是整个自我概念——从西方哲学史上的中心地位赶了下去”①。理解的完成要借助于“偏见”和“前结构”，并把自身置入整个交往的生活形式之中，形成共同的视域。但是伽达默尔的阐释理论遭到了哈贝马斯有力的怀疑，对此，刘钢给予详尽的分析②。简言之，伽达默尔合法性的偏见也是一种偏见，根本不存在不言而喻的前判断。解释学虽然避免了客观主义以及解释中的相对主义，但如何保证其理解上的普遍性则是关键。伽达默尔认为，意义理解的普遍性只能在日常语言或经验语言中，不能走出语言之外来反观语言；哈贝马斯则认为伽达默尔的解释学是基于修辞的解释学，而非哲学解释学。这种自然语言的劝说是一种启蒙，也同样使人蒙蔽，而哲学解释学要求在对待基于交往能力的交往经验时采取一种批判和反思的姿态。伽达默尔认为所有自由理解受制于语言的传统，我们不可能走出自然语言之外去观察它作为一个系统是如何产生意义和重复意义的，而哈贝马斯则转而求助一种结构性的语言学，以超越解释学所依赖的日常语言，即通过对语言深层结构和基本的构成原理进行合理性地重建才能获得前理论的知识。哈贝马斯注意到了皮亚杰的理论，皮亚杰认为，在我们的意向性思维中，始终存在一个发展的结构；哈贝马斯也注意到被弗洛伊德证明的存在

① ［德］汉斯－格奥尔格·加达默尔：《哲学解释学》，夏镇平、宋建平译，上海译文出版社1994年版，第48页。

② 刘钢：《哈贝马斯与现代哲学的基本问题》，人民出版社2008年版。

于正常符号之先的古符号组织。[①] 总之，哈贝马斯针对伽达默尔阐释理论的缺憾，希望找到一种先于日常语言的结构系统，这一思路是正确的。《周易》的阐释系统即是一个复调的结构，它由人的实践活动、阐释行为，以及象符号、辞语言符号共同组成。象符号系统中的卦爻体系“是一种具有数学结构的符号系统”，1157 年日本人藤原通宪在其《计子算》中对卦爻体系进行过组合学分析。1703 年则有莱布尼茨的卦爻二进制解，中国数学家焦循则有卦爻二项式解，近代后结合现代科学，科学亦得以蓬勃发展[②]。象符号系统的科学性逻辑与卦爻辞（语言）共同完成着真理性的表达。语言不仅表达着宇宙之理，而且在其背后烛照着科学的逻辑与精神，在与象符号系统的共处中，也要求语言找到自己最为恰当的位置。

将《周易》独特的语言哲学运用于诗学，对于深谙易学的中国诗论家来说是极其自然的。易道与诗道存在某种深度契合，相依相存，互相影响。易道最终目的在于求真，在于穷理尽性，完善宇宙人生，诗道中的审美也与求真、求善不可分开。可以发现，真正杰出的诗人没有一味地沉迷于诗艺的感性魅力，也没有只着眼于诗艺寄托与社会批判，而是以圣人一般的眼界和胸怀昭示真谛，将求真与审美合而为一。这里的审美有致道的意思，不仅体验心理意义或生命意义上的自由境界，而且是确实探究到了宇宙的秘密，进入了道的境界。看到一朵花是美的，意味着超然地在花的形式中体验到了自由，也意味着要将花的本真的形式呈现出来，而并非感性意义上的。欣赏一座亭子不仅要抉发它的深沉的生命意蕴，而且还要找到这意蕴赖以存在的自然之理。中国诗人的艺术创作对真谛有着坚韧的追求。欧阳修《醉翁亭记》表达了注重涵养道德、任情自然、追求心性快乐，以及

① 参见刘钢《解释学批判》，载《哈贝马斯与现代哲学的基本问题》，人民出版社 2008 年版，第 174—205 页。

② 董光璧：《邵雍易学的意义》，载丘亮辉《国际易学研究》（第 12 辑），中国书籍出版社 2012 年版。

将这种快乐推之于民的人文情怀，文中隐含和渗透了《蒙》卦、《需》卦、《谦》卦、《同人》卦等的哲学理念。欧阳修其他记类文，在取意上往往根源于易理，通过叙写平常物事，可以深入悠远精深、雍容华贵之境，这可以说是欧阳修在古文写作上的创举。《丰乐亭记》以《丰》卦立意，《有美堂记》以《萃》卦立意，《海陵许氏南园记》则以“易简”立意，曲折生动而又深沉地表达了一代儒者独特而不失正统的思想精神。《醉翁亭记》中的主旨是欧阳修的人生感悟，但它不是随意性的，而是有着实在的理念支撑的，甚至能从自然存在中发现似乎已经存在于那里的自然之理。我们与其简单地将这种立意方式理解为欧阳修在艺术创作上步武经典，不如将它看作是为艺术寻找真的依靠，因为他将经典中的理念和自然与人生又完美地融合在一起，形成了艺术的世界。苏轼《居士集序》中说：“其言简而明，信而通，引物连类，折之于至理，以服人心，故天下翕然师尊之。”[①]“折之于至理”，就是在诗歌创作中不懈求真。苏轼是欧阳修诗学思想的知音，也是继承者，他们二人在艺术上都有一种科学的精神。苏轼当然不能不受欧阳修影响，但他的科学精神的正宗来源还是易学，欧苏是师友，更是同道。苏诗在审美上能开一局面，仰仗着他的科学眼光，在审美中尽量去客观地观物，而不是让情绪去掩盖真理，当真理存在时，美就可以普遍地出现了。“横看成岭侧成峰”，可谓苏轼观物思想的简明写照。真谛的存在也保证着美的品质，正如一座建筑首先有严谨的结构，才能谈得上美感，对于结构的要求不是实用使然，而是美本身的要求。书法中的字体之美也是建立在结构工整的基础上的，这个结构更是本源性的、发生性的，字体在生成过程中如果忽视骨骼体式，字体将缺少生机，遑论美感。苏轼论画有得“自然之数”的说法，在《书吴道子画后》中直接引入“自然之数”“逆来顺往”等易学观念，来探究吴道子极尽其变于法度之中却又能

① 苏轼：《居士集序》，《欧阳修全集》附录卷5，中华书局2001年版，第6册，第2756页。

超然入神的艺术奥秘。苏轼说：

> 诗至于杜子美，文至于韩退之，书至于颜鲁公，画至于吴道子，而古今之变，天下之能事毕矣。道子画人物，如以灯取影，逆来顺往，旁见侧出，横斜平直，各相乘除，得自然之数，不差毫末，出新意于法度之中，寄妙理于豪放之外，所谓游刃余地，运斤成风，盖古今一人而已。[①]

关于这段文字的理解众说纷纭，但很少有阐释者能看到它提供了由真而得美的审美方法。吴道子所遵循的法度是对“成法”的扬弃，用笔不再以钩研为能，也不以细润为工，而是力求于观物取象中追求八面生动、四面得神。吴道子采取了新的观照方式，研理摹形不拘旧法，于生动豪放的笔触中得自然之理。苏轼发现了这一点，并给予深刻的理论概括，他所说的“以灯取影”“旁见侧出”，就是指对物象进行立体的观察和表现——深得物理且能精妙入神。这可以看作是对画家视角变化、勘测光影过程的哲理性概括。画家先“逆”求寻求到情理本质、物理本质，然后又“顺”势交错变化，而那些笔画如横、斜、平、直，错综变化，不出阴阳之道，得自然之数，在自然之数中超越到入神的艺术境界，但他并不止于此。自然之数可以体现于构图形式，体现在对物象的观照与发现中，也可以折射出人与物象的微妙关系。在诗学领域，遵循于自然之数的审美方法也同样可以引导着作者的感觉切入物象或事件的真实中，由于理性之光的照耀，审美主体庸常的习见即被远远地驱逐，就好像蒙尘的真相重见天日，而这种幻觉是令人信赖的，它来自冷静有理的观察。苏轼《游金山寺》：“我家江水初发源，宦游直送江入海。闻道潮头一丈高，天寒尚有沙痕在。中泠南畔石盘陀，古来出没随涛波。试登绝顶望乡国，江南江

① 苏轼撰，孔凡礼点校：《苏轼文集》卷70，中华书局1986年版，第5册，第2210—2211页。

北青山多。羁愁畏晚寻归楫，山僧苦留看落日。微风万顷靴纹细，断霞半空鱼尾赤……”[①] 写潮头一丈，是近乎科学的衡量，写沙痕尚在，是朴实的陈述；将细致的波纹比作靴纹，将晚霞比作鱼尾，以物比物，是抛弃了浓郁主观色彩的描绘。诗人是在一个超然的绝顶高处来看待景色，看到了波涛出没、青山多多，在这超时空的观照中，其中的意趣隐约能体会到。我们发现，“微风万顷靴纹细，断霞半空鱼尾赤”这样的比喻是非象征性的，因为作为喻体的靴子和鱼儿没有太多的内涵，它使人们摆脱了深厚的历史文化经验，而获得了属于自我的、普遍的趣味。趣味、意趣、美感不可能涤尽具体的文化内涵，特色鲜明的趣味是美感的主要内容，在生命的层面上唯有具体美感内容才能引起人的生命感受，但文化内涵不是美感的一切，它必然被多层的结构形式过滤，在苏轼的审美中，我们更看重他所呈现的深沉的心理结构——其文化趣味背后的对自然之数的依循。

邵雍将“以物观物”的哲学方法运用于审美，也并非审美的倒退，可谓是审美的又一次自觉。李商隐缠绵悱恻的感性背后又是靠什么来支撑的呢？换句话说，我们凭什么相信他的这感觉？或许可以用共鸣来解释，可是，共鸣以后读者就能完全接受那种感觉吗，引起共鸣并使人沉浸其中的仅仅是生命之感吗？那么，什么样的感觉可以引起共鸣呢？诗人是不是在尝试着多种的感觉来挑选一种感觉以待共鸣呢？我们发现李商隐诗在完成感性表述的同时，追求着抽象之思，这背后的抽象之思让我们恒久地接纳了他的感性。李商隐《无题·来是空言去绝踪》：“来是空言去绝踪，月斜楼上五更钟。梦为远别啼难唤，书被催成墨未浓。蜡照半笼金翡翠，麝熏微度绣芙蓉。刘郎已恨蓬山远，更隔蓬山一万重。”相思为何物？这是李商隐要揭示的，而不仅要告诉我们相思的滋味。李商隐抒情诗中的情感并不局限于感觉，而是具有抽象意义和自身的有机肌理。对于相隔了千山万水的相

① 苏轼著，王文诰辑注，孔凡礼点校：《苏轼诗集》，第 2 册，中华书局 1982 年版，第 308 页。

思者，或许也感觉到相思对象和相思本身如同幻影一般，永恒地投射在天地交接之处吧！李义山即以绮丽的文字，如梦如幻又细致切实地呈现了这幻影。李义山面对言空踪绝，却有情思入梦；当梦也消散后，即有书信被情催促而成；看欢爱不再，却有蜡照熏香，而情思在其间流淌，于是，这相思似乎成了不灭的境界。这相思不会被遗忘所遗忘，不会被时空的阻隔所阻隔，它永远是在的。

受《周易》语言观念影响，中国诗人笔下的语言形式注定了要行进在求真的旅途中，同时，这语言形式也将是不能独断专行的，从《周易》语言论的角度来看，语言的背后还存在象的逻辑，语言形式只是形式之一，而不是唯一的。中国的诗论家也接受着上述观念，运思于诗学中。既然有“言不尽意”的认知，那么，语言就不能是“意”本身，于是，语言和意即是两物。语言是不可自己陷在自己的逻辑的，它往往也是谦逊的。这一哲学思考的结论被嫁接在了诗学中，杨万里的“去词去意”论、王船山的“以意为主”与“以言起意”论，即表现出见解的深刻与学理的科学、系统。“去词去意”出现在杨万里《颐庵诗稿序》中——“去词去意，而诗有在矣”。“去词去意”论有其直接的哲学渊源，即他在阐释《周易》时的言意观念。杨万里《易论》说：“圣人之作易，其初有卦而已，象焉在其后，有象矣，辞焉在最后。有辞也，如未始有辞也，杳茫深微，不可得而近也。非不可得而近也，不可得而近者，所以致人之近也，人致于《易》，则近于《易》矣。人之常情，近则狎，远则疑，故《易》之远者，所以投天下以疑，而致天下之思也。思则见，见则悦，悦则研，研则诣，故圣人之作《易》也，不示天下以其道之诣，而诣天下以其道之因。”① 圣人之《易》巧妙地建立了一套多样的语言系统，首先是设卦，设卦之后立象，立象之后系辞，辞处在这一系统的最末梢，而这“辞”是有“辞”，又好似“未始有辞”，“杳茫深微，不

① 杨万里：《易论》，《诚斋集》卷85，四库全书本。

可得而近也”。其实，这是“辞”与“意”都以消隐的姿态出现的情形，可以叫“去词去意”。王船山有“以意为主”之论，意通过语言来传达，但言与意并非一物，王船山在诗论中用“以言起意”的方式来处理二者关系。他说：“以言起意，则言在而意无穷。以意求言，斯意长而言乃短。言已短矣，不如无言。故曰：‘诗言志，歌永言。’非志即为诗，言即为歌也，或可以兴，或不可以兴，其枢机在此。”[①] 以意求言可能使诗意停留在诗人的主观中，这种局限于个人的感觉和意旨限制了语言对于真谛的自由表达。什么样的语言形式是既指向真谛又能使其普遍而全面地出场的呢？“以言起意”可以一身二任。首先，语言在诗的状态下，在求真与求美的道路上形式化地展开，与意一起构成诗的境界。其次，虽然语言的出现产生意义，但所起之“意”，在逻辑上要先于语言，正如刘勰《神思》篇所说的“意授于思，言授于意”。也就是说，“意”要与反思联系在一起，超越语言本身的逻辑。为了破除言、意各自有可能带来的主观或专断，王船山启用了一种更为内在的阴阳变化逻辑，他说：“把定一题、一人、一事、一物，于其上求形模，求比似，求词采，求故实；如钝斧子劈栎柞，皮屑纷霏，何尝动得一丝纹理？以意为主，势次之。势者，意中之神理也。唯谢康乐为能取势，宛转屈伸，以求尽其意，意已尽则止，殆无剩语：夭矫连蜷，烟云缭绕，乃真龙，非画龙也。”[②]“意”脉灌注的过程中，以生动曲折的“势”为逻辑形式呈现在语言形式中。

历史上的易道阐释形形色色，各具乾坤，自有其理。我们将易道理解为一种以语言形式和实践行为永恒地展开的实在，但其自身即是阐释。易道阐释既是一种无法消解的形而上学方式，也是回归生活本源的履践之路，由此而生生不息，成性存存。近代以来，诸多哲学家阐释易学的现代性，创获颇丰，到目前看来易学模式兼备理念性与实

① 王夫之：《唐诗评选》卷 1，《船山全书》卷 14，岳麓书社 1996 年版，第 897 页。
② 王夫之：《夕堂永日绪论内编》，《船山全书》，岳麓书社 1995 年版，第 15 册，第 820 页。

质性、超越性与具身性、个人时位感与历史向度，这是其他哲学难以比拟的，传统易道哲学必然成为新的形而上学的重要资源。较为完善的形而上学一直在路上，或许有待漫长的历史过程，笔者也尚无法提出系统的新的易道本体论，因而本书在本体论和方法论上或许存在着先天不足，只能尽力接近个案的情状并作了适度的阐释。与易道相关的诗学并不游离于易道之外，易道逻辑与诗学理路具有同构性，体会易道即深入中国古代诗学构造与生态的历程，这使我们与古人的诗学对话立体多面，也不至于随性而为。易学模式本身的特质决定了，其阐释模式是变易的，因个人而变易并呈现出普遍性与永恒性，理想的易学即在个性化的理论创造与实践中。当然，这并不意味着各自成理，而在于其理路的缜密周延，以及与行为的并蒂而生，所以真正滋生于个人遭遇的机缘中的易道才是最恰当的。但是，易道哲学本身是具有局限性的，它的先天不足或许在于它设想的有限的完美性，这使得其他类型的哲学与诗学乘虚而入。

第一章　幽微论及其诗学内涵

《周易》中“神”的概念十分重要，刘纲纪先生对此有论，他认为“神”有四个意思：其一，鬼神；其二，阴阳、天地变化的微妙性、难以预测性；其三，赞美《易》的神妙功能、作用；其四，形容变化有“神”的性质，表现在“神无方而易无体”。[①]《周易》中强调的是变化的“神”性，即神秘性和神变性。与之相应，圣人则“神而明之”[②]，“神而化之”[③]，以及“穷神知化”[④]，即调动人的心灵和神性来体察变化不测之道。受这一观念影响，中国美学史上常以“神”论诗，以形容诗歌在思想上揭示天地奥秘、艺术上出神入化、境界上抵达神妙之境。与“神”这一概念有密切关系的是“幽微”，“幽微”类似于“鬼神”，但更是一个与“彰”“明”相对的哲学概念。同样作为圣人探赜索隐的对象，幽微可谓自然物质性和神秘性两者兼有，当这一概念进入诗学领域时，其内涵更加丰富，也更加独特。

一　幽微溯源

幽微作为一个词存在于解易的众多易学著作中，《周易》中没有

① 刘纲纪：《〈周易〉美学》，武汉大学出版社2006年版，第172—173页。

② 《周易·系辞上》。

③ 《周易·系辞下》。

④ 《周易·系辞下》。

直接用到它，但已有“幽”和“微”的提法，并暗含“幽微”之意。“幽”与“明”相对，《周易·系辞上》曰：“《易》与天地准，故能弥纶天地之道。仰以观于天文，俯以察于地理，是故知幽明之故。原始反终，故知死生之说。”王弼注曰：“幽明者，有形无形之象。”这里“幽”意味着无形而不可见的存在。“幽”又与“微”互文，《周易·系辞下》曰：“夫易彰往而察来，而微显阐幽。”王弼注曰：“易无往不彰，无来不察，而微以之显，幽以之阐。”在此，“幽”和“微”是指通过易可以显豁彰明的深邃存在，这一存在又具有时间性，指事物初期的晦暗不明的几微状态，所以孔颖达正义曰：“‘而微显阐幽’者，阐，明也。谓微而之显，幽而阐明也。言《易》之所说，论其初微之事，以至其终末显著也；论其初时幽暗，以至终末阐明也。”圣人君子通过觉察几微而感悟神道，即《周易·系辞下》所说：“几者，动之微，吉之先见者也。君子见几而作，不俟终日。……君子知微知彰，知柔知刚，万夫之望。”与此类似，“幽”也用作动词，如《周易·说卦》曰：“昔者圣人之作《易》也，幽赞于神明而生蓍。”“幽赞”是“深明”之意，即深刻而细致入微地感知。概括而言，“幽微”是指难以感知的存在，也包括“鬼神”，同时也是君子圣人探求的对象，君子之事便是探其幽微，发其奥秘，所谓“夫易，圣人之所以极深而研几也”①，所谓圣人“探赜索隐，钩深致远，以定天下吉凶”②。

幽微一词更多地出现在历代易学著作中。《陆氏易解》注“豚鱼吉，信及豚鱼也”曰：“豚鱼幽微之物，信尚及之，何况于人乎?”③这里的“幽微”是指平凡微小的事物。“幽微”多数是指不可测度的存在和奥秘，如《周易口义》解“故神无方而易无体”曰：“神者，阴阳不测，幽微不可以测度，故曰神；无方者，不见所处，运动不

① 《周易·系辞上》。

② 《周易·系辞上》。

③ （明）姚士粦所辑，（吴）陆绩：《周易注》。

息，是无方也”[①]；司马光《温公易说》卷五解“系辞焉，以断其吉凶，是故谓之爻”曰：“合其法度则吉，违之则凶，赜者，至理幽微无形者也”；宋王宗传《童溪易传》：“事物之理寓于幽微深远之地者，天下之赜也；兆于纷错杂揉之地者，天下之动也。圣人皆有以见之明若观火”[②]；元胡一桂《周易启蒙翼传》中篇：“魏平原管辂公明精于卦筮，穷极幽微，占言吉凶祸福无毫发爽。”另外，“幽微”与“鬼神”有关，鬼神是“理”在幽微中的表现，如宋郑刚中释《丰》卦：“或问：‘鬼神盈虚之道如何可见？’曰：‘所谓鬼神，盖理之在幽微者，人则显而明。盖言消息之理幽明均有，不必拘泥灵变之鬼神，而以著于迹者为消息也。’”[③] 综上而言，幽微中蕴涵“神”或“理”或“鬼神”，但又超出理性、神性、鬼神观念，是一种与“明”相对的客观存在。

幽微还引申为卦象、太极的神妙，如宋徐氏撰《易传灯·后学差误》曰：“夫子作《十翼》而发明易道，其卦象之幽微，刚柔之变化，要旨妙义，广大悉备，《易》无余蕴矣”[④]；宋朱鉴编《朱文公易说》关于太极，朱子有论：“《太极图》立象尽意，剖析幽微，周子盖不得已而作也。”[⑤] 也即以幽微精妙的象征方式探求幽微世界。可以知道，幽微是一个特色鲜明、内涵丰富的概念，相对于老庄的“无”，它是存在；相对于显在，它是潜藏者；相对于“神”“鬼神”，它具有物性，不过，神、理、鬼神又可潜藏其中，幽微与它们有关。

幽微如此重要，探求和表达幽微的方式是什么呢？《周易·系辞上》曰：“夫易，圣人之所以极深而研几也。唯深也，故能通天下之志。唯几也，故能成天下之务。”极深研几的最终目的归于世用民生，在方法上主要通过卦象和爻辞，由幽而知显、由微而渐著地阐发

---

① 倪天隐述其师胡瑗之说。

② （宋）王宗传：《童溪易传》卷28，四库全书本。

③ （宋）郑刚中：《周易窥余》卷13，四库全书本。

④ （宋）徐氏：《易传灯》卷1，四库全书本。

⑤ （宋）朱鉴编：《朱文公易说》卷1，四库全书本。

幽微，并窥测吉凶悔吝，所以《周易·系辞上》说："探赜索隐，钩深致远，以定天下之吉凶"，"圣人有以见天下之赜，而拟诸其形容，象其物宜，是故谓之象。圣人有以见天下之动，而观其会通，以行其典礼，系辞焉以断其吉凶，是故谓之爻"。卦象是象征性符号，卦辞、爻辞不离形象和哲理，圣人表达幽微的方式自然是象征的、哲理的，也是形象的。易学中对幽微的重视和寻求方式都影响着中国人的文化心理、诗学思路和审美理想。

幽微一词经常出现在佛学著述中，运用非常普遍，以幽微来解释佛道神迹，自然而然地完成了从易学概念到佛学概念的转型。值得注意的是，佛学著作中幽微与真理探求联系在一起，而获得幽微之理的方法是心神领悟。宗炳《明佛论》曰："今以茫昧之识，烛幽冥之故，既不能自览鉴于所失，何能独明于所得。"① 幽微之处的显现有赖于心灵的鉴照。而幽微主要通过语言来暗示或表达，佛家倡导不立文字，却不可一概而论，相对于易学中对幽微的显现，反倒突出了文字的重要性。王暕答梁武帝《敕答臣下神灭论》曰："圣旨玄照，启寤群蒙，义显幽微，理宣寂昧。"② 所谓理和义都是存在于文字中的，释僧䂮《答秦主书》曰："至于敷演妙典，研究幽微，足以启悟童稚，助化功德"③，此处指探及佛理；晋庾冰《代晋成帝沙门不应尽敬诏》曰："悟言则当测幽微，论治则当重国典"④，此处指言及玄妙之理。由此引申，幽微常指言说或理论的玄妙精深，如唐释道世撰《法苑珠林》卷76《咒术篇》第六十八之三曰："跨越关河，听澄讲说，皆妙达精理，研测幽微"；《法苑珠林》卷33《说听篇》第十六之余曰："（竺道生）生剖析经理，洞入幽微。"

幽微在儒佛领域的实际意义各有侧重，佛学中的幽微则关乎心性

① （南朝梁）僧祐：《弘明集》卷2，四库全书本。

② （南朝梁）僧祐：《弘明集》卷10，四库全书本。

③ （南朝梁）僧祐：《弘明集》卷11，四库全书本。

④ （南朝梁）僧祐：《弘明集》卷12，四库全书本。

佛理；易学中的幽微关乎人事更替、吉凶变化。无论是玄理之微妙入神，还是人事之不测更替，都可影响诗学的理、事、情。

二　幽微的诗学意义

中国诗歌在创作实践和理论建构中也借用了“幽微”这一概念。幽微作为哲学概念天然地是诗性的，它与诗学中探索和表达的微妙感性和真实情理联系在一起，也与诗歌中呈现的幽隐内涵密切相关。诗以性情为主，性情微妙不可言，即景会心、顺物而化时，更是变化绝伦，诗歌即是要把握那具体情境和倏忽诗思。在此过程中，人心攀缘到了真谛所在，神与物游，心与道合，这样的境界依赖于光、色、形、影、声的呈现和暗示，而所有的呈现和暗示需要指向那幽微的所在。体验和认知世界的方式中，诗歌艺术正是以感情触及了世界的秘密和奥妙，情感体验的真实是艺术的真实，情感观照下的现实是变形的意象，而情感本身有其变化的色彩、节奏、韵律，所有这些构成了生气流动、虚实相生的第二自然，这是一个常人感官所难以体察到的世界，也是一般心智不可抵达的所在。诗歌在体察方式上虽然是感性的，但从来没有脱离过对理的探求，也没有脱离过对自然、人事幽微变化的显现。

中国古人无论是在理论上还是在实践上，都有着对“幽微”的自觉意识。钟嵘认为幽微凭借诗歌来昭告于世，《诗品·序》曰：“气之动物，物之感人，摇荡性情形诸舞咏，照烛三才，晖丽万有，灵祇待之以致飨，幽微藉之以昭告，动天地，感鬼神，莫近于诗。”旧题魏文帝撰《诗格·六志》则主张诗歌言语应该触及“几微”，“寄怀三”条曰：“谓含情郁抑，语带几微。《幽兰诗》：‘有怨生幽地，无情逐远风。’”[①] 旧题王昌龄《诗格》中，则主张“诗有五趣向”，其中强调“幽深”之趣，他说：“幽深四。谢灵运诗：‘昏旦变

① 旧题魏文帝：《诗格·六志》，见张伯伟《全唐五代诗格汇考》，凤凰出版社 2002 年版，第 102 页。

气候，山水含清晖。'"[①] 此句写一日中晦明之变，而产生天气流行，作者也体察到山水景色中含蕴着清澈的光辉。朝夕更替，风气流动，山水色相，一切微妙之物都被诗人感知，并能以生花妙笔形之于笔墨。所谓幽深，就在于探及自然奥秘，而成意味隽永之境界。释皎然《诗式·序》中对诗歌在本质和功用上的幽微性有精当论述：

> 夫诗者，众妙之华实，六经之菁英。虽非圣功，妙均于圣。彼天地日月，元化之渊奥，鬼神之微冥，精思一搜，万象不能藏其巧。其作用也，放意须险，定句须难，虽取由我衷，而得若神表。至如天真挺拔之句，与造化争衡，可以意冥，难以言状，非作者不能知也。[②]

诗歌是"众妙"的花朵与果实，其功能几乎等同于圣人，只要精思一搜，天地日月、元化渊奥、鬼神微冥都纷纷呈现，诗歌的神奇表现与《周易》中所描写的仰观天文、俯察地理、深及隐幽几微的圣人之功并无二致。在旧题贾岛撰《二南密旨》中明确提出诗歌物象比拟君臣之化，"论物象是诗家之作用"条说："造化之中，一物一象，皆察而用之，比君臣之化。君臣之化，天地同机，比而用之，得不宜乎。"[③] 即通过细致觉察物象的生态与肌理，根据"天地同机"之微旨来彰显人事伦理的变化。《二南密旨》"论引古证用物象"条进一步说明了诗人是如何以四季物象来比拟君臣之义的，文中说："四时物象节候者，诗家之血脉也。比讽君臣之化深。《毛诗》曰：

---

① 旧题王昌龄：《诗格》卷下，见张伯伟《全唐五代诗格汇考》，凤凰出版社 2002 年版，第 183 页。

② 释皎然：《诗式》卷 1，见张伯伟《全唐五代诗格汇考》，凤凰出版社 2002 年版，第 222 页。

③ 旧题贾岛：《二南密旨》，见张伯伟《全唐五代诗格汇考》，凤凰出版社 2002 年版，第 397 页。

'殷其雷，在南山之阳。'雷，比教令也。'他山之石，可以攻玉。'此贤人他适之比也。陶潜《咏贫士》诗：'万族各有托，孤云独无依。'以孤云比贫士也。以上例多，不能广引，作者自可三隅反也。"[①]山石、雷声、孤云能比类人事的前提是自然与人事"同机"，在幽微的渊奥处彼此融通，这是探及宇宙秘密的结果。诗人是知晓天地之化、顺应宇宙大变、深研物理的人物。唐代诗人郑谷《寄题方干处士》有"暮年诗力在，新句更幽微"之句[②]，齐己《喜彬上人见访》写道："携来律韵清何甚，趣入幽微旨不疏。莫惜天机细捶琢，他时终可拟芙蕖。"[③] 诗人希冀着趣入幽微，而得自然天机。宋释智愚《颂古一百首》其七十六中有这样的诗句："隔水何人歌竹枝，动人情思极幽微"，形容歌声妙极幽微的神奇和感荡情思的艺术魅力。

不难发现，在唐人的诗歌理论和创作实践中，主张诗人有探测幽微之功，这种诗学思想大多与《周易》幽微思想有直接联系，诗人在诗的王国里承担着圣人之功，以诗歌和情思为凭借探讨着宇宙变动。僧虚中《流类手鉴》有很好的总结，他说："夫诗道幽远，理入玄微。凡俗罔知，以为浅近。善诗之人，心含造化，言含万象。且天地、日月、草木、烟云皆随我用，合我晦明。此则诗人之言应于物象，岂可易哉?"[④] 作为诗人，心思弥漫包罗造化，与自然合一，与大化共同流行，诗性语言中也包罗了世间万象，囊括了天地万物，我心的阴阳错综、晦明交往，使日月、草木皆随我动，从而形成变化不测的艺术胜境。僧保暹《处囊诀》："夫诗之用，放则月满烟江，收则云空岳渎。情忘道合，父子相存。明昧已分，君臣在位。动感鬼

---

① 旧题贾岛：《二南密旨》，见张伯伟《全唐五代诗格汇考》，凤凰出版社 2002 年版，第 397 页。

② （唐）郑谷：《云台编》卷上，四库全书本。

③ 齐己：《白莲集》卷 8，四库全书本。

④ 僧虚中：《流类手鉴》，见张伯伟《全唐五代诗格汇考》，凤凰出版社 2002 年版，第 418 页。

神，天机不测，是诗人之大用也。"[①] 此论精当，同样可以明显地发现《周易》中的君臣伦理、不测变化思想在诗学中的体现。

易学中的幽微进入诗学领域时，诗人在创作中便特别留心于对时机的把握和对物象变幻的描绘，通过对现实事物生命动态的深刻体悟和艺术加工，触动幽微，彰明奥秘。王昌龄《宴春源》："源向春城花几重，江明深翠引诸峰。与君醉失松溪路，山馆寥寥传暝钟。"该诗中繁盛与静寂统一在一起，既有对各色物象的描摹，也有自然漫溢的哲思。春城之水穿过重重花丛，诗人以"源向春城花几重"写之，江水流动，诸峰深翠，诗人以"江明深翠引诸峰"写之，写出了自然物象的多种形色及它们之间极其微妙的关系。作者尤其注意动态，前一句用"向"字，与第二句"引"字对应，写的是扑面而来的重重山峰，在江水中形成美丽的倒影，意象叵叠灵动，一去一来，富有理趣。也正是在这样一去一来的流动中，诗人很快进入了迷离恍惚之境，诗歌同样以幽眇之言描绘了这一感觉，"与君醉失松溪路"写的是诗人诸事皆忘的恍惚情态，在松溪路上辨不清方向，就在此时，传来了寥寥暝钟。钟声清醒了恍惚，山馆清晰地浮现，这是在冥冥中的浮现。王昌龄《旅望》："白草原头望京师，黄河流水无尽时。穷秋旷野行人绝，马首东来知是谁。"起句"白草原头望京师"虽是家常语，但可见思念京师心切，不仅眼看，更是心盼、心看。"黄河流水无尽时"写触目所见只有不息的黄河流动，"无尽"表示眺望的毫无着落、没有终了，黄河有多远，期盼有多远，黄河流了多少年，那等待就有多少年，是无尽和河水将作者的眺望引向漫长的失望和空茫。"望"而"无尽"，秋天到了尽头，旷野上行人已绝，最终由"望"而"穷""绝"，第四句"马首东来知是谁"使得诗意突转，激活了死寂和空虚，带来了一些猜想和一丝希望。从期待到失望，从失望到绝望，从绝望到惊奇与希望，仿佛穷极变化的书法线条，呈现出鬼斧

① 僧保暹：《处囊诀》，见张伯伟《全唐五代诗格汇考》，凤凰出版社 2002 年版，第 497 页。

神工的魅力。令人惊叹的是最后一句中的“马首”即马头和第一句中的“头”呼应，足见构思巧妙，察物细致；一个是东部出现的活动点，另一个是西部的立足点，二者形成精致的呼应关系，这样的艺术表达，可谓妙哉。

在诗意上不仅有妙入神理、不可言说的意蕴，而且具有特别的象征意味。《二南密旨》中有不少例证：

> 大意，谓一篇之意。如皇甫冉送人诗：“淮海风涛起，江关幽思长。”此一联见国中兵革、威令并起。“同悲鹊绕树，独作雁随阳。”此见贤臣共悲忠臣，君恩不及。“山晚云和雪，门寒月照霜。”此见恩及小人。“由来濯缨处，渔父爱潇湘。”此见贤人见几而退。李嘉祐《和苗员外雨夜伴直》：“宿雨南宫夜，仙郎伴直时。”此见乱世臣节也。“漏长丹凤阙，秋冷白云司。”此见君臣乱暗之甚。“萤影侵阶乱，鸿声出塞迟。”此见小人道长，侵君子之位。①

上述所引诗句意象意味深长，诗意隐约曲折，超出了一般的言志抒情，透露着更多的讽刺与象征的信息，这正是所谓的“天地同机”，诗人能从自然景物而见世态万象，从显在物象而见深层的社会潜流。中国古人有“观风”之说，政治风向、时代风气、民生状况，都可从诗歌中窥见一斑，其基本原理就是“气之动物，物之感人”，诗人借物象而感应风气，天地间同气相应，笔下的有限景致必然有可能流露出当时普遍的世态人情，而只有触动幽微之处的物象才能有此蕴含。上述所引例证是，物象象征意义相对定型后的产物，但可以从风、雨、凤、雀等的描写中显出非同寻常的深意。

幽微思想在诗歌中也常演变为对抽象的哲理和意境的追求，而表

---

① 旧题贾岛：《二南密旨》，见张伯伟《全唐五代诗格汇考》，凤凰出版社 2002 年版，第381 页。

失了比兴的本来意义，讽刺和象征也被忽略不提。此时的幽微所指，即是玄理，这类似于幽微在佛学中的处境，主要是指玄远透彻之理。不过，理的内涵是离不开幽微的，离不开幽微的玄理便不是凭空而生的，而是源于个人妙悟。妙悟所指一般是思想艺术的微妙处，此类诗学中，作者将意象、情思的融合为一作为理想，也即严羽所说“别趣”，强调妙理，又与一般说理及禅理划清界限。姜夔《白石诗话》中的“想高妙”也属此类：

> 诗有四种高妙：一曰理高妙，二曰意高妙，三曰想高妙，四曰自然高妙。碍而实通，曰理高妙；出自意外，曰意高妙；写出幽微，如清潭见底，曰想高妙；非奇非怪，剥落文采，知其妙而不知其所以妙，曰自然高妙。

写出幽微，意味着直接真理，心有灵悟，又能有透彻玲珑的语言表现方式，象与理浑然为一，诗歌境界澄明而现。

将诗学中的幽微思想继承并总结的是叶燮，《原诗》以理、事、情为诗歌关键。不过，理为“不可名言之理”，事乃“不可施见之事”，情是“不可径达之情”，也即“幽眇以为理，想象以为事，惝恍以为情”[①]，从而达到独特神妙的艺术境界。《原诗·内篇》（下）说：“诗之至处，妙在含蓄无垠，思致微渺，其寄托在可言不可言之间，其指归在可解不可解之会，言在此而意在彼，泯端倪而离形象，绝议论而穷思维，引人于冥漠恍惚之境，所以为至也。”[②] 诗歌超远深邃的境界是建立在微渺的诗思之上的，叶燮突出地表达了这一思想，推崇“古人妙于事理之句”[③]，以孟浩然缺少“缥缈幽深思致”

---

① （清）叶燮：《原诗》，霍松林校注，人民文学出版社1979年版，第32页。

② （清）叶燮：《原诗》，霍松林校注，人民文学出版社1979年版，第29—30页。

③ （清）叶燮：《原诗》，霍松林校注，人民文学出版社1979年版，第32页。

为憾[1]，认为“宋人七绝，种族各别；然出奇入幽，不可端倪处，竟有轶驾唐人者”[2]。以“出奇入幽”为宋人高出唐人之处。显然，叶燮论诗的宗旨是突出诗写幽微的本质特征，虽然这样的理论有可能使诗歌走向玄虚，但抽绎出了中国诗歌的艺术基调。现在回顾易学中幽微思想对诗学之影响，很明显地发现，易学中探幽微而指人事的传统似乎失落了。

面对诗写幽微的观念有两个问题可以思考。一是诗歌的真实性问题，二是诗歌的情感问题。关于真实性，一般来讲，文学的真实性就是情感的真实性，即能有深厚的意蕴。而意蕴又常与真理性内容相关，那么诗歌的真实就是要表达真理性内容。真理在诗歌中究竟有无呢？西方诗歌中将艺术当作是对理念的再模仿，它以接近理念为旨归；而在中国诗歌中，它是对种种变化关系的精细体验和探测，以及对内心统觉的呈现，在这个意义上，更多的是注意生命的气韵，而不是指向真理。以叶燮所举杜甫诗为例：

> 《夔州雨湿不得上岸作》“晨钟云外湿”句：以“晨钟”为物而“湿”乎？“云外”之物，何啻以万万计！且钟必于寺观，即寺观中，钟之外，物亦无算，何独湿钟乎？然为此语者，因闻钟声有触而云然也。声无形，安能湿？钟声入耳而有闻，闻在耳，止能辨其声，安能辨其湿？曰“云外”，是又以目始见云，不见钟，故云“云外”。然此诗为雨湿而作，有云然后有雨，钟为雨湿，则钟在云内，不应云“外”也。斯语也，吾不知其为耳闻耶？为目见耶？为意揣耶？俗儒于此，必曰：“晨钟云外度。”又必曰：“晨钟云外发。”决无下“湿”字者。不知其于隔云见钟，声中闻湿，妙悟天开，从至理实事中领悟，乃得此境界也。[3]

① （清）叶燮：《原诗》，霍松林校注，人民文学出版社1979年版，第65页。
② （清）叶燮：《原诗》，霍松林校注，人民文学出版社1979年版，第74页。
③ （清）叶燮：《原诗》，霍松林校注，人民文学出版社1979年版，第31—32页。

精妙的变化和个人直觉，给物象重新注入了气韵灵魂，从而于声音中感受湿度，在云彩遮挡中看见晨钟，这就是所谓的妙悟天开，与其说是切近了真理，不如说是重新构筑了自己的感觉和想象，使物与物建立了崭新的关系，也使人与物建立了从未有过的关系。

与此相应的是诗歌与激情的关系问题。诗歌可以脱离激情这是不争的事实，激情四射的诗心和感荡动人的艺术作品是有力的，但幽微呈现的作品也同样能有深沉博大的力量，它的启示性和直感心灵的魅力也不可忽视。事实上，在中国古代诗歌中不少诗作并不张扬激情和个性，却默默而智慧地言说着天地秘密。

三 幽微与志怪意识

“幽微”一词在佛学著作中与佛理相关，但也与神秘信仰有关；“幽微”在易学著作中指不测之妙，但在其内涵中也给鬼神留下了存在空隙。它是与“明”相对的哲学概念，但在“幽”的内涵中又潜藏着神秘思想；在诗歌艺术中，是指作者对微妙变化的感悟和捕捉，由平凡物象而至神妙，更多的是一种诗性的理性主义倾向。事实上，幽微观念与理性主义思想存在复杂关系，形成了中国文化的张力。我们承认理性，但并不认为理性主义即是全能的。恰恰相反，幽微观念有时提示的正是超出理性的深远存在。这一思想使中国文人对世界保持虔敬心理，对事件或传说常实录以存疑。如果说诗歌中探求渺茫之境，神游于会心体道孤高境界，那么，画家和小说家往往将眼睛投向了超自然、超理性的存在。诗歌作为精深奇妙、象征性强的语言艺术，便于探赜索隐，将人引领向超凡圣境，也便于隐约其词而给世界以深沉而敏感的讽喻；在绘画中和小说中所提到的“幽微”，则更多的是对天地神灵的显现。可以说，诗歌显其精，小说显其粗，绘画介于二者之间。

关于“幽微”与志怪小说之关系，其实，鲁迅先生说得很明确。他说：“文人之作，虽非如释道二家，意在自神其教，然亦非有意为小说，盖当时以为幽明虽殊途，而人鬼乃皆实有，故其叙述异事，与记载人间常事，自视固无诚妄之别矣。”[①] 不可否认文人受“大畅巫风”“鬼道愈炽”的社会风气的影响而有志怪之书，但不可将其等同为弘扬鬼道之书或宗教寄托之书，它与易学哲学深刻影响下的中国文人对幽微的勘察冲动和记述密切相关。易学中，幽微是隐蔽的存在，正如文章开始所论，幽微有时指鬼神。那么，《周易》中又是如何看待鬼神的呢？《系辞上》曰：“精气为物，游魂为变，是故知鬼神之情状，与天地相似，故不违。”意思是说，气之精者则是有生命之物，精神消散，魂游离于魄则是生命结束，由此圣人可以明白，气的聚散产生的鬼神情状与天地自然规律相一致，所以不去违背。《周易》认为，鬼神变化是气的聚散引起的，与天地自然在根本上并无二致。

正是这样的鬼神观，使中国文人能正视它的存在但又不过于神秘化，而是把鬼神当作一种特殊现象，将采录或记述其迹象当作一种责任，或以资后世参阅，或发明神道之不诬。代表性作品有张华《博物志》、干宝《搜神记》、陶潜《搜神后记》、王嘉的《拾遗记》、刘义庆《幽明录》等，鲁迅先生《中国小说史略》中对以上诸作评价并不很高。从小说发展的角度来看，这些作品确实稚拙简易，大多记述灵境异物、神祇灵异，但是，我们以“幽微”观念看待，其价值不容忽视。关于张华《博物志》，王嘉在《拾遗记》中说：“捃采天下遗逸，自书契之始，考验神怪，及世间闾里所说，造《博物志》四百卷，奏于武帝。”可见，此书主要以采录遗逸为主，涉及神怪和闾里所说，鲁迅先生在《中国小说史略》评价道：“其书所存，乃类记异境奇物及古代琐闻杂事，皆刺取故书，殊乏新异，不能副其名，或由后人缀集而成，非其原本欤？”虽然该书有虚妄之嫌，但一方面可以补文献之阙，将奇诡怪异之事流传后世；另一方面，从这些记载

① 鲁迅：《中国小说史略》，人民文学出版社 1973 年版，第 29 页。

中我们看到作者勘察幽微的哲学观念。《博物志·山》曰："石者，金之根甲。石流精以生水，水生木，木含火。"[①] 将五行哲学坐实于对自然山水的解释中。再如《博物志·山水总论》曰：

> 五岳视三公，四渎视诸侯。诸侯赏封内名山者，通灵助化，位相亚也。故地动臣叛。名山崩，王道讫，川竭神去，国随以亡。海投九仞之鱼，流水涸，国之大诫也。泽浮舟、川水溢，臣盛君衰。百川沸腾，山冢崒崩，高岸为谷，深谷为陵，小人握命，君子陵迟。白黑不别，大乱之征也。

从这段文字我们发现，建立河岳山川和政治治乱的联系虽然荒诞不经，但其中渗透着明晰的哲学观念，即从山川的表征来看人事的吉凶盛衰，与《周易》哲学是一脉相承的。《博物志·五方人民》认为山水之气与男女性别、道德伦理存在一定关联："有山者采，有水者渔。山气多男，泽气多女。平衍气仁，高陵气犯，丛林气躄。故择其所居，居在高中之平、下中之高，则产好人。"而在《博物志·物产》中又指出地气和物产、土地颜色和农作物之间的关系：

> 地性含水土山泉者，引地气也。山有沙者生金，有谷者生玉。名山生神芝不死之草，上芝为车马，中芝为人形，下芝为六畜。土山多云，铁山多石。五土所宜，黄白宜种禾，黑坟宜麦黍，苍赤宜菽芋，下泉宜稻。得其宜，则利百倍。[②]

这不仅是使人博见多闻，更重要的是其中渗透着对事物之间微妙关系的揭示，可谓深入奥秘，体察入微。干宝《搜神记》中记载神

---

① 张华：《博物志》卷1，四库全书本。
② 张华：《博物志》卷2，四库全书本。

仙异迹，也记录了各种征兆和感应。对于后者，作者似乎在映证着幽微之理。他说："妖怪者，盖精气之依物者也。气乱于中，物变于外。形神气质，表里之用也。本于五行，通于五事。虽消息升降，化动万端。其于休咎之征，皆可得域而论矣。"[①] 干宝以气论和阴阳消息来解释妖怪的产生，他还用阴阳观念来解释女子化男这一奇怪现象，并将这一现象与政治联系起来。《搜神记》曰：

> 魏襄王十三年，有女子化为丈夫。与妻，生子。京房《易传》曰："女子化为丈夫，兹谓阴昌，贱人为王；丈夫化为女子，兹谓阴胜阳，厥咎亡。"一曰："男化为女，官刑滥；女化为男，妇政行也。"[②]

女子化为男子或男子化为女子是阳气和阴气消长的结果，这种阴阳盛衰在政治上也有相应表现，作者从奇特的现象中，看到的却是气运流行，看到的是普遍规律。《搜神记》记录的一则故事中，甚至能从鞋子的方头或圆头窥见社会政治，曰："初作屐者，妇人圆头，男子方头。盖作意欲别男女也。至太康中，妇人皆方头屐，与男无异。此贾后专妒之征也。"[③] 以屐的方头和圆头之别来区分男女，本来就牵强，而方头圆头的秩序混淆竟然成了贾后专横妒忌的表征。不过，以阴阳哲学来分析，似乎又不无道理，因为几微渺小、怪异不经之事只是某种象征而已。

此类小说中的神怪之事，从理性主义观点视之，则荒诞不经，无以验证，但古人依然将其纳入重要的文化体系。梁萧绮在《拾遗记·序》中首先肯定该书取事宏博："王子年乃搜撰异同而殊怪必举，纪事存朴受广向奇，宪章稽古之文，绮综编杂之部，《山海经》

---

① 干宝：《搜神记》卷6，四库全书本。

② 干宝：《搜神记》卷6，四库全书本。

③ 干宝：《搜神记》卷7，四库全书本。

所不载，夏鼎未之或存，乃集而记矣。”[①] 接着将其与经籍图符比类，并说明它彰显世运、移风易俗的功能。萧绮说：“详往迹，则影彻经史，考验真怪，则叶符图籍。若其道业远者，则辞省朴素，世德近者，则文存靡丽。编言贯物，使宛然成章，数运则与世推移，风政则因时回改”[②] 正如萧绮所说，搜刊幽秘、捃采残落是这类志怪体的主旨，也即拾遗补阙之意，准确地讲志怪之目的不限于猎奇，而有裨补时政的文化功能。

到后世元好问有《续夷坚志》，纪昀有《阅微草堂笔记》，延续志怪传统，谈论神灵鬼怪，这与他们的正统文化身份形成鲜明对比，而正统和志怪这两种文化气质又在一个更高的层次上统一。元好问以班马之才，阅沧桑之变，采集故国君臣遗言往行，以著述国史为己任，同时，他又将正史“绪余”修成《续夷坚志》[③]，记录当时琐事传说、种种灵异罕见之事，“可使善者劝而恶者惩”[④]。如《金狮猛》中写秉异气而化藏于牛肾的狮形石，《铁中虫》中写藏于釜底经火有声的铁中虫，元好问是针对《典论》所谓“火性酷烈，理无生物”之论而特地记述，证明常理之外也有反常之理。《刀生花》记载一大刀上生花十许茎，各长一指，纤细如发，茎色微绿，开细白花。按照常理，铁器并不能开花。除了记述反常之事理外，也记录吉凶征兆，《生子两头》：“正大辛卯十二月，阳翟士人王子思家一婢，生子一身两头。乳媪以为怪，摘去其一，气系分两歧而出。明年正月，西行诸军有三峰之败。”[⑤] 也记录因果报应事，《李昼病目》中，聊城李昼生二子，其一失明，其一无目，李昼本人也有一目失明，究其原因，李

---

① 王嘉：《拾遗记》，四库全书本。

② 王嘉：《拾遗记》，四库全书本。

③ 荣誉：《续夷坚志序》，见元好问《元好问全集》（增订本下），姚奠中主编，李正民增订，山西古籍出版社 2004 年版，第 1114 页。

④ 荣誉：《续夷坚志序》，见元好问《元好问全集》（增订本下），姚奠中主编，李正民增订，山西古籍出版社 2004 年版，第 1114 页。

⑤ 元好问：《续夷坚志》（二），见元好问《元好问全集》（增订本下），姚奠中主编，李正民增订，山西古籍出版社 2004 年版，第 1175 页。

昼塑神像的眼睛时，为图省事就地剜取。另外也记录祥瑞、谶语之类，旨在映证幽微之理。纪昀《阅微草堂笔记》中颇多志怪之作，也渗透了其幽微思想，“‘六合之外，圣人存而不论。’然六合之中，实亦有不能论者。”① 并显示了他对理学主流的怀疑，而主张“君子于不知，盖阙如也”。

> 李又聃先生曰：“宋儒据理谈天，自谓穷造化阴阳之本；于日月五星，言之凿凿，如指诸掌。然宋历十变而愈差。自郭守敬以后，验以实测，证以交食，始知濂、洛、关、闽，于此事全然未解。即康节最通数学，亦仅以奇偶方圆，揣摩影响，实非从推步而知。故持论弥高，弥不免郢书燕说。夫七政运行，有形可据，尚不能臆断以理，况乎太极先天，求诸无形之中者哉。先圣有言：‘君子于不知，盖阙如也。’”②

反对臆断以理，就是在理学思想之外，给出了更多的思想空间。理学思想与阴阳思想有关系，但借助它绝对不能穷极阴阳之本；一阴一阳之谓道，但理学家之道不能代替阴阳不测变化。在阴阳不测变化中，潜藏着理性不能抵达的所在。而正是对鬼神“幽微”的正视，更丰富着中国文人的视野。

---

① 纪昀：《阅微草堂笔记》，袁彦平、王恒柱、鲁南言校点，齐鲁书社2007年版，第78页。
② 纪昀：《阅微草堂笔记》，袁彦平、王恒柱、鲁南言校点，齐鲁书社2007年版，第79页。

第二章　阮籍易学与《咏怀》八十二首

阮籍越名教而任自然，在那个严酷的政治环境中将眼光投向了宇宙自然，也解放着自己的有限生命。陈寅恪认为他主张的自然说与名教相抵触，于生活上也表现出佯狂任诞，或保养有形之生命，或别学神仙①。不过，这些表现于现实中的思想倾向却有着深刻而内在的逻辑，这幽深邃密的理路在《通易论》《达庄论》《大人先生传》中明确而系统地表达出来，其间一直纵贯着阮籍卓异于众流的自然观、伦理观，更洋溢着觉醒了的新的人格精神。当这系统之思想与觉醒之精神出现在《咏怀》八十二首中时，新的诗歌境界和诗歌时代便豁然开启了，同时，颇具新质的认识论（心物关系）也直接影响着他的诗歌审美论，这也给阮籍在诗学领域中提供了新的运思方法。

一　通易论

《通易论》以谨严的思考和明晰的政治寄托并表达了阮籍的自然观、伦理观，以及对心物关系的独到见解，在魏晋易学中独树一帜。从中我们看到，阮籍易学是指向历史和现实的，对于历史盛衰、社会治乱，不仅从阴阳的自然消息去阐释，而且，着眼于先王、君子的伦理道德与历史之关系。阮籍对于“圣人”的平实的态度也颇耐人寻

① 陈寅恪：《陶渊明之思想与清谈之关系》，《陈寅恪集·金明馆丛稿初编》，生活·读书·新知三联书店2009年版。

味，迥异于秦汉帝国树立的超凡脱圣的圣人形象。

（一）历史盛衰与先王、君子

《通易论》中有一段文字是阐释《序卦》的，从中他体察历史盛衰，感悟天道与人道之关系。其文曰：

易之为书也，本天地，因阴阳，推盛衰，出自幽微以致明著，故乾元初“潜龙勿用”，言大人之德隐而未彰，潜而未达，待时而兴，循变而发。天地既设，屯蒙始生，需以待时，讼以立义，师以聚众，比以安民，是以“先王以建万国，亲诸侯”收其心也。履而积之，畜而制之，是以上下和洽，“裁成天地之道，辅相天地之宜以左右氏”，顺其理也。

先王既殁，德法乖易，上凌下替，君臣不制，刚柔不和，天地不交，是以君子一类求同，遏恶扬善，以致其大。谦而光之，裒多益寡，崇圣善以命，雷出于地，于是大人得位，明圣又兴，故先王作乐荐上帝，昭明其道以答天贶。于是万物服从，随而事之，子遵其父，臣承其君，临驭统一，大观天下，是以先王以省方观民、设教、仪之以度也。包而有之，合而含之，故先王用之以明罚敕法。自上乃下，贵复其贱，美成亨尽，时极日至，先王闭关，商旅不行，后不省方，以静民也。季叶既衰，非谋之获，应运顺天，不妄其作，故先王茂对时育万物，施仁布泽以树其德也。万物归随，如法流承，养善反恶，利积生害，刚过失柄，习坎以位，上失其道，下丧其群，于是大人继明，照于四方，显其德也。自乾元以来，施平而明，盛衰有时，刚柔无常，或得或失，一阴一阳，出入吉凶，由暗察彰；文明以止，有翼不飞，随之乃存，取之者归，施之以若，用之在微，贵变慎小，与物相追；非知来藏往者莫之能审也。①

---

① 阮籍：《通易论》，见阮籍著，陈伯君校注《阮籍集校注》，中华书局 1987 年版，第 110—111 页。

阮籍首先将大人德行由潜而显，乃至由壮大而衰微的变化轨迹与对卦序的阐释结合起来，将卦的承接变化与先王建国之道、君子因应之德比类，从而把历史盛衰消长的进程置入易卦的变化周流中。于是，“万物归随，如法流承，养善反恶，利积生害，刚过失柄”或“通变无穷，周变又始，刚未出，阴在中，柔济不遗，遂度不穷”成了历史变化的基本逻辑结构①。而在这一流行或动荡中，先王、君子、大人均能观民设教，振起于颓波之上，彰显其德。朱伯崑认为，“阮籍的这些解释，以取义说为主，配以政治说教”②。“阮籍的序卦说，吸收了其中盛衰消长的因素，抛弃了天人感应的成分，用来解释人类社会历史治乱兴衰的过程，这是对卦气说的一种改造。”③ 此论诚是，阮籍承认历史存在盛衰变化的客观规律，但他表彰了这一进程中先王君子顺变应物的智慧与意志，清醒地认识到他们的德行必然从沉潜到彰显，积极地影响着历史命运的周流推移。

即使是论自然生成，阮籍也倡明着人伦精神，让我们看到自然大化中人的化育品格。究其原因，一方面，这是易本体论的基本观念，阮籍体认到宇宙与人心为一；另一方面，不能否认阮籍是为了给其伦理观念寻找宇宙论的依据。阮籍论自然生成表现在对《说卦》的阐释中。徐芹庭认为：“其论八卦之生成，则本《说卦》方位，以五行、干支与人伦相配”④，此论诚然，阮籍论八卦生成、万物化生，以及吉凶成败，以《说卦》中确立的时间与空间模式为蓝本，并配以五行、干支；而五行和干支在京房易、《易纬·乾凿度》中业已出现，可见阮籍并未完全摆脱汉易之影响，但其特出之处则在于倡明八卦及其变化的人伦性质。

---

① 阮籍著，陈伯君校注：《阮籍集校注》，中华书局1987年版，第117页。

② 朱伯崑：《易学哲学史》（第一卷），昆仑出版社2005年版，第360页。

③ 朱伯崑：《易学哲学史》（第一卷），昆仑出版社2005年版，第361页。

④ 徐芹庭：《易经源流——中国易经学史》（上册），中国书店2008年版，第421页。

卦体开阖，乾以一为开，坤以二为阖。乾坤成体而刚柔有位，故木老于未，水生于申，而坤在西南；火老于戌，木生于亥，而乾在西北；刚柔之际也，故谓之父母。阳承震动，发而相承，专制遂行，万物以兴，故谓之长男；水老于辰，金生于巳，一气存之，终而复起，故巽为长女；震发于风，阴德有纪，火中鹍鸣，母道将始，故离为中女；又在西北，健战将升，季阴幼昧，衰而不胜，故兑为少女。仓中拔留，肇幽为阳，在中未达，含而未章，故坎为中男；周流接合，万物既终，造微更始，明而未融，故艮为少男。乾圆坤方，女柔男刚，健柔时推，而祸福是将，循化知生，从变见亡；故吉凶成败，不可乱也。[①]

阮籍五行与地支的关系图式与京房是一致的。惠栋《汉易学》卷五《京明君易下》引京房《易积算法》并注曰："寅中有生火，孟康曰：'南方火，火生于寅，盛于午。'亥中有生木，'东方木，木生于亥，盛于卯。'巳中有生金，'西方金，金生于巳，盛于酉。'申中有生水，'北方水，水生于申，盛于子。'《诗纬·含神雾》曰：'集微揆著，上统元皇，下序四始，罗列五际。'《推度灾》曰：'建四始五极而八节通。'《泛历枢》曰：'午亥之际为革命，卯酉之际为改正。辰在天门，出入候听。亥，水始也。寅，木始也。巳，火始也。申，金始也。'丑中有死金，孟康曰：'丑穷金也。'戌中有死火，'戌穷火也。'未中有死木，'未穷木也。'《说文》曰：'五行木老于未。'辰中有死水，'辰穷水也。'土兼于中。"阮籍易学中存在着四方、四季、五行、八卦、干支组成的时空图式，同时，也继承了《说卦》中将八卦与父母、六子比配的伦理意味。不过，《说卦》中更突出八卦乾健、坤顺、震动、巽入、坎陷、离丽的自然性质，将万物化育归因于风、雷、火、泽、水这些基本因素与功能，即所谓

① 《通易论》，见阮籍著，陈伯君校注《阮籍集校注》，中华书局 1987 年版，第 121—122 页。

“水火相逮，雷风不相悖，山泽通气，然后能变化，既成万物也”①。而阮籍进一步阐释了八卦中的人伦性质，如：乾坤为父母，“刚柔有位”；震卦为长男，“阳承震动，发而相承，万物以兴”；巽卦为长女，“终而复起”；离为中女，处“母道将施”之时；等等。这就意味着，他一方面承认世界变化的自然原因，另一方面，也关注其人伦动因。这样的自然发生论，必然导出对人间伦理的重视。

基于上述自然观，《通易论》中提出了重视大人、先王、君子德行的伦理观念。《通易论》中说：“先王之驭世也，刑设而不犯，罚著而不施，习坎刚中，惟以心亨，王正其德，公守厥职，上下不疑，臣主无惑。”② 即面临艰险，刚健其德，恪尽职守，才能上下不疑。作为君子则应该“正义守位，固法以威民”③，而“逾位凌上，害正危身”则是小者之过④。值得注意的是，阮籍在《通易论》中对大人、先王、君子的德行和功业作了自觉的辨析。论大人曰：“龙者何也？阳健之类，盛德尊贵之喻也。配天之厚，盛德莫高之谓尊贵。大人受命，处中当阳，德之至也。”⑤ 大人即是有盛德之人，不过，他有位无称，不为而成，阮籍说：“大人者何也？龙德潜达，贵贱通明，有位无称，大以行之，故大过灭示天下幽明，大人发辉重光，继明照于四方，万物仰生，合德天地，不为而成，故大人虎变，天德兴也。”⑥ 意谓大人可与天地同在，无为而用，照亮寰宇，滋养万物，阮籍在其《大人先生传》中也专门描绘了大人的德行与境界。大人是人的至高理想，其体与自然为一，其用则是民众的先王。也正是这样进入至高境界、超然于天地中的大人，为立于现实的贤人君子树立了典范，预设了巨大的人性的提升空间。

---

① 《周易·说卦》。
② 阮籍著，陈伯君校注：《阮籍集校注》，中华书局 1987 年版，第 124 页。
③ 阮籍著，陈伯君校注：《阮籍集校注》，中华书局 1987 年版，第 124 页。
④ 阮籍著，陈伯君校注：《阮籍集校注》，中华书局 1987 年版，第 124 页。
⑤ 阮籍著，陈伯君校注：《阮籍集校注》，中华书局 1987 年版，第 127 页。
⑥ 阮籍著，陈伯君校注：《阮籍集校注》，中华书局 1987 年版，第 128 页。

论先王曰："先王何也？大人之功也。故建万国，亲诸侯，树其义也；作乐荐上帝，正其命也；省方观民，施其令也；明罚敕法，督其政也；闭关不行，静乱民也；茂时育德，应显其福也；亨帝立庙，昭其禄也。称圣王所造，非承平之谓也。"据陈伯君注，此段文字涉及《比》《豫》《观》《噬嗑》《复》《涣》等卦的内容，但基本上是聚合了《周易》中的先王观念，肯定先王在建国、法令、礼制、安民等方面的功德，可以说，阮籍论先王以经典为本，并竭力推扬先王的功绩。对于"后者"，阮籍也有论述，即《通易论》中所谓："后者何也？成君定位，据业修制，保教守法，畜履自安者也。"[①] 后，君也，按照孔颖达的解释，后，指天子与诸侯，但不包括君子与先王[②]，阮籍所谓后，也是区别于先王与君子的，先王有创制之功，后则是保教守法，履帝王之位，畜刚健之德，而能自安者。君子应该有什么样的德行功业与为人的本分呢？阮籍在其系统的伦理与政治思考中给出回答："故君子正义以守位，固法以威民"[③]，即君子以其道德与法制的力量来维系世道与人心，"君子者何也？佐圣扶命，翼教明法，观时而行，有道而臣人者也。因正德以理其义，察危废以守其身，故经纶以正盈，果行以遂义，饮食以须时，辩义以作事，皆所以章先王之建国，辅圣人之神志也。见险虑难，思患预防，别物居方，慎初敬始，皆人臣之行，非大君之道也。"[④] 这一段文字中，强调了君子的辅佐之功和为人臣的本分，阐明了君子"正德以理其义""果行以遂义""辩义以作事"的高尚德行。在阮籍看来，一个为人臣的君子，"义"是其道德的具体内涵之一[⑤]，此外，忧患意识和谨慎行

---

① 阮籍著，陈伯君校注：《阮籍集校注》，中华书局 1987 年版，第 127 页。

② 孔颖达《周易·泰·大象》，疏曰："此卦言'后'者，以不兼公卿大夫，故不云君子也。兼通诸侯，故不得直言先王，欲见天子诸侯，俱是南面之君，故特言'后'也。"

③ 阮籍著，陈伯君校注：《阮籍集校注》，中华书局 1987 年版，第 124 页。

④ 阮籍著，陈伯君校注：《阮籍集校注》，中华书局 1987 年版，第 128 页。

⑤ 张荣明、刘明辉提到："'忠'、'义'观念是阮籍政治人格的核心要素。"见《阮籍思想研究中的三个问题》，《孔子研究》2010 年第 2 期。

事也是其必备的修养。

大人不同于先王，“后者”不同于先王，君子不同于“后者”，这是阮籍对人的德行层次的体认，同时也有意识地明晰了他们在道德境界与政治伦理上的不同处，这体现着阮籍对人本体全面而又深入的认识。也正是这样一个十分具体的政治与道德秩序，为人的生命提供了更多的可能。在阮籍易学思想中，所谓“大人”是至德之人，与天地合德，但不为而成，所以，对于他的圣功是无法明言的，按照阮籍的逻辑，并不能在现实中找到具体的大人，或者说，阮籍不将先王与大人合为一体，但可以从先王那里见到大人之德。先王的生命和德行都是有限的存在，也有汩没不显的时候，正值此时，君子将德行延续并发扬。阮籍说：“先王既殁，德法乖易，上凌下替，君臣不制，刚柔不和，天地不交，是以君子一类求同，遏恶扬善，以致其大。谦而光之，裒多益寡，崇圣善以命，雷出于地，于是大人得位，明圣又兴，故先王作乐荐上帝，昭明其道以答天贶。于是万物服从，随而事之，子遵其父，臣承其君，临驭统一，大观天下，是以先王以省方观民、设教，仪之以度也。”① 先王鼓动作乐，观民、设教之时，即是大人得位之时，这里的“大人”超越于先王与君子，但又不是绝对的上帝，因为他的出现又与君子“一类求同，遏恶扬善”的德行密切相关。大人是阮籍理想的象征。

《周易》中存在“大人”这一概念，它常与“小人”相对，指有道德之人。但具体实指时，大人即是明照四方、发挥重光的至德之人。《周易·乾卦·文言》说：“夫大人者，与天地合其德，与日月合其明，与四时合其序，与鬼神合其吉凶。先天而天勿违，后天而奉天时。”《周易·离卦》：“象曰：明两作，离。大人以继明照于四方。”大人与天地同始终，可以照亮天地，这与阮籍的大人观念是一致的。尽管在《周易》中大人也泛指道德崇高之人，后代注家将它

① 阮籍：《通易论》，见阮籍著，陈伯君校注《阮籍集校注》，中华书局 1987 年版，第 110—111 页。

注解为圣人、先王等，但阮籍发挥了《周易》中作为至德之人的大人观念，将其提升为一个超出现实界的存在。大人的出现与先王和君子存在某种关联，但阮籍并不以为先王和君子就是大人，这就是说，阮籍无意在现实和历史中为完美的理想人格寻找肉体存在，无意塑造人间的神圣。

从这样的逻辑出发，秦汉以来帝王与儒者们崇拜乃至神化的圣人在《通易论》中几近缺席了[①]。《通易论》中有三处提到圣人："庖牺氏布演六十四卦之变；后世圣人观而因之，象而用之。"[②]"是故圣人以建天下之位，定尊卑之制，序阴阳之适，别刚柔之节。顺之者存，逆之者亡，得之者身安，失之者身危。"[③]"是以圣人独立无闷，大群不益，释之而道存，用之而不可既。"[④]在此，圣人的功德表现为创立卦画、确立伦理秩序的智慧，而没有丝毫的神秘色彩，而圣人的光辉被转移到"大人"那里了，由此可见阮籍思想的特出之处。

（二）天地，易之主也，万物，易之心也

阮籍在对《序卦》的阐释中提到了诸多的通易方法，如"以柔遇刚，品类咸亨"[⑤]，"卑而不通，不可弗革"[⑥]，"信爱结内，刚得中位，诚发于心，庶物唯类"[⑦]，等等，但更为根本的易理则是"应时"与"当务"。《通易论》曰："易之为书也，覆焘天地之道，囊括万物之情，道至而反，事极而改。'反'用应时，'改'用当务。应时，故天下仰其泽；当务，故万物恃其利。泽施而天下服，此天下之所以顺自然，惠生类也。富贵侔天地，功名充六合，莫之能倾，莫之能害

① 可参考徐兴无《谶纬文献中的天道圣统》，见《谶纬文献与汉代文化构建》，中华书局2003年版，第149—217页。

② 《通易论》，阮籍著，陈伯君校注：《阮籍集校注》，中华书局1987年版，第108页。

③ 《通易论》，阮籍著，陈伯君校注：《阮籍集校注》，中华书局1987年版，第130页。

④ 《通易论》，阮籍著，陈伯君校注：《阮籍集校注》，中华书局1987年版，第131页。

⑤ 《通易论》，阮籍著，陈伯君校注：《阮籍集校注》，中华书局1987年版，第116页。

⑥ 《通易论》，阮籍著，陈伯君校注：《阮籍集校注》，中华书局1987年版，第116页。

⑦ 《通易论》，阮籍著，陈伯君校注：《阮籍集校注》，中华书局1987年版，第117页。

者，道不逆也。”[①] 阮籍深知世界的变易本质，故以唯变所适为应物原则，因为道至尽而反归，事至极而更改，所以，“应时”与“当务”便成了阮籍顺应自然、遵从大道的方法论，在此，他提出了新的心物关系模式：

> 天地，易之主也，万物，易之心也；故虚以受之，感以和之。男下女上，通其气也；柔以承刚，久其类也；顺而持之，遁而退之。上隆下积，刚动大壮。正大必用，力盛则望；明升惟进，光大则伤；聚以处身，异以成类。乖离既解，缓以为失。损益有时，察以主使。扬于王庭，乘五马败。刚既决柔，上索下合，令臣遭明君，以柔遇刚，品物咸亨。刚据中正，天下大行，是以后用施命诰四国，贵离教也。于是天地萃聚，百姓合同。[②]

易道囊括万物，经纶天地，在体悟易道，感通外界的过程中，阮籍主张“天地，易之主也，万物，易之心也”。这样的心物关系模式是在易道实践中进行的，“虚以受之，感以和之”是人心感物的姿态，通达其气、合聚同类则是应当实现的效果。不过，落实到现实层面，必须顺应阴阳盛衰规律，才能“品物咸亨”，“天地萃聚，百姓合同”。易道实践的最终目的指向了现实政治，心物关系的协和化合不局限于个人的穷理尽性，也不局限于玄理体悟。天地为主，意味着对自然规律的顺从；万物为心，表现为对外物的谦逊和因应，唯有如此方可感应通气，普及教化。

《庄子·山木》篇提到“物物而不物于物”的心物关系模式。其文曰：“若夫乘道德而浮游则不然。无誉无訾，一龙一蛇，与时俱化，而无肯专为。一上一下，以和为量，浮游乎万物之祖；物物而不物于物，则胡可得而累邪！此神农黄帝之法则也。”这就是说，至人

① 《通易论》，阮籍著，陈伯君校注：《阮籍集校注》，中华书局1987年版，第116页。
② 《通易论》，阮籍著，陈伯君校注：《阮籍集校注》，中华书局1987年版，第116页。

可以超离毁誉之分，泯灭材与不材的界限，与时俱化，“不偏滞而专为一物”[①]，而且可以随时上下，以和同为度量，浮游于万物萌生的源头，主宰外物而不为外物所役使。这是心与物冥合而至于道的境界，在这样的境界中，摆脱外物束缚，以虚无之心游于万物之初，与物为一，各尽其分而互不相害。

阮籍所提出的心物论，包含着庄子与时俱化、与物同一的观念，与庄子不同者，在于阮籍心物论表现为对外物与自然的热爱与重视，不以避害去累为目的，却以讲求秩序、伦理为旨归。其方法论与本体论统一于一体，认识体系与价值体系并无二致，阮籍所持的是一种易本体论。正如成中英先生所认为的：“《易经》的思维方式显示出一个宇宙图象，《易经》的宇宙图象也包含了一套思维方式。用本体诠释学的话来讲，这个宇宙图象即本体，这个思维方式即方法。所以，宇宙图象与思维方式的合二为一，就是本体与方法合二为一。”[②] 宇宙即是易本体，“天地，易之主也，万物，易之心也”，可谓是对本体世界生生不息又不离秩序的描述；同时，又是“以天地为主，以万物为心”的方法论体系，也即主体的思维方式。这样的主体认知与体验同时也创造着价值，他将价值的渊薮回溯到了天地和万物自然。换言之，阮籍心物关系是在体验易道、推行易道的过程中实现的。

我们可以通过阮籍对大人、君子德行的体认，进一步反观其心物关系的肌理。他认为，君子“观时而行”，“因正德以理其义，察危废以守其身”，“饮食以须时，辩义以作事”；大人则可以“发挥重光，继明照于四方，万物仰生，合德天地，不为而成”。[③] 这里可见到心物的统一，天人之和合，主体遵循自然，尊重外物；另外，又表现为对主体德行的重视，所谓“万物仰生，合德天地”，这就形成了

① 成玄英疏，郭庆藩撰，王孝鱼点校：《庄子集释》，中华书局1961年版，第669页。

② ［美］成中英著，李志林编：《世纪之交的抉择——论中西哲学的会通与融合》，知识出版社1991年版，第333—336页。

③ 《通易论》，阮籍著，陈伯君校注：《阮籍集校注》，中华书局1987年版，第128页。

人与外部世界彼此相生的关系。因为彼此相生，故须“以万物为心”。不过，阮籍在《达庄论》中道出了其中更直接的原因，《达庄论》以易注《庄子》，主张“万物一体”，更重要的是，在实际的化合中来讨论人的身、性、情、神与天地万物的关系。阮籍说：“人生天地之中，体自然之形。身者，阴阳之积气也。性者，五行之正性也；情者，游魂之变欲也；神者，天地之所以驭者也。”[①] 既然从生成论的角度来看，身、性、情、神都来自自然、天地、阴阳、五行、游魂等，那么，就有理由在易道推行中秉持“以天地为主，以万物为心”的法则，唯有如此才能回到人之本体，宇宙之本体。阮籍的心物关系模式无疑是独特的，既不同于庄子，也不同于程、朱、陆、王，而是将心物合一当作一个以感物为发端的、动态的体道过程。

程颢提出仁的境界，这样的境界就是“以天地万物为一体”，或“浑然与物同体”[②]，即将万物当作我的一部分，他说：“仁者，以天地万物为一体，莫非己也”，“学者须先识仁。仁者，浑然与物同体。义、礼、智、信皆仁也。识得此理，以诚敬存之而已，不须防检，不须穷索。”万物皆出于我，以诚敬之心即可与物同体，这一思路受张载影响，类似于张载所谓“视天下无一物非我”[③]。朱熹以为“万物统体一太极”[④]，其心物关系表现为格物穷理，“是以《大学》始教，必使学者即凡天下之物，莫不因其已知之理而益穷之，以求至乎其极。至于用力之久，而一旦豁然贯通焉，则众物之表里精粗无不到，而吾心之全体大用无不明矣”[⑤]。这一过程既是求知也是至善，心与物在豁然贯通处合为一体，其目的在于求得心体的澄明。陆九渊则是

① 《达庄论》，阮籍著，陈伯君校注：《阮籍集校注》，中华书局1987年版，第140页。

② 程颢、程颐：《二程集》，中华书局1981年版，第17页。

③ 参考陈来论述。陈来说：“‘以天地万物为一体’，认得‘物莫非己’，就是张载说的‘视天下无一物非我’，这也就是《西铭》把宇宙每一部分都看成与‘吾’休戚相关的境界。”陈来《宋明理学》（第二版），华东师范大学出版社2004年版，第64页。

④ 周敦颐：《太极图说解》，《周元公集》卷1，四库全书本。

⑤ 朱熹：《大学章句》，《四书章句集注》，中华书局1983年版，第6—7页。

直接反求本心，而达到物我同一，即所谓“收拾精神，自作主宰，万物皆备于我”[①]。杨简继承陆九渊“宇宙便是吾心，吾心便是宇宙”的思想，体验到与天地万物通为一体。他阐释《周易》道：“清明者，吾之清明；博厚者，吾之博厚，而人不自知也。人不自知，而相与指名曰，彼天也，彼地也。如不自知其为我之手足，而曰彼手也，彼足也。……夫所以为我者，毋曰血气形貌而已也，吾性澄然清明而非物，吾性洞然无际而非量，天者，吾性中之象；地者吾性中之形，故曰在天成象、在地成形，皆我之所为也，混融无内外，贯通无异殊。”[②] 杨简的意思是说，天地、外物都在吾心的虚明之内。王阳明则有“心外无物”之论，他说：“心外无物、心外无事、心外无理、心外无义、心外无善。吾心之处事物纯乎理而无人伪之杂谓之善，非在事物有定所之可求也。处物为义，是吾心之得其宜也。”[③] 这种心物一体论也是以“我”为中心的。总体看来，宋明诸儒在心物关系上基本上是以己心为天理的。到现代有马一浮“心外无物”论，他说：“太极以象一心，八卦以象万物，心外无物，故曰阴阳一太极也。”[④]“夫天下之至赜至动者非心乎？心外无物。凡物之赜动，皆心为之也。心本象太极，当其寂然，唯是一理，无象可得；动而后分阴阳，斯命之曰气，而理即行乎其中，故曰一阴一阳之谓道。天地万物由此斯立。”[⑤] 正如陈来所说，马一浮“心与万物的关系是‘心外无物’”[⑥]，其思维路向还是反求体证，尽己知性的。这些虽然都属于心物同体的本体论，但将心与物间丰富而现实的关系基本上局限在穷理尽性，澄明心体中，不同于阮籍所建立的与自然逶迤的生意盎然的交

① 陆九渊：《语录下》，《陆九渊集》卷35，中华书局1980年版，第455—466页。

② 杨简：《家记一·泛论易》，《慈湖遗书》卷7，四库全书本。

③ 王阳明：《与王纯甫》，《阳明全书》卷4，中华书局四部备要本，第96页。

④ 马一浮：《观象卮言》一，《复性书院讲录》卷6，台湾广文书局1976年版，第189页。

⑤ 马一浮：《观象卮言》二，《复性书院讲录》卷6，台湾广文书局1976年版，第192页。

⑥ 陈来：《马一浮哲学的心物论》，《现代中国哲学的追寻》（增订版），生活·读书·新知三联书店2010年版，第113页。

互关系。

阮籍易学思想的独特处正在这里，他于自然中体悟易道与推行易道的道论之思想方法可谓儒道兼有。陶然于心物相应的体道过程是道家的智慧，但他又不落入对玄妙之道的悉心向往，而是要回到与自然物的恒久的彼此衡量中，回到秩序井然的天地时空中。在这一点上，其精神则是儒家的，他要在大地上、自然中建立自己的自由国，将庄子式的体道过程落实为平凡的生活方式，启发着陶渊明将要开出的儒道交融的新境界。与宋儒理学相较，阮籍的思想肌理虽然不甚细密，但并未将丰富的人生捆绑在普遍的天理之上，然后到人心处寻找人生的关键和宇宙的秘密，相反，阮籍所开出的生气蓬勃的人生态度其现实可能性要宽广得多。总之，阮籍易学思想应当引起我们的注意，在其别具一格的心物关系模式影响下的审美方式将是我们在下文中讨论到的。

二　大人论

自然化生而生天地阴阳、吉凶悔吝，这是变易的自然规律与历史过程，而其中也含蕴着不易的大道。人们通易体道的目的就在于顺应自然，成性存存，建立天人合一的天地秩序。不过，在阮籍的思想谱系中存在着对现存礼法的怀疑，对所谓以道为心的圣人的不屑以及对神仙世界的超离，他要回到太极、太始，乃至太初之前，回到理想的至人境界中。《大人先生传》中表述了这一思想，这一想象性文本洋溢着神话气质，但更属于哲学的精致思考，它是《通易论》的补充，它回答了人如何超越于天地界域而与自然为一的难题。而这样的与自然为一是一场挑战人间至尊的超离天地的思想跋涉，在这绝对的自由中，阮籍需要割舍那人间的痛切，割舍的过程我们在他的玄想中依稀可以看见。与以妙理为归、尚虚无淡远的玄学家的相比，还可看见建安风骨的遗韵。

（一）作为礼法的怀疑者与超越者

在《大人先生传》中，大人是一个怀疑者与超越者的形象。阮籍描述大人道："大人先生盖老人也。不知姓字。陈天地之始，言神农、黄帝之事，昭然也。莫知其生年之数。尝居苏门之山，故世或谓之。问养性延寿，与自然齐光，其视尧舜之所事若手中耳。以万里为一步，以千岁为一朝，行不赴而居不处，求乎大道而无所寓。"[①] 阮籍所谓大人，是老人，他处于人世，不知姓字与生年，对神农、黄帝之事却昭然明白；他与自然齐光，视尧舜事业若手中，却"求乎大道而无所寓"，超然于人世；他仿佛是老子"道"的人格化描述，以万里为一步，一千岁一朝，至大至远，但又毫无居处的轨迹。大人是突破了物理时空的神人，他与天地并生，与道偕行，同时，也认识到天地与道之局限，阮籍说："夫大人者，乃与造物同体，天地并生，逍遥浮世，与道俱成，变化散聚，不常其形。天地制域于内，而浮明开达于外，天地之永固，非世俗之所及也。吾将为汝言之。"[②] 大人可以用超出天地的眼光来审视人世，可以将天地之内的一切看作世俗。他质疑礼法，鄙夷圣人，向着理想的境界超升。

大人对人世中的天地秩序、礼乐制度、道德观念提出了质疑。他说："往者，天尝在下，地尝在上，反复颠倒，未之安固，焉得不失度式而常之？天因地动，山陷川起，云散震坏，六合失理，汝又焉得择地而行，趋步商羽？往者群气争存，万物死虑，支体不从，身为泥土，根拔枝殊，咸失其所，汝又焉得束身修行，磬折抱鼓？"[③] "天地"在这里是自然概念，也是伦理秩序。大人先生看到了天地失序的境况，即反复颠倒，不能安固，天理丧失，群气争存，总之，作为制度礼乐、道德伦理的先天依据不复中正了。那么，世俗世界中的政治制度和君子操守的存在就显得虚假而不合时宜，阮籍借大人之口，批驳了颠倒不正的名教——他"越名教而任自然"的自由思想中有着很强的战斗精神。他说：

---

① 《大人先生传》，阮籍著，陈伯君校注：《阮籍集校注》，中华书局 1987 年版，第 161 页。
② 《大人先生传》，阮籍著，陈伯君校注：《阮籍集校注》，中华书局 1987 年版，第 165 页。
③ 《大人先生传》，阮籍著，陈伯君校注：《阮籍集校注》，中华书局 1987 年版，第 165 页。

昔者天地开辟，万物并生；大者恬其性，细者静其形；阴藏其气，阳发其精；害无所避，利无所争；放之不失，收之不盈。亡不为夭，存不为寿；福无所得，祸无所咎；各从其命，以度相守。明者不以智胜，暗者不以愚败；弱者不以迫畏，强者不以力尽。

盖无君而庶物定，无臣而万事理，保身修性，不违其纪；惟兹若然，故能长久。今汝造音以乱声，作色以诡形；外易其貌，内隐其情，怀欲以求多，诈伪以要名；君立而虐兴，臣设而贼生，坐制礼法，束缚下民，欺愚诳拙，藏智自神，强者睽视而凌暴，弱者憔悴而事人，假廉以成贪，内险而外仁，罪至不悔过，幸遇则自矜，驰此以奏除，故循滞而不振。①

阮籍并不反对秩序本身，他承认大化流行、物各有命，推崇天地开辟之初"各从其命，以度相守"的存在状态。其所谓"度"，表现为对自然之度的顺应，但是，他质疑着君臣伦理、礼乐制度，认为"无君而庶物定，无臣而万事理"，"君立而虐兴，臣设而贼生"；也认为，音乐制作淆乱声音，令色之追求破坏形貌，进而使人表里不一，而礼法的实施束缚着民众，使人丢弃本性，丑态百出。这样的情形是天地颠倒的乱象，而其原因却在于君立臣设的名教制度的实行。

《通易论》中也出现了先王与君子的君臣关系，阮籍提出了君子应有的伦理品德，但先王与君子的关系尚在原始时期，不同于后世等级严格且弊端重生的君臣伦理。所以，阮籍借大人之口否定了后世君子的绳墨规矩。《大人先生传》中有人列举了君子中规中矩的行为举止："天下之贵，莫贵于君子：服有常色，貌有常则，言有常度，行有常式；立则磬折，拱若抱鼓，动静有节，趋步商羽，进退周旋，咸有规矩。心若怀冰，战战栗栗，束身修行，日慎一日，择地而行，唯

① 《大人先生传》，阮籍著，陈伯君校注：《阮籍集校注》，中华书局1987年版，第169—170页。

恐遗失，诵周礼之遗训，叹唐虞之道德，唯法是修，唯礼是克，手执珪璧，足履绳墨，行欲为目前检，言欲为无穷则。”① 这段文字中提及的君子，步武周礼，追踪唐虞，进退有节，不敢逾越礼法丝毫，但在大人眼中，不过是以裤裆为吉宅的虮虱：“行不敢离缝际，动不敢出裤裆，自以为得绳墨也。”② 而他们遵守的君子礼法无非是搅乱天下的手段，即“诚天下残贼、乱危、死亡之术耳”③。因为贫富、贵贱、贤愚之别，使上下相残，亡国戮君。

那么，是否要毁弃一切的人类文明而回到原始蒙昧中呢？《大人先生传》中，大人遇到了一位隐士，隐士以为上古质朴之道已经荒废，豺狼肆虐，人不可以为伴侣，于是，与木石为邻、禽生兽死成为他的生活方式。大人先生并不赞同此种自绝于人世的选择，指摘其弊为“恶彼而好我，自是而非人，忿激以争求，贵志而贱身”④。大人先生又遇到了一位伐薪者，伐薪者认为，四时更替，人事代谢，祸福无常，穷达不可知，人们应当不计荣辱、蓄德待时，如同圣人一般从容应对自然天命，不过，在大人先生看来，此种境界“虽不及大，庶免于小”⑤，也就是说，圣人境界并不是阮籍希求的理想，借助伐薪者，阮籍如此描述圣人：“圣人以道德为心，不以富贵为志，以无为用，不以人物为事，尊显不加重，贫贱不自轻，失不自以为辱，得不自以为荣。木根挺而枝远，叶繁茂而华零，无穷之死犹一朝之生，身之多少，又何足营！”⑥ 此处所谓圣人，只是被动地顺应外物，所能作为的只有坚定自己的精神意志。这是在严峻的现实中被动地焕发出的人的精神尊严，这样的人格正是宋代儒者所推崇的，即宠辱不惊，固守其志。不过，在阮籍的思想中更有着崇高的境界，他推崇

① 《大人先生传》，阮籍著，陈伯君校注：《阮籍集校注》，中华书局 1987 年版，第 163 页。
② 《大人先生传》，阮籍著，陈伯君校注：《阮籍集校注》，中华书局 1987 年版，第 165 页。
③ 《大人先生传》，阮籍著，陈伯君校注：《阮籍集校注》，中华书局 1987 年版，第 170 页。
④ 《大人先生传》，阮籍著，陈伯君校注：《阮籍集校注》，中华书局 1987 年版，第 173 页。
⑤ 《大人先生传》，阮籍著，陈伯君校注：《阮籍集校注》，中华书局 1987 年版，第 177 页。
⑥ 《大人先生传》，阮籍著，陈伯君校注：《阮籍集校注》，中华书局 1987 年版，第 176 页。

“真人”或“至人”：“太初真人，唯天之根，专气一志，万物以存”①，他开启天地间的时空秩序和制度，即“发西北而造制，启东南以为门，微道而以德久娱乐，跨天地而处尊”。② 他自由地徜徉于宇宙中，不为物所累，毫无世俗礼法所拘，“故至人无宅，天地为客；至人无主，天地为所；至人无事，天地为故；无是非之别，无善恶之异，故天下被其泽而万物所以炽也”③。至人与万物存在于没有是非纠葛、没有善恶分别的无限广大的世界中。

阮籍将人生与历史的理想世界回溯到了太初之时，更重要的是，这一时刻并非永不复返的时间深渊，而是可以返回的永恒时间。大人先生首先冲出六合之外，所谓“天地解兮六合开，星辰陨兮日月颓”④。这就意味着他在向太一靠近，《淮南子·本经》曰：“太一者，牢笼天地，弹压山川，含吐阴阳，伸曳四时，纪纲八极，经纬六合。”六合被太极掌管，是次于太一的界域，六合开张，为大人先生打开了更大的时空。他“虚形体而轻举”，命令“夷羿”，招使“忻来”，抵达扶桑，穿越冥昧，沐浴光明；遗弃衣裳，服食云气，进入了世俗气息浓厚的神仙境界，这里存在着太一、五帝，以及五帝的佐臣。大人“扫紫宫而陈席兮，坐帝室而忽会酬”，仙乐悠渺，五帝与六神歌舞；他召唤大幽之玉女，交接上王之美人，服太清之淑真。紫宫是太一之所在，下面又有东方青帝、南方赤帝、中央黄帝、西方白帝、北方黑帝，五帝辅佐太一，他们又有勾芒、祝融、后土、蓐收、玄冥等五个佐臣，“这样的学说，在《吕氏春秋·十二纪》、马王堆帛书《五星占》中已有详尽的叙述”⑤，阮籍显然承袭了上述哲学和

---

① 《大人先生传》，阮籍著，陈伯君校注：《阮籍集校注》，中华书局1987年版，第173页。

② 《大人先生传》，阮籍著，陈伯君校注：《阮籍集校注》，中华书局1987年版，第173页。

③ 《大人先生传》，阮籍著，陈伯君校注：《阮籍集校注》，中华书局1987年版，第173页。

④ 《大人先生传》，阮籍著，陈伯君校注：《阮籍集校注》，中华书局1987年版，第177页。

⑤ 徐兴无：《谶纬文献与汉代文化构建》，中华书局2003年版，第54页。徐先生参照马王堆汉墓帛书整理小组《马王堆汉墓帛书〈五星占〉释文》，《中国天文学史文集》，科学出版社1978年版。

神话观念。不过，阮籍笔下的大人，并未将太一当作至尊，而是开拓着他的征程。他进入了主管方位与四季之神的所在，并驱使他们，即“腾炎阳而出疆兮，命祝融而使遣。驱玄冥以摄坚兮，蓐收秉而先戈，勾芒奉毂，浮惊朝霞。”[①] 大人在太一的境界中获得自由，但更要游出太一的界域。

（二）逆自然化生之序的超离

在大人先生所经历的境界中有着明晰的层次。他奋飞到太极之东，游走于昆仑之西，看到了唐虞之都，惘然而思，怅然若忘。唐虞之都是矗立天地间的空间概念，也是个时间概念，这表示着大人回到了已经消逝了的黄金时代，因为他超出了天地间的时空，所以，可以超时空地回到已消失的天地时空。面对唐虞之都，纵然心中不无挂累，但大人并不停留，他认识到：“时不若岁，岁不若天，天不若道，道不若神。神者，自然之根也。”[②] 将这种逆序排列换为顺序排列就是（神）自然—道—天（地）—岁—时，从自然化生的角度来看，时间的产生是自然变化的结果，如果要回到本根——摆脱时空，那就是要从年岁运行的逻辑中进入自然本根中。阮籍所理解的自然演化秩序在郭店《太一生水》中有与之类似的言论：“大一生水，水反辅大一，是以成天。天反辅大一，是以成地。天地复相辅也，是以成神明。神明复相辅也，是以成阴阳。阴阳复相辅也，是以成四时。四时复相辅也，是以成寒热。寒热复相辅也，是以成湿燥。湿燥复相辅也，成岁而止。”[③] 李零画出一个图来表示《太一生水》，邢文将李零的生化图给予改造[④]，抽象出了由太一到天地，到神明，到四时，到寒热、燥湿，到岁的逻辑序列（图略）。太一可以有四个意涵：北极、北极之神（名太一）、道、太极；它们在早期道家文献的

---

① 《大人先生传》，阮籍著，陈伯君校注：《阮籍集校注》，中华书局 1987 年版，第 182 页。

② 《大人先生传》，阮籍著，陈伯君校注：《阮籍集校注》，中华书局 1987 年版，第 185 页。

③ 参照李零郭店楚简《太一生水》释文，李零《郭店楚简校读记》，北京大学出版社 2002 年版，第 32 页。

④ 邢文编译：《郭店老子与太一生水》，学苑出版社 2005 年版，第 215—221 页。

相关思维中可以互换[①]。于是，我们可将太一生水的逻辑简化为神（道）—天（地）—岁的序列。与之对比，阮籍的化生思想与《太一生水》有非常接近的地方，不过，他将这一逻辑当作超越的对象，他承认“神者，自然之根”，但这里的神又不单指太一（太极），而是又引申出“太始”“太初”等超出“太一”（“太极”）的层级。

“太一”一词在《大人先生传》一文中没有出现，在文中却有“太乙”的说法。太乙就是太极、太一，而且文中的太乙是低于太初和太始的，它们三者也表现出清晰的层次感。大人先生经历了超越天地、太一、太始、太初，直至自然之真的超升过程。在此笔者作具体阐释：文中说“必超世而绝群，遗俗而独往，登乎太始之前，览乎沕漠之初，虑周流于无外，志浩荡而自舒，飘飖于四运，翻翱翔乎八隅”[②]，大人先生要回到所谓“太始之前”与“沕漠之初”，他超世绝群，高举独行，“廓无外以为宅，周宇宙以为庐”[③]，他趋向于超越一切时空。不与尧舜齐德，也不与汤武并功，超越了天地境界，即所谓“天地且不能越其寿”了[④]，也可以说，大人此时超离的是一切有形的状态，也吻合于《易纬·乾凿度》所说的“太始者，形之始”。按：阮籍《大人先生传》中所涉及的太初、太始、太一等层次与《易纬·乾凿度》所表达的哲学体系是非常类似的，下文将作对比，在此不赘。

接着，大人先生越过九天，驾驭飞龙，渡重渊，跨青天，逍遥以永年，“飙涌云浮，达于摇光，直驰骛乎太初之中，休息乎无为之宫”[⑤]，即大人先生从太始进入太初之中了。太初比太一、太始更为

---

① 葛兆光：《众妙之门——北极与太一、道、太极》，《中国文化》第3辑，1990年12月，第46—65页。

② 《大人先生传》，阮籍著，陈伯君校注：《阮籍集校注》，中华书局1987年版，第186页。

③ 《大人先生传》，阮籍著，陈伯君校注：《阮籍集校注》，中华书局1987年版，第186页。

④ 《大人先生传》，阮籍著，陈伯君校注：《阮籍集校注》，中华书局1987年版，第186页。

⑤ 《大人先生传》，阮籍著，陈伯君校注：《阮籍集校注》，中华书局1987年版，第188页。

本原。首先，它“无后无先，莫究其极，谁识其根。邈渺绵绵，乃反复乎大道之所存，莫畅其究，谁晓其根”①，这是一种不可穷极、不可晓其根本的境界，是超越任何时间、空间的。其次，进入太初后即是离弃太一的境界。即可以“浴大始之和风”②，“遣太乙而弗使”③，以至于“陵天地而径行，超鸿濛而远迹”④。所谓“浴大始之和风”，就是回到气之始。根据谶纬文献，太一也是属于这一范围内的，所谓太一“含元出气”或“含元气”，如《春秋文耀钩》曰：“中宫大帝，其精北极星，含元出气，流精生一也”，再如《春秋纬》曰：“北极星，其一明大者，太一之光。含元气，以斗步常开命，运节序，神明流精，生一以立黄帝。”也即是说，太一界于元气之无与生一之有之间，在逻辑上是次于太初的。至于所谓“遣太乙而弗使”，就是彻底摆脱太一。既然太一可以被“使”，被“遣”，那么，太一固然相对于天地界域来说是本体，但在大人先生的视野下却是属于用的层面的，尚不是最根本所在。而所谓“陵天地而径行，超鸿濛而远迹”，即是大人超越天地而直行，并穿越混沌状态，从此也可断定大人是进入了超太一的状态的。因为大人所运行的轨迹既然是直行，那么就是自由于太一的，而《易纬·乾凿度》中的太一行九宫，体现出一定的空间感和时间感，也就是说，太一运行有其时空范围；另外，他所超越的鸿濛是混沌状态，这是一种气、形、质业已具备而尚未分离的状态，也即太一，是由元气而开始演化天地之始。大人先生最终超越了太初状态，“施无有而宅神，永太清乎敖翔”⑤，他遨游于太清，以“无有”为用，以“宅神”为本体存在，“陵天地而与浮明遨游无始终，自然之至真也”⑥。大人进入浮明与太清中，成为自

① 《大人先生传》，阮籍著，陈伯君校注：《阮籍集校注》，中华书局1987年版，第188页。
② 《大人先生传》，阮籍著，陈伯君校注：《阮籍集校注》，中华书局1987年版，第188页。
③ 《大人先生传》，阮籍著，陈伯君校注：《阮籍集校注》，中华书局1987年版，第189页。
④ 《大人先生传》，阮籍著，陈伯君校注：《阮籍集校注》，中华书局1987年版，第189页。
⑤ 《大人先生传》，阮籍著，陈伯君校注：《阮籍集校注》，中华书局1987年版，第189页。
⑥ 《大人先生传》，阮籍著，陈伯君校注：《阮籍集校注》，中华书局1987年版，第192页。

然之真，即真人与至人。这浮明与太清，就是无始终的超时空，任何有形的个体都要占有时空，不占有时空的真人与至人不是有形的个体，无形的个体是不存在的，至人与真人可以说是理念，可以是道本身。

在此我们有必要比对阮籍《大人先生传》与《易纬·乾凿度》的哲学系统了。《大人先生传》中的大人超越天地境界，越过了在人间看来的至尊太一，然后又回到太始、太初、太清。这是冲破时空而进入混沌，摆脱形、气而入于太清或浮明的过程，也是超越大化而入于真自然、由世俗人生而入于真人状态的过程。这一过程逆向于自然演化的秩序，但在哲学层次上有类似之处，存在着太初、太始、太一组成的层次系统。《易纬·乾凿度》曰：

> 昔者圣人因阴阳定消息，立乾坤以统天地也。夫有形生于无形，乾坤安从生？故曰：有太易，有太初，有太始，有太素也。太易者，未见气也。太初者，气之始也。太始者，形之始也。太素者，质之始也。气、形、质具而未离，故曰浑沦。浑沦者，言万物相浑成而未相离，视之不见，听之不闻，循之不得，故曰易也。易无形畔，变而为一，一变而为七，七变而为九。九者，气变之究也，乃复变而为一。一者，形变之始，清轻者上为天，浊重者下为地。

张岱年认为《易纬》中“未见气之太易，乃最根本的，气之始为太初，乃次根本”①，即将未见气当作宇宙最根本的存在。确实如此，在该段文字中，太易最为根本，尚未见气；太初次之，是气之始时，太始再次，属于形之始时，而太素则是质之始时。太素之后，即是太一，这段文字中虽然没有出现“太一”字眼，但“气、形、质

① 张岱年：《中国哲学大纲》，中国社会科学出版社 1982 年版，第 40—41 页。

具而未离”的浑沦状态即是太一[①]，“易无形畔，变而为一”，即是对太一的数学化。有的学者已指出了《易纬》中所描述的化生过程的顺序是“太易—太初—太始—太素—太极”[②]，此论诚是。阮籍笔下的大人所经历的顺序则是太极—太始—太初—太清，反其道而行之，从有形世界中穿越自然化生的规律，一直回溯到纯粹的至真中——理念中。

《大人先生传》与《易纬》的自然化生模式基本上是一致的，但阮籍并不以因应其中顺序为至上的人生境界，而是以超人的魄力轻举高扬，突破重重世俗，冥灭时空局限，而进入绝对的自由之中。阮籍以形象化的笔触呈现了不同境界中的具象，表面看来接近于游仙一类，但大人所追求的至高却是超越众有的无，超越太一为中心的权力谱系，进入绝对的自由。

（三）摆脱太一秩序的意识形态系统而回归自然人性

相对于将太一当至尊的思想，阮籍越太一而求至真的理念是非常深刻而大胆的，因为太一化生中暗含着一种神圣的秩序，或者说，太一思想的存在为统治者的礼法系统找到了来自上天的绝对依据。阮籍对太一的超越意味着对秦汉以来形成的天人感应模式、政治秩序、礼法系统等意识形态的正面挑战。

---

① 朱伯崑指出：“即‘太初’、‘太始’、‘太素’三者混而未分，所谓‘气形质具而未离，故曰浑沦’。此‘浑沦’的阶段，就是太极。从太易到太极，是一个演变的过程。”见朱伯崑《易学哲学史》（第一卷），华夏出版社1995年版，第166页。余敦康指出：“‘太易从无入有’，演化为气形质具而未离的浑沦，这就是太极。”见《汉宋易学解读》，华夏出版社2006年版，第53页。

② 艾兰、魏克彬在《郭店老子与太一生水》中指出：“在《易纬》和《孝经纬》以及《列子》中，这一过程是一个化生的过程：太易—太初—太始—太素—太极。它们表示着从混沌渐趋成形的过程。”邢文编译《郭店老子与太一生水》，学苑出版社2005年版，第216页。关于这一问题，高怀明认为：“‘气之始’的‘太初’，‘形之始’的‘太始’与‘质之始’的‘太素’，都是形而上的存在’”，“从‘未见气’开始，然后‘气之始’‘形之始’‘质之始’，顺着一气之所以续续变现，而向现象世界开展”。见高怀明《〈易纬·乾凿度〉残篇文解析——西汉形上思想的成就》，《周易研究》2001年第1期。不过，胡士颖认为太初、太始、太素都生发于太易，它们是“共时而生、无先无后，不可以次第语”的。见胡士颖《〈易纬〉的气论及其哲学意义》，《周易研究》2009年第4期。

太一或太极是古代中国人根据观察和经验到的自然运行轨迹而形成的宇宙观念。古代中国人将永恒不动的北极当作了天的中枢，并根据北斗斗柄的指向来确定时间与空间，以及各自的神秘的象征物。这一宇宙时空观念，进而被抽象为具有终极性与绝对性的“道”“一”“太极”①。战国时期，思想家们围绕这一中心建立了由道、阴阳、四时、五行、八卦等组成的天道与人世同构的宇宙秩序，在这一系统中，太一或天道是价值的核心与最终依据。② 在《吕氏春秋》中依然延续了这一逻辑，如《吕氏春秋·仲夏季·大乐》中说：“太一出两仪，两仪出阴阳，阴阳变化，一上一下，合而成章，浑浑沌沌，离而复合，合而后离，是谓天常，天地车轮，终而复始，极而复返，莫不咸当”，这就是说，自然世界发端于太一，太一是一切的渊薮，同时，根据这样的天道规则也形成了与之相对的人伦秩序，天道成为人道的依据。在此，天道与人道的关系又体现出“黄帝之学”的无为特征。《序意》篇中说：“尝得学黄帝之所以诲颛顼矣：‘爰有大圜在上，大矩在下，汝能法之，为民父母。’”依据吕氏的解释是说，法天地而行人事，天、地、人应该“三者咸当，无为而行”③，即天无私自化，人无私无欲，但太一与天道依然是自然和人伦的核心。

《淮南子》论宇宙起源也包含着由太一而阴阳、四时、五行，乃至万物演化逻辑，《天文训》说：“道始生虚廓，虚廓生宇宙，宇宙生气”，气又生天生地，乃至四时、五星、九野、八风、二十八宿、五官、六府、紫宫、太微、轩辕、咸池等。《淮南子》具体论述自然生成机制时认为，太一是开辟天地的元初力量，太一居于紫宫，“紫宫执斗而左旋”④，《隋志》云：“北极大星，太一之坐也。”《天官

① 葛兆光：《中国思想史》（第一卷），复旦大学出版社 2001 年版，第 147 页。
② 葛兆光：《中国思想史》（第一卷），复旦大学出版社 2001 年版，第 154 页。
③ 吕不韦编：《吕氏春秋·序意》。
④ 刘安：《淮南子·天文训》。

书》："斗为帝车，运于中央，临制四乡。分阴阳，建四时，均五行，移节度，定诸纪，皆系于斗。"即是说天文学意义上的北斗星是太一的坐车，它的运行产生阴阳、四时、五行等自然节律。另外，《淮南子》中也有"天一"的说法，"天神之贵者，莫贵于青龙，或曰天一，或曰太阴"①，这里的天一即是天，也是天地、阴阳的开始，在时间上来看，太一与天一开启的时间是同一的，但在逻辑上太一要高于天一。《淮南子》也以"道"为一切之本原，《原道》篇指出："夫道者，覆天载地，廓四方，柝八极，高不可际，深不可测，包裹天地，禀授无形……横四维而含阴阳，纮宇宙而章三光。"此处的"道"其实就是太一，它所开辟的也是天地、阴阳、四时、八极这样的界域，正如《要略》篇所说的："原道者，卢牟六合，混沌万物，象太一之容。"基于这样的宇宙观念，《淮南子》建立了相应于天道规律的人世秩序，围绕天道讨论政治、伦理，却呈现出它的黄老色彩——以返本复初为最上策略。《精神训》中说："圣人法天顺情，不拘于俗，不诱于人，以天为父，以地为母，阴阳为纲，四时为纪"，即圣人在天地、阴阳、四时的秩序下，顺道而为；以无为的姿态施行积极的教化。更重要的是，《淮南子》在太一之上，依然设想了"无极"之野，给人以更大的精神空间，《精神训》中写道："若夫至人，量腹而食，度形而衣，容身而游，适情而行，余天下而不贪，委万物而不利，处大廓之宇，游无极之野，登太皇，冯太一，玩天地与掌握之中"，这是一个超出太一与天、地的境界。这一思想在阮籍那里得到了有意识的发挥。

如何将儒家人道与天道规律结合起来是汉代经学面对统一帝国的现实而亟须解决的问题，董仲舒以阴阳五行学说来阐释《春秋公羊传》，即是将"儒家的文化价值理想纳入阴阳家的世界图式之中"②，也就是说，汉代的文化建设与意识形态的形成也是在太一、阴阳、五

① 刘安：《淮南子·天文训》。

② 余敦康：《汉宋易学解读》，华夏出版社2006年版，第10页。

行的框架内完成的。冯友兰指出："董仲舒吸收了战国以来的阴阳五行的思想，虚构了一个世界图式，以说明他所认为是自然和人类社会的秩序及其变化的规律。照这个图式，宇宙是一个有机的结构；天与地是这个结构的轮廓；五行是这个结构的间架；阴阳是运行于这个间架的两种势力。从空间方面想象，木居东方，火居南方，金居西方，水居北方，土居中央。这五种势力，好像是一种'天柱地维'，支持着整个宇宙。从时间方面想象，五行中的四行，各主一年四时中的一时之气：木主春气，火主夏气，金主秋气，水主冬气。'土者，天地之股肱也。其德茂美，不可名之以一时之事。故五行而四时者，土兼之也。'（《五行之义》）"[①] 以阴阳五行来解释自然变化的模式早在董仲舒以前，《吕氏春秋》《淮南子》利用阴阳五行已经建立了完备而复杂的宇宙变化模式。董仲舒进一步认为，阴阳五行的根源却来自天，天是最高的主宰，所谓"天者万物之祖，万物非天不生"[②]，"天执其道为万物主"[③]。另外，董仲舒以阴阳五行来推论君臣、父子等伦理的合法性。《春秋繁露·五行之义》："天有五行：一曰木，二曰火，三曰土，四曰金，五曰水。木五行之始也；水，五行之终也；土，五行之中也。此其天次之序也。木生火，火生土，土生金，金生水，水生木，此其父子也。……故五行者，乃孝子忠臣之行也。"不仅如此，董仲舒还将阴阳五行模式投射于政治体制，《春秋繁露·五行相生》："五行者，五官也，比相生而间相胜也。故为治，逆之则乱，顺之则治"，并且将官职及其职责、品德与五行系统中的方位、四季、德禀联系起来，而有司农尚仁、司马尚智、司营尚信、司徒尚义、司寇尚礼的说法[④]。总之，董仲舒将礼法与政治体制当作阴阳五行体系的现实模本。

---

① 冯友兰：《中国哲学史新编》（第三册），人民出版社 1992 年版，第 54—55 页。

② 董仲舒：《春秋繁露·顺命》。

③ 董仲舒：《春秋繁露·天地之行》。

④ 关于《春秋繁露》中，社会制度、伦理关系与天同构的观念，章启群有论证。章启群：《论魏晋自然观——中国艺术自觉的哲学考察》，北京大学出版社 2000 年版，第 22 页。

其中值得注意的是，君王在此承担着“承天意”，符配天道的角色[①]，如《春秋繁露·深察名号》：“天生民性，有善质而未能善，于是为之立王以善之，此天意也。民受未能善之性于天，而退受成性之教于王，王承天意以成民之性为任者也。”君王的责任在于以上天代言人的身份沟通天人，教化民众。又如《春秋繁露·四时之副》曰：“天之道春暖以生，夏暑以养，秋凉以杀，冬寒以藏。暖暑清寒，异气而同功，皆天之所以成岁也。圣人副天之所行以为政，故以庆副暖而当春，以赏副暑而当夏，以罚副凉而当秋，以刑副寒而当冬。庆赏罚刑，异事而同功，皆王者之所以成德也。庆赏罚刑，与春夏秋冬，以类相应也，如合符。故曰，王者配天；谓其道，天有四时，王有四政，四政若四时通类也，天人所同有也。”意思是说，圣人或君王根据四时的暖暑清寒来施行庆赏罚刑，根据天道来成就人间功德，实现配天之道。正如上天是宇宙的主宰一样，君王即是人间的主宰，即“人主立于生杀之位，与天共持变化之势”[②]。

这种天人感应论肯定了人道秩序来自至高无上的天。《白虎通》与《易纬》中也表述了类似观念。但《白虎通》与《易纬》建立的宇宙自然系统，更提出了由太初、太始、太素等构成的有机层次，这无疑是要给天地时空及其秩序寻找更合理的本源，也是为四时、五行、男女、尊卑等秩序的建立构筑理性根基。葛兆光说：“根据《白虎奏议》的资料而撰写成的《白虎通》，并不是班固个人的思想而是当时国家意识形态的理论表述。”[③] 此论诚是，整个秦汉时期，影响甚巨的主流思想中几乎都是依赖太一秩序系统来树立人间伦理的。阮籍在《通易论》中有顺应自然的一面，但因怀疑礼法的合法性，反感于循规蹈矩的后世君子，在《大人先生传》中表达了更加宏阔的

---

① 关于君王承天意，教人事的功德，冯友兰有详细论述。冯友兰：《中国哲学史》（下），生活·读书·新知三联书店2009年版，第31—35页。

② 董仲舒：《春秋繁露·王道通三》。

③ 葛兆光：《中国思想史》（第一卷），复旦大学出版社2001年版，第273页。

自然观，他突破了太一所笼罩的天地时空，甚至整个宇宙，超出了所有的时间而抵达自然之真。他不仅直接质疑了天地间的礼法，更从哲学上开拓了超越礼法的新理路，即在理念上突破太一文化系统，质疑并超越了人间秩序赖以建立的理想王国。更值得注意的是，阮籍是自觉地以绝对的自由超越了汉统治者苦心构筑的太初、太始、太素等自然层次。而这一超越不仅是诗性的想象，却也是合理的、全新的哲学思想，因为它在主张顺乎自然的前提下，粉碎了局部理性的幻象，为我们提供了更普遍的自由与理性。这一思想的光亮对于自秦汉以来一直占盘踞地位的思想意识形态的冲击是根本性的。阮籍在思想上摆脱、抗拒了秦汉意识形态，其思想价值即在这里。

三　《咏怀》诗的精神内核——在《通易论》与《大人先生传》的思想观念之间

钱志熙先生讨论到阮诗的解释历史，他认为颜延年注诗重于难解之词、沈约注诗则囊括诗歌大义，而李善采取的则是粗明大意、略其幽旨的解说方法；五臣专重索隐本事，力求幽旨，以至穿凿附会。进而论之，古今阮注可有两大分野，一为重其兴寄；另一为重其讥刺。重讥刺者由五臣发端，明清以下诸家如陈沆、何焯、方廷圭等扬其波，成为阮学主流，而近代学者黄侃论阮则痛斥穿凿之论。[①] 因阮旨遥深之故，阮诗的解读必然是无尽的话题。其实任何一首意蕴丰富的作品势必引起读者的争议，一者因为接受者个个不同，所揭示的意义也不尽相同；再者，作品本身蕴涵着丰富的解读可能，存在着意义的不同层次——抒写情感、现实隐喻、人生哲思可以同时共处，众声合奏。一个作品的说服力在于本身所弥散而出的灵性与生机，其话语体系必然要形神兼备，所以，作品本身的肌理中也包含具体的事实、动人的情思、普遍的道理。而不论是言情，还是寓事，形而上的哲思是

① 钱志熙：《论〈文选〉〈咏怀〉十七首注与阮诗解释的历史演变》，《文学遗产》2009年第1期。

不可缺少的，如果一切情事属于血肉的话，哲思即成为作品的基本精神。历来的阮诗阐释者都忽视了阮诗的哲学意义的探究，将索隐本事等同于对遥深阮旨的解读，从而窄化和浅化了阮诗意旨。

《咏怀》八十二首中，每首作品都可谓形神兼备，既有充沛的情感也有玄远哲思。作为整体的《咏怀》诗，不仅从多个侧面呈现了阮籍的情感世界，而且将系统的哲思贯穿于他对自然、友情、生命、治乱、信仰的思考中，其中《通易论》与《大人先生传》中所提出的理念构成了诗歌中上述理性精神的内核。正如钱志熙先生所说："阮籍的《咏怀》诗是高度的理性和深沉的感情相结合的产物。"①《通易论》在哲学上解除了天人感应之魅，以盛衰消长来解释人类历史。《通易论》说："万物归随，如法流承，养善反恶，利积生害"，即肯定自然发展具有一定规律。它变化不息，承接不断，但存在着"养善反恶，利积生害"的可能，在此，阮籍肯定先王、君子顺变应物以推动历史的智慧。不难发现，《咏怀》诗常写盛衰之感以及应物与否，也写不通与不遇的苦恼。特别注意的是，秦汉以来帝王与儒者们崇拜乃至神化的圣人在《通易论》中几乎是缺席的，而是聚焦于"大人"，但"大人"在阮籍的思想中几乎是一个超现实的存在，阮籍无意塑造人间的神圣，这也注定了他在现实中找不到人格榜样，或陷入痛苦，或超离向玄妙的"大人"。《大人先生传》中所描述的思想境界是超越于天地界域的，可以说是对《通易论》中大人观念的发挥，表达了对绝对自由、自然之真的向往。从《咏怀》诗可以发现，上述境界成为了阮籍现实受挫后精神的归依之所。大多数的《咏怀》诗流露出的长生之想、游仙之思都与此有关，阮籍徘徊在天地现实的苦闷与对玄妙精神的追寻中。

（一）《通易论》中的哲学理念体现于主题

阮籍《咏怀》诗思想精深，内容庞杂，但主题十分鲜明。写朋

① 钱志熙：《魏晋诗歌艺术原论》（修订版），北京大学出版社 2005 年版，第 139 页。

友遇合、相交之道是重要的主题之一。这与阮籍易学有关，《通易论》中认为，当“刚柔不和，天地不交”时，君子应该施行因应之道，即所谓“君子一类求同，遏恶扬善，以致其大”①。基于此种哲学与政治学，朋友间的相交遇合不单纯是个人感情的沟通问题，已经成为安身立命的行为智慧。于是，在诗中对友朋的呼唤或是对寂寞无应的感慨，便自然而然地渗入了深刻的意蕴。《其一》：“夜中不能寐，起坐弹鸣琴。薄帷鉴明月，清风吹我襟。孤鸿号外野，翔鸟鸣北林。徘徊将何见？忧思独伤心。”② 写孤独者的忧思和伤心，他与琴为朋，与清风明月呼应，可见其高洁的性情；另外，又如同孤鸿翔鸟一般徘徊无偶，象征了君子无应的生存境遇，也折射出诗人因济世无门、心灵孤独而产生的缅邈不绝的苦闷。那么，阮籍的孤独不是性情使然，也非孤芳自赏不得而自怨自艾，而是有着深沉的现实内涵。这也正是阮籍忧思与孤独的本源所在，在感性层面的背后潜藏着哲思，具体地说，诗人高洁之心寂寞无应，就意味着不能顺变应物而实现抱负。诗歌中的感伤有着理性主义的光芒。《其二》，写郑交甫与江汉二女“猗靡情欢爱，千载不相忘”，又感叹“如何金石交，一旦更离伤”。表面上是写人神之恋、男女情爱，实际上也是写相交之道。陈伯君按语：“此诗前后两段成一对比。前者一经解佩，千载不忘；后者虽树之兰房，一旦离伤。谓为‘刺交道不终’，于义为近。”③ 此论诚然，但我们更应该知道，阮籍肯定精神之爱而怀疑肉欲之情，他认为永恒的相知相交存在于精神领域。《其八》：“宁与燕雀翔，不随黄鹄飞”，写了生怕失群，乃至无所归依的心态，有意味的是在此诗中诗人放弃了远举高飞的鸿鹄之志，而希望“寒鸟相因依”。《其十八》抒写的是生命短促、时光不再、君子未合的忧伤。“岂知穷达士，一死不再生”，意思是说，相对永恒的时间之刃，生命唯有一次，于是

① 《通易论》，阮籍著，陈伯君校注：《阮籍集校注》，中华书局1987年版，第110页。

② 阮籍著，陈伯君校注：《阮籍集校注》，中华书局1987年版，第210页。

③ 阮籍著，陈伯君校注：《阮籍集校注》，中华书局1987年版，第215页。

有“君子在何许，叹息在合并”的感慨，表达了在有限生命中与君子相合的诚挚情谊，那么，友朋之相合即成为生命中的重要部分。《其十二》写安陵、龙阳的芳姿美态，以及与君王的同衾欢爱和永世期许，借以表达贞固不二的朋友之道，正如邹思明所说：“此诗以私昵方道义，凡事君交友皆朝于贞固，率是类也。”意谓该诗虽写私情密意，但也彰显的是坚贞的朋友之道。《其三十》则写交道受阻，不得沟通的境遇，发出“晨朝奄复暮，不见所欢形”的慨叹，充满忧愤地描写了朋友间存在的或有形或无形的障碍：“单帷蔽皎日，高树隔微声。谗邪使交疏，浮云令昼冥”，足见诗人是多么地珍视通畅融洽的友情。

朋友之情能够畅通地存在，意味着君子可以求得同类、得其友声，从而消解天地间的刚柔失和、阴阳不交，使社会和谐，情思融融。阮籍对相交之道一再歌咏的旨意即在于此，他的这种主观感情有着来于其易学的理论根据，这一主观感情不仅与个人的运途顺逆有关，而且关乎社稷民生。《其四十七》也是一首感叹知音之稀、同类之少的诗，茫然于生命的征途，满怀忧戚之感，唱出了“青云蔽前庭，素琴悽我心。崇山有鸣鹤，岂可相追寻”的心音，这是孤高者在鸣其友声。《其五十六》写鹳鸰鸣求其类于云天之上，而倾侧偏邪之士却不可附丽为友。《其六十九》则写交道之艰难，有“人知结交易，交友诚独难”之感叹，更有对人与人之间由龃龉不合乃至萌生怨毒的清醒反思，他说：“险路多疑惑，明珠未可干。彼求飨太牢，我欲并一餐。损益生怨毒，咄咄复何言。”《其十九》写神女芳姿绰约，翩翩降临，诗人与神女虽愉悦相会却未交接，唯有彼此间的感伤之语。当然，这不是对一般意义上的人神之恋的叙写，而是属于阮籍对朋友之道书写的一部分，象征着对友情的珍视——它来自天上，关乎神性，有其先天的根据；也象征着朋友间情感交会时的喜悦和共同的命运感，而这种交会又带着遗憾，完美不得。友情难得，其间又常有种种阻隔，有的是人为的设障，有的则是天然的疏离，阮籍表达着对朋友之道的呼唤和反思，他笔下的友情不仅是伦理意义的，而且是具有政治意义和哲学意义的。在中国文学史上如此集中而自觉地写友情，而且写得如此寄托深远、洞及幽微是极其少见的。

抒写繁华易尽、物情万变、丕泰更替的生命之感也是重要主题之一。阮籍易学认为，历史如同自然一样存在盛衰消长的过程，但其变化规律并不与四时更替直接同步，而是类似于《序卦》中的消长次序。人作为主体在其中起到了很重要的历史作用，人与自然的理想关系便超出了秦汉以来的天人感应模式，由推尊上天为政治伦理之渊薮，转而积极地去"应运顺天""与物相追"。不过，这是《通易论》中的所谓先王、君子才可以做到的，对于当下阮籍是失望的。他对自然与历史规律的感知和审视却深受上述逻辑的影响，并将情感解放出来直接感物，感受那逃出自然天理的无常与盛衰之感。阮籍眼中的世界再也不是上天的摹本，完全有理由将情感倾注于这眼前的曲折变化，阮籍从父系权力系统中逃逸而出的生命触觉，体现出摇曳多姿、婉转惆怅的风采。

《咏怀·其三》描述了大自然由盛而衰的必然节律，也表达着繁华易尽的生命感慨，以及"一身不自保，何况恋妻子"的无奈。诗人以细致又精审的笔触描绘着树木花草的自然变化，"嘉树下成蹊，东园桃与李。秋风吹飞藿，零落从此始。繁华有憔悴，堂上生荆杞"。因节令更替，秋风吹来，草木繁华迎来了萧瑟与凋零，也必然带来人心的失落与凄楚。先有桃李之树，然后有下自成蹊的盛极一时，桃李零落时，人心也清冷。他将自然当作具体的生命来看而看到了自身，而不是当作伦理的规则来遵守。《其四》写青春与富贵不能永恒，如同自然变化一样。"清露被皋兰，凝霜沾野草。朝为媚少年，夕暮成丑老。"仿佛看到由翩翩少年到垂垂老者就在朝暮之间，清露为霜，朝暮交替，生命正在此间转换。阮籍从自然中看到的是不可阻挡的生命意志和悲怆的命运感，与此同时，产生对仙人王子晋的艳羡。《其六》表达着"多财为祸害"的感慨和"布衣可终身，宠禄岂足赖”的生存智慧，主张在多变的世事中，不要系心于宠禄与财富。无论是感伤自然还是慨叹世变，都是在感伤着人生，阮籍揭开了抽象的自然规律的外壳，感受到了自然的生命意志和情感，更重要的是他将更为复杂的人生感慨投射其间。同样，《其七》写四时代谢，日月迢递，不被人知而内心忉怛，期望永远欢好。其辞曰：“四时更代谢，日月递参差。徘徊空堂上，忉怛莫我知。愿睹卒欢好，不见悲别离。”这是为光阴虚度而惋惜，更是为阴晴不定的人情变化而担忧。诗人一方面似乎要挽回时间的消逝；另一方面又欲克服悲欢离合的循环逻辑，其中也有超越时间之流而不得的忧伤。

人之美妍和情谊如同自然一样也有盛衰变化。《其二十七》写道：“妖冶闲都子，焕耀何芬葩。玄发发朱颜，睇眄有光华。倾城思一顾，遗视来相夸。愿为三春游，朝阳忽蹉跎。盛衰在须臾，离别将如何。”曾经光华耀眼的倾国倾城之貌，曾经盛极一时的名声与人气，随着时光的流转须臾间由盛而衰，灿烂浮华之人生同样难逃自然节律，这自然的节律竟然成了人生的规律。黄侃曰：“儇薄之子，当年盛荣色，足以致倾城之顾；而荣华不久，旋复丑衰，始于合而终于离，非人力所能与也。”[①] 岁月蹉跎，容色难久，这是阮籍以丰沛的感觉触及自然与人生后的叹惋，是情感解放后伴随而来的人生凄凉。在《其三十三》中，阮籍更强烈地表达了生命消耗于存在之途中的惶恐感。其辞曰：“一日复一夕，一夕复一朝。颜色改平常，精神自损消。胸中怀汤火，变化故相招。万事无穷极，知谋苦不饶。但恐须臾间，魂气随风飘。终身履薄冰，谁知我心焦!”在岁月的征途中，人生中存在着不可逆转的改变，所改变者不仅是容易凋零的颜色，甚至是根植于心的精神。万事纷纭，疲于应对的智谋是何其有限，心中于是盘桓着“魂气随风飘”的恐惧，这里有阮籍人生几何之慷慨，但绝不是空空哀叹，而是叹息着生命失去之后的灵魂之轻，他要延长

① 阮籍著，陈伯君校注：《阮籍集校注》，中华书局 1987 年版，第 299 页。

的是殷实的生命与存在。正因为此，终其一身，小心翼翼，如履薄冰，但这谨慎的态度与内心的焦热形成了难解的冲突，这是纠缠于日常、困扰于心灵的挥之不去的生命之苦。叔本华有感于生命意志、人生欲望的不可穷尽而苦恼，要去宗教与艺术中寻求解脱之道，阮籍则有感于热切的生命意志招致外界的侵袭而苦恼，他不是为欲望的不可穷尽而苦恼。“胸中怀汤火，变化故相招”，阮籍深刻地揭示了人情何以难逃盛衰之变的秘密。《其二十》中同样写“物情万变，难自保持”的人生境遇，不过，作者也揭示了外部自然客观存在的多变因素，其辞曰：“杨朱泣歧路，墨子悲染丝。揖让长离别，飘飖难与期。”黄节引曾国藩曰：“歧路、染丝、言变迁不定，反复无常，不特燕婉之情如此，即国之存亡亦不过一反复间耳。”[①] 在《其五》中写了一少年青春易逝、黄金易尽、前路易失的人生履历。诗歌写道：“平生少年时，轻薄好弦歌。西游咸阳中，赵李相经过。娱乐未终极，白日忽蹉跎。驱马复来归，反顾望三河。黄金百镒尽，资用常苦多。北临太行道，失路将如何？”年少轻狂是人类与生俱来的习性，喜好弦歌娱乐当属自然而然，而欲望总是无穷尽的，与之形成尖锐矛盾的是生命的有限性、青春的短暂性，如果再加之焦灼的内心、轻浮的性情、资用的拮据，人生之烦恼可想而知，简直就是一个越陷越深的泥沼。在阮籍的盛衰之感的背后潜藏着复杂的生命苦衷，而他又似乎清醒地知道它们是如何地发生和不可避免。

更可贵者，阮籍深刻地意识到历史的盛衰起伏、生命的危殆与无常，是有其社会原因的。他并不局限于抽象地讨论世事多变、人生苦短，以及难以淡泊的人生意志，同时，也将批判的笔锋指向失序或险峻的政治现实。这一主题是阮籍诗中非常重要的内容，历代注家索隐其事又不免穿凿附会。将历史事件坐实于诗歌作品中，恐怕阮籍在写作之初也不曾有过，所以，任何指实性的注解只能是一种推测。但阮

① 阮籍著，陈伯君校注：《阮籍集校注》，中华书局1987年版，第284页。

籍确实以他独特的视角、深刻的感知，艺术地反映和评价了他的时代，作为抒情性作品的《咏怀》诗，它本文中的现实是审美化的意象，也唯有这些意象可以安顿诗人的情思、体验、信仰，可以感动读者的同情之心。《咏怀》八十二首是阮籍不得已的感喟之作，因内心不得已而作，更因现实不得已而作——他已对时事无可奈何。既然如此，现实批判就带有超越具体现实的某种普遍性，甚至微妙地融入诗人的生命之感中，不过，其现实性依然存在。《其四十二》写道："王业须良辅，建功俟英雄。元凯康哉美，多士颂声隆。阴阳有舛错，日月不当融。天时有否泰，人事多盈冲。园绮遁南岳，伯阳隐西戎。保身念道真，宠耀焉足崇。人谁不善始，鲜能克厥终。休哉上世士，万载垂清风。"意思是说，建功立业时需要良臣辅弼，但大业告成后却只能逃遁隐居，究其原因，是因为阴阳舛错，人事亏损，君子们虽有善始，鲜有善终。这一悲剧性命运正是起源于人事的龃龉难安、政治的错杂失谐。复杂险峻的政治现实让君子们远离是非，兀自高蹈，但这一传统的隐逸方式依然会因被现实的阴云笼罩而岌岌可危。《其九》中望首阳而兴叹，心中凄怆。其诗写道："步出上东门，北望首阳岑。下有采薇士，上有嘉树林。良辰在何许，凝霜沾衣襟。寒风振山冈，玄云起重阴。鸣雁飞南征，鶗鴂发哀音。素质游商声，悽怆伤我心。"对该诗的解读有多种，主张"首阳之思"者较多。沈约说："风霜交至，玄云重阴，多所拥蔽，是以寄言夷齐，望首阳而叹息。"[①] 刘履说："此篇托言出望首阳，想夫伯夷叔齐采薇而隐者，得其所矣。"[②] 陈沆说："或采薇长往，矫首阳之思。"[③] 方东树说："因乱极而思首阳。"[④] 不过，上述意见都显得笼统，阮籍北望首阳，有求其友声之思，也有艳羡之想，但更表达了嘉辰不再，秋令已至的

① 阮籍著，陈伯君校注：《阮籍集校注》，中华书局1987年版，第244页。
② 阮籍著，陈伯君校注：《阮籍集校注》，中华书局1987年版，第245页。
③ 阮籍著，陈伯君校注：《阮籍集校注》，中华书局1987年版，第246页。
④ 阮籍著，陈伯君校注：《阮籍集校注》，中华书局1987年版，第246页。

凄楚之情，山上没有嘉树成林，唯有寒风吹过，秋天的肃杀是容不下采薇者的高情逸志的。对于良辰的期待何尝不是对政治常态的期许？隐居首阳作为一种政治姿态和自由选择的时代已经一去不复返了。

顺应自然，各尽性命也是阮籍诗歌的主题之一。《其二十六》中，写群鸟翩翩而飞不敢停止于荆棘，而鸾鷖却栖宿其上。群鸟与鸾鷖虽是各尽性命，但阮籍对后者表达了钦敬之意。黄节引蒋师瀹曰："此言能自树立，亦有如鸾鷖之受命于天，不妄求匹；超然神木之枝，高山之上者，葛蔓无庸强附也。"[①]《其四十六》写物类不齐，各有自足。"鸒鸠飞桑榆，海鸟运天地。岂不识宏大，羽翼不相宜"，这仿佛是夫子自道，表达了顺应自然，自安于退屈的人生态度。《其四十八》："鸣鸠嬉庭树，焦明游浮云。焉见孤翔鸟，翩翩无匹群。死生自然理，消散何缤纷。"黄侃注："焦明远翔，不悉孤鸟无匹之苦。生死万殊，本于天命，岂能相为乎？"[②] 即是说自然生灵各有性命，或远举高翔，或嬉于庭院，彼此不类。《其五十二》表达了"理无久存，人无不死，正当顺时待尽，忘情毁誉"的人生态度。（黄侃注）[③]《其五十三》写道："自然有成理，生死道无常。"阮籍认为，在无常的命运面前，所有智巧都无济于事，只有以"不易"应万变才是上佳的方法，即"智巧万端出，大要不易方。""不易方"就是不易之道，《周易·恒卦》曰："雷风恒。君子以立，不易方"，君子执一以驭万，即是"不易方"，即是顺应自然，尽其性命。《其五十六》有"贵贱在天命，穷达自有时"之论，《其六十三》则有"但愿长闲暇，后岁复来游"之想，《其七十二》则希望回归自然，遨游以忘忧虑。阮籍认为不同的路途决定着不同的舟车，性命在现实中原本就失去"自然"，即所谓"修途驰轩车，长川载轻舟。性命岂自然，势路有所由"，特别是高名足以致惑，重利足以生忧，而

① 阮籍著，陈伯君校注：《阮籍集校注》，中华书局 1987 年版，第 296 页。

② 阮籍著，陈伯君校注：《阮籍集校注》，中华书局 1987 年版，第 342 页。

③ 阮籍著，陈伯君校注：《阮籍集校注》，中华书局 1987 年版，第 350 页。

亲昵足以致仇，即“高名令志惑，重利使心忧。亲昵怀反侧，骨肉还相仇”。种种势路都是现实中生成的结果，各有缘由。如何超离出来呢？“更希毁珠玉，可用登遨游”，即摆脱功利，从世俗的轮回中轻举高蹈，回归本性自然。阮籍之“遨游”是精神的自由之路，这一路径是现实存在方式，它可以全身远害，休养身心，它是一种政治逃避，但没有采薇首阳上所附带的叛逆色彩的政治效应。

在阮籍《其十》中明确地将“延年术”当作心灵的居所，这可以说是一种现实中的遨游吧。诗中写道：“北里有奇舞，濮上有微音。轻薄闲游子，俯仰乍浮沉。……焉见王子乔，乘云翔邓林。独有延年术，可以慰我心。”诗中反对闲游子荒淫歌舞，也对王子乔吹笛成仙心存怀疑，而是钟情于延年之术。为什么阮籍有此思想呢？延年之术是其顺应自然、尽性于命思想逻辑链条上的天然部分，阮籍有此思想当属自然而然，重要的是这一观念是极具现实批判性与时代新质的。当时的统治者就反对荒淫习气，按照蒋师瀹的注解，阮籍力主“延年”是用来对抗“荒淫”的，他说：“按《三国志·魏少帝芳纪》何晏有（放郑声而弗听）之奏，司马懿废帝，撰太后令，亦云：（不亲万，日延倡优），是必有闲游子导以荒淫歌舞者，故起便戒以亡国之音，又结出好吹笙之王子乔，其登仙亦何可遽信，只延年之术或有可采，荒淫则岂所以延年者！”[①] 此论诚然，阮籍的思想与统治者有合拍处，作为政治逃避的延年术成了阮籍全身的政治。不过，阮籍之延年并不仅是出于政治，而是有其渊深的哲学理路，其思想是哲学思考与斗争的结果。在这一点上可以参照嵇康。阅读向秀《难嵇叔夜养生论》和嵇康《答向子期难养生论》便于理解此问题。嵇康批评向秀说：“以酒色为供养，谓长生为无聊，然则子之所以为欢者，必结驷连骑，食方丈于前也。夫俟此而后为足，谓之天理自然者，皆役身以物，丧志于欲。”[②] 向秀正是一个纵情酒色、不喜长生

① 阮籍著，陈伯君校注：《阮籍集校注》，中华书局1987年版，第250页。

② 《全三国文》卷48，严可均辑《全上古三代秦汉三国六朝文》。

者，这样的生活态度恰好是役身于物的，鉴于此，嵇康主张养生永年，他说："苟云理足于内，乘一以御外，何物之能默哉！由此言之，性气自和，则无所困于防闲，情志自平，则无郁而不通。"[①] 此种养生是肉体的延长，也是心性的锤炼，其内核也是来于易学中的圣人性命之学。借助嵇康养生论就不难理解阮籍诗中养生之内涵。

顺应自然的文学理念来源于他的易学思想，但他对易学中构建的天地秩序和圣人伦理又存在着怀疑，于是，阮籍作《大人先生传》，超越和批判了充满繁杂与错讹的现实及其价值观念。这一思想在其《咏怀》诗中同样存在。

（二）《大人先生传》中的哲学理念体现于主题

《大人先生传》在哲学上是《通易论》的重要补充，《通易论》所涉及范围是天地境界，而《大人先生传》则是对这一境界的超越，阮籍借此表达了他自由傲岸的人格精神。从上文可以知道，阮籍为自然与人世的盛衰更迭而烦恼，更为人生有限、世事难料而悲怆，他也希望能回归自然，各尽性命，但这仅仅是他思想上暂时的休憩之所。由于对现实的刻骨铭心的失望和对现实的复杂性的极度清醒，阮籍选择了唯心的超离。《咏怀》诗中即表达了对神仙世界的向往，准确地说是一种绝对自由的精神飞驰，他表现得很决绝，似乎要避开一切的人世气息，唯有名节念念于心。

首先，阮籍诗中所表达的游仙之想，这与《大人先生传》中的精神反抗与超越是一致的。生命不能永恒，名誉之辉赫也仅限一时，超越这难以逾越的有限是阮籍一往无前的生命意志。《其二十八》："系累名利场，驽骏同一辀。岂岩遗耳目，升遐去殷忧。"表达了不与驽马同辀，抛弃名利远游遗世之志。《其十五》写道："丘墓蔽山冈，万代同一时。千秋万岁后，荣名安所之！乃悟羡门子，噭噭今自嗤。"曾国藩解释说："此首自述其抗志自修，遁世无闷。"不过，他

① 《全三国文》卷48，严可均辑《全上古三代秦汉三国六朝文》。

的遗世独立恰好是对抗着庸常的自然节律。《其二十一》中“一飞冲青天，旷世不再鸣”，借飞鸟之名，表达着超出现实而直上云霄的姿态。《其二十二》中鉴于自然中“存亡从变化，日月有浮沉”的现象，表达了借游仙以超出天地自然的心愿，其文曰：“王子好箫管，世世相追寻。谁言不可见，青鸟明我心。”《其六十八》写道：“休息晏清都，超世又谁禁。”清都即是紫微，是太一之所在，超世是他的精神方向。《其七十》写道：“有悲则有情，无悲亦无思。苟非婴网罟，何必万里畿。翔风拂重霄，庆云招所晞。灰心寄枯宅，曷顾人间姿。始得忘我难，焉知嘿自遗。”阮籍要超出人间的情思悲喜，冲破一切的罗网，而入于重霄庆云中，但他并未沉溺于仙界感受，而是回味着那远离人间的虚无恬淡之心，正因为此，他以真正的解脱之眼清醒地俯视了人间。与其说是游仙，不如说是自我遗世，在他的精神世界中没有一丝人间的世俗气息。《其七十三》写道：“横术有奇士，黄骏服其箱。朝起瀛洲野，日夕宿明光。再抚四海外，羽翼自飞扬。去置世上事，岂足愁我肠。一去长离绝，千岁复相望。”从游仙写起，羽翼飞扬，横绝四海，但重心依然是摆脱世事纠葛与愁肠百转，依然是欲超出时空的精神信念。但阮籍在其游仙之想中始终秉持着一种抗拒感，远离世俗而不溺于仙，他的远离是为了摆脱，他的摆脱是为了远离，“大人”的形象贯穿于《咏怀》中。“一去长离绝，千岁复相望”正是能代表阮籍对于现实和理想的复杂心态的，他要坚决地离开，但任何的境界都容不下他的自由和深情。

可以发现，阮籍诗中的游仙总是向往着无尽的苍穹，甚至摆脱了游仙本身。《其二十三》曰：

> 东南有射山，汾水出其阳。六龙服气舆，云盖切天纲。仙者四五人，逍遥晏兰房。寝息一纯和，呼噏成露霜。沐浴丹渊中，照耀日月光。岂安通灵台，游瀁去高翔。

这是一首游仙意味浓厚的诗，此类比较纯粹的游仙诗在阮籍笔下并不多见。它写龙车云盖、仙气逍遥，但最后依然表达了超离通灵台、高翔远去的愿望。黄侃说：“神仙之人既离尘俗，自当遨游八纮之外，虽通灵之台彼且不以为安，明避世之宜远也。”仙人也成了避世之人，避开当下的仙境，永无止息地去追求更高洁的精神境界。由此看出阮籍根深蒂固的反抗与反省精神，他要回到最纯粹的自然中。嵇康的游仙诗在境界上则要低于阮籍。《文心雕龙·明诗》篇说：“正始明道，诗杂仙心，何晏之徒，率多浮浅。唯嵇志清峻，阮旨遥深，故能标焉。”嵇、阮两人的作品中都有仙心，但阮籍的精神飞驰得更加自由洒脱。嵇康《兄秀才公穆入军赠诗十九首》“真实地抒写了他不得不逃世高蹈的原因及其对超越的神仙世界的向往”[①]，阮籍的游仙之想与超离世事也是不得已的选择，嵇康与阮籍在这一点上并无二致。嵇康不同于阮籍者在于，他徜徉和玩味在游仙的精神境界中，如《其十七》写道：“乘风高游，远登灵丘。托好松、乔，携手俱游。朝发太华，夕宿神州。弹琴咏诗，聊以忘忧。”他与神仙携手，谈琴咏诗，依然是世俗的情趣。《其十八》写道：“琴诗自乐，远游可珍。含道独往，弃智遗身。寂乎无累，何求于人。长寄灵岳，怡志养神。”他停留于灵山之境来怡志养神。养生思想对其游仙诗的影响导致了游仙过程中对人生趣味的留恋，没有阮籍那样的深刻与高远，在嵇康的作品中常可以发现“授我神药”、“受道王母”（《重作四言诗七首》其六、其七），“轻举求吾师”（《述志诗》其二），“授我自然道”（《游仙诗》）的观念，可见，他对神仙是那样地依赖，这使他很难彻底地抗拒人世的庸俗与纠缠，因为神仙无非是人的投影。于是，嵇康欣然游弋在一种高尚的趣味中了，正如孙昌武所说的：“嵇康出于自己的神仙、养生观念，却把幻想转化为现实情境，描绘的则是理想的人生境界。”[②] 阮籍则抗拒着现成的文化，永不停息地

---

① 孙昌武：《诗苑仙踪：诗歌与神仙信仰》，南开大学出版社2005年版，第196页。

② 孙昌武：《诗苑仙踪：诗歌与神仙信仰》，南开大学出版社2005年版，第199页。

持久着自己的反省和超越。

阮籍不仅要抗拒自然节律，摆脱天地空间，超脱生死与情欲，而且，他以游仙来反抗礼乐制度，以及弊端丛生的君子伦理，在《大人先生传》中阮籍也表达了这一思想。这是阮籍超离世俗的社会原因。正如前文所论，“大人”对人世中的天地秩序、礼乐制度、道德观念都提出了质疑。《大人先生传》中列举君子中规中矩的行为举止，遵循常则、战战兢兢的君子，在大人眼里却是以裤裆为吉宅的虮虱，是动不敢离裤裆的自以为得绳墨者，也是搅乱天下的元凶。阮籍对当世的儒者作了深刻的批判，《其六十》主旨大致与之类同。其诗曰：“儒者通六艺，立志不可干。违礼不为动，非法不肯言。渴饮清泉流，饥食并一箪。岁时无以祀，衣服常苦寒。屣履咏《南风》，缊袍笑华轩。信道守诗书，义不受一餐。烈烈褒贬辞，老氏用长叹。”意思是说，儒者恪守礼法、清高苦寒、崖岸分明的人格特点，以老氏观之则是无可奈何的叹息。但前人对此诗的解释存在较大分歧，黄节引朱嘉徵曰：“辞小儒也。讽收调音旨，实尊儒示老氏之上”；沈德潜以为：“儒者守义，老氏守雌，道既不同，宜闻言而常叹。魏、晋人尚老、庄，然此诗宜各从其志，无进退两家意。”[①] 上述意见是说，阮籍并无讽刺儒者之义。黄侃、黄节等注家则以为阮籍对儒者有讽刺批评之义，黄侃曰：“儒者自修如此，自苦如彼，守诗书而不变，待褒贬而无惭。以老氏之道观之，徒堪叹息耳”；黄节曰：“‘烈烈褒贬辞，老氏用长叹。’蒋师瀹以为即老子‘天下皆知美之为美斯恶已，皆知善之为善斯不善已’之义。”[②] 联系阮籍的整体思想，我们不能遽然判定阮籍对儒老有所轩轾，因为《通易论》中先王的功绩与人格乃是一种理想，而《大人先生传》中又表达了对后儒的反感，但是，《通易论》和《大人先生传》都表达了对后来君子的负面评价，特别是《大人先生传》更是鲜明而深刻地批判了那些抱守礼法的君

① 阮籍著，陈伯君校注：《阮籍集校注》，中华书局1987年版，第364页。
② 阮籍著，陈伯君校注：《阮籍集校注》，中华书局1987年版，第365页。

子。《其六十七》也表达了上述思想，黄侃认为该诗与《大人先生传》同旨。阮籍写道："洪生资制度，被服正有常。尊卑设次序，事物齐纪纲。容饰整颜色，磬折执圭璋。堂上置玄酒，室中盛稻粱。外厉贞素谈，户内灭芬芳。放口从衷出，复说道义方。委曲周旋仪，姿态愁我肠。"黄侃说："此与《大人先生传》同旨。言礼法之士深为可憎，委曲周旋令人愁损。盖不待世士嫉阮公，阮公已先恶世士矣。"[①] 此论甚是精当，阮籍在该诗中表达了《大人先生传》中对礼法之士的鄙夷。

其次，对于游仙阮籍存有矛盾心理，神仙世界不能安放他的心灵。一方面，主张遨游于神仙之境，如《其四十》所说的："焉得凌霄翼，飘飖登云湄。嗟哉尼父志！何为居九夷！"《其五十》则表达了对世俗价值观的迷惑而游仙："谁云君子贤，明达安可能。乘云招松乔，呼噏永矣哉！"另一方面，阮籍认为神仙之事或千载难期，或沉湎于当下欢乐，其实际功用颇为渺茫。《其五十五》写道："人言愿延年，延年欲焉之？黄鹄呼子安，千秋未可期。独坐山岩中，恻怆怀所思。王子一何好，猗靡相携持。悦怿犹今辰，计校在一时。置此明朝事，日夕将见期。"黄侃说："神仙之事，千载难期，纵复延年，终难自保。"[②] 总之，人事难测，仙事难期，游仙长生之举都不能带给阮籍真正的自由。更重要的是，神仙世界不只渺茫，关键在于它是不足信的，它是否真实存在也同样困扰了阮籍。《其四十一》写道："天网弥四野，六翮掩不舒。随波纷纶客，泛泛若浮凫。生命无期度，朝夕有不虞。列仙停修龄，养志在冲虚。飘飖云日间，邈与世路殊。荣名非己宝，声色焉足娱。采药无旋返，神仙志不符。逼此良可惑，令我久踌躇。"意思是说，芸芸众生苟且偷生于天网之下，生命中存在各种不虞之险，而只有神仙可以养志逍遥，长生久视，不过，阮籍很快质疑了神仙世界的真实性，他看到了"采药无旋反，神仙

① 阮籍著，陈伯君校注：《阮籍集校注》，中华书局 1987 年版，第 378 页。
② 阮籍著，陈伯君校注：《阮籍集校注》，中华书局 1987 年版，第 355 页。

志不符”的普遍情形，因而迷惑、踌躇、彷徨。黄节注曰：“‘逼此良可惑’，谓随波相逐则生命无常，志在神仙而生命又不足信，二者交迫于中，踌躇不能自决，以是良可惑耳。”①

即使神仙世界是可信可亲的，又能如何呢？阮籍否定了作为人生寄托的神仙境界。《其六十五》写道：“王子十五年，游衍伊洛滨。朱颜茂春华，辩慧怀清真。焉见浮丘公，举手谢时人。轻荡易恍惚，飘飖弃其身。飞飞鸣且翔，挥翼且酸辛。”在这样的抛弃肉身的恍惚之境中，含着多少的无奈，多少人间的酸辛！黄侃说：“神仙竟无可信。子晋缑岭之游，人传仙去；然飘飖恍忽，竟与死去何殊！观于此诗，而阮公忧生之情，大可见矣。”② 在阮籍看来，这样的游仙之举无疑是精神和肉体上的消亡，因为那精神与肉体只带着人生的遗憾远离了尘世，这与阮籍所主张的张扬精神、反抗世俗大相径庭。由此看来，神仙世界无论真切还是渺茫、可信抑或不足信、存在还是不存在，阮籍都不能将神仙境界当作精神栖息之所，因此在其游仙之途中不仅存在着迷茫、矛盾，而且存在着强烈的孤独感，《其七十八》写道：“昔有神仙士，乃处射山阿。乘云御飞龙，嘘噏叽琼华。可闻不可见，慷慨叹咨嗟。自伤非俦类，愁苦来相加。下学而上达，忽忽将如何！”所谓“可闻不可见”，是阮籍对神仙世界的比较全面的感受，也是他与神仙世界关系的写照。相对于阮籍，它存在于可信与不可信之间，可得与不可得之间，但在神与人之间存在着明晰界限，这也意味着阮籍在超越向人们向往的神仙世界时必将艰难苦辛，慷慨咨嗟。《其八十》正表现了他不见佳人、也不见仙人、徒受时命摧折的悲凉处境，其诗曰：“出门望佳人，佳人岂在兹？三山招松乔，万世谁与期？存亡有长短，慷慨将焉知？忽忽朝日隤，行行将何之？不见季秋草，摧折在今时。”人生有限，它的衰落正如秋草要随节令而凋零一样难以避免，面对如此大限，阮籍对缥缈之仙人、意中着佳人、生命

① 阮籍著，陈伯君校注：《阮籍集校注》，中华书局1987年版，第329页。

② 阮籍著，陈伯君校注：《阮籍集校注》，中华书局1987年版，第372页。

的归宿、命运之走向都充满了疑问，期望不得，超越不得，自处不得，即是阮籍在现实和理想之间的苦痛。

再次，阮籍在诗中表达了超然绝尘、志气雄迈的积极的精神追求，将回归到纯粹的自然当作理想境界。阮籍的反抗性并非对伦理价值的忽视或破坏，其反抗与价值重建是统一在一起的。《其三十八》写道："炎光延万里，洪川荡湍濑。弯弓挂扶桑，长剑倚天外。泰山成砥砺，黄河为裳带。视彼庄周子，荣枯何足赖。捐身弃中野，乌鸢作患害。岂若雄杰士，功名从此大。"方东树说："圣人但恶不义之富贵，非乐枯槁也。""此以高明远大自许，狭小河岳。言己本欲建功业，非无意于世者。今之所以望首阳、登太华，愿从仙人、渔父以避世患者，不得已耳，岂庄生枯槁者哉!"此诗中表达了远大超然的胸襟，也昭示着自己不落于庄生枯槁其心的消极避世倾向，而以杰出雄浑之气驰骋宇宙以反抗世俗。"弯弓挂扶桑，长剑倚天外。泰山成砥砺，黄河为裳带"，在此境界中，人与自然浑然为一，但绝非静谧的冥合为一，而是意志开张地纵情于大化中。《其五十八》表达了远游天外而高跨一世的情怀，他说："危冠切浮云，长剑出天外。细故何足虑，高度跨一世。非子为我御，逍遥游荒裔。顾谢西王母，吾将从此逝。岂与蓬户士，弹琴诵言誓。"诗人欲远离王母，依剑天外，不同于嵇康以王母为圣尊，而是要达到真正的逍遥。阮籍似乎要冲破所有的局限，包括对神仙的任何依赖和设想，以独特卓然之姿去追求绝对的自由。

《其三十五》中诗人进入太极。"世务何缤纷，人道苦不遑。壮年以时逝，朝露待太阳。愿揽羲和辔，白日不移光。天阶路殊绝，云汉邈无梁。濯发旸谷滨，远游昆岳傍。登彼列仙岨，采此秋兰芳。时路乌足争，太极可翱翔。"因世事缤纷，人道苦辛，时不我待，青春将逝，诗人愿意驱使太阳之车——羲和，继续前行以掌握时间，可是，白日停步不前，上无登天之阶梯，也无渡过天河之桥梁，阮籍只能濯发于旸谷之滨，远游于昆仑之旁，陟彼仙山采此秋芳了。"时路乌足争，太极可翱翔”，这是诗人在天地境界中无法掌控时间后的选择，他要进入太极世界中，这是一往无前、不甘庸俗的生命冲动的结果，所翱翔的世界正是他建构的精神境界。《大人先生传》中，即阮籍表达了他至高的精神追求，大人“虚形体而轻举”，抵达扶桑，穿越冥昧，沐浴光明，后来进入了神仙境界，大人并未将太一当作至尊，而是开拓着他的征程。他驱使主管方位与四季之神，“腾炎阳而出疆兮，命祝融而使遣。驱玄冥以摄坚兮，蓐收秉而先戈，勾芒奉毂，浮惊朝霞”[①]。大人在太一的境界中获得自由，但更要游出太一的界域。

不停息地向上超升，不停地否定着当下（因为相对于纯粹的自然，一切的当下必然需要被否定），不停地寻找着更加纯粹的高标，是阮籍的理想所在，所以，阮籍的游仙并非通常意义上的对有限生命的超越，而是对无限精神境界的追求。他所超越的是太一、太始、太初等世界，颇具世俗色彩的神仙们都被他弃置不顾，他要回到最理想、最初的世界。游仙再也不是向现存彼岸去超越，而是要以果敢雄壮的姿势回到最本来的自然中。《其四十三》写鸿鹄高飞，抗身青云，冲出罗网，遨游仙际，以表达诗人的理想。《其四十五》则愿摆脱人间忧愁，归于太清，其诗曰“乐极消灵神，哀深伤人情。竟知忧无益，岂若归太清”，诗人要摒弃世俗的哀乐而归于太清世界。《其五十一》曰：“丹心失恩泽，重德丧所宜。善言焉可长，慈惠未易施。不见南飞燕，羽翼正差池。高子怨新诗，三闾悼乖离。何为混沌氏，倏忽体貌隳。”黄侃解释说：“人情至难预察，智力终于有穷。丹心宜于见恩而失恩，重德应无不宜而丧宜，善言宜可长而有时不长，慈惠宜施而有时不易施。宜臼之孝而见疏于父，屈原之忠而见疑于君，则世事何一足恃乎？混沌之隳，何能不归咎于倏忽耶？”[②] 阮籍看到了世事的复杂诡谲，也深知智力的局限，混沌状态则是理想所

① 阮籍著，陈伯君校注：《阮籍集校注》，中华书局 1987 年版，第 182 页。
② 阮籍著，陈伯君校注：《阮籍集校注》，中华书局 1987 年版，第 347 页。

在。表面看来，阮籍重复着庄子的观念，但在回归方式上又不同于庄子的心宅坐忘，阮籍并不进行游仙的生理或生命体验，而是进行着精神上的勇猛回归，他追求的是理念。《其七十四》写道：“咄嗟荣辱事，去来味道真。道真信可娱，清洁存精神。”合于道真，清洁精神是阮籍的境界。

第三章　心体的时位关系

——《文心雕龙》的“文”生成论

此论题展开的逻辑前提是，“文”的生成乃是心体自然化生的过程。首先需要论证的是心体，对于“文”而言，心具有本体性意义，“文”可以看作心物关系中表现为文字的审美形式。之所以袭用“心物关系”而不以“主客体关系”来描述刘勰的审美，是因为心与物天然地既合一又彼此相分，区别于主客体间存在的无法彻底消弭的二元对立，而刘勰审美过程正如绝大多数中国古人的审美过程一样，最终将走向天人合一的道的境界，相比之下，以心物关系来描述审美更加贴切。其次，这一过程是自由的，如何得到自由也是亟待提出的问题。若无情感或心灵的自由，则无法看到纯粹的形式，审美即成泡影；而另外，情感或心灵若肆无忌惮并落入欲望的泥沼，真正的自由与审美也同样无法实现。心体自由化生的法律存在于自身，也即康德所谓自律，但康德的自律似乎是空洞而毫无门径可言的，只能溯源于上帝寻求支持，而这支持依然是抽象的，依然取决于人与上帝的距离和关系，从而把问题再一次地推到人这里；刘勰借助《周易》太极模式，引入时位观念，阐释了心体在文学创作中的自律与自由。

一　道、圣（心）、文、人文、神理的同构性关系

道[①]、神理、人文、文、心这些概念背后都渗透了刘勰邃密、系统的思想或观念，讨论它们的同构性及其关系，旨在寻找刘勰心体得以自由化生的逻辑可能及其丰富的历史文化内涵。刘勰没有直接的对心的论述，但在心物审美关系中，可以体察到刘勰有着本体性的心体概念有“情理”“性情”等称谓，也分不同层次。它们是在天人合一的道的框架下流行并存在的。我们先从“文”和“人文”的概念切入，来体察刘勰所谓道、圣（心）、文（人文）、神理之间是怎样地进行了逻辑统合，这种统合不是等同，所以，我们名之为同构性关系。少康师论刘勰文学本质论和起源论，认为“刘勰在《文心雕龙》一开始就明确告诉我们，文学的本质是：道是其内容，文是其形式”[②]；“在刘勰看来，‘道’和‘心’是‘文’的内容，文（包括广义和狭义）则是其美的表现形式”[③]。在这里张先生有广义之文和狭义之文的分别，认为两者都是道的表现形式，至于形式和内容如何统一于一体，道如何获得形式，张先生从易学的自然生成论角度给予阐

---

① 关于“道”，少康师有论：“关于这个‘道’的含义，历来大家争议很多，或谓是儒家之道，或谓是道家之道，或谓是佛家之道，或谓是以儒家为主而兼有其他各家之道，理解是相当分歧的。不过，有两点是可以肯定的：第一，刘勰在《文心雕龙》中并没有明确地讲这个‘道’是那一家的‘道’；第二，刘勰在《灭惑论》中非常明确地讲了儒家、道家和佛家在‘道’的问题上是可以相通的，原理是一样的，他说：‘至道宗极，理归乎一；妙法真境，本固无二。’不仅佛道和儒道是一致的，而且道家之道和佛家之道也是一致的。”

循着张先生的思路，有如下的体会：儒家之道不易得，常有“庶几”之叹，佛家之道，有径可寻，可入于妙法真境，刘勰之道会通儒、道、佛，他的“道”如庄子之道一样可得，居于玄无之位，遍及万物；他的“道”如易道一样流行，可以数理观察；他的“道”如佛道一样，可成“真境”，便于体察。特别是后者，因有境界，足以成为审美超越的彼岸。台湾学者游志诚以易论《文心》，认为“《文心》所谓的道是《易经》之道，所谓的文是《易经》之文”（《〈文心雕龙〉与〈易经〉三论》，载《〈文心雕龙〉与21世纪文论研究国际学术研讨会论文集》，学苑出版社2009年版），强调了《易经》对刘勰的主导性影响，笔者赞同，但忽视了刘勰之道复杂的文化内涵。

② 张少康：《刘勰及其〈文心雕龙〉研究》，北京大学出版社2010年版，第60页。

③ 张少康：《刘勰及其〈文心雕龙〉研究》，北京大学出版社2010年版，第61页。

释，《刘勰及其〈文心雕龙〉研究》说：

> 他在《原道》篇中，还进一步从“人文”的起源、发展，来阐明了人文的本质及其特点。刘勰根据传统的说法，认为《周易》的八卦是“人文”的起源。他说：“人文之元，肇自太极，幽赞神明，易象惟先。”对刘勰这几句话也有一个解释的问题。“太极”生天地，人是“天地之心”，“心生而言立，言立而文明”，所以，“太极”是“人文之元”。其实，这里的“太极”指的是“易象”，即八卦。因为“太极—天地—人—文”这个道理在《原道》第一段中已经讲清楚了，第二段说的是最早的“人文”之产生和发展。在这四句话中，“肇自太极”和“易象惟先”的含义是一样的，它是骈文常见的“互文见义”的表达形式。这几句话的意思是：人文的起源，始自八卦，它乃是神明意志的体现。①

张先生将对广义“文”的阐释也纳入太极—天地—人—文的话语体系中，这是符合刘勰思想实际的。《原道》开篇并未使用“太极”概念，但其话语则脱胎于《易传》中的自然演化思想与太极观念。刘勰说：“夫玄黄色杂，方圆体分，日月叠壁，以垂丽天之象；山川焕绮，以铺理地之形；此盖道之文也。”②《周易·坤·文言》则有：“夫玄黄者，天地之杂也，天玄而地黄。”“玄黄色杂，方圆体分”即是指天地变化、自然化生，是从幽而未显到壮丽之象的有秩序的变化过程，更重要的是指出圣人参天两地而与易道推移的过程，即“仰观吐曜，俯察含章，高卑定位，故两仪既生矣，惟人参之，性灵所钟，是谓三才，为五行之秀，实天地之心，心生而言立，言立而文明，自然之道也”。刘勰虽不以易学显于后世，但其易论可谓精微，先言天地秩

① 张少康：《刘勰及其〈文心雕龙〉研究》，北京大学出版社2010年版，第61—62页。

② 刘勰：《文心雕龙·原道》。

序，再说惟人参之，颇有“原易学”的意味。

对于“文”的发生，我们可以从两方面来理解，一方面“文”是自然化生的结果，是在太极—天地—人—文的逻辑顺序下的道的体现。另一方面，“文”的产生与圣人仰观俯察，参天两地密切相关，人乃“天地之心”，心与天地、道、太极同构，“文”在人心中的发生也就是自然而然的化生过程，正如张少康先生所说“‘心生而言立，言立而文明’中的心与文，即‘道’与‘文’”[①]。可见，道—圣（心）—文是同构的。这个“文”确实是从广泛意义上而言，刘勰只从发生论的角度来强调文道关系，并将文提升到了道的层面。

刘勰进一步区分了“文”与“人文”的界限。不过，这种区分先天地存在于刘勰的逻辑中。张少康先生在阐释“人文之元，肇自太极，幽赞神明，易象为先”时认为，“这里的太极指的是‘易象’，即八卦”[②]；“这几句话的意思是：人文的起源，始自八卦，它乃是神明意志的体现”[③]。可谓论断精微。而刘勰将“人文之元”阐释为易象，是为了突出人文或人的立法意义。“文”是从发生角度而言，“人文”从本体论而言；“文”是先天的，只是抽象和普遍的，“人文”是后天的，体现它的功用、具体的文体形式，以及文化模式。刘勰所构建的“文”的世界也是道的世界，重视“文”的先天发生，也重视“人文”即后天之文的独立性和理性精神，因为“人文”一旦产生宇宙即进入人的立法中。这一思路在《易·系辞》中的哲学观念是存在的，我们在此作出进一步的论证。《易·系辞上》说：“天尊地卑，乾坤定矣。卑高以陈，贵贱位矣。动静有常，刚柔断矣。方以类聚，物以群分，吉凶生矣。在天成象，在地成形，变化见矣。是故刚柔相摩，八卦相荡。鼓之以雷霆，润之以风雨。日月运行，一寒一暑。”“天尊地卑”的秩序是自然化生的前提，在此过程

---

① 张少康：《刘勰及其〈文心雕龙〉研究》，北京大学出版社2010年版，第61页。

② 张少康：《刘勰及其〈文心雕龙〉研究》，北京大学出版社2010年版，第61页。

③ 张少康：《刘勰及其〈文心雕龙〉研究》，北京大学出版社2010年版，第62页。

中，呈现了可用乾坤、爻位、动静、吉凶等话语阐释的易道变化。将宇宙化生的过程与乾坤八卦模式统合为一，从而形成了自然客观存在与哲学模式的互相阐释。成中英有论："中国哲学从《易经》哲学开始，就把宇宙与本体合为一体。……这两者之间的相互阐明，是中国哲学的特点。……这个本体化的宇宙和宇宙化的本体还包括了人的生活世界。……这种天、地、人合一的本体宇宙图像，从一开始就表现在《易经》的卦象及其原初的卦辞里。"① 换句话说，天、地、人合一的本体宇宙是在人文的层面上统合为一的，八卦模式作为复杂的文化模型阐释着世界。② 宋代杨万里有"未画之易"和"既画之易"之分，他说："未画者，易之理，既画者，易之书"③，易书中乾坤两卦的产生，六爻位的排列，以及六十四卦的推演变化，都来自圣人对"天尊地卑"等先验之理的体悟与模仿。乾坤一旦产生，世界必然进入乾坤理性之中，即杨万里所谓"易之未作，乾坤在天地；易之既作，天地在乾坤"（《诚斋易传》卷17），得出"天地之理不在易而在圣人的结论"④，以肯定圣人法天地、参天地、建构秩序的神圣功德，将我们的视野引向对圣人心性和文化制作的关注。⑤

从刘勰严密的思维逻辑来看，他的文、道、人文、圣人（心）是同构的。《原道》曰："庖牺画其始，仲尼翼其终。而《乾》、《坤》两位，独制《文言》。言之文也，天地之心哉。"这段文字也凸显了道—圣人—人文的同构性，易象、卦爻辞，以及乾坤二卦独有的

---

① ［美］成中英著，李志林编：《世纪之交的抉择——论中西哲学的会通与融合》，知识出版社1991年版，第333—336页。

② 《易》作为阐释系统，首先，象与辞必然体现着真谛与圣意，语言之用的发挥依赖于卦象的逻辑，语言并非唯一的独断的表达形式。其次，象与辞系统并非孤立的语言符号系统，而是密切联系着社会实践，也与人穷理尽性的道德修持不可分开。同时，也引入了数理逻辑，易道之理并非虚玄幽眇之理，而是可以被数学描述之理，易道可以与数学模型同构，关于《周易》与现代数学关系，已经有专门著作论及。如董光璧《易图的数学结构》，上海人民出版社1987年版；欧阳维诚《周易的数学原理》，湖北教育出版社1993年版等。

③ 杨万里：《诚斋易传》卷17，文渊阁四库全书本。

④ 杨万里：《诚斋易传》卷17，文渊阁四库全书本。

⑤ 具体论述参见李瑞卿《杨万里易学与诗学》，《周易研究》2013年第3期。

《文言》都是圣人制作的人文，它们也是天地之心。接着，以易书为起点，推衍到文字创生后的唐虞、夏、商周，以及孔子时代的文章与教化——“写天地之辉光，晓生民之耳目”。而后世的文字与经典也如同易书一样炳耀宇宙的关键，则是圣人与神理的存在；易作为人文之元，其原始基因能传递恒久的原因也在于此。关于圣人如何沟通天地的论述在此不赘，众多的《周易》研究文章足资参考，这里需要关注的是“神理”。根据张少康先生的统计，“神理”一词在《文心雕龙》中出现七次，“刘勰所说的‘神理’显然与此不同，而是一种哲学和宗教意义上的‘神理’，它与‘道’的含义实际上是一致的，指的是一种事物内在的本质与规律，而它又是由神明所启示给人类的”[①]。张先生对“神理”的解释，揭示了刘勰“道”的特定内涵，“他（刘勰——引者注）在《文心雕龙》中讲的‘神理’，既包含有‘自然之理’的方面，又带有神秘色彩。后者主要在于他认为这种客观的‘自然之理’在被人掌握之时，起初是由神明作中介，加以启示的”[②]。确实如此，作为有神论者，受佛教思想的影响，刘勰“神理”具有神秘性，但又不违易道，是儒、道、佛哲学理论会通的结果。

《周易》始终给神秘性留有一席之地，刘勰“道”与“神理”可以互释是自然而然的。《易》有“阴阳不测之谓神”之论，即用阴阳变化来解释“神明”的存在，如《系辞上》：“凡天地之数五十有五，此所以成变化而行鬼神也”，《系辞上》：“精气为物，游魂为变，是故知鬼神之情状。”圣人的职责在于“穷神知化”，如《系辞下》说：“穷神知化德之盛也。”圣人之德就是侯果所说的：“穷于神理，通于变化。”[③]《周易》中也有“神物”的观念，《系辞上》：“是故天生神物，圣人则之。天地变化，圣人效之。天垂象，见吉凶，圣人象之。

① 张少康：《刘勰及其〈文心雕龙〉研究》，北京大学出版社2010年版，第67页。
② 张少康：《刘勰及其〈文心雕龙〉研究》，北京大学出版社2010年版，第67页。
③ 李鼎祚：《周易集解》卷15，四库全书本。

河出图，洛出书，圣人则之。”《河图》《洛书》便是“神物”，它们是圣人效法的对象。刘勰“神理”概念的提出，一方面，突出了“神理”主宰功能，也就突出了圣人心性的神奇功能，这也就为审美活动中“心”的神思能力提供了逻辑基础；另一方面，也天然地内含着易道中的数理精神，如《情采》篇有“神理之数”的提法，数理精神也保证了神秘性的尺度。

“原道心以敷章，研神理而设教”，作为主体的人并不外在于“道”与“神理”，而是内置于“道”本体中，“心”的变化流行也即是“道”，也是“神理”，为文之用心自有乾坤，文的形式中也可见太极。

二　心本体演化的时位关系

“道”“神理”“圣（心）”“文”存在同构关系，不仅“道”和“神理”是本体，“心”和“文”都是本体，在理想的境界中它们可同归于一。“文”是“道”的流行与表现形式，“文”也是“心”的流行与表现形式，其中存在天人合一、与道为一的自得的、自由的本体体验，类似于康德描述的审美判断。“审美判断力一方面使人类认识能力的运用摆脱纯粹的现象性而集中到对人的超验的自由的感性启示，另一方面使人类超验的道德主体在人的感性体验中找到象征。”① 这是邓晓芒对康德审美判断的理论概括，确实如此，审美沟通了自然和自由，感性与理性，其中也动用了认识能力，但因为康德式的审美指向的是虚设的自由本体，美这种“主观的合目的性形式”往往流于个人经验。在刘勰这里，“文”的发生，既有“心”的本体自由，又能获得相应的美的形式，此形式的展开即是心本体的实现，而且，这一过程必然与道偕行，以道为归宿和境界，同时，这“道”并非玄虚的形而上之道——既可落实于实在，还可以数理求之。

① 邓晓芒：《论康德〈判断力批判〉的先验人类学建构》，康德：《判断力批判》（附录部分），邓晓芒译，人民出版社 2002 年版，第 395—396 页。

在刘勰的创作论及形式论中，心物之间的审美关系被笼罩在数理的模式中，心中乾坤为“文”的独立地位与创作的自由提供可能，也保证着审美形式与自然的符合，体现着某种理性精神。《神思·赞》曰：“神用象通，情变所孕。物以貌求，心以理应。刻镂声律，萌芽比兴。结虑司契，垂帷制胜。”旨在凸显“心”的重要，可以分三个层次解读，首先是“神用象通，情变所孕”，即“心”的发动和变化。其次是“物以貌求，心以理应”，即心与物发生化合而审美开始，心与物感，心进入自由的、本体的境界，摆脱个人私利甚至情累，所以，心感到的是物的形式，并在这形式中得以自由。最后，“心以理应”之“理”是纯粹之理，也是心的运思，这里包含心对物理的探赜索隐。也正是在这样的基础上，新的意象以全新的形貌和精神出现，即“刻镂声律，萌芽比兴”，可以称作第三个层次。在此，刘勰强调了文学审美的特征，注重审美与文字、声律之关系，注重文学的比兴性质，关于语言问题在下一部分专门论述。这三个层次是一个过程，它们是同构的，都是在易道模式中进行。杨明先生说：“‘神用象通，情变所孕’二句，是借用《周易》的观念谈作家构思”；“刘勰说‘神用象通’，乃是借用《周易》的观念为喻而谈作家构思。”[①] 此论诚然，否则“心以理应”的“理”从何而来，仅仅从主观中来的“理”必然导致偏见，这个“理”一定是与道为一的，也是在心物往来酬答中获得的纯粹之理，而易道模式作为先天的思维模式即是保证。同时，我们也可从《神思》篇发现，刘勰对“数”的求索和遵循，“至精而后阐其妙，至变而后通其数”即是以易论诗的明证。进一步说，“心”的认识视野不是空荡无物的，易道模式也即太极模式存在于“心”中。

《神思》篇曰：“神居胸臆，而志气统其关键；物沿耳目，而辞令管其枢机。枢机方通，则物无隐貌；关键将塞，则神有遁心。”刘

① 杨明：《〈文心雕龙〉精读》，复旦大学出版社2007年版，第108—109页。

勰讨论到了心神、志气、辞令与外物之关系。虽然这段文字没有直接说明与易之关系，但“关键”与“枢机”之喻并非仅出于日常经验，而是内含理性内容。王弼注“天尊地卑，乾坤定矣”曰：“乾坤其易之门户”，可见，将乾坤变化比作门户开合也有先例。“枢机”一词出现在《周易·系辞下》中，“言行，君子之枢机”，王弼注：“枢机，制动之主”，即“枢机”是言语行为发动或默处的关键。刘勰以《易》模式精确地描写了心神发动、与物化合时明显的时位观念，简言之，就是立门户、重时机，这也是易学家常用的比喻。可以说在刘勰看来，审美发动之初必须构成乾坤变化的动能和势能，而在变化中必然存在不同的时位，强调心体的自由与应时而变。

时与位是《周易》中的观念，《系辞上》说：“天尊地卑，乾坤定矣。卑高以陈，贵贱位矣。动静有常，刚柔断矣。”“天尊地卑”是乾坤定位的根据，而乾坤定位是易道流行的前提，在易道流行中体现出不同的时位关系，可以在卦象中的六爻表达出来，如《乾·彖》云：“大明始终，六位时成，时乘六龙以御天。”六爻各有位，也各有时机，时即是位，位也是时，但刘勰在创作中强调了“位”的发端，首先设置心体化生赖以启动的秩序感。这里涉及在易道中先有变化还是先有秩序的问题，笔者认为秩序才是变化的动因和基础①，换句话说，易道变化中“位”首先给予的秩序感是生生不息的前提，易道变化中的时和位不仅是时间与空间、时机与情态，其中还包含着浓厚的伦理观念。《系辞下》说：“刚柔者，立本者也。变通者，趣

---

① 成中英在《易学本体论》（北京大学出版社2006年版）中以生生源发义（彰显不易性）、变异多元义（彰显变异性）、秩序自然义（彰显简易性）、交易互补义（彰显交易性）、和谐想成义（彰显和易性）等五项含义来阐释易道，并将“生生源发义”为第一义，也就是说，生生不已的恒常之理创发为世界，并赋予价值。但若细致考量，“生生不已”并不必然产生价值。虽然成先生也强调易的简易性和秩序性，认为易道变化出的宇宙万象有其条理结构，变化之道也有其合理性规则，但只是笼统归之为“合理性”，而没有追溯合理性之本源。这个本源同样在一阴一阳的太极中，生生不已而得其所然的根本，就在于一阴一阳的特殊关系——其中不是简单地存在着对立变化，而是存在着天理和秩序感。中国古代的易学家如王弼、朱熹、王船山等人都有溯本归源的论证。

时者也。”也强调了爻位刚柔乃是易道之本。王船山有论：“阴阳具于太虚絪缊之中，其一阴一阳，或动或静，相与摩荡，乘其时位以著其功能，五行万物之融结流止、飞潜动植，各自成其条理而不妄，则物有物之道，人有人之道，鬼神有鬼神之道，而知之必明，处之必当，皆循此以为当然之则，于此言之则谓之道。”[①] 认为自然变化能称条理需要阴阳、动静在恰当的时位中发挥功能。刘勰在重视情感时位变化——在不同的情势与时机之下，心体的自由的同时，更重视心体如何返回到理想的初始的秩序中，某种程度上说是一种还原，但不是心理学意义上的，而是哲学意义的。

刘勰《情采》篇所说：“五情发而为辞章，神理之数也。”“五情发”是“心”体发动的状态，是“心”体之用。文章产生于情感的自由，但这样的自然之道中有伦理渗透其中，即“若择源于泾渭之流，按辔于邪正之路，亦可以驭文采矣”（《情采》），刘勰特别考虑到性情的邪正善恶，是典型的《周易》观念；《周易》之道的突出特点是于变化中注重秩序和伦理，在此亦然。所以《情采》篇接着说：“故情者文之经，辞者理之纬；经正而后纬成，理定而后辞畅：此立文之本源也。”所谓“经正”“理定”是对情理的伦理要求，使其归于正直而不追逐浮华藻饰。其中在修辞方面遵循经典是途径之一，《情采》曰：“是以联辞结采，将欲明经，采滥辞诡，则心理愈翳。”在宗经的前提下，主张情理和文章都复归根本，也即“贲象穷白，贵乎反本”。“贲象穷白，贵乎反本”来自《周易·贲·上九》之“白贲，无咎”，王弼注：“处饰之终，饰终反素，故任其质素，不劳‘文饰’而‘无咎’也。”《贲》卦讲文饰修美的问题，[②]“卦辞‘贲，亨。小利有攸往’，是说文饰修美虽然可以亨通，但对发展来说是

---

① 王夫之：《张子正蒙注》卷 1，《船山全书》，岳麓书社 1992 年版，第 12 册，第 32—33 页。

② 廖名春：《〈周易〉经传十五讲》，北京大学出版社 2004 年版，第 95 页。

'小利'，大概认为是'末'而非'本'。"[①] 此论诚是，《贲》卦中六爻都是讲文饰，由文饰足趾，到文饰胡须，到求亲婚配、讲究文饰，到美化丘园，直至反归于素。而反归质素应该是一个动态过程，并非弃绝文饰，是始终不忘以素白为根本，在此有绘事后素之意，即子夏所说的"礼乐产生在仁义之后"。[②] 刘勰引《贲》卦讨论情采，表达着对情理正直的坚守，揭示着情理和文饰之间的深刻关系。

从《情采》篇知道，情理是文采的根本，而《镕裁》篇更加阐明了情理和文采的动态关系，刘勰以《周易》模式来阐释这种秩序和关系。《镕裁》篇曰："情理设位，文采行乎其中。刚柔以立本，变通以趋时。""情理设位，文采行乎其中"是套用《周易·系辞上》语："天地设位，而易行乎其中"。金景芳说："'天地设位而《易》行乎其中矣'，这个'天地设位'不是指自然界中的天地，而是指《易》中的天地，亦即乾坤二卦。'《易》行乎其中'是指乾坤二卦的变化发展。"[③] 因为天尊地卑，乾、坤两卦的关系就确定了，刘勰在此以《易》论文，将"情理"比作乾坤，"文采"比作变易，文采由情理的错综变化而来，对文采的如此描述是符合情理与文采关系的，同时也给予情理以天然的合理性。既然有乾坤，必然有刚柔变化，即刚柔相摩，八卦相荡，《周易·系辞下》曰："刚柔者，立本者也。变通者，趣时者也。"王弼注："立本况卦，趣时况爻。"金景芳说："每一卦六爻，有位有德。初二三四五上是位。阳爻阴爻是德。阳爻是刚，阴爻是柔，这是立本。穷则变，变则通。变通了，那就是趣时。"[④] 卦的根本从刚柔阴阳而来，其中有变化，有变化必然有时间性，所以《周易略例》有论："夫卦者，时也。爻者，适时之

---

① 廖名春：《〈周易〉经传十五讲》，北京大学出版社 2004 年版，第 95 页。
② 杨伯峻"礼后乎？"译文，见杨伯峻译注《论语译注》，中华书局 2007 年版，第 34 页。
③ 金景芳讲述，吕绍刚整理：《周易讲座》，广西师范大学出版社 2005 年版，第 41 页。
④ 金景芳讲述，吕绍刚整理：《周易讲座》，广西师范大学出版社 2005 年版，第 62 页。

变者也。”刘勰“刚柔以立本，变通以趋时”直接来源于此，借助《周易》结构来讨论文采的生成与变化。那么，在刘勰观念中什么是刚柔呢？郭晋稀注：“《体性》：‘气有刚柔’，是刚柔本指气而言的。又‘风趣刚柔，宁或改其气’，是作者认为气之动在文辞中则为风情。”① 刘勰巧妙地将《周易》模式中抽象的刚柔之性与实在的刚柔志气结合，一语双关，既借用了《周易》理性模式，也引入了志气刚柔等诗学内容，情理设位是文采得以产生的本原，而在产生过程中又有刚柔之气为行文运思之根本，就如同易变中刚柔阴阳为卦的根本一样；而在此过程，也存在着变通趣时，就好像六爻在卦变的时间之内各适其变。

一卦之中刚柔立本，从动态地观察一卦，各爻运行在变通中，这样的模式可以恰当地表述志气发动，然后立意修辞的过程。所以《镕裁》曰：“立本有体，意或偏长；趋时无方，辞或繁杂。”志气有刚柔变化，文意应当刚柔相济，否则就流于偏狭，而辞藻在时间的序列中呈现，有可能无序而繁杂。“镕裁”的职责就在于“檃括情理，矫揉文采”（《镕裁》），刘勰接着说：“规范本体谓之镕，剪截浮词谓之裁。裁则芜秽不生，镕则纲领昭畅，譬绳墨之审分，斧斤之斫削矣。骈拇枝指，由侈于性；附赘悬疣，实侈于形。二意两出，义之骈枝也；同辞重句，文之疣赘也。”（《镕裁》）这是对文意和辞藻的条理化，文意是文章的纲领和体制，辞藻则是枝叶，偏狭的文意如同骈拇枝越出了本性，而浮华的辞藻如同附赘悬疣是身体上多余的东西。鉴于此刘勰提出“三准”：“履端于始，则设情以位体；举正于中，则酌事以取类；归余于终，则撮辞以举要。”这些见解是深刻而精确的，作者引入《周易》思想，深化了诗学关系中的志气和辞藻的关系问题，同时也给诗学以理性的支持。

刘勰讨论“文心”如何“雕龙”，他的“文心”就是变化莫测的

① 刘勰著，郭晋稀注释：《文心雕龙》，岳麓书社2004年版，第323页。

龙，“情理”“五情”等概念都是心体不同的“发用”状态，心体中发生了类似于宇宙变化的过程，文章中天然地包含了自由的形似，严谨的结构，以及合度的情理，适中的语言。以易理来阐释《文心雕龙》可以领会刘勰精密的理论思维，也能让我们深刻理解他对情性的坚守。

三　语言问题

行文过程类似于自然化生。在审美关系中，刘勰特别重视“心”的时位，即心之变化者与心之不变者。心与物会，情随势变，是人性使然，而为了求真求美，心也不得不变，否则，固执于我，也必然执着于物；另外，刘勰重视情思之伦理，希望“择源于泾渭之流，按辔于邪正之路”（《情采》），以确立情感变化之乾坤。不过，刘勰先说文心，并不意味着语言文字是后于文心的工具或手段，他在论“情采”与“神思”都将文心与辞章放在了同等的位置上，如《情采》曰：“是以联辞结采，将欲明理，采滥辞诡，则心理愈翳”，即是申明辞采在表达情理方面的必不可少的“照亮”之功。“心生而言立，言立而文明，自然之道也”（《原道》），心、言、文统一于自然之道，“心”生即有“言”立，“言”立即可“文”明，人“心”始生的那一刻，“言”也树立，“文”即产生。这显然是以易道来阐释三者之间的关系，如果说“文”是变化而生，“心”又何尝不在变化中，在一开始刘勰就本体地来看“心”“言”“文”。言辞与文采以及文心是秩序和变化的必然结果，刘勰的这一基本逻辑将文心与语言几乎合而为一。

为什么与文心或道几乎合而为一的是语言呢？也即是说为什么语言在刘勰这里是如此的重要？老子曰：“道可道，非常道，名可名，非常名”，一方面肯定言说的功劳；另一方面，却看到了言说的局限——语言无法言说恒道。庄子《秋水篇》：“可以言论者，物之粗也，可以意致者，物之精也，言之所不能论，意之所不能察致者，不期糟粗焉。”也意指着有限的语言不能说出道。那么，人只有不说，趋向于无，与万物为一才是合道的，也就是《齐物论》中所说的“一”的境界，“天地与我并生，而万物与我为一。既已为一矣，且得有言乎？既已谓之一矣，且得无言乎？一与言为二，二与一为三”。因为无言，人与天地为一，所以不得有言；而一旦“谓之”“一”时，也即意识到此天人合一境界，即是有言，由二而三乃至无穷。可以推论，可说之道就是在语言中。当与天地为一时，心有意识即有言，即有世界，这也就是刘勰所说的“心生而言立”。尽管庄子探索的重点是“不可言说”的“道”的领域，但他对语言开启天地或世界的本体性作用的发现支撑了刘勰的理论思考。

刘勰这里的“道”是运动于现实中的本体，不是虚设的本体，它与言有一定的同源性、同构性，所以，言即可是道，即可是心。而言即是道、即是心的依据是它们同居于易道变化中，即在一定的秩序和变化之下，这也就预设了刘勰诗学理论的理性精神，既要求情性的伦理性，也要求诗意呈现的科学性，这两者是通过易学模式来保障的，更重要的是情感和语言在心物关系的化生中是同步行进的关键或枢机。《神思》篇曰：“神居胸臆，而志气统其关键；物沿耳目，而辞令管其枢机。枢机方通，则物无隐貌；关键将塞，则神有遁心。”上文提到，刘勰枢机之喻是易学理路，古人常以门户开关来比拟乾坤变化。刘勰将创作比作自然的演化，神与物游、情与物变，都需要一次次的彼此打开，志气不足，运思乏力，就无法完成对世界的敞开、接纳，以及创新；而没有语言，则无法照亮世界，同样可以将外物关在门外。志气统辖关键，辞令管制枢机，两者都是易变的重要因素——在这里志气和辞令（语言）都是相对于对象物而言的，它们可以看作都是“心”的内容。刘勰在易道模式下有效地使辞令（语言）和情感统一在一起。

事实上语言不是轻易就范的乖巧工具，而是混杂的本体。20 世纪西方哲学发生了语言论转向，则源于对语言这一性质的揭示。其中一个分支是结构主义与后结构主义，以索绪尔与列维－斯特劳斯为代表的结构主义语言哲学，将语言结构看作一个自足系统，人主体在先天存在的语言结构面前无足轻重，意义也不内在于符号，它只是功能性的，结构主义者并不真正去探讨符号或语言实际说了什么[①]。后结构主义者德里达"反对'意义柏拉图主义'，反对语言表达的内在化，并由此主张概念与其符号表达基础之间有着牢不可破的联系，甚至主张在先验层面上符号先于意义"[②]，而"符号的再现是一种时间化的过程，一种推延，一种积极的缺席和遮蔽——它们具体体现在直观行为的呈现和敞亮的过程当中"[③] 德里达反对语音中心主义，反对胡塞尔虚拟的纯粹意义，但延续了胡塞尔的老路，"从先验哲学的角度，把主体性的一切内在因素与构建世界的能力割裂开来，以便在主体性的最深处反抗理想直观的本质统治"。[④] 认为意义是在（书写）语言的延异中形成的。另一个分支主要是存在主义和阐释学。海德格尔说过："说源于听。"我们不仅仅是言说语言，是我们从语言中说，可以说是语言先于存在，语言的意义不是指语言要去表达独立于语言的对象或概念，而是事物从中显现自身的"漂流着的世界"，是作为 Dasein 之 Da 的"言说"（Rede）。正如特雷·伊格尔顿所简洁阐述的：我们总是存在于世界之中，世界从来不可能对象化，人的生存是与世界对话，不是去说，而是去听。人的知识总是开始于并且活动在海德格尔所谓成见之内，语言有一个自己的存在，人则前来分享这一存在，而仅仅由于分享语言人才成其为人。语言作为个人在其中展开自己的领域总是先于个别主体的存在，而说语言包含着真实，则主要并不是说语言是用以交流准确信息的工具，而是说它是一个现实在此

① ［英］特雷·伊格尔顿：《二十世纪西方文学理论》，伍晓明译，北京大学出版社 2007 年版，第 85 页。

② ［德］于尔根·哈贝马斯：《现代性的哲学话语》，曹卫东译，译林出版社 2011 年版，第 189 页。

③ ［德］于尔根·哈贝马斯：《现代性的哲学话语》，曹卫东译，译林出版社 2011 年版，第 205 页。

④ ［德］于尔根·哈贝马斯：《现代性的哲学话语》，曹卫东译，译林出版社 2011 年版，第 200—201 页。

揭示自己。并且把自己交给我们去沉思的地方。[①] 伽达默尔阐释学也充分认识到语言的先在性，他认为理解的完成要借助于“偏见”和“前结构”，并把自身置入整个交往的生活形式之中，形成共同的视域。而且，意义理解的普遍性只能在日常语言或经验语言中，不能走出语言之外来反观语言[②]。

既然语言即是世界，它庞杂而幽深地超出主体之外，那么，刘勰是如何完成对语言的精确控制并使它与文心同步呢？其合理性在何处？是否存在局限？上文说道，“志气统其关键，辞令管其枢机”，我们可以理解为“志气”和“辞令”是“心”的内容。但这里的“心”不是僵化的主体，而是相对于物而又与物逶迤的审美主体。审美主体一开始就主动放弃自己，以取消与外界的对立，它看到的是物的形式而非物的内容。物沿耳目，物以貌求，因为看到的是形似，说明审美主体切断了与世界的历史联系，在时间的进程中专注于物理。这时候，文字也脱离其系统世界，成为对物的纯粹描述，使物无隐貌，在描摹其形的同时，也赋予精神或理。心与物的交会是由无数的事件组成的，但刘勰借助于心与物会的每一个刹那摄取纯净的意象，也只有是刹那而成的才能保证心灵的自由，物的纯粹，从而充分地进入自然之道中。所以，意象必然是心与物的结晶。张少康先生认为，刘勰“既然神像可以藉象以显，那么人的思维活动内容自然也可以藉客观物象来呈现”[③]。确实如此，刘勰意象中包含了物象之形式和情理内容，是新的形神合一的创造物，意象的浮现是与语言同步的。《神思》篇说：“神思方运，万涂竞萌，规矩虚位，刻镂无形”，相对于语言来说，人的感觉和情思是虚位，意象必须落实在语言中。由此

① ［英］特雷·伊格尔顿：《二十世纪西方文学理论》，伍晓明译，北京大学出版社 2007 年版，第 60—62 页。

② 可参考［德］汉斯－格奥尔格·加达默尔《哲学解释学》，夏镇平、宋建平译，上海译文出版社 1994 年版；［德］于尔根·哈贝马斯《现代性的哲学话语》，曹卫东等译，译林出版社 2011 年版；刘钢《哈贝马斯与现代哲学的基本问题》，人民出版社 2008 年版。

③ 张少康：《刘勰及其〈文心雕龙〉研究》，北京大学出版社 2010 年版，第 114 页。

看来，思—意—言是同一过程。《神思》篇说："意翻空而易奇，言征实而难巧也。是以意授于思，言授于意，密则无际，疏则千里。或理在方寸而求之域表，或义在咫尺而思隔山河。是以秉心养术，无务苦虑；含章司契，不必劳情也。"思、意、言三者合一是刘勰的理想，合一的结果就是层出不穷的意象，作者也进入了"道"的胜境，天人合一，任性自然，更重要的是这一境界也是语言的世界，而非只可意会、无法言表的心理境界。

不过，刘勰深知这一理想难以实现，而反对"苦虑"或"劳情"，而是强调创作之初的"并资博练"、博而能一，以及创作中的"至精而后阐其妙，至变而后通其数"，就如同圣人应物创生世界一样，能够创生出一个"文"的世界。不过，一切都在易变中，创作的瞬间和现场用文字固定下来时，正是作者得道之时，所以，文字就可以看成是作者的。而文字脱离了现场，经过润色加工，由于加工的过程也遵循了易道方法，如《镕裁》《附会》篇中贯穿着的易道方法，那么，最终的文本，可以看作是作者的，因为它也同样踏入自然之道中。更重要的是，文的形式本身是符合着易道规律的文字的世界。无论从形式上还是内容上，刘勰的"文"都具有永恒的性质，在基本思想架构和组织形式上都趋向自然之理。在这单调中，当然也有一定的丰富性，但总是中规中矩的。文之为德至大，与天地并生，刘勰的"文"是一种秩序、一种理想、一种光亮。也正是这样的"文"本身存在着思想与形式的秩序，纵然时过境迁，人们对它的解读依然会落入易道之中。是对是错，恐怕不可说。

第四章　王勃易学及其诗学思想

当代学者葛晓音先生考察了四杰在齐梁、初盛唐间承前启后的诗学功绩，并揭示其诗学精神和审美特色，注意到了他们宏阔的哲学视野与道家思想之关系①；杜晓勤先生则进一步讨论了四杰与阴阳象数派易学、道家思想之关系，以及天道盈虚学说对他们诗歌主题的影响②。查正贤对王勃易学时命观与文学之关系作了细致的考察，多有创获，为了解四杰提供了清晰的视角③。笔者更认为，王勃作为四杰中的代表人物有其丰沛而独特的精神蕴藏，特别是其易学思想中的自然观、圣人观对其文学观念、审美方式、人格特质起着关键作用。

一　王勃的易学及其圣人观

王勃家学渊远，祖父王通乃隋末大儒，不赴征召，“续《诗》

① 葛晓音先生认为，四杰从宇宙变化、历史兴衰的角度思索人生意义，并力求在现实的痛苦中得到精神解脱，或借助玄远的自然之道强自消解，与他们身受老庄思想的影响有关（《初唐四杰与齐梁文风》，《求索》1990年第3期，也见《诗国高潮与盛唐文化》，北京大学出版社1998年版）。同时也认为，四杰充满幻想、热情和不甘憔悴于圣明之代的不平之气是贞观以来匡时济世、歌功颂德、戒骄戒盈的精神在高宗时代中下层文人诗中的反映（《论初盛唐诗歌革新的基本特征》，《中国社会科学》1985年第2期，也见《汉唐文学的嬗变》，北京大学出版社1990年版）。

② 杜晓勤：《初盛唐诗歌的文化阐述》，东方出版社1997年版，第213—230页。

③ 查正贤认为，王勃的时命观念可概括为“时不可以苟遇，命不可以终穷”，它不仅成为王勃创作的直接主题，而且还渗入其文章的肌理中，影响着文中的情感流程及艺术上的感染力（《试论王勃的易学时命观及对其文学创作的影响》，《文学遗产》2002年第2期）。

《书》，正《礼》《乐》，修《元经》，赞《易》道"，讲学河汾[①]。王氏易学又与关朗有师承关系，王福畤《录关子明事》说"王氏易学宗于朗焉"。另外，王勃从曹元学易、学医，著《周易发挥》。从现有文献来看，《周易发挥》是一部先天的残编，"（勃）尝读《易》，夜梦若有告者曰：'《易》有太极，子勉思之。'寤而作《易发挥》数篇，至《晋》卦，会病止"[②]。古代史籍秉笔直书，崇尚实录，也始终保留着对神秘因素的敬畏，王勃受梦启示，知有太极之理而作《易发挥》，而这太极之理在王勃身上，竟然也同样体现为定数与宿命，他释《晋》卦，因病而止，竟然不"晋"——《晋》卦："晋，进也""晋，君子以自昭明德"，这似乎是王勃的人生隐喻。

王勃得梦"易有太极"，其易学也主太极之理，以为阴阳变化之道"可以一理征也"。《八卦卜大演论》曰："夫阴阳之道，一向一背；天地之理，一升一降。故明暗相随，寒暑相因，刚柔相形，高下相倾，动静相乘，出入相藉。泯之者神也，形之者道也，可以一理征也，可以一端验也。"[③] 所谓"一理"，就是"天地以对成之义，阴阳反合之理"[④]。以此为变化原则，可知六十四卦来自八卦，八卦则又来自四象，四象则出于两仪，乃至"古往今来，寒进暑退，死生乱动，是非縢结，未尝非两仪也，而未尝离太极也"[⑤]。

王勃讲卦气说，将十二月、二十四节气、三百六十六日等的盈虚消长纳入卦爻变化体系中，《八卦卜大演论》曰：

> 昔者圣人之作《易》也，始画八卦，以通神明之德，以类

① 杜淹：《文中子世家》。

② 朱彝尊：《经义考》卷14，引《新唐书》。

③ 蒋清翊：《王子安集注》卷11，上海古籍出版社1995年版，第298页。

④ 王勃：《八卦卜大演论》，蒋清翊《王子安集注》卷11，上海古籍出版社1995年版，第299—300页。

⑤ 王勃：《八卦卜大演论》，蒋清翊《王子安集注》卷11，上海古籍出版社1995年版，第300页。

万物之情。以为分太极者，两仪也。分四象者，八卦也。成八卦者，十六将也。司八卦者，十二月也。分十六将者，三十二候也。分十二月者，二十四气也。分三十二候者，六十四卦也。司二十四气者，三十六旬也。进退于三百六十六日，屈伸于三百八十四爻。往来飞伏之理尽矣，其孤虚消息之端极矣。三才之道，不可不及也；五行之义，不能复过也。翕之以幽明，张之以寒暑，会之以生死，申之以去就。祸福生焉，吉凶著焉，成败行焉，逆顺兴焉。①

春去秋来、寒来暑往的四时变化，日月运行、斗转星移的天象运转等自然规律，均可在卦爻系统中得到解释，即所谓八卦可“类万物之情”。八卦及其系统不仅具有符号意义，而且从未脱离其自然属性和伦理属性，有天尊地卑、水湿火燥之说，所以，包含三才之道、五行之义也在情理之中。从根本上说，自然化生、大化流行都在阴阳之道中，一切的祸福吉凶肇端于幽明寒暑之变化，也就是说，不仅吉凶悔吝可以揆诸一理，而且“成败顺逆”也来自阴阳变化之道，这就将太极之理引入对历史兴亡、世事成败的思索中。王勃以盛衰成败之理来概括历史变化，并将其当作一种必然规律。认为盛衰变化不以人的意志为转移，而是决定于阴阳变化；同时，盛极而衰、衰极而盛、不可常盛终穷是历史或人生的宿命。他说：“殊不知两仪超忽，动止系于无垠；万化纠纷，舒卷存乎非我。……故死生有数，审穷达者系于天；材运相符，决行藏者定于己。”②

王勃基于上述自然观和历史观，发挥其圣人观念，以应世界变化。《系辞》讲一阴一阳之道下万物的化生，也描绘了圣人沟通天地、探赜索隐的神圣功绩。所谓圣人“观象制器，以前民用”；“穷

① 蒋清翊：《王子安集注》卷11，上海古籍出版社1995年版，第297—298页。

② 王勃：《上刘右相书》卷5，蒋清翊《王子安集注》卷11，上海古籍出版社1995年版，第149—150页。

神知化”；“知周乎万物，而道济天下”；“圆而神，方以知”；“通神明之德，以类万物之情”；等等。总之，圣人能以天地为法，以广大智慧顺应外物，沟通天人[①]。王勃说：“然天下之理不可穷也；天下之往，不可尽也。有穷尽之地者，其唯圣心乎？有穷尽之路者，其唯圣言乎？”[②] 显然明确肯定圣言、圣心的作用，认为天下有无穷纷纭之象与不可穷尽之理，圣人尽心则可会通万方。圣人如何尽心，王勃也主“无思无为”之说，但其“无思无为”自有独特思路，主张以“贞一德之极，权六爻之变，振三才之柄，寻万方之动”。[③] 他还说：

> 故曰有寒有暑，则两仪不废也；无思无为，则太极未尝远也。见之则两仪，忘之则太极。夫然，故不舍二求一，未尝离动以求静，未尝离动以达静也。[④]

圣人观照体察万物既不废两仪，也可入太极之境，无思与有思同时并行，既有贞一之德，也能权六爻之变。而“未尝离动以求静”是针对王弼玄学而言的。王弼认为天地以无为心，“动息则静，静非对动者”，“运化万变，寂然至无，是其本”[⑤]，圣人效仿天地，“故为复则至于寂然大静，先王则天地而行者也。动复则静，行复则止，事复则无事也”[⑥]。动总归于静，事总归于无，圣人总以寂静为心。王弼上述自然观和圣人观，“在政治上又导出以静制动说”[⑦]。王勃在自

---

① 金春峰总结道：“圣人也就是大仁大智大勇、以民之忧乐为忧乐的人。”见金春峰《〈周易〉经传梳理与郭店楚简思想新释》，中国言实出版社 2004 年版，第 108 页。

② 王勃：《八卦卜大演论》，蒋清翊《王子安集注》卷 11，上海古籍出版社 1995 年版，第 300 页。

③ 王勃：《八卦卜大演论》，蒋清翊《王子安集注》卷 11，上海古籍出版社 1995 年版，第 300 页。

④ 王勃：《八卦卜大演论》，蒋清翊《王子安集注》卷 11，上海古籍出版社 1995 年版，第 300 页。

⑤ 王弼注：《周易·复卦·象传》。

⑥ 王弼注：《周易·复卦·象传》。

⑦ 朱伯崑：《易学哲学史》（第一卷），昆仑出版社 2005 年版，第 321 页。

然观方面，未落入“以无为本”“动息则静”的玄学窠臼，而主张“动静相乘，出入相藉”[①]，在自然化生中，看不见的存在是“神”，形诸表现的则是“道”，无论是“神”还是“道”，都可以会于一理，即王勃所谓：“泯之者神也，形之者道也。可以一理征也，可以一端验也”[②]；王勃圣人观与王弼圣人观也大异其趣，王勃眼中的圣人能尽一己之心而穷天下之理。

圣人聪明圣智，“玄览博达”[③]；圣人“言约理举，神明不劳，而体时务之撰”，且“法象天地，同符易简”[④]；圣人以清静的神明和易简之道，去体察事物变化之几。在王勃的观念中，圣人是以具体的手段、超凡的能力，观照自然、厘定人文。既能以器物察天知化，如“抚铜浑而观变化，则万象之动不足多也；握瑶镜而临事业，则万机之凑不足大也”[⑤]；也能感应神灵启示，如“粤若皇灵草昧，风骊受河洛之图；帝象权舆，云凤锡乾坤之瑞”[⑥]；而且他们创造的人文礼仪是历史地生成的，“高辛尧舜氏没，大夏殷周氏作。达其变，遂成天下之文；极其数，遂定天下之象”[⑦]。总之，人文是圣人察万物、参天地、感神灵、行教化的历史产物，这与《易传》中所表达的圣人观念存在一致性。

我们也不难发现《易纬》中对孔子的神化和汉帝国尊孔子为

---

① 王勃：《八卦卜大演论》，蒋清翊《王子安集注》卷11，上海古籍出版社1995年版，第298页。

② 王勃：《八卦卜大演论》，蒋清翊《王子安集注》卷11，上海古籍出版社1995年版，第298页。

③ 王勃：《〈续书〉序》，蒋清翊《王子安集注》卷9，上海古籍出版社1995年版，第276页。

④ 王勃：《〈续书〉序》，蒋清翊《王子安集注》卷9，上海古籍出版社1995年版，第275—276页。

⑤ 王勃：《益州夫子庙碑》，蒋清翊《王子安集注》卷15，上海古籍出版社1995年版，第431页。

⑥ 王勃：《益州夫子庙碑》，蒋清翊《王子安集注》卷15，上海古籍出版社1995年版，第432页。

⑦ 王勃：《益州夫子庙碑》，蒋清翊《王子安集注》卷15，上海古籍出版社1995年版，第432页。

“素王”的倾向在王勃这里惊人地重现。王勃赞颂孔子圣功，同时又超越观念性概括，复现了孔子领受天命、乘时而动、整合纲纪、设教赞易的具体事功。孔子是“天乙之灵苗”，他“排祸乱而构乾元”，以“珠衡玉斗”勘测天地，历经磨难，知其不可为而为之；他推行其道，“东西南北，推心于暴乱之朝；恭俭温良，授手于危亡之国”①，直至匡正六艺五典，从周定礼，立教赞易。凡此种种，王勃从“圣人之成务”“圣人之救时”“圣人之立教”“圣人之赞《易》”“圣人之观化”“圣人之应化”等诸方面来衡量孔子之功德；《系辞》中圣人之作为，无不在孔子身上反映，《易纬》中孔子的神秘事功、道德风范也均在这里有所体现。王勃说：

> 备物而存道，下学而上达，援神叙教，降赤制于南宫；运斗陈经，降玄符于北洛，圣人之立教也。若乃观象设教，法三百八十四爻四十有九；穷神知化，应万一千五百策五十有五。成变化而行鬼神，观阴阳而倚天地，以鼓天下之动，以定天下之疑。索众妙于重玄，纂群微于太素，圣人之赞易也。②

“援神叙教”，当指《孝经援神契》，“降赤制于南宫”，当指孔子作纬书预为炎汉制定历法等制度，《后汉书·苏竟杨厚列传》中有“孔丘秘经，为汉赤制”之语。“运斗陈经”是指《春秋运斗枢》，“动玄符于北洛”当指孔子阐释《河图》《洛书》的功绩。从汉代起，上述纬书都归于孔子名下，《隋书·经籍志》也保存孔子“别立纬及谶，以遗来世”之说。孔子在王勃眼中是立教赞《易》的圣人。

然而，王勃的圣人崇拜与历代帝王和朝廷的圣人崇拜又是不完全

① 王勃：《益州夫子庙碑》，蒋清翊《王子安集注》卷15，上海古籍出版社1995年版，第439页。

② 王勃：《益州夫子庙碑》，蒋清翊《王子安集注》卷15，上海古籍出版社1995年版，第441—442页。

等同的。汉帝国对圣人的崇拜，目的在于建立国家神话，将帝王归于圣人系统中，确立其政治和文化的合理性、神圣性[①]。王勃虽然并不例外，如《乾元殿颂》中所刻画和渲染的唐朝皇帝俨然是开创人文教化的超卓圣人，但王勃以孔子为楷模，也同时构建了儒者生命意义和道德意义上的神话，其中寄予着文士的理想人格和精神。也就是说，王勃的易学中所表述的伦理是，君子应当以圣人为楷模，在盛衰变化中，或经天纬地，感通神灵；或屈曲应物，施行教化。他确是以圣人为准则来观照儒者和自我的。《平台秘略论十首》之《贞修》篇提出了儒者的智慧和操守：

> 论曰：美哉，贞修之至也。或抗情激操，杖清刚而励俗；或理韵和神，抱直方而守道；或旌奇表善，擢才于不次之阶；或剖滞申嫌，措辞于难犯之地。并能以礼升降，以时舒卷，既明且哲，以保其身。盛矣哉！原夫御俗裁风，变彝伦者寄乎直；全身远害，得随时者存乎变。夫然故进不违义，退不复生，清贞静一保其道，委迤屈伸合其度。《易》曰："君子或出或处，或默或语。""天下何思何虑，同归而殊途，百虑而一致。"此之谓也。[②]

上述文字论及的是儒者出处之道。他们既有清刚之节操，与俗抗争，也能与神和谐，执守其道。在具体的社会事务和礼仪活动中，既能哲思清明，又可保全自身；既"直"且"变"，即既推行正道，也能顺物而变、与世推移。君子"贞修"品德的直接思想来源归于《易传》，但王勃在这里强调的是儒者的政治文化实践，而不是玄学家的以静制动，在这一点上更符合《易传》中的"果行"思想。

---

① 关于圣人崇拜思想的形成和特征，徐兴无《谶纬文献与汉代文化的构建》（中华书局2003 年版）有详细论述。

② 蒋清翊：《王子安集注》卷 11，上海古籍出版社 1995 年版，第 302 页。

面对纷纶复杂之时运和穷达有命的人生境遇，王勃更强调了圣人式的道德操守。《上绛州上官司马书》，认识到姜尚、孔子、孟子、管仲、韩信、贾谊等高材英杰的成败，取决于复杂的时空环境，表达了穷达有定数的观念。他说："知与不知，用与不用，观乎得失之际，亦穷达之有数乎？"[①] 这就是说，君子是否见知于当政者，是否被起用，并不取决于自己，而是取决于复杂的外部因素，而一旦取决于外，就是决定于"命"了，也即《为人与蜀城父老书》（一）中所谓"存乎我者所谓才"，"牵乎彼者所谓命"[②]。因为王勃清醒地知道，作为君子，要受到时命的局限，他说："至若时非我与，雄略顿于穷途；道不吾行，高材屈于卑势"[③]，并且罗列了"有时无主""有志无时"等具体境遇[④]。君子穷达有命的思想中其实暗含了两层意思：其一，王勃反对"邀时誉、忘廉耻、徇苟得"不顾名节的投机行为[⑤]，而主张"固穷而不为"[⑥]，从他个人而言，"未尝露才扬己，饰小智以惊愚；假势凭时，托中人而树迹"[⑦]，王勃旨在倡导君子遭遇逆境时的操守；其二，他期望当政者能慧眼识珠，因为知遇对君子来说实在重要，从他个人而言，他在《上绛州上官司马书》中就道出了"所冀蝇阶贱质，附云足而追飙"的被权贵援引的愿望[⑧]。当然，他并不

---

① 王勃：《上绛州上官司马书》，蒋清翊《王子安集注》卷5，上海古籍出版社1995年版，第166页。

② 蒋清翊：《王子安集注》卷6，第177页。

③ 王勃：《上绛州上官司马书》，蒋清翊《王子安集注》卷5，上海古籍出版社1995年版，第165页。

④ 王勃：《上绛州上官司马书》，蒋清翊《王子安集注》卷5，上海古籍出版社1995年版，第165页。

⑤ 王勃：《上绛州上官司马书》，蒋清翊《王子安集注》卷5，上海古籍出版社1995年版，第166页。

⑥ 王勃：《上绛州上官司马书》，蒋清翊《王子安集注》卷5，上海古籍出版社1995年版，第167页。

⑦ 王勃：《上绛州上官司马书》，蒋清翊《王子安集注》卷5，上海古籍出版社1995年版，第176页。

⑧ 王勃：《上绛州上官司马书》，蒋清翊《王子安集注》卷5，上海古籍出版社1995年版，第173页。

以失去自我为代价，他在《绵州北亭群公宴序》中就表达了“志不屈于王侯，身不绝于尘俗”的孤傲情怀[①]。

综上所述，王勃在其易学中表达了理想的圣人观念，这是借阐释经典来重新发现儒者的精神的；他还将新的圣人观念落实到了规划自己的人格操守和出处进退中。一方面，我们从王勃那里看到了他极其昂扬的超乎常人的精神力量；另一方面，我们又看到他在人格上的先天依附性。这两种特征决定了其文学特征的基本走向，文儒结合的文学观念、独特的感物论和矛盾的诗性人格。

二　圣人观影响下的文儒合一论

王勃所复兴和推尊的圣人观念渗透到他的道德修养及政治行为中，也对其文学观念产生必然的影响。王勃并不主张纯粹的文学，他反对雕章琢句、沉湎修辞，将文章看作与时代兴衰、家国轻重关系密切的君子之务、圣人之务，而他自己本人也愿“扬素风于下邑”[②]。认为“夫文章之道，自古称难。圣人以开物成务，君子以立言见志”[③]。他用儒家经典的眼光来看文学，以“甄明大义”、关乎国事为文章要务，在这种价值观下，他认为“屈宋”以后文风：

> 自微言既绝，斯文不振。屈宋导浇源于前，枚马张淫风于后。谈人主者，以宫室苑囿为雄；叙名流者，以沉酗骄奢为达。故魏文用之而中国衰，宋武贵之而江东乱。虽沈谢争骛，适先兆齐梁之危；徐庾并驰，不能止周陈之祸。于是识其道者，卷舌而不言；明其弊者，拂衣而径逝。潜夫《昌言》之论，作之而有逆于时；周公孔氏之教，存之而不行于代。天下

① 蒋清翊：《王子安集注》卷7，上海古籍出版社1995年版，第218页。

② 王勃：《上郎都督启》，蒋清翊《王子安集注》卷4，上海古籍出版社1995年版，第144页。

③ 王勃：《上吏部裴侍郎启》，蒋清翊《王子安集注》卷4，上海古籍出版社1995年版，第129页。

之文，靡不坏矣。[①]

王勃以圣人之言、圣人之道为理想，认为后世之文是伴随着圣人之道的微言既绝、大义复乖而衰落的。无论是屈、宋、枚、马，还是魏文、宋武，抑或沈、谢、徐、庾，其驰骋文辞无一例外地引发了政治上的衰乱危祸，致使“识道”者“卷舌不言”，贤哲者拂衣而去，周公孔氏之教虽存，而“天下之文，靡不坏矣”。也就是说，浮华奢靡的文字于圣人之道及政治教化是有害的。“屈宋之后文风大坏”主要针对文章沉湎辞藻、脱离政治教化而言。

王勃认识到，当今之世正是正统施行、振兴人文之时。首先，他认为国家正步入圣人之道，人文亦然。他说：“国家应千载之期，恢百王之业。天地静默，阴阳顺序，方欲激扬正道，大庇生人。黜非圣之书，除不稽之论。”[②] 统治者能顺应阴阳之序，推崇圣人之书，行人文教化。其次，他对于朝廷诗赋取士王勃心存顾虑，表达了儒文兼取的思想。认为以翰墨简牍为度量人才的标准，有可能使英秀高贤沉沦下僚，以致风衰俗败，流荡久远。

王勃以圣人之道来观照人文，他所理解的文章是在圣人之道范围内的，他崇尚的文学境界是立于天地间、与道神交的“大丈夫”之文，这种文字既有圣人式的广大宏阔，又有恣肆纵横的天然诗情：

> 嗟乎！大丈夫荷帝王之雨露，对清平之日月。文章可以经纬天地，器局可以畜泄江河，七星可以气冲，八风可以调合。独行万里，觉天地之崆峒；高枕百年，见生灵之龌龊。虽俗人不识，

① 王勃：《上吏部裴侍郎启》，蒋清翊《王子安集注》卷4，上海古籍出版社1995年版，第130—131页。

② 王勃：《上吏部裴侍郎启》，蒋清翊《王子安集注》卷4，上海古籍出版社1995年版，第131页。

下士徒轻，顾视天下亦可以蔽寰中之一半矣。①

上述文字中呈现的是完全不同于六朝文人的人格境界，“大丈夫”承帝王雨露、对清平日月，文章足以经天纬地，胸襟可以畜泄江河，气势又能上冲北斗，同时，又可以顺应天地，合调于八风。他们昂首阔步于天地之间；以气吞八荒、独步寰宇的气质感物吟志，可谓得天独厚。“虽形骸真性，得礼乐于身中，而宇宙神交，卷烟霞于物表”②，即礼乐与真性统合于一身，感物而不滞于物，超然物表神交宇宙。自然禀赋与人文教化交集于诗心，使他们可以“开辟翰苑，扫荡文场”。一方面“得宫商之正律”，合乎天运，不相悖礼乐；另一方面，“受山川之杰气”，取自然之精华，于是，可以傲视古人，所谓“虽陆平原、曹子建，足可以车载斗量，谢灵运、潘安仁，足可以膝行肘步”③。在《秋夜于绵州群官席别薛升华序》中可以发现，王勃笔下的文章作者均是秉天地之气的贤达英杰：

> 夫神明所贵者道也，天地所宝者才也。故虽阴阳同功，宇宙勠力，山川崩腾以作气，星象磊落以降精，终不能五百年而生两贤也。故曰才难，不其然乎？今之群公，并受奇彩，各仗异气。或江海其量，或林泉其识，或簪裾其迹，或云汉其志，不可双得也。今并集此矣，岂英灵之道长，而造化之功倍乎！”④

人间贤杰是天地化生的结果，经阴阳变化，借宇宙陶钧之力，汲

① 王勃：《山亭思友人序》，蒋清翊《王子安集注》卷9，上海古籍出版社1995年版，第273—274页。

② 王勃：《山亭思友人序》，蒋清翊《王子安集注》卷9，上海古籍出版社1995年版，第274页。

③ 王勃：《山亭思友人序》，蒋清翊《王子安集注》卷9，上海古籍出版社1995年版，第274页。

④ 蒋清翊：《王子安集注》卷9，上海古籍出版社1995年版，第263页。

山川奇伟之气，感星辰磊落之精，也只能累积五百年而生一贤。王勃从自然论和神秘论的角度来看待所谓“大丈夫”，特别强调人的某种灵性，当然这种灵性又是与自然之气和人文积淀有关的。“大丈夫”首先是天设地造的贤人，其次才是诗人，换句话说，诗人必须具有超常气质——他们“并受奇彩，各仗异气。或江海其量，或林泉其识，或簪裾其迹，或云汉其志，不可双得也”。因禀赋特出、气量冲天，为文作赋，必然境界不凡了。而在《秋日饯别序》中提到的杨学士更是禀受精气、器宇宏阔的人中龙凤，王勃写道：“杨学士天璞自然，地灵无对。二十八宿，禀太微之一星；六十四爻，受乾坤之两卦。论其器宇，沧海添江汉之波；序其文章，玄圃积烟霞之气。几神之外，犹是卿、云；陶铸之余，尚同嵇、阮。”[①] 有如此禀赋，必定可以“研精麝墨，运思龙章”[②]。《饯宇文明府序》中提到的文士，则以其超常的性灵与姿态感动外物。王勃曰：“昔者王烈登山，林泉动色；嵇康入座，左右生光。岂非仙表足以感神，真姿可以错物。”[③]他们“俱拔出尘之标，各仗专门之气”，而其言语文章与天地共相，与四季共振，即所谓“言泉共秋水同流，词锋与夏云争长”[④]。

文章之事成为经纶天地、沟通宇宙的儒者德行，也成为感应自然、神游物外的审美体验。儒者的道德理想和文人的诗骚情怀在王勃这里完成了新的合流，王勃为文学注入了强烈的现实性，也使文学的审美境界更加恢宏厚博。杨炯在其所作《王勃集序》中肯定了王勃的贡献，于天文、人文的大格局里来讨论王勃的价值，他说：“大矣哉，文之时义也。有天文焉，察时以观其变；有人文焉，立言以重其范。历年滋久，递为文质，应运以发其明，因人以通其粹。”[⑤] 文章

① 蒋清翊：《王子安集注》卷8，上海古籍出版社1995年版，第238页。
② 蒋清翊：《王子安集注》卷8，上海古籍出版社1995年版，第239页。
③ 蒋清翊：《王子安集注》卷8，上海古籍出版社1995年版，第254页。
④ 蒋清翊：《王子安集注》卷8，上海古籍出版社1995年版，第254页。
⑤ 杨炯：《王子安集原序》，蒋清翊《王子安集注》卷首，上海古籍出版社1995年版，第61页。

的精神和光亮与时运、人力有关，王勃在人文传承中其功甚伟。杨炯认为，王勃所面临的是“文儒异术”“词赋殊源”的文化境遇[①]，即“仲尼既没，游、夏光洙、泗之风，屈平自沉，唐、宋弘汨罗之迹。文儒于焉异术，词赋所以殊源”[②]。杨炯对文事凋零有清醒的历史认识，他主张文儒合一，文章能以儒家经典和礼乐为本。王勃正是这样一位现实中的履践者，“蹈前贤之未识，探先圣之不言”，继承先贤、圣人，而能成一家之体。杨炯评曰：“经籍为心，得王何于逸契；风云入思，叶张左于神交。故能使六合殊材，并推心于意匠，八方好事，咸受气于文枢。”[③] 这就是说，王勃既能涵泳经典，也可情入风云，尊经之心与性情之思融于一身。一方面深契王弼、何晏之经籍玄理；另一方面神会张华、左思之飞扬诗思。诗情和经典会聚于心，王勃便有了圣人式的感通六合的精神力量。

王勃之“文儒合一”，不仅意味着对礼乐经典悉心遵循，也不仅意味着对前代文华的会心博采，更意味着对人之自然灵性和圣人式的体察天地的伟大德行的推重。

“文儒合一”的文学观念，表达那个时代文士们向往圣贤积极事功的政治愿望和人为天地之灵当豪迈于天地古今的人生理想。这一思想极其具有代表性，是时代的强音，而此种观念反映在创作上，就呈现出新的审美气象。

三　以气相感的感兴论

正如上文所提到的，对圣人式的沟通天地、感通万物的精神力量的推崇和仿效决定了王勃感兴论的艺术个性，王勃以深厚的文蕴、精

---

① 杨炯：《王子安集原序》，蒋清翊《王子安集注》卷首，上海古籍出版社 1995 年版，第 61 页。

② 杨炯：《王子安集原序》，蒋清翊《王子安集注》卷首，上海古籍出版社 1995 年版，第 61 页。

③ 杨炯：《王子安集原序》，蒋清翊《王子安集注》卷首，上海古籍出版社 1995 年版，第 63 页。

湛的哲思、天才式的诗学发明，为后人创造了新的审美模式，我们暂且将它概括为“以气相感的感兴论”，这种感兴论是建立在新的自然观、人性论之上的。

人与万物禀气而生是《周易》自然化生论中的基本思想之一，《周易·系辞上》曰：“天尊地卑，乾坤定矣。卑高以陈，贵贱位矣。动静有常，刚柔断矣。方以类聚，物以群分，吉凶生矣。在天成象，在地成形，变化见矣。是故刚柔相摩，八卦相荡。鼓之以雷霆，润之以风雨。日月运行，一寒一暑。乾道成男，坤道成女。”这一段文字中，不仅预设了“天尊地卑”的先验的自然之理，认为自然化生是在这一秩序下展开的，而且强调了人与万物的产生离不开既有秩序又变化出奇的自然因素，王勃易学虽然重视抽象的易理，强调阴阳之道“可以一理征也，可以一端验也”①，但对于宇宙间生动的自然变化和彼此感应依然是特别注意的。王勃的自然观念第一部分已有论述，在此我们着重说明王勃感应观念与《周易》的关系。《周易·乾·文言》在解释“飞龙在天，利见大人”时说：“子曰：‘同声相应，同气相求。水流湿，火就燥，云从龙，风从虎，圣人作而万物睹，本乎天者亲上，本乎地者亲下，则各从其类也。’”意思是说，天地间物象共相感应各从其气类，圣人更有感通万物的能力，孔颖达疏：“此亦同类相感，圣人有生养之德，万物有生养之情，故相感应也。”王勃发挥了上述感应思想，《上绛州上官司马书》曰：“盖闻灵化出于窈冥，帝图寄于寥廓。圣人生而万物睹，太阶平而四国会。”② 这是对自然化生以及圣人功绩的简要概括，表达了“圣人生而万物睹”的感应、教化观念；《常州刺史平原郡开国公行状》也流露了与之类似的观点：“某州县洪飙未翔，灵凤垂翼；景云不烛，神龙宛颈。岂非时不可以苟遇，道不可以虚行。圣人作而万物睹，神功资而百宝用”③；

① 蒋清翊：《王子安集注》卷11，上海古籍出版社1995年版，第298页。

② 蒋清翊：《王子安集注》卷5，上海古籍出版社1995年版，第164页。

③ 蒋清翊：《王子安集注》卷20，上海古籍出版社1995年版，第593页。

《上刘右相书》则生动地呈现了自然与灵物彼此相感，圣人感通寰宇的神圣德行，其文曰："盖闻圣人以四海为家，英宰与千龄合契。用能不行而至，春霆仗天地之威；以息相吹，时雨郁山川之兆。故有玄蛟晚集，凭鹤鼎而先鸣；苍兕晨惊，运龙韬而首出，并能风腾雾跃，指麾成烈士之功。"[①] 正如前文所论及，王勃的圣人观受《易纬》影响很大，圣人"七星可以气冲，八风可以调合"[②]，圣人也能"援神叙教，降赤制于南宫；运斗陈经，降玄符于北洛"[③]，所以，无论在感通自然还是推行易道方面都显示了神圣的感应力。可见，王勃的感应思想则突出了圣人的神圣性和神秘性，强调圣人自身气质中所具有的与生俱来的神圣的感应力，他并不强调圣人的心性在感应中的理性能力，而是强调在气的层面的丰富复杂，甚至神秘的感应关系。在这一点上，与宋代理学家的圣人感应观念颇为不同，显示出明显的时代色彩和个性特质。

推崇自然奇气与重视灵心相感是王勃感兴论的重要内容。《入蜀纪行诗序》是一篇普通的序言，记述作诗的缘起，他认为，俊伟的江山同样是"天地之奇作"，"丹壑争流，青峰杂起"，可谓宇宙奇观[④]。无论是宇宙之奇，还是天地之奇，这些自然山川也同样充满灵性。诗人游览其中即是"足践灵区"[⑤]。当诗人徜徉山水地理时，山岳耸立的奇丽之姿与那江河奔涌的流荡之势，感召着人性人情，即所谓"山川之感召多矣"[⑥]。由此可见，人与自然的感兴是在壮阔的宇宙间展开的，奇气与灵心感荡出的必然是瑰丽的精神之花。《山亭兴序》中就描绘了洒落胸怀与雄壮丘墟彼此感荡而进入的宏大意境，

---

① 蒋清翊：《王子安集注》卷5，上海古籍出版社1995年版，第147页。

② 王勃：《山亭思友人序》，蒋清翊《王子安集注》卷9，上海古籍出版社1995年版，第273—274页。

③ 王勃：《益州夫子庙碑》，蒋清翊《王子安集注》卷15，上海古籍出版社1995年版，第441页。

④ 蒋清翊：《王子安集注》卷7，上海古籍出版社1995年版，第227页。

⑤ 蒋清翊：《王子安集注》卷7，上海古籍出版社1995年版，第227页。

⑥ 蒋清翊：《王子安集注》卷7，上海古籍出版社1995年版，第227页。

其文曰：“摇头坐唱，顿足起舞。风尘洒落，直上天池九万里；丘墟雄壮，傍吞少华五千仞。裁二仪为舆盖，倚八荒为户牖。荣者吾不知其荣，美者吾不知其美。”[①] 在《秋日宴洛阳序》中，诗人们足践东京胜地，正值“南吕高秋”之际，自然节律与人文积蕴荟萃于彼此感通的心灵，于是“年忘大小，傲天地于平生；志混荣枯，得林泉之意气。愿长绳以系日，几近光阴；思短札以凌云，或陈歌咏。”[②] 在人与天地自然恢宏往来，以及友朋之间的意气相投中，超越了现实时空，而有以长绳系日的妙想，以短札凌云的诗思，于是，诗人的壮丽情思和奇崛崔嵬之气被焕发出来了。《晚秋游武担山寺序》中，诗人的诗思是在积聚了古今睿气的景观中展开的：“引星垣于沓嶂，下布金沙；栖日观于长崖，傍临石镜。瑶台玉甃，尚控霞宫；宝刹香坛，犹芬仙阙。”[③] 在这样的情势下，“磊落名都之气”“三蜀之奇观”无不鼓舞文气诗心。

事实上，王勃所感通的自然奇气又是与历史、神灵不可截然分开的。河岳禀自然之气，自然之气也可生英灵之气，而英灵之气又必然增补河岳之气。王勃所感通的自然之气中常常蕴藏着神灵之气，他从历史的陈迹往事、人文掌故中感受到恒久的生命气息，也从植根于大地的自然中发现参天之气。王勃在《山亭兴序》所提及的城池河渠，虽为地理，却有天文之投影，文中说：“珠城隐隐，阑干象北斗之宫；清渭澄澄，滉漾即天河之水。长松茂柏，钻宇宙而顿风云。”[④] 自然之气与昊天之象彼此颉颃。《夏日登韩城门楼寓望序》曰：“面胜地，陟危楼，放旷怀抱，驱驰耳目。韩原奥壤，昔时开战斗之场；秦塞雄都，今日列山河之郡。池台左右，觉风云之助人；林麓周回，观岩泉之入兴。”[⑤] 作者之所以能够感楼台风云，“观岩泉之入兴”，

① 蒋清翊：《王子安集注》卷9，上海古籍出版社1995年版，第272—273页。
② 蒋清翊：《王子安集注》卷7，上海古籍出版社1995年版，第206页。
③ 蒋清翊：《王子安集注》卷7，上海古籍出版社1995年版，第214页。
④ 蒋清翊：《王子安集注》卷9，上海古籍出版社1995年版，第272页。
⑤ 蒋清翊：《王子安集注》卷6，上海古籍出版社1995年版，第196页。

并非单纯的因自然而生感兴，而是在这清俊的自然之气中，也被绵延沉着的历史风云感动。

在王勃的众多《序》文中，还表现出对意气相投的朋友感会的重视。或是遇故知于他乡，或是羁旅行役于异地，或是结新交于文酒之会，文人间不免同声相应，同气相求。但是在王勃的思想中强化了这一现象，并赋予它深沉的生命意义和强烈的现实意义，究其原因，与其圣人观念以及圣人观念对诗学的渗入关系密切。王勃是在诗人乃禀天地英气的贤达者这一前提下重视朋友感会的。也就是说，与朋友的感动，即是与英杰之气的投合，这样的心灵相应，足以使诗人感到同样的命运，探寻到真切的人生，在意气共振的羽翼下超越到高远的人生境界。《宇文德阳宅秋夜山亭宴序》中曰："乃知两乡投分，林泉可攘袂而游；千里同心，烟霞可传檄而定"①，列举古人彼此契合的纵逸情趣，王勃还于友人相会的时机中观照天律运行，如"于时白藏开序，青女御律。金风高而林野动，玉露下而江山清"②，从而将这种相会不仅当作人情之会，也当作天人之会；王勃也在友人相会的场景中留意草木亭台的清拔气氛，如："琴亭酒榭，磊落乘烟。竹径松扉，参差向月"，总之，朋友感会是在天地、历史、自然间的生命感动。《与员四等宴序》曰："良会不恒，神交复几。请沃非常之思，但宣绝代之游。托同志于百龄，求知己于千载。道之存矣，无乃然乎。"③《江宁吴少府宅饯宴序》曰："文举清谈，芳樽自满。想衣冠于旧国，便值三秋；忆风景于新亭，俄伤万古。情穷兴洽，乐极悲来。"④ 在此，朋友感会已成为超越时空的对话古人了，他们与古人互通灵性，甚至与古人一同情悲神伤，这也似乎成为文士们的一种不得已的生命状态。《春日孙学士宅宴序》曰：

① 蒋清翊：《王子安集注》卷7，上海古籍出版社1995年版，第220页。
② 蒋清翊：《王子安集注》卷7，上海古籍出版社1995年版，第221页。
③ 蒋清翊：《王子安集注》卷7，上海古籍出版社1995年版，第224页。
④ 蒋清翊：《王子安集注》卷8，上海古籍出版社1995年版，第247页。

“若夫怀放旷寥廓之心，非江山不能宣其气；负郁怏不平之思，非琴酒不能泄其情。”[①] 一种群体性的理想遭遇阻遏或想借机表达时，彼此唱和变得必不可少了。

所以，朋友感会就不仅是一般友情的交融，更是意气相投和“道”之契合，正如《上郎都督启》说：“勃闻古之君子，重神交而贵道合者，以其得披心胸而尽志义也。”[②] 而所谓“道合”“披心胸”“尽志义”，是指相知相遇于他们共同的圣人式的志向。王勃时代的文人有着很强的自我意识和责任感，他们坦诚地彼此相向，也真挚地在宇宙中寻找安身立命之所。他们的诗酒感会，正是有了这样的现实内容才显得光彩亮丽。也正因为如此，当短暂的相会必须直面分别时，或喜悦或悲愁的情感就强烈地迸发而出。《春夜桑泉别王少府序》：“去留欢尽，动息悲来。惜投分之几何，恨知音之忽间。他乡握手，自伤关塞之春；异县分襟，意切凄怆之路。”[③]《越州永兴李明府宅送萧三还齐州序》：“三光回薄，未殚投分之情；四序循环，讵尽忘言之道。岂期我留子往，乐去悲来。横咽水而东西，绪愁云于南北。”[④] 此种离愁别恨在王勃的思想中是浓郁的，是知音难得、同道易失的孤独感，是志气不得宣泄的压抑感。

当然，在审美感物时，王勃的感兴论表现为人与自然物之间的彼此感应、趣味相得，以及性格气质的彼此投射。《涧底寒松赋并序》曰：“盖物有殊类而合情，士有因感而成兴”[⑤]，王勃看到涧底寒松“磊落殊状”“才高位下”，而心生悲痛，深有同感，这可以说是咏物以寄兴，但更准确而言，是与物感应而生意兴。《夏日登龙门楼寓望序》中就提到自然情调使人“兴含情逸”[⑥]，也就是说，王勃笔下的

① 蒋清翊：《王子安集注》卷6，上海古籍出版社1995年版，第189—196页。
② 蒋清翊：《王子安集注》卷4，上海古籍出版社1995年版，第143页。
③ 蒋清翊：《王子安集注》卷9，上海古籍出版社1995年版，第262页。
④ 蒋清翊：《王子安集注》卷8，上海古籍出版社1995年版，第243页。
⑤ 蒋清翊：《王子安集注》卷2，上海古籍出版社1995年版，第37页。
⑥ 蒋清翊：《王子安集注》卷6，上海古籍出版社1995年版，第197页。

自然物不是寄托的媒介，而是与人同声气、同命运的生命体。在自然之气的层面上，它与人生而平等，它的姿态格调足以感动人心。在王勃的创作中，其笔下的自然物所具有的姿态或弥漫着的气氛总能拨动人的情弦。“驱烟寻涧户，卷雾出山楹。去来固无迹，动息如有情。日落山水静，为君起松声”（《咏风》）[①]，山中烟雾或动或息、来来往往，好像有情之物，当太阳落下、山水沉静而下时，风声便为君而起了。这是自然之大情与人心的彼此相依。“影飘垂叶外，香度落花前。兴洽林塘晚，重岩起夕烟”（《圣泉宴》）[②]，叶外影飘，花前香度，叶影花香是缭绕着植物的气氛，也是侵入人心的情丝，人与林木彼此感通，所以有“兴洽林塘晚”的惬意之词，而此时重岩之上夕烟升起，与人情似在呼应。“羁心何处尽，风急暮猿清”（《麻平晚行》）[③]，人在羁旅，何处安身，急风中有暮猿清啼，人情与猿心同样孤楚。包括上述例证中提到的种种人与物间的感应，无不是在苍茫世界中同气相应的真情触感。

王勃有自觉的感兴思想，常用“兴”“感召”这样的术语表述。如“情兴未已”[④]，“情穷兴洽，乐极悲来”[⑤]，“观岩泉之人兴”[⑥]，“想岩泉而结兴”[⑦]，“闲居饶酒赋，随兴欲抽簪”[⑧]，“琴尊方待兴，竹树已迎曛”[⑨]，等等。从普泛意义上来说，兴，是指情感受外物触

① 蒋清翊：《王子安集注》卷3，上海古籍出版社1995年版，第69页。

② 蒋清翊：《王子安集注》卷3，上海古籍出版社1995年版，第79页。

③ 蒋清翊：《王子安集注》卷3，上海古籍出版社1995年版，第82页。

④ 王勃：《山亭兴序》，蒋清翊《王子安集注》卷9，上海古籍出版社1995年版，第272页。

⑤ 王勃：《江宁吴少府宅饯宴序》，蒋清翊《王子安集注》卷8，上海古籍出版社1995年版，第247页。

⑥ 王勃：《夏日登韩城门楼寓望序》，蒋清翊《王子安集注》卷6，上海古籍出版社1995年版，第196页。

⑦ 王勃：《晚秋游武担山寺序》，蒋清翊《王子安集注》卷7，上海古籍出版社1995年版，第215页。

⑧ 王勃：《郊园即事》，蒋清翊《王子安集注》卷3，上海古籍出版社1995年版，第85页。

⑨ 王勃：《山居晚眺赠王道士》，蒋清翊《王子安集注》卷3，上海古籍出版社1995年版，第86页。

动而兴起，王勃感兴论的特点就在于，诗人和外物（主要是自然物）是在气的层面上彼此自由感发的。在他看来，外物也是自然化生的生命体，人与外物在天地之间灵性相通，命运类似。正如骆宾王所说："夫类同而心异者，龙蹲归而宋树伐；质殊而声合者，鱼形出而吴石鸣。苟有会于精灵，夫何患于异类。"① 基于上述思想，在感物时就避免了只注意其物色的弊病，而且，人与物相感更加深切，不只在物色层面，更在情感与命运层面上展开，同时突破了晋宋以来贵族诗人以自然为归的玄理意味，诗人审美情感得到了解放和拓展，并将精神气格投射到了外物身上。这一特点，使王勃感兴论有别于刘勰"物以貌求，心以理应"的感兴论。

刘勰是晋宋时代诗风的总结者和杰出的理论建构者，他将"神理"概念引入诗学。刘勰说："神用象通，情变所孕。物以貌求，心以理应"，即写作之事是动用心神、写物绘象、表情达意的过程。"神用"，就是"用神"，在此过程中，外物纷至沓来，以其活生生的感性触发着作者的心灵，作者只能以广大之"理"，去体会和感觉外界、观照事物、把握对象。而"观照"是其主要方式。

《神思》曰："积学以储宝，酌理以富才，研阅以穷照，驯致以怿辞。然后使元解之宰，寻声律而定墨；独照之匠，窥意象而运斤。""独照"与佛家的观照方式有关，刘勰在《灭惑论》中说："至道宗极，理归乎一，妙法真境，本固无二，佛之至也，则空玄无形，而万象并应，寂灭无心，而玄智弥照，幽数潜会，莫见其极。""玄智"就是"无心"之后萌生的反思心，"玄智弥照"就是运用反思心对自身和世界的全面观照，在这一过程中伴随着"幽数潜会"的思索和体验。同样在《神思》篇中也有"至精而后阐其妙，至变而后通其数"的说法，"通其数"就是"幽数潜会"之义，也是智慧境界中回环不息的周密思索和精致体验。《周易》中有"极数知来"的说

① 王勃：《萤火赋》，骆宾王著，陈熙晋笺注：《骆临海集笺注》，中华书局 1961 年版，第 199 页。

法，《周易》认为世界由数组成并形成变化不测之道，也即《周易·系辞上》所说："天数五，地数五。五位相得而各有合，天数二十有五，地数三十，凡天地之数五十有五，此所以成变化而行鬼神也。"那么只有把握"数"变，才可以深刻了解世界，《周易·系辞》曰："极数知来之谓占，通变之谓事。"当然儒家不以预测一时一事为要务，而是要借助"数"的手段来深入事理的幽微处，所谓"极深而研几"。(《周易·系辞上》）刘勰的"穷照""独照"其实就是心与物感中潜藏着的精微广大之思，而这种"思"兼备了佛学与易学内涵。那么，心与物的审美关系中，一定蕴涵着悠远精妙之思理，自然物便在这种思理的观照之下。刘勰赞同建安文人"慷慨以任气，磊落以使才"（《文心雕龙·明诗》）的审美精神，但"原道心以敷章，研神理而设教"是其诗学的新质（《文心雕龙·原道》），在人心、神理、教化、自然的交互关系中确定文的特质是其诗学体现出的时代性风貌，审美中突出对事理的精妙把握和自然逸趣是其感兴论特征。

刘勰在审美中强调的"穷照""独照"等人心之思，不可避免地携带着一定的玄远性、神妙性。同时，"穷照""独照"这样的人心之思，总是不离自然形式的，它要寄寓在完美的自然形式中，所以，其"人心之思"常以自然为归。刘勰在《比兴》篇中，主张"触物圆览""拟容取心"，这就是说，无论是"比"还是"兴"，"触物"与"圆览"不可分开，"拟容"与"取心"不能偏废，审美中对物象自然形式的归依，使作者的情思找到了自然的居所。

刘勰感兴论中包含了对晋宋审美风尚的认同，对于玄妙之理、自然之理的体味，事实上，在谢灵运的创作中就可以看到。《石壁精舍还湖中作》写"昏旦变气候，山水含清晖"的山水气氛，写"芰荷迭映蔚，蒲稗相因依"的草木风姿，都显得生动清绮，可谓光影逼真、姿态横生。诗人感物而心生愉悦，所谓"清晖能娱人，游子澹忘归"，以及"披拂趋南径，愉悦偃东扉"。而之所以兴致盎然，是因为诗人物物又不物于物，沉浸于物的姿态，又与物冥合于玄理之中，即“虑澹物自轻，意惬理无违”。也就是说，在感物过程中，诗人以淡泊的人生态度和情感方式来体悟自然，心中顿感惬意之时，也是与理偕行之时。所以，谢灵运诗中的自然物都以自然的姿态存在着，诗人远距离地观照了自然之理。《登池上楼》中“池塘生春草，圆柳变鸣禽”表达了节气更替、鸟木生长的自然而然，池塘内畜聚春气，草木滋发乃自然表现；柳树荣发，鸣禽喧闹，仿佛鸣禽乃圆柳所变，足见造化天工。诗人欣喜于自然变化的姿态，也在自然的节律中感伤，“祁祁伤豳歌，萋萋感楚吟”则又是面对古人对自然感伤的感伤。概括而言，谢灵运对自然的感发，是在生动的自然姿态和抽象的自然之理中的。王船山评《游南亭》曰：“条理清密，如微风振箫，自非夔、旷，莫知其宫徵迭生之妙。”这是从审美方式、结构肌体、美学风格等方面来评价谢诗，评语的大体意旨是肯定了谢诗的玄妙天然，可谓切中肯綮。

在人与自然的感兴中，王勃感兴论更注重人与自然间直接的以气相感，他清晰地知道，君子乃禀山川之气、星辰之精而生，人与自然是共同的命运体。他虽然也注视着自然那丰盈的姿态，但并没有以玄妙的思理观照自然，而是以气相感，感触到了自然的气格，并将人的命运、性格投射其上，人与自然在命运的层面上进行更加现实的对话。究其根本原因，这种感兴论与王勃的圣人观存在密切的关联，是其圣人理想在诗学中的体现。面对自然、历史的纷纭变化，王勃推崇圣人精神，他虽然认同圣人式的静观玄览，但更强调圣人式的直面现实的具体事功和道德风范，而且将圣人的神秘色彩与自然之气联系在一起。那么，在审美感兴中，就在自然之气彼此感荡的层面上，作者的命运、气格就与自然物融合在一起。

第五章　韩愈的道论与文论

韩愈所倡导的儒家道统对后世影响巨大，宋代文学家即在其儒道视野下为文行事，可谓韩子的继承者；而理学家建立的道本体论固然受佛、道理路的影响，但内在地继承了韩愈所弘扬的仁义、公正的精神。当我们面对着理学家们建立的精致绝伦的哲学体系，特别是微妙入神的方法论、以天理为依归的价值观时，是否有理由去苛责韩愈哲学的平实与粗疏呢？按照一般的常识，作为思想家的韩愈完全有条件建立精密的思想体系，因为在此之前，儒、道、释在学理上的融合已经十分普遍，谢灵运《与诸道人辨宗论》即折中孔、释，倡言顿悟而力主新论；到隋唐时代则有中国化的佛教宗派如天台、华严、禅宗的出现，它们会通儒道而自成精致体系，但是，韩愈却没有在学说形态上走向精密化，而是立足日用，重提常识，这不能不引起我们的重视。另外，韩愈也没有表现出对宇宙起源与本体的理论兴趣，而在他之前，王勃提倡儒学，主张文儒合一，则借助易学对宇宙自然进行理论探索，并在此基础上确立其伦理观念。韩愈既无探索宇宙本体之兴趣，也无建构理论本体之兴趣，原因何在？大概与他主张“庶几”之儒道有关。

一　“庶几”之道

韩愈兴复儒道有其特定的历史背景与文化使命，也有着具体的历史文化内涵，涉及王霸之论、仁礼之争，对此已有学者作了深入的探讨[①]，在此不赘。但是，学界对于韩愈之道的本质性描述却是笼统的，有的通过将他的道当作道统中的一环来界定其道的内涵；有的将其道当作抽象的宇宙真理，以至混淆了与理学家的截然殊异处。更普遍的做法是，罗列出韩愈之道的价值取向和体制构成，比如陈来认为，韩愈之道是一种儒家精神价值，而且包含了一套原则，“其中包括仁义代表的道德原则，《诗》《书》《易》《春秋》代表的经典体系，礼乐刑政代表的政治制度，以及儒家所确认的分工结构（士农工贾）、伦理秩序（君臣父子夫妇）、社会礼仪（服、居、食）乃至宗教性礼仪（郊庙）”[②]。此种概括是相当准确的，这正是韩愈《原道》篇所说的儒道的现实内容。但是严格地讲，这些内容属于“教”的范畴，即韩愈所说的“先王之教”。教道可以合一，先王之教的推行即是道的现实履践。这也是儒家与佛老的区别所在，正如张君劢所指出，韩愈“巧妙地运用日常生活中的具体琐事，驳斥佛老的玄妙和超世观点”[③]。不过，韩愈虽然反对形而上地得“道”，但却不排除儒道思考中的形而上色彩。重提“庶几”之道，也是他对所倡儒道的会心所在。

韩愈在现实中坚守的是不能轻易兑现的儒道，在他看来，圣人之道是“不勉而中，不思而得”的，才高德盛如颜回也只能“庶几”。《省试颜子不贰过论》：“又曰：‘颜氏之子，其殆庶几乎！’言犹未至也。而孟子亦云：‘颜子具圣人之体而微者。’皆谓不能无生于其心，而不暴之于外。考之于圣人之道，差为过耳。”[④] 在现实界中，庶几

① 朱刚认为：“情礼相得，教道合一”“帝王一致”是韩愈道统论的历史文化内涵（参见朱刚《唐宋四大家的道论与文学》，东方出版社 1997 年版）。而唐晓敏认为：“比起文学革新运动的先驱者，韩愈、柳宗元轻‘礼’而重‘仁’”，“（韩愈——引者加）推重‘王道’而反对‘霸道’，这一点是不应怀疑的”（参见唐晓敏《中唐文学思想研究》，北京师范大学出版社 2000 年版）。

② 陈来：《宋明理学》（第二版），华东师范大学出版社 2004 年版，第 18—19 页。

③ 张君劢：《新儒家思想史》，中国人民大学出版社 2006 年版，第 61 页。

④ 韩愈撰，马其昶校注：《韩昌黎文集校注》，上海古籍出版社 1986 年版，第 125 页。

乎圣也是一种理想。张籍也将韩愈比作颜回："昔颜子之'庶几'，岂待五六十乎？执事目不睹圣人而究圣人之道，材不让于颜子矣。"[①]韩愈在《闵已赋》表达了景仰与缅怀之意："昔颜氏之庶几兮，在隐约而平宽，固哲人之细事兮，夫子乃嗟叹其贤。"[②]庶几于圣人，虽不是理想的圣道境界，但却与佛老有鲜明的分野。

"庶几"之说出于孔子对颜回的评价，《论语·先进》说："回也其庶乎，屡空。赐不受命，而货殖焉，亿则屡中。"何晏注："颜回庶几圣道，虽数空匮，而乐在其中。赐不受教命，唯财货是殖，亿度是非，盖美回所以励赐也。"颜回庶几圣道，已是孔子对弟子的至高评价，儒者欲完美地尽于儒道是非常困难的，因为儒道要从现实中实现，这非圣人莫属。孔子有"志于道"的说法，他就是将道当作一个时刻不忘去实现的理想。颜渊更是对儒道之难得深有感慨，《论语·子罕》曰："颜渊喟然叹曰：'仰之弥高，钻之弥坚。瞻之在前，忽焉在后。夫子循循然善诱人，博我以文，约我以礼，欲罢不能。既竭吾才，如有所立卓尔。虽欲从之，末由也已。"意谓孔道高深不可捉摸，仿佛有精妙之神似在非在，获得儒道的功夫在于竭尽其才的博文约礼，但要更进一步，总是无法入手。这就是说，儒道可以渗透于生活日常中，但想周详透彻地领悟与实现，就如同面对高山无阶可登一般。这反映了颜渊处于形而上追求的冲动与现实履践的实际功夫的交集中。

儒家与现实有不可割裂的血肉联系，与之不同，佛老之道则可以将心灵超拔出来而至于道的境界。佛家以先天的清净心为世界本原，这一观点主要是来自《大乘起信论》所提出的"真如缘起论"，所谓"真如"，佛教各派都以指无生无灭、无变化的永恒真理或世界本体，"《大乘起信论》中把所谓先天具有全部佛教功德而又永恒不变的真

① 韩愈：《张籍遗公第二书》，见韩愈撰，马其昶校注《韩昌黎文集校注》，上海古籍出版社1986年版，第134页。

② 韩愈撰，马其昶校注：《韩昌黎文集校注》，上海古籍出版社1986年版，第9页。

心当作真如，认为是宇宙一切现象的本原、本体，也是众生得以成佛的主体、依据”[1]。真如的自体《大乘起信论》中有描述：“所谓自体，有大智慧光明义故，遍照法界义故，真实识知义故，自性清净心义故，常乐我净义故，清凉不变自在义故。”故佛家认为，众生含有佛性，通过修持，可以反归于真如。《老子》中也探讨了世界的本原：“有物混成，先天地生。寂兮寥兮，独立而不改，周行而不殆。可以为天下母。吾不知其名，字之曰道，强名之曰大。”（25 章）即认为有独立永恒的世界本原存在。《庄子·大宗师》描述了超越时空、先于鬼神的一种真实存在，可以生天生地：“夫道，有情有信，无为无形，可传而不可受，可得而不可见。自本自根，未有天地，自古以固存。神鬼神帝，生天生地。在太极之先而不为高，在六极之下而不为深。先天地生而不为久，长于上古而不为老。”老庄以为弃绝智慧，可以返归自然。

总之，按照佛老的思路，人心与大道之间存在着便捷的通道，似乎可以即心即佛、心外无物了。而这一被韩愈所排斥的理路恰是后来理学家的核心观念。

佛道与儒道是否势同水火而不可通容呢，学术史上早有融合。谢灵运《与诸道人辨宗论》论就吸收融合了孔、释，另辟新论。他说：“同游诸道人，并业心神道，求解言外。余枕疾务寡，颇多暇日，聊伸由来之意，庶定求宗之悟。释氏之论，圣道虽远，积学能至，累尽鉴生，万应渐悟。孔氏之论，圣道既妙，虽颜殆庶，体无鉴周，理归一极。有新论道士以为，‘寂鉴微妙，不容阶级，积学无限，何为自绝？’今去释氏之渐悟，而取其能至；去孔氏之殆庶，而取其一极。一极异渐悟，能至非殆庶。故理之所去，虽合各取，然其离孔、释矣。”[2] 该段文字中包括了顿悟、渐悟，以及儒家思想之间的彼此会通。所谓“殆庶几”，指近乎圣人，或儒家之道只能庶几近之，《周

---

① 方立天：《佛教哲学》（增订本），中国人民大学出版社 1991 年版，第 241 页。

② 谢灵运著，顾绍柏校注：《谢灵运集校注》，中州古籍出版社 1987 年版，第 285 页。

易》记："子曰：颜氏之子其殆庶几乎！"[①] 儒道难至——现实中难以实现，但可以"理归一极"，即在理性可以归极为一，所以，谢灵运汲取佛道能至、儒理可以一至的思路，而形成新的唯心思想。由此可以看出，谢灵运过滤掉了儒家实践的部分，而企求玄理。

《原道》篇中，韩愈明确地排斥佛老。他反对道家"绝圣弃智"之论，他说："今其言曰：'圣人不死，大盗不止；剖斗折衡，而民不争。'呜呼，其亦不思而已矣！如古之无圣人，人之类灭久矣。何也？无羽毛鳞介以居寒热也，无爪牙以争食也。"[②] 韩愈也反对佛家的"清净寂灭"，他说："今其法曰：必弃而君臣，去而父子，禁而相生养之道，以求其所谓清净寂灭者；呜呼！其幸而出于三代之后，不见黜于禹汤文武周公孔子也；其亦不幸而不出于三代之前，不见正于禹汤文武周公孔子也。"[③] 这是从现实功利的角度立论，告诫人们，没有圣人的智慧及生养之道，人类将走向灭绝，道的根本在于现实的作为。《送浮屠文畅师序》也表达了相同的观点："民之初生，固若禽兽夷狄然；圣人者立，然后知官居而粒食，亲亲而尊尊，生者养而死者藏。是故道莫大乎仁义，教莫正乎礼乐刑政。"[④]

当然，韩愈在理论上则明确地提出了仁义为定名、道德为虚位的思想，以此来辨析儒道与佛老之道的不同。《原道》篇曰：

博爱之谓仁，行而宜之之谓义；由是而之焉之谓道，足乎己，无待于外之谓德。仁与义，为定名，道与德，为虚位：故道有君子小人，而德有凶有吉。老子之小仁义，非毁之也，其见者小也。坐井而观天，曰天小者，非天小也。彼以煦煦为仁，孑孑

① 王弼等注，孔颖达等正义：《周易正义》，嘉庆间阮元刻本，上海古籍出版社 1997 年版，第 88 页。

② 韩愈撰，马其昶校注：《韩昌黎文集校注》，上海古籍出版社 1986 年版，第 16 页。

③ 韩愈撰，马其昶校注：《韩昌黎文集校注》，上海古籍出版社 1986 年版，第 16 页。

④ 韩愈撰，马其昶校注：《韩昌黎文集校注》，上海古籍出版社 1986 年版，第 252—253 页。

为义，其小之也则宜。其所谓道，道其所道，非吾所谓道也；其所谓德，德其所德，非吾所谓德也。凡吾所谓道德云者，合仁与义言之也，天下之公言也。老子之所谓道德云者，去仁与义言之也，一人之私言也。[①]

博爱是仁，对仁的合理的推行则是义，从仁义出发，实践则是道。道是永远开拓着的境界，与具体的依于仁义的行动有关。这也就规定了儒家之道只能庶几乎圣人。为了准确刻画他所主张的儒道，韩愈引入传统逻辑学中的“名”“位”概念，故有仁义为定名、道德为虚位之说[②]。什么是“名”与“位”呢？公孙龙《名实论》一文中说：“天地与其所产焉，物也。物以物其所物而不过焉，实也。实以实其所实（而）不旷焉，位也。”周云之对此解释道：“具体的物在其形成为某物时都具有确定的范围（即对象）和具体内容，不能随便超过其范围（‘不过’），也不能空旷无内容（‘不旷’）。这就肯定了物是由物（天地）本身所形成和充实的，物是具有确定的内容、形式和空间位置的客观实体。”[③] 而“名”是用来称谓实的。“夫名，实谓也。知此之非此也，知此之不在此也，则不谓也；知彼之非彼也，知彼之不在彼也，则不谓也。”这就是说，“名”是对“实”的称谓，但“名”必须符合“实”，公孙龙主张“以实正名”，正如《名实论》所说：“其正者，正其所实也；正其所实者，正其名也。”即要明确“实”的范围和内容，“也就是指物之‘不过’‘不旷’并‘位其所位也’，只要其实‘正’了，其名自然就可以‘正’了”。[④] 总之，要正名，使名实相符，就要明确“实”的范围和内容。联系韩愈，我们发现若正“仁义”之名，就需要在“道德”那里确认

① 韩愈撰，马其昶校注：《韩昌黎文集校注》，上海古籍出版社1986年版，第13页。

② 朱刚从名实论讨论到“定名”与“虚位”的哲学意义。朱刚：《唐宋四大家的道论与文学》，东方出版社1997年版。

③ 周云之、刘培育：《先秦逻辑史》，中国社会科学出版社1984年版，第76页。

④ 周云之、刘培育：《先秦逻辑史》，中国社会科学出版社1984年版，第76页。

"仁义"之实的范围和内容。而这样的正名不是概念辨析，乃是实践活动，要将仁义这样的道德理念施行于未来的可能中，仁义之实的范围和内容即在整个的实践过程中。

杨万里说："道德之实非虚也，而道德之位则虚也。韩子之言，实其虚者也"①，此论诚是。张无垢曰："此正是退之辟佛老要害处。老子平日谈道德，乃欲捶提仁义，一味自虚无上去，曾不知道德自仁义中出……"杨龟山曰："韩子意曰：由仁义而之焉，斯谓之道；充仁义而足乎已，斯谓之德。所谓道德云者，仁义而已。故以仁义为定名，道德为虚位。……"② 上述释义大体不差，但显得隔膜。简而言之，儒道就是出于仁义且推行仁义的过程，是仁义通过主体在现实中的理想实现。朱刚认为虚位是虚设了一个真理之"位"③，但"虚位"那里虚设的空间是预留给充实的实践内容，之后才是价值评价。这也是韩愈所谓道与佛老之道的根本不同。这个"虚位"是永远留给实际内容的，而与之伴随的价值之真理的根源在仁义中，在博爱之中，在圣人之心中。这也就使得儒者只能庶几乎圣道了。但是，由于儒家的仁义是由近推远、博爱笃行的，所以儒道是公正广大之道，而非自私自得之道，即《原道》篇所谓"凡吾所谓道德云者，合仁与义言之也，天下之公言也"。

某种程度上，现实中的"庶几"乎圣的儒道是有局限的，甚至是带有悲壮色彩的，但是它避免了自得于心的圆通境界，倡导人们以知其不可为而为之的果敢和勇气，去投入夸父逐日式的积极、真实的人生实践中。不过，这样的现实努力，并不妨碍儒家之道有可能产生的神圣性色彩。《原道》说："是故，生则得其情，死则尽其常。郊焉而天神假，庙焉而人鬼飨。曰：斯道也，何道也？曰：斯吾所谓道

① 韩愈撰，马其昶校注：《韩昌黎文集校注》，上海古籍出版社1986年版，第14页。

② 韩愈撰，马其昶校注：《韩昌黎文集校注》，上海古籍出版社1986年版，第14页。

③ 朱刚：《唐宋四大家的道论与文学》，东方出版社1997年版，第60页。

也，非向所谓老与佛之道也。”① 另外，韩愈肯定了圣人之道的存在，接着又否定了它在现实传承中的困境。如《原道》篇所说：“尧以是传之舜，舜以是传之禹，禹以是传之汤，汤以是传之文武周公，文武周公传之孔子，孔子传之孟轲，轲之死，不得其传焉。荀与扬也，择焉而不精，语焉而不详。”②

那么，离开现实的仁义存在吗？仁义与现实是共存的。韩愈所讨论的道主要侧重于仁义之道的实现，现实之道的实现，即鼓励在仁义这一至高原则下的人的实践活动。他将道看成一个实现过程，一个注定了的不完美的过程。欧阳修在其易学中论证了贤人君子困顿于时事可能是一种宿命的观点③，这即是对韩愈思想的继承，但在韩愈看来，通过易理来证明儒道或许又有所隔膜，因为儒道之证明之途径是实践，且最终得不到完美的证明。韩愈也绝不否定理想的完美，他还预设了儒者的至高理想。天命、鬼神、儒家理想、现实之道在韩愈的思想中没有圆通为一，正是这种有意的分离，使韩愈成为一代伟大的思想家。我们评价宋儒之得失，若以韩愈作参照，则不难知道。

二　仁义与有为

在定名与虚位之间，道的轨迹因人而生。定名和虚位之论，弘扬了儒家以仁义为至高的道德原则，也强调了有为乃道的重要内涵。推行儒道即是行仁义，仁义不是虚无的理念，而是在现实中表现为具体的行动，比如圣人的“相生养之道”。《原道》曰：

> 古之时，人之害多矣。有圣人者立，然后教之以相生养之道。为之君，为之师。驱其虫蛇禽兽而处之中土。寒，然后为之

① 韩愈撰，马其昶校注：《韩昌黎文集校注》，上海古籍出版社1986年版，第18页。

② 韩愈撰，马其昶校注：《韩昌黎文集校注》，上海古籍出版社1986年版，第18页。

③ 李瑞卿：《欧阳修易学与诗学》，《北京大学学报》（哲学社会科学版）2010年第1期。

衣，饥，然后为之食；木处而颠，土处而病也，然后为之宫室。为之工，以赡其器用；为之贾，以通其有无；为之医药，以济其夭死；为之葬埋祭祀，以长其恩爱；为之礼，以次其先后；为之乐，以宣其壹郁；为之政，以率其怠倦；为之刑，以锄其强梗。相欺也，为之符玺斗斛权衡以信之。相夺也，为之城郭、甲兵以守之。害至而为之备，患生而为之防。[①]

圣人之道的推行是以维持和丰富民众生活中的饮食起居而肇始的，礼、乐、刑、政之设立正是仁义之道推行的结果。这种有为从正心诚意开始而推及家国天下，即《原道》篇所谓："传曰：'古之欲明明德于天下者，先治其国。欲治其国者，先齐其家；欲齐其家者，先修其身；欲修其身者，先正其心；欲正其心者，先诚其意。'然则古之所谓正心而诚意者，将以有为也。今也欲治其心，而外天下国家，灭其天常；子焉而不父其父，臣焉而不君其君，民焉而不事其事。"[②] 韩愈明确反对"外国家""灭天常"的"治心"之道，这是将矛头指向修炼阴德与心性的佛老之学，而让"有为"从心而发，一直到修身，齐家，治国，平天下。这样彻底的事功思想委实罕见，如此对生生不息之生命本质的深刻会心也属少见，所以尹彦明曰："介甫谓退之正心诚意，将以有为，非是；盖介甫不知道也。正心诚意，便休却；是释氏也。正心诚意，乃所以将有为也，非韩子不能至是。"[③] 尹氏之论甚是，韩愈对正心诚意的阐释确实有别于宋儒，不仅"非韩子不能至"，而且鲜有人能知其音。韩愈在很多的场合都力主有为，可以举出诸多论据。在《伯夷颂》中，韩愈肯定特立独行、力行而不惑的行为；《守戒》则讥刺王公大人在守备方面的"盖以谓

① 韩愈撰，马其昶校注：《韩昌黎文集校注》，上海古籍出版社 1986 年版，第 15 页。
② 韩愈撰，马其昶校注：《韩昌黎文集校注》，上海古籍出版社 1986 年版，第 17 页。
③ 转引马其昶注，见韩愈撰，马其昶校注《韩昌黎文集校注》，上海古籍出版社 1986 年版，第 17 页。

不足为而不为”的麻痹与消极心态。[①]《争臣论》推奖兼济天下、生命不息而奋进不止的行为，推行儒道的行为。正如唐晓敏所论：“（与宋儒不同——引者加）韩愈从孟子那里接受的主要是孟子‘仁政’理想、强烈的社会责任感，积极进取的精神及对社会现实的批评态度。”[②]

我们继续追问的是，不谈心性之学，而汲汲于事功的韩愈所主儒道是否会走向道德的歧途呢？也即是说，韩愈之“有为”难道不需要斤斤于心的诸多克制和调整吗？谁可以保证“有为”的合理性。《与卫中行书》说：“至于汲汲于富贵以救世为事者，皆圣贤之事业。”[③] 他还主张“以道德为己任，穷通之来，不接吾心”，这种一心向外的济世之行，是否会演变为离经叛道者呢？在韩愈的思想中，为“有为”开出了先天的理性。《省试颜子不贰过论》曰：

> 夫圣人抱神明之正性，根中庸之至德，苟发诸中形诸外者，不由思虑，莫匪规矩；不善之心，无自入焉；可择之行，无自加焉：故惟圣人无过。所谓过者，非谓发于行、彰于言，人皆谓之过而后为过也；生于其心则为过矣。故颜子之过此类也。不贰者，盖能止之于始萌，绝之于未形，不贰之于言行也。《中庸》曰：“自诚明谓之性，自明诚谓之教。”自诚明者，不勉而中，不思而得，从容中道，圣人也，无过者也；自诚明者，择善而固执者也，不勉则不中，不思则不得，不贰过者也。故夫子之言曰：“回之为人也，择乎中庸，得一善，则拳拳服膺而不失之矣。”又曰：“颜氏之子，其殆庶几乎！”言犹未至也。而孟子亦云：“颜子具圣人之体而微者。”皆谓不能无生于其心，而不暴

---

① 韩愈撰，马其昶校注：《韩昌黎文集校注》，上海古籍出版社 1986 年版，第 52 页。

② 唐晓敏：《中唐文学思想研究》，北京师范大学出版社 2000 年版，第 86 页。

③ 韩愈撰，马其昶校注：《韩昌黎文集校注》，上海古籍出版社 1986 年版，第 193 页。

之于外。考之于圣人之道，差为过耳。①

韩愈为我们预设了一个完美的圣人——“抱神明之正性，根中庸之至德”，他是至理至德的象征，他的自由行为必然合乎规矩法则。这就是说，韩愈为我们预设了一个至高的、纯粹的、自由的理性法则，这一点上类似于朱熹所预设的天理。不过，如果这样的法则落实不到人的现实生活，那么它对人而言便是毫无意义的。韩愈视颜回的行为为理想世界进入现实境遇的关键。但颜回不是圣人在人间的代言者，在这个意义上，至高理性法则便存在于人心，颜回服从法则，用这些法则去规范言行，这些法则即实践为社会活动。这就是说，颜回正是道德法则的服从者，同时也是立法者。“颜回不贰过”，意味着颜回的行动可以没有“过”，这就为人的行动找到了合法性，只要初衷是好的，从正心诚意出发，那么行动就是自由合理的。显然，韩愈给“有为”开出了先天之理性。这一理性有两重，一是圣人的行为中有绝对自由；二是发于良好之初心，行动必将无过错。从人性论的角度来看，韩愈承认人的不完美性，他并不预设人之性善，虽然他承认人有性善的理想原形——圣人之性。于是，他将注意力集中向人的向外的实践活动中，集中向人的行动自由。可以知道，颜回正心诚意之功夫，克服“过”与“不善”的功课，并不是指向心性本体，而是不忘于“有为”之实践。他说：

> 颜子自惟其若是也，于是居陋巷以致其诚，饮一瓢以求其志，不以富贵妨其道，不以隐约易其心，确乎不拔，浩然自守，知坚高之可尚，忘钻仰之为劳，任重道远，竟莫之致；是以夫子叹其“不幸短命”，“今也则亡”，谓其不能与已并立于至圣之域，观教化之大行也。②

① 韩愈撰，马其昶校注：《韩昌黎文集校注》，上海古籍出版社 1986 年版，第 124—125 页。
② 韩愈撰，马其昶校注：《韩昌黎文集校注》，上海古籍出版社 1986 年版，第 125 页。

颜回的“竟莫致之”是针对其道德的现实实现而言的，韩愈给我们的启示是，有为是自由的，儒家之道是仁义的有为和实践，这种实践永无止境。这就是儒道的境界。

值得注意的是，韩愈所谓先天理性有其自身逻辑，《原道》篇言：“圣人抱神明之正性，根中庸之至德，苟发诸中形诸外者，不由思虑，莫匪规矩”[①]，这即是说圣人自由有为与规矩秩序同在，化生于无穷的宇宙之中，成德成功。《木政》中也表达了类似的思想，其文曰：“古之君天下者，化之，不示其所以化之之道；及其弊也，易之不示其所以易之之道。政以是得，民以是淳。其有作者，知教化之所由废，抑诡怪而畅皇极，伏文貌而尚忠质，茫乎天运，窅尔神化，道之行也，其庶已乎！”[②] 该文强调无为而穷神知化的圣人之道，此种圣人之道就是在一定秩序之下的自然变化之道，由此可见，韩愈之道内蕴着易道精神。韩愈力辟佛道二教，复兴儒道，在重视儒道传承和现实实现的基础上，也有着形而上的理论思索，《易》对于韩愈的影响是非常大的，它为“有为”之道的自由展开提供了理论支持，或者说其“有为”之道某种意义上也是易道之行。韩愈学问深醇，从经学中来又能自出机杼，其易学也有特色。从《进士策问》其八、其九可见一斑，《其八》中以易教“洁净精微”为问题，强调主体的无思无虑，《其九》则一反“乾健”“坤简”之论发问。[③] 这些文章旨在发明易道变中的艰难坎坷，由此也可体察“有为”之切实内涵。这些思想渗透于韩愈的哲学、政治、伦理、文学思想中。

---

① 韩愈撰，马其昶校注：《韩昌黎文集校注》，上海古籍出版社 1986 年版，第 124 页。

② 韩愈撰，马其昶校注：《韩昌黎文集校注》，上海古籍出版社 1986 年版，第 50—51 页。

③ 韩愈《进士策问》（其九）问：《易》之说曰：“乾，健也。”今考《乾》之爻，在初者曰“潜龙勿用”，在三者曰“夕惕若厉，无咎”，在四者亦曰“无咎”，在上曰“有悔”。卦六位，一“勿用”，二“苟得无咎有一悔”，安在其为健乎？又曰：“乾以易知，坤以简能。”《乾》之四位既不为易矣，《坤》之爻又曰“龙战于野”，战之于事，其足为简乎？《易》，六经也。学者之所宜用心，愿施其词陈其义焉。见韩愈撰，马其昶校注《韩昌黎文集校注》，上海古籍出版社 1986 年版，第 106 页。

三　文道关系

韩愈文学理论深受其道的思想及其内在逻辑的影响，不去深入体会韩愈道论的精神与理路，就难以深刻体会他的文学观念，特别是其文道关系论、“不平则鸣”论，以及雄奇自然的形式论，而后两者也是其文道关系论在文章思想与形式方面的具体体现。韩愈不专门论文道关系，但他对此问题的处理和思考独具慧眼，体现了一代精神，在理论形式上也缜密严谨，自成体系。《原道》篇中“道”存在于先王之教，它既是仁义，也表现在礼、乐、刑、政与《诗》《书》《易》《春秋》中，某种程度上，文就是道的某种现实存在。因而韩愈论文道关系不仅强调道德修养与文章表现之关系，而且更加重视“文章言语与事相侔”。《上襄阳于相公书》是一篇解读韩愈文道论的重要文献：

> 阁下负超卓之奇材，蓄雄刚之俊德，浑然天成，无有畔岸，而又贵穷乎公相，威动乎区极，天子之毗，诸侯之师；故其文章言语与事相侔，惮赫若雷霆，浩汗若河汉，正声谐韶濩，劲气沮金石，丰而不余一言，约而不失一辞，其事信，其理切：孔子之言曰：“有德者必有言。”信乎其有德且有言也！①

韩愈申发了孔子“有德者必有言”之论，首先，指出德行刚健充实者在行文方面也是浑然天成、自由恣肆的；其次，有德者的文章必然与事相侔，事信而理切，而不是空洞的道德家言。《送陈秀才书》也强调了“行事得宜”与“出言适要”统一的重要性，所谓“读书以为学，缵言以为文，非以夸多而斗靡也；盖学所以为道，文所以为理耳，苟行事得其宜，出言适其要，虽不吾面，吾将信其富于

① 韩愈撰，马其昶校注：《韩昌黎文集校注》，上海古籍出版社 1986 年版，第 148 页。

文学也"[①]。《争臣论》中则认为君子不得位时，"思修其辞以明道"，将文章之事依旧当作人生与道的继续。[②]

受其崇尚"有为"之道的影响，韩愈有"不平则鸣"之论，这既是倡导文章的现实性与批判性，也是文的宿命，有为之道必有有为之文，且在韩愈看来文章的发生先天地具有"不得已"的属性。《送孟东野序》中说："大凡物不得其平则鸣：草木之无声，风挠之鸣；水之无声，风荡之鸣。其跃也，或激之；其趋也，或梗之，其沸也，或炙之；金石之无声，或击之鸣。人之于言也亦然，有不得已者而后言。其歌也有思，其哭也有怀，凡出乎口而为声者，其皆有弗平者乎!"[③] 意谓言语歌哭乃至文章本身就是现实刺激的结果。

受其"庶几之道"的影响，韩愈在讨论道与文观念时，尽管强调文道一体之关系，却是作了区别对待。儒道理想深远难至，行文毕竟不同，所以，他论文时对文学之事是另眼相看的，这不同于后来的道学家。韩愈文道关系论对欧阳修、苏轼影响甚大，韩愈渊源于经义，欧苏诸公则是其流脉。欧阳修"文与道俱"[④]、道胜文至[⑤]，乃至"穷而后工"，均脱胎于韩愈，只是更倾向于道德蓄养与文章之关系；苏轼论文热衷于道在文中的展开和化生，更以易学为思考框架，发展了韩文的形式论和自由的艺术精神。

其实，韩愈在一篇解读《易》"云从龙"的文字中已经隐含了其文道关系的基本范型。《杂说》(其一)：

> 龙嘘气成云，云固弗灵于龙也。然龙乘是气，茫洋穷乎玄

---

① 韩愈撰，马其昶校注：《韩昌黎文集校注》，上海古籍出版社1986年版，第260页。

② 韩愈撰，马其昶校注：《韩昌黎文集校注》，上海古籍出版社1986年版，第113页。

③ 韩愈撰，马其昶校注：《韩昌黎文集校注》，上海古籍出版社1986年版，第333页。

④ "我所谓文，必与道俱。见利而迁，必非我徒"，见苏轼《祭欧阳文忠公文》，《东坡全集》卷91，四库全书本。

⑤ 欧阳修《答吴充秀才书》："圣人之文，虽不可及，然大抵道胜者，文不难而自至也。"见欧阳修《欧阳修全集》卷47，中华书局2001年版，第2册，第664页。

间，薄日月，伏光景，感震电，神变化，水下土，汩陵谷，云亦灵怪矣哉！

云，龙之所能使为灵也；若龙之灵，则非云之所能使为灵也。然龙弗得云，无以神其灵矣。失其所凭依，信不可欤？异哉！其所凭依，乃其所自为也。

《易》曰："云从龙。"既曰龙，云从之矣。[①]

韩愈"龙云"之论是从《易》之"云从龙"中申发出来的，是对经典文字的阐释和发明。在此，龙为云之根本，龙嘘气成云，云来于龙；另外，云又成为龙的羽翼，龙乘云气，穷乎玄冥，感发雷电，神其变化。云的神灵之变纵然是来于龙的，但龙失云气也会无所依凭。历代关于"云从龙"的注解都重在阐释龙云之应合，所谓同声相应，同气相求，但韩愈的阐发却是别有会心的，不妨置换为他的文道关系模型。文之于道也如同云之于龙一样，它们本是一体的，既非现象与本质之关系，也非用与体之关系，但确实存在文与质之别、根本与花木之别，不过"文"确是"道"之推行的重要依凭。

韩愈文道关系论中，不仅内蕴着与事相伴的现实内容和有德有言的儒家情怀，而且具有自由的艺术精神。韩愈不仅在其道论中开出了自由的实践，而且依照此逻辑开出了自由的文学。《南阳樊绍述墓志铭》曰：

然而必出于己，不袭蹈前人一言一句，又何其难也！必出入仁义，其富若生蓄，万物必具，海含地负、放恣横从，无所统纪；然而不烦于绳削而自合也。呜呼！绍述于斯术其可谓至于斯极者矣！……铭曰：惟古于词必己出，降而不能乃剽贼，后皆指前公相袭，从汉迄今用一律。寥寥久哉莫觉属，神徂圣伏道绝

① 韩愈撰，马其昶校注：《韩昌黎文集校注》，上海古籍出版社1986年版，第32—33页。

塞。既极乃通发绍述，文从字顺各识职。有欲求之此其躅。[1]

韩愈认为文章发于人心，就必然存在自由创新与合乎规矩完美统一的可能。出于仁义，必然有生气纷繁的自由，必然能合于绳墨，符合大道。自由的审美之途可以是出于仁义之心的任情摇荡，放恣横纵，显然，这一理论在逻辑上同构于易道模式，它肯定圣人穷神知化的德行与能力，它主张文学形式的化生是规矩和自由的完美结合——“不烦绳削而自合”，正如在乾坤秩序下的自然大化一样。基于此，在韩愈的创作论与形式论也具易道色彩，他推崇张旭式的审美方式，并建构出有别于魏晋前贤的独特的心物关系及审美理论。《送高闲上人序》说：

苟可以寓其巧智，使机应于心，不挫于气，则神完而守固，虽外物至，不胶于心。尧舜禹汤治天下，养叔治射，庖丁治牛，师旷治音声，扁鹊治病，僚之于丸，秋之于奕，伯伦之于酒，乐之终身不厌，奚暇外慕？夫外慕徙业者，皆不造其堂，不哜其胾者也。

往时张旭善草书，不治他伎，喜怒窘穷，忧悲愉佚，怨恨思慕，酣醉无聊不平，有动于心，必于草书焉发之。观于物，见山水崖谷，鸟兽虫鱼，草木之花实，日月列星，风雨水火，雷霆霹雳，歌舞战斗，天地事物之变，可喜可愕，一寓于书：故旭之书，变动犹鬼神，不可端倪。以此终其身，而名后世。[2]

该段文字中，韩愈提出“神完而守固”“虽外物至，不胶于心”的精神境界和审美心理，它类似于圣人完美的心性。不过，韩愈在审美中并不趋向于心与物间的感悟妙理或是浑然为一，而是以浑然之心

---

① 韩愈撰，马其昶校注：《韩昌黎文集校注》，上海古籍出版社 1986 年版，第 540—542 页。
② 韩愈撰，马其昶校注：《韩昌黎文集校注》，上海古籍出版社 1986 年版，第 269—270 页。

去与外界直接交流，并以利害褒贬善恶之心来应对外物——与事相侔，于是，各种变化发动于心中，而产生缤纷万变的不可预测的艺术世界。这是韩愈儒道在文字领域的积极实现，他把张扬的艺术个性和儒家仁义完美地结合起来的思路，与其道论中有为与仁义的有机结合彼此类似。不过，文不同于道，道之理可在文中实现，理之道只在现实中实践；一者可以完美，一者永远缺憾。

第六章　欧阳修易学与诗学

欧阳修论文倡导“道胜者文不难而自至”[①]，论诗则有“穷者而后工”之论。所谓“道”是独特的君子之道，所谓“穷者”也特指不得志于时的君子。欧阳修有君子小人之辨，并对穷困君子推奖不遗余力，这并非纯粹的意气用事和道德偏爱，而是根植于深沉思索的。鉴于对社会、人生的现实性思考，他潜浸易学，寻找生存智慧和人生理想。在易学方面，欧阳修有《易童子问》《易或问》《传易图序》《崇文总目叙释·易类》等作品，其中《易童子问》《易或问》论及君子命运和出处之道，此种由易学生发而来的君子观念，成为其哲学思想、政治思想的内核，也自然成为其诗学思想的根本所在，体现着深厚精深的文化内涵和敏锐的时代精神与现实观照。此外，易学中“畜”的观念也是欧阳修诗学的重要内容。

一　欧阳修易学与君子出处

景祐三年（1036），范仲淹因与宰相吕夷简发生激烈冲突，被贬放为地方官。欧阳修对左司谏高若讷的颠倒是非无比义愤，作《与高司谏书》，于是“若讷忿，以其书奏，贬修夷陵县令”[②]。以朋党坐

① 《答吴充秀才书》，欧阳修撰，李逸安点校：《欧阳修全集》卷47，中华书局2001年版，第4册，第664页。

② 《高若讷传》，《宋史》卷288。

贬者还有余靖、尹洙。政治斗争以失败告终，继之以起的则是对公平道义的呼唤和君子小人之辨。蔡襄作《四贤一不肖》诗，天下传诵，所谓不肖者即是高若讷。欧阳修作《猛虎》诗，梅尧臣有《猛虎行》，讽刺吕夷简[①]。石介则在《寄永叔》诗中将欧阳修比作驺虞，将高若讷比作龙，前者为仁，后者为不仁[②]。对于当权者的道德批判与自身道义力量的发现，大概是文士步入政治并失败时的正常反应，这种政治上的道德感势必给政坛带来鲜活的空气。

欧阳修坚持了他的人格理想，刚直劲正的他遭遇挫败、僻居夷陵时，并未消沉下去。鉴于前代名人论述时政感慨激切，不避诛死，但贬谪后却“其心欢戚，无异庸人”，欧阳修告戒余靖“慎勿作戚戚之文”；自己则“居闲僻处，日知进道而已”[③]。这一时期，写了《黄杨树子赋》以自喻，“节既晚而愈茂，岁已寒而不易”，此种不畏霜寒、穷且弥坚的君子品格，可谓夫子自道。在此基础上，主张不作忧戚之态，更要以天下为忧，这一思想给君子人格注入了现实精神，《读李翱文》中明确地显现了上述观念。他说：“使当时君子皆易其叹老嗟卑之心，为翱所忧之心，则唐之天下岂有乱与亡哉！”[④] 这是肯定李翱忧世之思的伦理品格和政治价值。

作为政治上的弱势者，欧阳修和其同人以君子自号，以君子自守，且逐渐形成了居处困窘而忧天下的君子思想。经历政治变故，使欧阳修有机会接触社会底层，而困顿荒僻的处境也使他倾向于自我反省和文化沉思。可以发现，欧阳修对经传的怀疑伴随着他对圣人真理的寻觅，他撰《易童子问》《易或问》《明用》，认为《系辞》《文

---

① 此诗置《闻欧阳修永叔谪夷陵》《闻尹师鲁谪富水》《寄饶州范待制》等诗后，当同为讥刺吕夷简之作。参见刘德清《欧阳修纪年录》，上海古籍出版社2006年版，第80页。

② 石介：《徂徕先生文集》卷2，四库全书本。

③ 《与尹师鲁第一书》，欧阳修撰，李逸安点校：《欧阳修全集》卷69，中华书局2001年版，第3册，第999页。

④ 欧阳修撰，李逸安点校：《欧阳修全集》卷72，中华书局2001年版，第3册，第1050页。

言》《说卦》等非圣人所作；而他自己又是以圣人自况的，《廖氏文集序》说："余以谓自孔子殁，至今二千岁之间，有一欧阳修者为是说矣。"[①] 欧阳修富有个性的易学著作也是写于忧患之时，他对圣人君子的道德职责、进退智慧做了有力的发挥，从而给尚处于劣势的文人君子提供了系统的思想武库。

《易童子问》三卷，由童子设问、欧阳修作答，于卦象、彖辞的阐释中蕴涵了他的圣人君子观。他以为圣人君子以人事为重，解《谦》卦说："圣人急于人事者也。天人之际罕言焉。"[②] 因为天地鬼神不可知，但只要人事修，"则与天地鬼神合矣"[③]。圣人居处宇宙间，人事是根本，其喜乐也须系于天下。说《豫》卦曰："圣人以天下为心者也，是故以天下之忧为己忧，以天下之乐为己乐。"[④] 圣人有责任教化民众，说《观》卦曰："圣人处乎人上而下观于民，各因其方，顺其俗而教之。民知各安其生而不知圣人所以顺之者，此所谓神道设教也。"[⑤]

从根本而言，治乱在人而不在天。《易或问》曰："治乱在人而天不与者，《否》、《泰》之《彖》详矣。"[⑥] 欧阳修认为，从《否》《泰》两卦彖辞可见人事变化决定着社会安泰与否，而其变化的核心内涵是君子小人互相消长："《泰》之彖曰：'君子道长，小人道消。'《否》之彖曰：'小人道长，君子道消。'夫君子进，小人不得不退；

① 欧阳修撰，李逸安点校：《欧阳修全集》卷 43，中华书局 2001 年版，第 2 册，第 615 页。

② 欧阳修撰，李逸安点校：《欧阳修全集》卷 76，中华书局 2001 年版，第 3 册，第 1109 页。

③ 欧阳修撰，李逸安点校：《欧阳修全集》卷 76，中华书局 2001 年版，第 3 册，第 1109 页。

④ 欧阳修撰，李逸安点校：《欧阳修全集》卷 76，中华书局 2001 年版，第 3 册，第 1109 页。

⑤ 欧阳修撰，李逸安点校：《欧阳修全集》卷 76，中华书局 2001 年版，第 3 册，第 1109 页。

⑥ 欧阳修撰，李逸安点校：《欧阳修全集》卷 61，中华书局 2001 年版，第 3 册，第 879 页。

小人进，君子不得不退。其势然也。”[①] 君子小人所以进退的根本原因则在于是否上下交通，即《易或问》所说：“上下交而其志同，故君子进以道；上下不交而其志不通，则小人进以巧。此人事也，天何与焉？”[②] 至于是否上下交通，则又非个人所能左右，由此看来，贤人君子困顿于时事可能成为一种宿命。欧阳修在庆历二年所写的《送张唐民归青州序》中更明确了这一思想：

> 夫贤者岂必困且艰欤！盖高世则难合，违俗则多穷，亦其势然也。呜呼！人事修，则天下之人皆可使为善士，废则虽天所赋予，其贤亦困于时。夫天非不好善，其不胜于人力者，其势之然欤？此所谓天人之理，在于《周易》否泰消长之卦。能通其说，则自古贤圣穷达而祸福，皆可知而不足怪。[③]

“贤者岂必困且艰欤！”这是欧阳修的感叹。高世的君子难合世俗，违背世俗者常陷于困穷，天下之人能否成为“善士”的条件是人事修明。而人事是否修明，虽取决于人力，但又不是一己之力所致，君子贤人的理想人格与社会人事之间必然存在矛盾，于是君子固穷成为不足怪的现象。穷而不失其志，于逆境中坚持有待之道，成了忧世君子的出处之道，这是欧阳修不得已的选择。

《易童子问》在说卦时，强调的是君子或顺时而进，或应时而动，或固守其志的智慧：

> 说《需》卦：“君子之时将及矣，必待之焉。饮食以养其

① 《易或问》，欧阳修撰，李逸安点校：《欧阳修全集》卷61，中华书局2001年版，第3册，第878页。

② 欧阳修撰，李逸安点校：《欧阳修全集》卷61，中华书局2001年版，第3册，第878页。

③ 欧阳修撰，李逸安点校：《欧阳修全集》卷44，中华书局2001年版，第2册，第627页。

体，宴安和乐以养其志，有待之道也。”①

说《剥》卦：“剥尽则复，否极则泰，消必有息，盈必有虚，天道也。是以君子尚之，故顺其时而止，亦有时而进也。”②

说《复》卦：“圣人安静以顺其微，至其盛然后有所为也，不亦宜哉！”③

说《蹇》卦：“然顺过乎柔，则入于邪。必顺而不失其正，故曰‘往得中也’。”④

说《困》卦：“惟有守于其中，则不惧于其外。惟不惧，则不失其所亨，谓身虽困而志则亨也，故曰‘其惟君子乎’。”⑤

说《艮》卦：“《艮》者，君子止而不为之时也。时不可为矣则止，而以待其可为而为者也，故其《象》曰‘时止则止，时行则行’。”⑥

对于处世之难，欧阳修深有感触，或遵循有待之道，以待其可为

① 欧阳修撰，李逸安点校：《欧阳修全集》卷76，中华书局2001年版，第3册，第1108页。

② 欧阳修撰，李逸安点校：《欧阳修全集》卷76，中华书局2001年版，第3册，第1110页。

③ 欧阳修撰，李逸安点校：《欧阳修全集》卷76，中华书局2001年版，第3册，第1110页。

④ 欧阳修撰，李逸安点校：《欧阳修全集》卷76，中华书局2001年版，第3册，第1113页。

⑤ 欧阳修撰，李逸安点校：《欧阳修全集》卷76，中华书局2001年版，第3册，第1114页。

⑥ 欧阳修撰，李逸安点校：《欧阳修全集》卷76，中华书局2001年版，第3册，第1115页。

而为；或顺时而止；或安静顺微，以待强盛；或处于蹇难，不失其正；或处于困境，不失其志。如此自强不息的君子之道是一种在困境中坚韧而不苟合的人格精神和安适的处世态度。生活中的遭遇使欧阳修借助《周易》集中于对命运穷达、君子小人这些命题系统地思考，而成熟的君子观、出处之道，又反过来影响着他的生活和创作。

对于出处之道的重视，对于困窘命运的坦然接受，反映在生活态度上就是注重自我反省。在反省中忧思于心，却最终总是去寻找内心的安宁与快乐。《夷陵县至喜堂记》中很明显地反映了上述心态："夫罪戾之人，宜弃恶地，处穷险，使其憔悴忧思，而知自悔咎"，同时又说夷陵江山秀美，无不可爱："是非惟有罪者之可以忘其忧，而凡为吏者，莫不始来而不乐，既至而后喜也。"① 一方面说君子须忧思；另一方面又说君子须忘忧，既"忧"也忘"忧"的态度，蕴涵着一种有待、独善之道。

二　推奖穷者之言

在注定的困境中修养生息、坚定情志、待时而动、优游快乐是欧阳修在政治经历和哲学思索中形成的人生观。这样的观念使他将文学批评的眼光投向了特殊的群体：他们是"穷者"，更是"君子"。文王拘羑里、箕子之明夷，君子困窘似乎成了宿命。居处艰难而具君子之守者，成了欧阳修特别关爱的对象。在欧阳修为这些人的文集所写的序中，可以看到他的同情、理解、赞赏，且他本人也以穷者自命，如自称"少贱而长穷"② "天下穷贱之人"③，等等。不以成败论英雄，也不以显达论人生，推奖穷者之言，将注意力集中在人的心志、

---

① 欧阳修撰，李逸安点校：《欧阳修全集》卷39，中华书局2001年版，第2册，第563页。

② 《答祖择之书》，欧阳修撰，李逸安点校：《欧阳修全集》卷69，中华书局2001年版，第3册，第1009页。

③ 《与荆南乐秀才书》，欧阳修撰，李逸安点校：《欧阳修全集》卷47，中华书局2001年版，第2册，第660页。

文章之上，使得欧阳修在文学批评史上的思想意义、人格精神、巨眼卓识，均超逸众流。

推奖穷者之言，并非只着眼于“言”，更注重穷者的德行、意志。关于这一点，欧阳修在《送徐无党南归序》中说得很清楚，他认为“今之学者，莫不慕古圣贤之不朽，而勤一世以尽心于文字间者，皆可悲也”[①]。并将上述话作为警戒他人和自警之语：“然予固亦喜为文辞者，亦因以自警焉。”[②] 在欧阳修看来，“言不可恃”，他说：“文章丽矣，言语工矣，无异草木荣华之飘风，鸟兽好音之过耳也。”[③] 这也是他推崇穷者之文的原因所在——“穷者”不汲汲于文事，乃是卓然君子；穷者之文，不仅言辞工丽，更要有德行。其实这正是欧阳修为什么不去赞扬那些位隆名高者，而去垂青居处下僚者的重要原因。

《仲氏文集序》中被推奖者仲讷，“其气刚，其学古，其材敏。其为文抑扬感激，劲正豪迈，似其为人”[④]，欧阳修感慨他生于“有宋百年全盛之际，儒学文章之士，得用之时”，却不去驰骋上下，发挥所蓄，而是“独韬藏抑郁，久伏而不显”，之所以如此，源于他“不苟屈以合时”，而且“自负其所有者”。[⑤] 欧阳修看重的就是这种坚韧的不苟合，这样的人是有君子之志的。而“君子知命”的哲学观，既是不去苟合人事的君子们的宽慰之辞，也是他们困顿而不悔的人生信条。[⑥]《释惟俨文集序》中所提及的释惟俨也是一个“穷者”，

① 欧阳修撰，李逸安点校：《欧阳修全集》卷44，中华书局2001年版，第2册，第632页。

② 《送徐无党南归序》，欧阳修撰，李逸安点校：《欧阳修全集》卷44，中华书局2001年版，第2册，第632页。

③ 《送徐无党南归序》，欧阳修撰，李逸安点校：《欧阳修全集》卷44，中华书局2001年版，第2册，第632页。

④ 《仲氏文集序》，欧阳修撰，李逸安点校：《欧阳修全集》卷43，中华书局2001年版，第2册，第617页。

⑤ 《仲氏文集序》，欧阳修撰，李逸安点校：《欧阳修全集》卷43，中华书局2001年版，第2册，第617页。

⑥ 《仲氏文集序》，欧阳修撰，李逸安点校：《欧阳修全集》卷43，中华书局2001年版，第2册，第617页。

虽然垂垂见老，但身为佛徒，却能“傲乎退偃于一室。天下之务，当世之利病，听其言终日不厌”①。在人生观念上，释惟俨主张贤人君子应当建立功勋，苟不见用则需“绝宠辱，遗世俗，自高而不屈”②，欧阳修赞赏其用世之心和自守之志。《释祕演诗集序》中的释祕演也是一位奇士，因为国家休兵革，养息天下，“智谋雄伟非常之士无所用其能者，往往伏而不出”，浮屠祕演只能遗外世俗，高尚气节，寄情山水。③ 在该文中还提到友人石曼卿，“曼卿为人廓然有大志，时人不能用其材，曼卿亦不屈以求合”④，欧阳修赞扬其无用于世却不屈己以合俗。石曼卿于庆历元年（1041）卒于京师，欧阳修有《哭曼卿》诗、《石曼卿墓表》、《祭石曼卿文》等文字，《哭曼卿》有“信哉天下奇，落落不可拘。轩昂惧惊俗，自隐酒之徒”等称赞之语。⑤《石曼卿墓表》中的石曼卿“落落可奇”，“慕古人奇节伟行”，因为“自顾不合于世”，更加颓然自放，于是更“与时不合”。⑥ 于此可见欧阳修对奇伟耿直之士的偏爱。此外，欧阳修还有《上杜中丞论举官书》为石介鸣不平，又于庆历中，同余靖、蔡襄、王素等力荐石介为谏官。欧阳修对石介颇为赏识，在墓志铭中写道：“先生貌厚而气完，学笃而志大，虽在畎亩，不忘天下之忧”⑦，且能发为文章以指切当世，“贤愚善恶，是是非非，无所讳忌”。⑧ 所谓

---

① 欧阳修撰，李逸安点校：《欧阳修全集》卷43，中华书局2001年版，第2册，第610页。

② 《释惟俨文集序》，欧阳修撰，李逸安点校：《欧阳修全集》卷43，中华书局2001年版，第2册，第610页。

③ 欧阳修撰，李逸安点校：《欧阳修全集》卷43，中华书局2001年版，第2册，第611页。

④ 《释祕演诗集序》，欧阳修撰，李逸安点校：《欧阳修全集》卷43，中华书局2001年版，第2册，第611页。

⑤ 欧阳修撰，李逸安点校：《欧阳修全集》卷1，中华书局2001年版，第1册，第19页。

⑥ 欧阳修撰，李逸安点校：《欧阳修全集》卷24，中华书局2001年版，第2册，第373页。

⑦ 《徂徕石先生墓志铭》，欧阳修撰，李逸安点校：《欧阳修全集》卷34，中华书局2001年版，第2册，第506页。

⑧ 《徂徕石先生墓志铭》，欧阳修撰，李逸安点校：《欧阳修全集》卷34，中华书局2001年版，第2册，第506页。

“是是非非”是说石介乐善疾恶、是非分明，这种性情在《庆历盛德诗》中表露无遗。正如所有正人君子的宿命，石介生前受人毁谤，死后妻子常遭冻馁，欧阳修将他与孔、孟等先贤作比，认为可以“一世之屯兮，万世之光”。[①]

《送秘书丞宋君归太学序》中提到了两类具有君子之守者，一是“陋巷之士甘藜藿而修仁义，毁誉不干其守，饥寒不累其心”，二是“生于高门，世袭轩冕”而不沉溺“骄荣佚欲之乐”；宋君属于后者：“甘寂寞以自处，日与寒士往来”，而自己则属于前者，自称“陋巷之士”，而能“守其贫贱之节”[②] 从上面的分析来看，欧阳修总是坚韧执拗地推奖这一不合时宜的品德。既然不得志于世，只能守志于中，那么，其人之品德文章就不能以世俗论，而必须期望于将来，必须期望于理想。欧阳修亲身领略了君子才士的零落凄清、偃蹇失志，他将文章看作了生命不得已的曲折表现，看作理想和不灭的灵魂。《江邻幾文集序》痛切而清醒地慨叹善人君子“不幸罹忧患、触网罗，至困厄流离以死”的遭遇和命运[③]。可见，“推奖穷者之言”，不仅仅是欣羡于德行修养、人格魅力，也不仅仅是坚守君子情操的鼓吹，而成了那个时代应该有的最强音。

这一思想与充斥政治现实中的朋党之争、君子小人之辨不可分开。景祐三年，范仲淹以吕夷简执政，选用人才多出其门，乃上《百官图》，致使吕夷简不悦；论建都之事，范吕也有分歧，吕夷简在仁宗面前说“仲淹迂阔，务名无实”，范仲淹于是有《帝王好尚》《选贤任能》《近名》《推委》四论。后来，“夷简诉仲淹越职言事，

① 《徂徕石先生墓志铭》，欧阳修撰，李逸安点校：《欧阳修全集》卷 34，中华书局 2001 年版，第 2 册，第 508 页。

② 《送秘书丞宋君归太学序》，欧阳修撰，李逸安点校：《欧阳修全集》卷 44，中华书局 2001 年版，第 2 册，第 630 页。

③ 欧阳修撰，李逸安点校：《欧阳修全集》卷 43，中华书局 2001 年版，第 2 册，第 617—618 页。

离间君臣，引用朋党。仲淹对益切，由是落职，知饶州”。[①] 伴随着朋党之论，则有君子小人之辨，仁宗诏诫百官朋党，李若谷说：“近世俗薄，专以朋党污善良。盖君子小人各有类，今概以朋党名之，恐正人无以自立。”[②] 庆历四年欧阳修作《朋党论》曰：“臣闻朋党之说自古有之，惟幸人君辨其君子小人而已。”[③] 承认朋党自古而然，但有君子小人之分，所谓君子之朋，“所守者道义，所行者忠信，所惜者名节。以之修身，则同道而相益，以之事国，则同心而共济，终始如一”。[④] 而小人之朋，因为以利益为朋，所以是暂时之朋；也是伪朋。范仲淹对朋党也有君子小人之分或邪正之分，“邪正在朝，各为一党，在主上鉴辨之耳”[⑤]。欧阳修于庆历五年又有《论杜衍范仲淹等罢政事状》，认为“朋党”之名是奸邪小人为“一时尽逐”正人君子而进行的诬指。[⑥] 在此，不再直接以君子之朋自许，但欧阳修对于正邪之分依然是强调的。综观宋代党议，对于君子之守的表彰和提倡是伴随着儒家道义和进步的政治理念的推行而展开的，这也是欧阳修推奖君子之言的大背景。另外，欧阳修对君子之守——这一柔韧的品德的文化意义有充分认识。除了上文中肯定穷者之言的恒久价值，还将它当作儒家文化之根本。庆历二年（1042），欧阳修撰《本论》，论治国之本和胜佛之本，他说：“学问明而礼仪熟，中心有所守以胜之也。然则礼仪者，胜佛之本也。”他为在政治中处于劣势的君子，于文化领域中找到了炳耀万古的阵地。《易童子问》是来于现实的哲学著作，其中的人生哲思给欧阳修清晰的君子观念，反过

---

① 陈邦瞻：《宋诗纪事本末》卷 29。

② 陈邦瞻：《宋诗纪事本末》卷 29。

③ 欧阳修撰，李逸安点校：《欧阳修全集》卷 17，中华书局 2001 年版，第 2 册，第 297 页。

④ 欧阳修撰，李逸安点校：《欧阳修全集》卷 17，中华书局 2001 年版，第 2 册，第 297 页。

⑤ 陈邦瞻：《宋诗纪事本末》卷 29。

⑥ 欧阳修撰，李逸安点校：《欧阳修全集》卷 107，中华书局 2001 年版，第 4 册，第 1626 页。

来，也促使他慎重而周全地关注现实顺逆，坚韧而智慧地发展出那个时代进步士人的人生操守和文化伦理。

三 "畜"的观念及"穷而后工"之内涵

"穷而后工"是欧阳修重要的文学批评观念，文论研究者常将它与"发愤著书""不平则鸣"相提并论，但欧阳修所谓"穷者"具有特定历史文化内涵，且"穷而后工"这一命题与《周易》"畜"观念不无联系。《周易》中有《小畜》《大畜》卦，《小畜》就卦象而言是乾下巽上，"巽是阴，柔性，又和顺，不能止畜在下之乾，唯能畜止九三，所畜狭小，故名'小畜'。"[①]《小畜·彖传》曰："小畜，柔得位而上下应之，曰'小畜'。健而巽，刚中而志行。"[②]《大畜·彖传》曰："大畜。刚健笃实，辉光日新其德。"《大畜》和《小畜》都有"畜德"的意思，在欧阳修论人与论文中都提及"畜"，也是"畜德"之义。《晦明说》："藏精于晦则明，养神以静则安。晦所以畜用，静所以应动。善畜者不竭，善应者无穷。此君子修身治人之术，然性近者得之易也。"[③]

"畜"首先是君子的道德和智慧。欧阳修所作的一些神道碑铭中特别看重"畜"，如"其畜厚来远，故能发大而流长"（《太子太师致仕赠司空兼侍中文惠陈公神道碑铭》）[④]，"古称君子，有德有言。德

---

① 孔颖达疏：《周易·小畜》。

② 童子问曰：《系辞》非圣人之作乎？曰："何独《系辞》焉，《文言》、《说卦》而下，皆非圣人之作，而众说淆乱，亦非一人之言也。"程石泉先生根据此段文字，推测欧阳修以"十翼"均非孔子所作，并对"十翼"真伪有详细辨析。程文认为，《彖传》乃《周易》精义所在，其中若干部分必在孔子以前集结（见程石泉《评欧阳修〈易童子问〉》，载《周易研究》2001 年第 3 期）。欧阳修在其文章中也引用《彖传》，无论欧阳修是否怀疑《彖传》乃孔子所作，他对《彖传》思想是重视的，所以笔者在解释《小畜》《大畜》时，为说明问题引及《彖传》。事实上，欧阳修对《彖传》也非常重视，对"十翼"真伪的怀疑有时并不影响欧阳修从中汲取思想营养。

③ 欧阳修撰，李逸安点校：《欧阳修全集》卷 130，中华书局 2001 年版，第 5 册，第 1984 页。

④ 欧阳修撰，李逸安点校：《欧阳修全集》卷 20，中华书局 2001 年版，第 2 册，第 323 页。

畜不施，言犹可闻”（《尚书户部郎中赠右谏议大夫曾公神道碑铭》）[①]，“畜德不施，贻其后世”（《袁州宜春县令赠太师中书令兼尚书令冀国公程公神道碑铭》）。[②] 但欧阳修也认识到当时士人的时代性遗憾，那就是因畜大不用而只能施德于未来。这种“畜”观念与前文提到的“不苟屈以合世”或“守志于中”是一脉相承的。“畜”始终是沉静地面向着永恒的未来，而文章就是君子们不得志的生命在未来的光芒，它来于不得已，来于作者有所“畜”。欧阳修从而将这一概念引入文学批评中。《与乐秀才第一书》说：

> 闻古人之于学也，讲之深而信之笃，其充于中者足，而后发乎外者大以光。譬夫金玉之有英华，非由磨饰染濯之所为，而由其质性坚实，而光辉之发自然也。《易》之《大畜》曰：“刚健笃实，辉光日新。”谓夫畜于其内者实，而后发为光辉者日益新而不竭也。故其文曰“君子多识前言往行，以畜其德”，此之谓也。[③]

内在充足，文章辉光，正如《大畜》所说的“刚健笃实，辉光日新”。景祐三年，荆南乐秀才登门问学，景祐四年春贻书荆南乐秀才。因为是对问学的回应，“刚健笃实”也主要是针对学问、道德和文章而言。“古人之于学也，讲之深而信之笃”，这是古人的学问之道。而所谓“讲之深，信之笃”，是指“其道虽同”，都能“各由其性而就于道”，“各自以为经”；与之相反的是“今之学者”，他们“不务深讲而笃信之，徒巧其词以为华”，为辞不规模前人，“必屈曲

---

① 欧阳修撰，李逸安点校：《欧阳修全集》卷20，中华书局2001年版，第2册，第330页。

② 欧阳修撰，李逸安点校：《欧阳修全集》卷21，中华书局2001年版，第2册，第341页。

③ 欧阳修撰，李逸安点校：《欧阳修全集》卷70，中华书局2001年版，第3册，第1024页。

变态以随时俗之所好，鲜克自立”。[①] “自守”“自立”“规模前人”，反对辞藻“华巧”，是“刚健笃实”的实际内容，也是“充于中者足”的内涵，他说：“夫欲充其中，由讲之深、至其深，然后知自守。能如是矣，言出其口而皆文。”[②] 其实，这也是指为文者在道德和学问上的“畜”。写于同年的《与荆南乐秀才书》，同样反对文辞“浮华”[③]，主张“就师穷经，以学圣人之遗业”，从而“有卓然自立之言如古人”。[④] 不难推测，欧阳修所谓“畜”的具体意旨包括：学习圣贤，于道德有自守，于文章能自立。欧阳修即是一位实践者，《宋史》本传谓：“好古嗜学”；苏轼也有评价：“以通经学古为高，以救时行道为贤，以犯颜纳说为忠。”[⑤]

欧阳修“道胜文至”与“畜”在含义上是基本相同的。《答吴充秀才书》所谓：“圣人之文虽不可及，然大抵道胜者文不难而自至也”，“若道之充焉，虽行乎天地，入于渊泉，无不之也”。[⑥]《答祖择之书》中说：“学者当师经，师经必先求其意。意得则心定，心定则道纯，道纯则充于中者实，中充实则发为文者辉光。”[⑦] 首先，在整体逻辑上类似于《大畜》卦所言，有所藏畜，才有辉光；其次，在具体内容上也与欧阳修所言“畜”相类。此段文字认为，当世无师，学者只能以师经为先。理想的古人之学是：“古之学者必严其师，师

---

① 《与乐秀才第一书》，欧阳修撰，李逸安点校：《欧阳修全集》卷70，中华书局2001年版，第3册，第1024页。

② 《与乐秀才第一书》，欧阳修撰，李逸安点校：《欧阳修全集》卷70，中华书局2001年版，第3册，第1024页。

③ 欧阳修有“天圣中，天子下诏书，敕学者去浮华，其后风俗大变”之句，见《与荆南秀才书》，《欧阳修全集》卷47，中华书局2001年版，第2册，第661页。

④ 欧阳修：《与荆南秀才书》，《欧阳修全集》卷47，中华书局2001年版，第2册，第660页。

⑤ 苏轼：《居士集序》，欧阳修撰，李逸安点校：《欧阳修全集》附录卷5，中华书局2001年版，第6册，第2756页。

⑥ 欧阳修撰，李逸安点校：《欧阳修全集》卷47，中华书局2001年版，第2册，第664页。

⑦ 欧阳修撰，李逸安点校：《欧阳修全集》卷69，中华书局2001年版，第3册，第1010页。

严然后道尊，道尊然后笃敬，笃敬然后能自守，能自守然后果于用，果于用然后不畏而不迁”①，即在讲究师道尊严的师古门径下进行笃敬自守的道德履践。欧阳修所提及的“道”，不耽于明理尽性，而是以现实为归，也即所谓“修身治人”。《答李诩第二书》说得很明白：“性者，与身俱生而人之所皆有也。为君子者，修身治人而已，性之善恶不必究也。”“故为君子者，以修身治人为急，而不穷性以为言。”②

提倡“畜”，似乎更能切近欧阳修所面对的文学现实，“‘畜’而不用”是当时文士的普遍困境。“道充于中”者常不得志于当世，停留于“畜”的状态，有所畜而最终光照后世又是聊以欣慰的。欧阳修多次在文学批评中运用到“畜”，此概念不仅是哲学概念，而且有着文学理论方面的内涵。《梅圣俞诗集序》曰：“年今五十，犹从辟书，为人之佐，郁其所畜，不得奋见于事业。”③《廖氏文集序》曰：“知所待者，必有时而获；知所畜者，必有时而施。苟有志焉，不必有求而后合。”④《仲氏文集序》曰：“君生于有宋百年全盛之际，儒学文章之士得用之时，宜其驰骋上下，发挥其所畜，振耀于当世。”⑤欧阳修的“畜”观念，是君子的生命存在和道德情感状态，也是君子困穷于当世时的出处智慧，也成了创作者的情感积郁和文思酝酿。

“畜”与“穷而后工”，作为文学批评概念在精神内核上是相同的，而理解“穷而后工”应该在知晓“畜”的前提下进行。“穷而后

① 欧阳修撰，李逸安点校：《欧阳修全集》卷69，中华书局2001年版，第3册，第1009页。

② 欧阳修撰，李逸安点校：《欧阳修全集》卷47，中华书局2001年版，第2册，第670页。

③ 欧阳修撰，李逸安点校：《欧阳修全集》卷43，中华书局2001年版，第2册，第612页。

④ 欧阳修撰，李逸安点校：《欧阳修全集》卷43，中华书局2001年版，第2册，第616页。

⑤ 欧阳修撰，李逸安点校：《欧阳修全集》卷43，中华书局2001年版，第2册，第617页。

工”历来颇受重视，但有论者看不到这一观念的创造性，如明代孙绪认为，欧阳修序梅圣俞诗学昌黎《送孟东野序》中文字：“欧公固非蹈袭剽窃人者，想其读韩文熟，不自知其为用耳。”[①] 显然，他没有意识到“穷而后工”有其深刻的哲学内涵与时代特点。还有的论者只看到了这一观念中的“穷”字，如胡仔《苕溪渔隐丛话》：“苕溪渔隐曰：欧阳永叔《宛陵集序》、晁无咎《海陵集序》，二序皆论诗人之多穷。余尝爱之，故兹并录。”[②] 如果忽视穷者之“畜”而只留心穷者之“穷”就不能深切理解“穷而后工”。“穷而后工”出现在写于庆历六年（1046）的《梅圣俞诗集序》中，这一时期，欧阳修在滁州；“畜”的观念引入文学批评，出现在作于景祐四年（1037）的《与乐秀才第一书》中，这一时期欧阳修在夷陵。夷陵时期和滁州时期都是欧阳修遭受贬谪、身处逆境之时，夷陵时期的欧阳修精研易理，已经有系统的“君子观”，对“君子固穷”有明确的认识，在其“畜”的思想中已经有所反映。“穷而后工”则是对“畜”观念的延续和发展，具备了更加明晰、丰富的诗学内涵。《梅圣俞诗集序》曰：

> 予闻世谓诗人少达而多穷，夫岂然哉？盖世所传诗者，多出于古穷人之辞也。凡士之蕴其所有而不得施于世者，多喜自放于山巅水涯。外见虫鱼草木风云鸟兽之状类，往往探其奇怪。内有忧思感愤之郁积，其兴于怨刺，以道羁臣、寡妇之所叹，而写人情之难言，盖愈穷则愈工。然则非诗之能穷人，殆穷者而后工也。[③]

---

① 孙绪：《沙溪集·杂著·无用闲谈》，《沙溪集》卷 13，四库全书本。

② 胡仔：《苕溪渔隐丛话》后集卷 24，四库全书本。

③ 欧阳修撰，李逸安点校：《欧阳修全集》卷 43，中华书局 2001 年版，第 2 册，第 612 页。

这是中国文论史上重要的一段文字。它阐释了“穷而后工”的具体内涵，大略有如下三个层次：其一，穷者之言，可以流传久远，有恒久价值；其二，作为创作主体的穷者，是“蕴其所有而不得施于世者”，也即有所守或有所“畜”的君子；其三，诗人因为穷于当世，所以自放于山水，外探鸟兽草木，内有忧思感愤，发而为诗而成怨刺，而在其怨刺中又能写“人情之难言”。总之，欧阳修细致而深入地阐明了“穷”与“工”之间的内在关联，而“穷”与“工”的关系就是畜德与辉光的关系。君子既忧又忘忧的人生态度（前文已论及），以及热爱自然又深沉于思的诗性情怀，使得作品在思想和艺术上臻于完美。《薛简肃公文集序》中表达了上述思想：

> 君子之学，或施之事业，或见于文章，而常患于难兼也。盖遭时之士，功烈显于朝廷，名誉光于竹帛，故其常视文章为末事，而又有不暇与不能者焉。至于失志之人，穷居隐约，苦心危虑而极于精思欤？其有所感激发愤，惟无所施于世者，皆一寓于文辞。故曰穷者之言易工也。①

穷者之言出自困窘的君子，这些君子是在“畜”的状态之下的，有感慨、有精思，可以说，穷者之言是忧思感愤之言、精微深永之言。欧阳修所谓“穷者而后工”之“工”，是“苦心危虑”“极于精思”的结果，是那个时代特定的畜德君子在文学上的必然表现。

事实上，探其险怪、极于精思的精神，正是易学精神的一部分。《经旨十八首·易或问》说：“是故穷极万物以取象，至于臀腓鼠豕皆不遗。其及于怪者，穷物而取象者也；其多隐者，究物之深情也。所以尽万物之理，而为之万事之占也。”②《周易》的认识方法是观物取象，欧阳修理解为“穷物取象”和“究物深情”，可谓深得《周

① 欧阳修撰，李逸安点校：《欧阳修全集》卷43，中华书局2001年版，第2册，第618页。

② 欧阳修撰，李逸安点校：《欧阳修全集》卷61，中华书局2001年版，第3册，第878页。

易》精髓。当君子处于逆境之时，也必然会关注现实中的复杂人事、鸟兽虫鱼，也是要去体察那些幽微之情的。欧阳修将《周易》于忧患中探赜索隐的精神引入诗学中，从而完成了对韩愈诗学的继承和发扬。而这种引入是伴随着他所发现和创造的君子人格进入诗学领域中的。

总之，欧阳修诗学的形成是其深沉地对政治现实、文艺现实思索的结果。它是在守旧与改革的政治斗争、君子与小人之辨争锋的旋涡里生成的具有鲜明的时代特点、幽微的政治寄托的诗学理论。易学为其政治理想找到了文化和理性的依据，而将易学概念引入诗学极大地提高了其诗学的理论品质，从而建构起新型的文道关系模式。

四　“记”文中以易立意举隅

欧阳修的一些记类文是古代散文中的珍品，不可当作一般散体文字看待。其状物说理随性而至，可谓触处逢春，自然天成；其文本结构也是顺势而生，如水到渠成，婉转自由，又不蔓不枝。更重要的是，在其行文的闲雅中却蕴涵着常人难以窥见的深邃境界。这要得益于他在文章立意中对易理的运用。欧阳修在被贬夷陵时期，于困顿荒僻的处境中进行了政治和人生的反思，撰《易童子问》《易或问》《明用》，于易学方面达到很高的造诣，其易学思想不可避免地渗透到构思行文中。苏轼《居士集序》中说：“其言简而明，信而通，引物连类，折之于至理，以服人心，故天下翕然师尊之。”[①]之所以能“折之于至理”，与其诗学中的理性精神有关，其中也包含着易学精神；主要表现为对物象变化的敏锐捕捉，对世界奥秘的精深揭示。不仅如此，在欧阳修的一些“记”文中，可以看到对卦象的直接借用，即在卦义的框架下写景抒情。这一现象无疑是奇特的，值得我们重视。

---

① 苏轼：《居士集序》，欧阳修撰，李逸安点校：《欧阳修全集》附录卷5，中华书局2001年版，第6册，第2756页。

先看《醉翁亭记》。这是一篇在思理、辞藻、风格上均属上乘，可与《桃花源记》《爱莲说》《岳阳楼记》媲美的传世名作。它为我们描绘的山水景致是灵心在自然中的感应，它所沉吟的“醉翁乐”处则是一个富有新意的道德境界。它不仅给人以审美享受，而且还提供了一种知识分子的道德生活范式，即注重涵养道德、任情自然、追求心性快乐，以及将这种快乐推之于民的人文情怀。文中的山水发现、独特的思致延展，与作者在思想和道德方面的发现不可分开，究其原因，该文的产生与欧阳修易学不无关系，文中隐含和渗透了《蒙》卦、《需》卦、《谦》卦、《同人》卦等的哲学理念。

因“张甥案”欧阳修遭受毁谤，被贬滁州，这是又一次的君子受困。欧阳修并未放弃君子之守，曾赋《憎蚊》以刺小人谗害君子。不过，欧阳修更多地游览山水，山水再一次抚慰了他忧思的心灵，山水乐处也成了道之所在，正如富弼所云：“醉翁醉道不醉酒。”[①] 山水游乐与欧阳修的道德之途联系在一起。

文中巧妙地传达了养德观念。“畜”是欧阳修的修身之术，他主张善畜。“畜”常指畜德。欧阳修《醉翁亭记》中也蕴涵了这一观念，虽然文章中并未直接提及“畜德”，但所描述的泉水和宴饮则是一个耐人寻味的文化意象，与欧阳修易学思想相联系，这一意象与德行修养有关。《易童子问》曰：

> 童子问曰：“《象》曰‘山下出泉，《蒙》。君子以果行育德’，何谓也？”曰：“《蒙》者，未知所适之时也，处乎《蒙》者，果于自信其行以育德而已。《蒙》有时而发也，患乎不果于自修，以养其德而待也。”[②]
>
> 童子问曰：“《象》曰‘云上于天，《需》。君子以饮食宴

① 陈鹄：《耆旧续闻》卷10，四库全书本。

② 欧阳修撰，李逸安点校：《欧阳修全集》卷76，中华书局2001年版，第3册，第1108页。

乐'何谓也?"曰:"《需》,须也。事有期而时将至也。云已在天,泽将施也。君子之时将及矣,必待之焉。饮食以养其体,宴安和乐以养其志,有待之道也。"①

这是在说《蒙》卦和《需》卦,欧阳修借以发挥自己的思想,主张育德以待时,宴乐以养其志。《象》传中的山下出泉与君子宴乐之象,正好是《醉翁亭记》中所写的主要内容,即文中所写的:"山行六七里,渐闻水声潺潺,而泻出于两峰之间者,酿泉也。""临溪而渔,溪深而鱼肥,酿泉为酒,泉香而酒洌,山肴野蔌,杂然而前陈者,太守宴也。"② 这是实在的生活,也是某种生命意义的象征,作者身处不用之时,饮食以养其体,面临逆境时,却一刻也忘不了修身逸情,这就是《醉翁亭记》的深意所在。作者将其易学思想赋予在山水中,并概括出山水、宴饮所蕴涵的文化意义和道德内涵,从而不着痕迹地给自然山水以理性与诗意的光辉。

值得注意的是"酿泉也"出现在《醉翁亭记》的通行本中,还有一些本子中为"让泉也"。两者中何者更为切近,需要斟酌。钱志熙先生根据《金石索》所载北宋苏唐卿书写的篆文《醉翁亭记》的印拓本,及《金石索》的作者张云鹏、张云鹓兄弟对碑中"让"字异文跋论,指出"让泉也"更为妥帖,并讨论了《醉翁亭记》前实后虚的笔法,启人深思。张云鹏兄弟跋文说:"惟起处'酿泉也'作'让泉也',较今本为优。让泉之取名既佳,又与后段酿泉不复。"③ 钱先生认为:"总之,前为'让泉也',后为'酿泉为酒',比之前为'酿泉也',后为'酿泉为酒',从修辞艺术来讲,的确要

① 欧阳修撰,李逸安点校:《欧阳修全集》卷76,中华书局2001年版,第3册,第1108页。

② 欧阳修撰,李逸安点校:《欧阳修全集》卷39,中华书局2001年版,第2册,第576页。

③ 转引钱志熙先生《〈醉翁亭记〉前实后虚笔法论——从苏唐卿篆书碑文的异文说起》,《古典文学知识》2008年第1期。

精彩得多。”[1] 此论诚是。按：宋祝穆撰《方舆胜览》所引《醉翁亭记》，也是前为“让泉也”，后为“酿泉为酒”[2]。笔者也以为“让泉”是泉水实名，与亭名“醉翁”相映成趣，张云鹏兄弟所说“让泉之取名既佳”是有一定道理的，其佳处就在于有谦让之德，暗含“谦”之卦理。《谦》卦：“谦：亨。君子有终。”孔颖达疏：“‘谦’者，屈躬下物，先人后己，以此待物，则所在皆通，故曰‘亨’也。小人行谦则不能长久，唯‘君子有终’也。”这与欧阳修畜德思想不相互悖。我们可以大胆推测，“让泉”之名可以暗含“谦”卦之理，即君子以谦待物，那么，“让泉”也是一个文化意象。

《易或问》中欧阳修对《谦》卦《象传》有解释[3]，《易童子问》中则未涉及《谦》卦，但按照《易童子问》重视《象传》的惯例，《谦》之《象传》中的易理是应该重视的。《谦》卦《象》曰：“地中有山，谦。君子裒多益寡，称物平施。” “地中有山”首先是对“艮下坤上”这一卦象的描述，但也正与“环滁皆山也。其西南诸峰，林壑尤美，望之蔚然而深秀者，琅琊也”的地理形势相合，也与前文提到的“山下出泉，《蒙》”相应，而《谦》卦的象义也表明了君子无论多寡、高低，以谦让为美德，这也是《醉翁亭记》中的首要思想。综合来看，“地中有山”“山下出泉”，分别是《谦》卦和《蒙》卦的《大象传》，也是欧阳修描述的地形情状，“让泉”也正存在于这样的环境中，“让泉”包含了太多的内容，它不是一般之泉，而被作者赋予了美德。欧阳修本意当为“让泉也”。

任情自然是欧阳修的道德之途，文中表达了应时而动，与自然和谐共处的山水观念，反映着欧阳修易学的自然观。其文曰：“若夫日

---

① 钱志熙：《〈醉翁亭记〉前实后虚笔法论——从苏唐卿篆书碑文的异文说起》，《古典文学知识》2008 年第 1 期。

② 祝穆撰，祝洙增订：《方舆胜览》，中华书局 2003 年版，第 835—836 页。笔者未见原刻本。

③ 欧阳修撰，李逸安点校：《欧阳修全集》卷 61，中华书局 2001 年版，第 3 册，第 878—879 页。

出而林霏开，云归而岩穴暝，晦明变化者，山间之朝暮也。野芳发而幽香，佳木秀而繁阴，风霜高洁，水清而石出者，山间之四时也。朝而往，暮而归，四时之景不同，而乐亦无穷也。”① 晦明变化、寒暑往来、日出日落，这是天时之动；伴随了宇宙的节奏，草有荣枯、月有圆缺、水有涨落，自然生命无不在变化中。但欧阳修的心中都充满着快乐，是无穷的乐，而非暂时的欢，那是心灵深处宠辱不惊的如光风霁月般的快乐。这种顺应自然、遵循宇宙节律的观念也来于易学思想。欧阳修《晦明说》曰：“藏精于晦则明，养神以静则安，晦所以畜用，静所以应动，善畜者不竭，善应者无穷，此君子修身治人之术。”② 正是在这样的晦明和静动中，有着永不枯竭的生命之流，曲折赋形，应物而动，无论外界如何变动，不改内心之快乐。如果没有此种易理的渗入，《醉翁亭记》中的自然描写和心灵境界就不会那样精彩。

追求心性快乐并推之于民，也是欧阳修的道德境界和生活方式，这一思想与《同人》卦有相通之处。文中有一段话值得注意：“已而夕阳在山，人影散乱，太守归而宾客从也。树林阴翳，鸣声上下，游人去而禽鸟乐也。然而禽鸟知山林之乐，而不知人之乐，人知从太守游而乐，而不知太守之乐其乐也。醉能同其乐，醒能述以文者，太守也。太守谓谁？庐陵欧阳修也。”③ 夕阳即将落山，人影散乱，鸟鸣上下，空气中却充满了快乐。鸟儿因为人的离去而快乐，游人因为随从太守宴饮游玩而高兴，与自然和民众同乐的太守心中也充满了喜悦。是什么使世界同乐，笔者想，是太守找到了与自然和民众相协和的节拍。而这种理念又可以从欧阳修易学中发现：

---

① 欧阳修撰，李逸安点校：《欧阳修全集》卷 39，中华书局 2001 年版，第 2 册，第 576 页。

② 欧阳修撰，李逸安点校：《欧阳修全集》卷 130，中华书局 2001 年版，第 5 册，第 1984 页。

③ 欧阳修撰，李逸安点校：《欧阳修全集》卷 39，中华书局 2001 年版，第 2 册，第 577 页。

童子问曰："《同人》之《象》曰'唯君子为能通天下之志'，《象》又曰'君子以类族辨物'，何谓也？"曰："通天下之志者，同人也；类族辨物者，同物也。夫同天下者不可以一概，必使夫各得其同也。人睽其类而同其欲，则志通；物安其族而同其生，则各从其类。故君子于人则通其志，于物则类其族，使各得其同也。"①

君子能通天下之志，也能各类其族，使人与物各得其同，禽鸟可以鸣声上下，彼此酬答，同乐于山林，民众则前者呼后者应追随太守而乐，这就是古代君子理想的政治图景，这是各得其位的和谐，也是"击石拊石，百兽率舞"的政治神话的实现，这种快乐中有着井然的秩序感。当然，各有各的快乐，这快乐里各有各的精神境界，人知从太守游而乐，而不知太守之乐其乐也。欧阳修快乐之由来，又是常人所难以窥见的，是属于他自己的一片自由的心灵空间。《醉翁亭记》是一篇记游类文字，其中的山水景致、人物风情都趣味盎然，由于易理的引入，这些形象同时又具有哲理意义，接近着"道"的境界，生成独特的审美意境。

在欧阳修其他"记"文中，也可以在立意上看到易理的渗透。《丰乐亭记》写于庆历六年（1046），这一年六月欧阳修在丰山幽谷发现甘泉，"疏泉凿石，辟地以为亭"②。该文先写丰山之胜，泉水之甘，游人之乐，接着回顾历史，以滁州自五代以来乃"用武之地"③，接着盛赞宋帝功德："宋受天命，圣人出而四海一"；"今滁介于江、淮之间，舟车商贾、四方宾客之所不至，民生不见外事，而安于畎亩

① 欧阳修撰，李逸安点校：《欧阳修全集》卷76，中华书局2001年版，第3册，第1109页。

② 《丰乐亭记》，欧阳修撰，李逸安点校：《欧阳修全集》卷39，中华书局2001年版，第2册，第575页。

③ 《丰乐亭记》，欧阳修撰，李逸安点校：《欧阳修全集》卷39，中华书局2001年版，第2册，第575页。

衣食，以乐生送死。而孰知上之功德，休养生息，涵煦百年之深也。"① 最后写道："其民乐其岁物之丰成，而喜与予游也。"而作为地方官则是"宣上恩德，以与民共乐，刺史之事也"。这是一篇立意高远、曲折有致、境界豁达的文字，李耆卿《文章精义》说："欧阳永叔《丰乐亭记》之类，能画出太平气象。"但此太平气象从何而来，则是本文立意之关键。宋楼昉《崇古文诀》曰："不归功于已而归功于上，最为得体。叙干戈用武以至平定休息，施于滁，则又着题诗也，读之使人兴怀古之想。"② 此论深得欧阳修之心，清代吴楚材、吴调侯《古文观止》也指出欧文立意所在："作记游文，却归到大宋功德修养生息所致，立言何等阔大。"③

写丰成之乐、颂大宋之德是《丰乐亭记》的题旨，这样的立意来自《丰》卦。《周易·丰》："亨，王假之。"王弼注："大而亨者，王之所至。"孔颖达疏："'王假之'者，假，至也，丰亨之道，王之所尚，非有王者之德，不能至之，故曰'王假之'也。"意思是说，丰盈通亨之道是王者的理想，没有王者之德，不能至于此"丰亨之道"。《丰乐亭记》中突出了这一思想，认为丰亨的社会局面来自涵煦百年、休养生息的"上之功德"。丰亨之后即是快乐，《周易·丰》曰："勿忧，宜日中。"孔颖达疏："王能至于丰亨，乃得无复忧虑，故曰'勿忧也'。用夫丰亨无忧之德，然后可以君临万国，遍照四方，如日中之时，遍照天下，故曰'宜日中'也。"这一思想在《丰乐亭记》中也有所表现，如："圣人出而四海一"，"宣上恩德，以与民共乐"，颂扬大宋和平安乐、君临四海的功德。

《有美堂记》是应江陵知府梅挚之请，为其在杭州所建的"有美堂"所作。"有美堂"之来历，陈岩肖《庚溪诗话》（卷上）有

① 《丰乐亭记》，欧阳修撰，李逸安点校：《欧阳修全集》卷39，中华书局2001年版，第2册，第575页。

② 楼昉：《崇古文诀》卷19，四库全书本。

③ 吴楚材、吴调侯：《古文观止》（下），中华书局1959年新1版，第446页。

记载："嘉祐初，龙图阁直学士、尚书吏部郎中梅挚公仪，出守杭州，上特制诗以宠赐之。其首章曰：'地有吴山美，东南第一州。'梅既到杭，欲修上之赐，遂建堂山上，名曰'有美'。欧阳修为记以述之，亦人臣之荣遇也。"[①]"有美堂"之名来于仁宗皇帝"地有吴山美，东南第一州"之句，而《有美堂记》则紧扣"有美"之意，同时高明地领会了仁宗诗旨。仁宗《赐梅挚知杭州》曰："地有吴山美，东南第一州。剖符宣政化，持橐辍才流。暂出论思列，遥分旰昃忧。循良勤抚俗，来暮听歌讴。"[②] 诗歌称赞杭州之美，但更有对臣子宣扬大宋教化、移易风俗的期待。欧阳修《有美堂记》一文，立意可谓高妙，将仁宗"第一"意转换为"聚""兼"之意，一方面承接了仁宗诗对杭州的称赞之意；另一方面则以"萃集"之意来观照杭州与"有美堂"。楼昉《崇古文诀》评曰："将他州外郡宛转假借，比并形容，而钱塘之美自见，此别是一格"[③]；茅坤引荆川语云："如累九层之台，一层高一层，真是奇绝。"[④] 此两段评价文字各有侧重，但都指出了文章在题旨和结构上的层层递进和超拔出群。

作者先说"夫举天下之至美与其乐，有不得而兼焉多矣"[⑤]，览山水之美，必在宽闲之乡；看人物盛丽，必到通达之衢，前者是"放心于物外"，后者则是"娱意于繁华"，接着写金陵、钱塘可谓两者兼美，其文曰："若乃四方之所聚，百货之所交，物盛人众，为一都会，而又能兼有山水之美，以资富贵之娱者，惟金陵、钱塘。"[⑥]不过作者指出，金陵江山虽在，只剩颓垣废址；钱塘却能"顿首请

① 陈岩肖：《庚溪诗话》（卷上），四库全书本。

② 厉鹗：《宋诗纪事》卷1，四库全书本。

③ 楼昉：《崇古文诀》卷19，四库全书本。

④ 茅坤：《唐宋八大家文钞》卷48，四库全书本。

⑤ 《有美堂记》，欧阳修撰，李逸安点校：《欧阳修全集》卷40，中华书局2001年版，第2册，第585页。

⑥ 《有美堂记》，欧阳修撰，李逸安点校：《欧阳修全集》卷40，中华书局2001年版，第2册，第585页。

命，不烦干戈，今其民幸富完安乐”[①]。接着描写钱塘的景色之胜、风物之美，以及朝廷公卿和四方游士的相与游览之娱。文章不仅写美、写乐，更重要的是写山水通衢兼备之美，写公卿游士相与之乐，刻画出了宋王朝自然人文的盛况。

为什么要写兼聚之美？灵感极可能来于《萃》卦。《易童子问》：“‘《萃》，聚也’，其辞曰：‘王假有庙’；……王者富有九州四海，万物之象莫大于《萃》，可以有庙矣；功德流行达于天下，莫大于《涣》，可以有庙矣。”[②] 王者海县清一、囊括万物的气象即可用萃聚之象来象征。《周易·萃》：“亨。王假有庙。”孔颖达疏：“‘萃’，卦名也，又萃聚也，聚集之义也。能招民聚物，使物归而聚己，故名为‘萃’也。亨者，通也。拥隔不通，无由得聚，聚之为事，其道必通，故云‘萃亨’。”“萃”有聚集之义，但依赖于打破彼此“拥隔”的通达之道。综观“萃”卦之义，也是彰明着一种王者之德。《有美堂记》中不仅写造化之美的自然钟会，也写王者“招民聚物”的功德，其文曰：“及宋受命，海内为一，金陵以后服见诛”，“独钱塘自五代时，知尊中国，效臣顺，及其亡也，顿首请命，不烦干戈，今其民幸富完安乐。”[③] 从而将钱塘之兼美与圣宋功绩联系在一起，其立意正来自《萃》卦，写兼聚之美，就是赞宋朝之德。另一方面，钱塘不仅兼自然人文之美，又“兼有天下之美”，通过写钱塘，即可写整个天下。《周易·萃·彖传》：“观其所聚，而天地万物之情可见矣。”欧阳修在文中寄寓了这一思想，以写一地一堂之美，而写天下之美，四海之乐。总之，《萃》卦义理的进入使该文境界洞开，美善辉映，雍容典雅。

---

① 《有美堂记》，欧阳修撰，李逸安点校：《欧阳修全集》卷40，中华书局2001年版，第2册，第585页。

② 欧阳修撰，李逸安点校：《欧阳修全集》卷77，中华书局2001年版，第3册，第1116页。

③ 《有美堂记》，欧阳修撰，李逸安点校：《欧阳修全集》卷40，中华书局2001年版，第2册，第585页。

《海陵许氏南园记》作于庆历八年（1048），虽然是为一小园作记，但境界深邃广大，非一般思力所及。文章的主旨之一：写许氏世有孝德，以至化及乡里，推之遥远。文中说："君本歙人，世有孝德"[①]；接着写南园主人许元事兄如父，与兄弟相让，抚侄如子等孝悌之行，而此种孝德波及教化，文章写道："予见许氏孝悌著于三世矣。凡海陵之人过其园者，望其竹树，登其台榭，思其宗族少长相从愉愉而乐于此也。爱其人，化其善，自一家而形一乡，由一乡而推之无远迩。"[②] 茅坤指出该文以"世孝"立意："为《南园记》，而特本其世孝一节立论，此其文章一地位可法处。"[③] 何焯也持同样观点："从许氏世有孝德能化其乡意推而论之，非漫然翻案破坏记事文体。"[④] 以世代孝悌为核心作"许氏南园记"，用意妥帖且寓意远大，毫无疑问，这是一篇立意新颖、用意深沉的文章。

由齐家而兼及天下，由一家而化及一乡，这是儒家常见的思想，以此立意，不可谓不高。但文章高妙之处还在于进一步说明孝悌之德使许元不劳而有余，也就是说，在"孝悌"之外尚遵循了"易简"之道，且这"易简"之道相对于作为伦理的孝悌之德更具有真理性质。清孙琮《山晓阁选宋大家欧阳庐陵全集》卷3评曰："起手以许君之能治烦剧说入，末幅以草木禽鸟之感化收煞，尤觉波澜特妙。"[⑤] 此评语有见地，点出了该文尚有一层意旨，那就是欧阳修重的"易简"之道。文章写道："（许元）视江湖数千里之外如运诸其掌，能使人乐为而事集"[⑥]，能治繁杂事务，又能使人乐为，这样的论断，

① 《海陵许氏南园记》，欧阳修撰，李逸安点校：《欧阳修全集》卷40，中华书局2001年版，第2册，第580页。

② 《海陵许氏南园记》，欧阳修撰，李逸安点校：《欧阳修全集》卷40，中华书局2001年版，第2册，第581页。

③ 茅坤：《唐宋八大家文钞》卷48，四库全书本。

④ 何焯：《义门读书记》卷38，四库全书本。

⑤ 转引刘德清《欧阳修纪年录》，上海古籍出版社2006年版，第217页。

⑥ 《海陵许氏南园记》，欧阳修撰，李逸安点校：《欧阳修全集》卷40，中华书局2001年版，第2册，第580页。

不仅在于欧阳修知人之深，还在于他的知“道”之深：“夫理繁而得其要则简，简则易行而不违，惟简与易，然后其力不劳而有余。”①许元之所以能“不劳而有余”，则在于通晓易简之道。欧阳修引入了《系辞》思想，他尽管怀疑《系辞》出自圣人之手，但这并不妨碍他吸收其中有用的思理。《周易·系辞上》：“乾以易知，坤以简能。易则易知，简则易从。易知则有亲，易从则有功。有亲则可久，有功则可大。可久则贤人之德，可大则贤人之业。”王弼注“易知则有亲，易从则有功”曰：“顺万物之情，故曰有亲。通天下之志，故曰有功。”孔颖达疏曰：“性意易知，心无险难，则相和亲，故云‘易知则有亲’也。”王弼注“有亲则可久，有功则可大”曰：“有易简之德，则能成可久可大之功。”孔颖达疏曰：“‘有亲则可久者’者，物既和亲，无相残害，故可久也。”可见，“简易”之道的核心是因为心中简易，所以能使万物各顺其亲，也能彼此和亲，共致永久。欧阳修写许氏“孝德”，一方面写伦理中的孝悌；另一方面则突出“孝德”本身属于“易简”之道，它使兄弟亲和，少长愉愉，乃至“禽鸟之翔集于其间者，不争巢而栖，不择子而哺也。”② 按：这种状况正是“易简而天下之理得矣”的现实证明③，因为行易简之化，而天下事物各得其宜。总之，由于易理的渗入，使文章肌理细致，曲尽幽微，而且有一种理性的力量。

文章固然记录事实，表达审美感情，但事实是作者眼中的事实，感情与作者倾向相关。因为有了作者的这一审美感性，文章中表达的现象和感情便以其独特的存在形式和情趣呈现，从而我们被作者独特的视角与才情吸引，并深受感动。作者如何保证文章之美的普遍性呢？除了作者个人才情渗入其文，一定有普遍的理念灌注其中。当

① 《海陵许氏南园记》，欧阳修撰，李逸安点校：《欧阳修全集》卷40，中华书局2001年版，第2册，第580页。

② 《海陵许氏南园记》，欧阳修撰，李逸安点校：《欧阳修全集》卷40，中华书局2001年版，第2册，第581页。

③ 《周易·系辞上》。

然，最真挚的感情，必然是普适的、理想的人类感情，在审美过程中，自觉的创作者和理论家总是在避免个人情性不至于流于个人偏见，而倾向于捕捉到“神理”或达于“道”的境界，如叔本华所谓纯粹认识、邵雍所谓以物观物的主体，都是在摆脱个人偏见而进入普遍的美，似乎从古至今概莫能外。而文章的立意，一方面来自作者思虑所得；另一方面，也需要找到立意的普遍性或真理性。欧阳修的审美之眼中灌注了易学的理性精神，也进入深情而又超越的审美境界；他的上述记类文，立意往往依赖于易理，近取诸物，叙写平常物事，从而深入悠远精深、雍容华贵之境，这可以说是欧阳修在古文上的重要特征，当然也是绝无仅有的重大贡献。

第七章　邵雍易学与诗学

邵雍，字尧夫，生于宋真宗大中祥符四年（1011），卒于宋神宗熙宁十年（1077），享年67岁。著有《皇极经世书》《击壤集》。邵雍少有大志，隐居共城苏门山（今河南辉县），冬不炉、夏不扇，以读书为乐事，他说："学不至于乐，不可谓之学。"① 于书无所不读，慷慨欲树功名，反对记问之学，注重独立思考和接近社会现实，后追随李之才学《周易》数术，得秘传自陈抟的《先天图》，研物理性命之学，但在他投师六年后，李之才不幸去世，这一年邵雍35岁尚未婚娶。邵雍继承师志，专心于象数易学，推演易图，阐发哲理，建立了一套复杂、完整的先天象数学。他通过先天易学的象数图式，推演了由太极而两仪，由两仪到四象，再到天之四象（日月星辰）和地之四象（水火土石）——八卦，乃至天地变化而生万物的宇宙生成模式，将所有自然事物、社会历史都包罗其中。他创立元会运世学说，推步世界历史年谱，并将中国历史的变迁也纳入这一谱系中，"兴亡治乱之迹，皆以卦象推之"②，试图以封闭的先天的象数体系来解释历史现象。尽管邵雍易学有空中楼阁之弊，但他从数的角度来看待万物化生，宇宙的发生和变化规律，在扫除神秘主义的宇宙论方面则是意义不凡的。而建立在这种理性精神之上的圣人观念所描述的圣

① 邵雍：《观物外篇下》，《皇极经世书》卷12，四库全书本。

② 纪昀：《皇极经世书·四库提要》，四库全书本。

人不再是高高在上的生而为神者，而是与万物和普通人之间存在着可以解释的现实联系。同时，邵雍“以物观物”的认识论运用于审美中，也呈现出独特的感物智慧和人生境界。

一　宇宙发生论

邵雍对宇宙发生和演化的认识也是从阴阳变化的角度来进行观照的。他以太极为天地之根源，他说：“生天地之始，太极也”[①]，“太极一也，不动生二，二则神也，神生数，数生象，象生器，太极不动性也，发则神，神则数，数则象，象则器，器之变，复归于神也。”[②]太极乃天地产生的根源，太极不动，但能由一而二，由二而神，然后生数生象，乃至无穷器物。什么是太极的动因呢？他提到一个“有”。邵雍说：“元有，二有，生天地之始，太极也。有，万物之中各有始者，生之本也。”他认为由太极而有“元有”“二有”，万物之中各有开始，所以：“万物各有太极两仪四象八卦之次，亦有古今之象。”也就是说，太极生世界，而世界万物中无物不有太极，无物不有化生的次序和规律，事实上，他承认了自然而然地“有”是世界发生和变化的动因，其形成模式则是两仪、四象，乃至无穷。邵雍说：

> 阴阳分而生二仪，二仪交而生四象，四象交而生八卦，八卦交而生万物。故二仪生天地之类，四象定天地之体；四象生八卦之类，八卦定日月之体；八卦生万物之类，重卦定万物之体。类者，生之序也；体者，象之交也。推类者必本乎生，观体者必由乎象。生则未来而逆推，象则既成而顺观，是故日月一类也，同出而异处也，异处而同象也，推此以往物焉逃哉。[③]

① 邵雍：《观物外篇下》，《皇极经世书》卷14，四库全书本。
② 邵雍：《观物外篇下》，《皇极经世书》卷14，四库全书本。
③ 邵雍：《观物外篇下》，《皇极经世书》卷14，四库全书本。

在这里邵雍以太极模式阐释了世界的变化形态，即由太极而阴阳，由阴阳而生变化，并使万物各归体类，在这个意义上，太极就有了道的意味。邵雍进一步以其阴阳观来解释道：

> 阳者道之用，阴者道之体。阳用阴，阴用阳。以阳为用，则尊阴；以阴为用，则尊阳也。阴几于道，故以况道也。阳尊而神，尊故役物，神故藏用，是以道生天地万物，而不自见也，万物亦取法乎道也。①

“阳者道之用，阴者道之体”，所谓阳为道之用，即是指阳是道的功能；所谓阴为道之体，即是阴为道的性质实体。在此体用构架下，阴阳又彼此为用，但因为阴几于道，而发用“况道”，故阳尊而神。邵雍在此解释了何以阴阳变化，何以阳尊而神？“阳用阴，阴用阳”，这一观念与张载思想是颇为一致的②。在阴阳关系上，邵雍还讨论了阴阳的上下、互生。他说：“自下而上谓之升，自上而下谓之降，升者生也，降者消也，故阳生于下，而阴生于上，是以万物皆反生，阴生阳，阳生阴，阴复生阳，阳复生阴，是以循环而无穷也。”③另外，还讨论了阴阳的体性关系，他说：“性非体不成，体非性不生，阳以阴为体，阴以阳为性。动者性也，静者体也，在天则阳动而阴静，在地则阳静而阴动，性得体而静，体随性而动，是以阳舒而阴疾也。”④ 陈来先生说：“体是指形质，性是指性质。”⑤ 在阴阳变化中，阴是形质，阳是其性质，“一个事物的体是它的阴的方面，一个

① 邵雍：《观物外篇下》，《皇极经世书》卷14，四库全书本。

② 张载曰：“道体常尽变，阳动而变，故为道之用；阴静而常，故为道之体。阳动阴静，阳尊阴卑，至于随时变通，则阳中有阴，阴中有阳，迭相为用，故阳用阴，阴用阳，以阳为用则尊阴，以阴为用则尊阳也。阳尽阴纯坤为主矣，阴尽阳纯乾为主矣。”

③ 邵雍：《观物外篇下》，《皇极经世书》卷14，四库全书本。

④ 邵雍：《观物外篇下》，《皇极经世书》卷14，四库全书本。

⑤ 陈来：《宋明理学》（第2版），华东师范大学出版社2004年版，第97页。

事物的性是它的阳的方面”。事物的性属动，体主静，事物的变化找到形质就处于静，事物的形质随着变化属性而动。不管是体用关系，还是体性、上下、互生的关系，邵雍将变化动因归结在阴阳两者的特定关系中，也赋予阴阳化生更加复杂的模式。而体用、体性、上下、互生等概念的引入，将阴阳部分拖入了形而下的层面，突出了数的形而上地位，更重要的是，这样就可以顺其自然地将阴阳之各种关系普及到天地万物中。

邵雍将天地变化中有着具体形质的五种元素化约为四种：“天有五辰，日月星辰与天而为五，地有五行，金木水火与土而为五，五行之木万物之类也，五行之金出乎石也，故水火土石不及金木，金木生其间也。”[①] 然后揭示出日、月、星、辰、水、火、土、石的阴、阳、刚、柔特性，从而以阴阳理论统摄了五行生克理论，使几个层次的阴阳关系坐实在具体物质中。他说：

> 阳中阳日也，阳中阴月也，阴中阳星也，阴中阴辰也，柔中柔水也，柔中刚火也，刚中柔土也，刚中刚石也。夫四象在错综而用之，日月，天之阴阳；水火，地之阴阳；星辰，天之刚柔；土石，地之刚柔。[②]

阴阳又可具体化为天之阴阳、地之阴阳、阳中阳、阴中阳等，另外将日月星辰、天地水火与方位和卦象联系在一起。他说：“天之阳在东南，日月居之地，之阴在西北，火石处之。天以刚为德，故柔者不见；地以柔为体，故刚者不主。是以，震，天之阴也；巽，地之阳也。”[③]

日、月、星、辰、天、地、水、火可以变化出一系列事物，他

① 邵雍：《观物外篇下》，《皇极经世书》卷14，四库全书本。
② 邵雍：《观物外篇下》，《皇极经世书》卷14，四库全书本。
③ 邵雍：《观物外篇下》，《皇极经世书》卷14，四库全书本。

说："日为暑，月为寒，星为昼，辰为夜，暑寒昼夜交而天之变尽之矣。水为雨，火为风，土为露，石为雷，雨风露雷交而地之化尽之矣。暑变物之性，寒变物之情，昼变物之形，夜变物之体，性情形体交而动植之感尽之矣。雨化物之走，风化物之飞，露化物之草，雷化物之木，走飞草木交而动植之应尽之矣。"①

为了直观起见，现列表如下②：

太阳乾	太阴兑	少阳离	少阴震	少刚巽	少柔坎	太刚艮	太柔坤
日	月	星	辰	石	土	火	水
暑	寒	昼	夜	雷	露	风	雨
性	情	形	体	木	草	飞	走

天上事物和地上事物，如"体"——日、月、星、辰、石、土、火、水；"变（化）"——暑、寒、昼、夜、雷、露、风、雨；"感（应）"——性、情、形、体、木、草、飞、走。这三类都可归结为四个要素，这四个要素又两两相交，极尽变化。

	走	飞	草	木
走	走走	走飞	走草	走木
飞	飞走	飞飞	飞草	飞木
草	草走	草飞	草草	草木
木	木走	木飞	木草	木木

而分属于天地之间的事物之间也存在交合关系：

走感暑而变者，性之走也；感寒而变者，情之走也；感昼而变者，形之走也；感夜而变者，体之走也。飞感暑而变者，性之飞也；感寒而变者，情之飞也；感昼而变者，形之飞也；感夜而

① 邵雍：《观物篇五十一》，《皇极经世书》卷11，四库全书本。

② 李申：《易图考》，北京大学出版社2001年版，第220页。

变者，体之飞也。草感暑而变者，性之草也；感寒而变者，情之草也；感昼而变者，形之草也；感夜而变者，体之草也。木感暑而变者，性之木也；感寒而变者，情之木也；感昼而变者，形之木也；感夜而变者，体之木也。性应雨而化者，走之性也；应风而化者，飞之性也；应露而化者，草之性也；应雷而化者，木之性也。情应雨而化者，走之情也；应风而化者，飞之情也；应露而化者，草之情也；应雷而化者，木之情也。形应雨而化者，走之形也；应风而化者，飞之形也；应露而化者，草之形也；应雷而化者，木之形也。体应雨而化者，走之体也；应风而化者，飞之体也；应露而化者，草之体也；应雷而化者，木之体也。[①]

总之，康节先生进一步深化了阴阳之各种关系的阐释，并使它们与天地间方位、时令、卦象，水火、土石，以及动物、植物联系在一起，从而推论出世界万物从阴阳变化的实际轨迹，追溯了万物形态及其变化的肌理和原因。更重要的是，他向我们展示了天地万物之间复杂的交合感应关系，而这种条分缕析式的理性指引着人的感觉深入到世界的秘密中，从而使“以物观物”成为可能，让人们能在整体中冷静地看到各种因素的叠加混合。当这样的哲学思维进入审美时，审美者便具有了复式、超越的眼光，即“反观”的智慧。我们将在下文中具体论述。

邵雍还从数的角度，逆向推演出世界的历史变化。他提出了元会运世观念，发明了一种大年的历法，来说明宇宙大化和历史变迁。他以 12 时辰为 1 天，30 天为 1 月，12 月为 1 年，30 年为 1 世，12 世为 1 运，30 运为 1 会，12 会为 1 元。1 元有 12 会 360 运 4320 世 129600 年。《皇极经世书解》引邵伯温语：

① 邵雍：《观物篇五十一》，《皇极经世书》卷 11，四库全书本。

邵氏伯温曰：以日经日为元之元，其数一，日之数一故也；以日经月为元之会，其数十二，月之数十二故也；以日经星为元之运，其数三百六十，星之数三百六十故也；以日经辰为元之世，其数四千三百二十，辰之数四千三百二十故也；则是日为元，月为会，星为运，辰为世，此皇极经世一元之数也。一元象一年，十二会象十二月，三百六十运象三百六十日，四千三百二十世象四千三百二十时，盖一年有十二月，三百六十日，四千三百二十时故也。经世一元，十二会，三百六十运，四千三百二十世，一世三十年，共一十二万九千六百年，是为皇极经世一元之数。一元在大化之间，犹一年也。自元之元，更相变而至于辰之元，自元之辰更相变而至于辰之辰，而后数穷矣。穷则变，变则生，生而不穷也。《皇极经世》但著一元之数，使人引而伸之，可至于终而复始也。其法皆以十二、三十相乘，十二、三十，日月之数也，其消息盈亏之说不著于书，使人求而得之，盖藏诸用也。此易所谓天地之数也。①

邵雍以元会运世的观念来描述宇宙周期，给无穷的宇宙运行赋予规律性和周期性，他认为一元之数尽，旧的天地就要毁灭，新的天地再生，如此反复。邵雍又把元会运世的纪年与六十四卦联系起来。联系卦象中的阴阳变化而看世运如何，比如，他认为一元的第一会（子会）共一万八千年，为复卦，复卦初爻为阳，这时候一阳初起，天在第一会中形成，他给天地形成以具体的时间。到了第六会（巳）时，在卦象上是乾卦，人开始产生，六爻皆阳，这是中国历史上唐尧时期，到第七会（午），为姤卦，在中国历史上是夏、殷、周、秦、两汉、两晋、十六国、南北朝、隋、唐、五代、宋一直到五代宋，以及宋以后，共一万八千年。无限的宇宙时间，被邵雍赋予了产生、演变、

① 王植：《皇极经世书解》卷7，四库全书本。

毁灭的规律性，并且用数来推演，从而使我们认为宇宙自有其“数”。

不仅在历史周期、宇宙变化等方面有“数”，邵雍认为天地间物质也有数。阴阳变化中各有数。

二　邵雍的圣人观念

讨论邵雍圣人观念，便于我们感受由圣人观念折射出来的伦理观念和方法论，圣人观念中蕴涵着人性源头、人格理想，以及顺应天地、体验物理的人类智慧。圣人是人类的杰出者，是儒者塑造出来的理想的人中之圣。他是道德的标杆，也是自由的化身，更是智慧的渊薮。在邵雍的圣人观中，他着力讨论了圣人与常人和物质的关系，试图引入数理来解释神圣性的产生机制。

邵雍对道有明确的邪正之分，道有邪正，而道之邪正是由天时、人为，以及圣人之经典来决定的。他说：

> 春、夏、秋、冬者，昊天之时也；《易》《书》《诗》《春秋》者，圣人之经也。天时不差，则岁功成矣；圣经不忒，则君德成矣。天有常时，圣有常经，行之正则正矣，行之邪则邪矣，邪正之间有道在。行之正则谓之正道，行之邪则谓之邪道，邪正之由人乎由天乎？①

他认为，只有天时守常，人行尊经，才能步入正道，不践邪道。道不是无正无邪，也不是只正不邪的，道的邪正取决于人的行为是否遵循经典，取决于天时的运行是否遵循秩序，而起决定性作用的则是人。具体到社会伦理，君臣父子各得其所，就是正道，所谓邪道，就是纲常秩序的紊乱无常。他说：“君行君事，臣行臣事，父行父事，子行子事，夫行夫事，妻行妻事，君子行君子事，小人行小人事，中

① 邵雍：《观物篇五十九》，《皇极经世书》卷12，四库全书本。

国行中国事，僭窃行僭窃事，谓之正道。”① 伦理纲常本于圣人之经，是圣人制定了人的秩序。但邵雍的圣人并非神乎其神，他与人和物不可须臾分开。圣人之神如何而来呢？邵雍对人之灵的作用做了探讨，认为“人之灵于万物者”正是在于其感官能收摄外物：

> 人之所以能灵于万物者，谓其目能收万物之色，耳能收万物之声，鼻能收万物之气，口能收万物之味。声色气味者，万物之体也；目耳鼻口者，万人之用也，体无定用，惟变是用，用无定体，惟化是体。体用交，而人物之道于是乎备矣。②

人生而有灵，“日月星辰天之明，耳目口鼻人之灵”，邵雍在《乐物吟》中写道③，尤为可贵的是，在人与物的关系中来论述人之灵。耳目口鼻能收摄万物正体现了人之灵性。在此，邵雍突出了人的感知能力，而在人和万物之间的感知关系又是复杂的。所谓体无定用，唯变是用，就是说声色气味作为万物之体，为变化着的目耳鼻口所感知；所谓用无定体，唯化是体，就是说这些耳目鼻口体察对象是万物，要随着万物变化而变化，而人物之道就在人与物之间的体用交感中。《性理大全书》注曰：“体本无体，故惟化是体；用本无用，故惟变是用。体用变化天地之至妙者也，自非圣人孰能与于此。”④此论诚然，人与物的感知关系类似于阴阳间的彼此化生关系，王船山即是在阴阳化生模式中来阐释心物关系的。既然人与物的交感构成人道，那么，无论是物还是人，抑或圣人，都在“数”的笼罩之下。

邵雍从“数”的角度来看待物、人、圣人，于是，在人、圣人、物之间存在着可通约关系。

---

① 邵雍：《观物篇五十九》，《皇极经世书》卷12，四库全书本。

② 邵雍：《观物篇五十二》，《皇极经世书》卷11，四库全书本。

③ 邵雍：《击壤集》卷10，四库全书本。

④ 玄烨：《性理大全书》，四库全书本。

> 然则人亦物也，圣亦人也。有一物之物，有十物之物，有百物之物，有千物之物，有万物之物，有亿物之物，有兆物之物，为兆物之物，岂非人乎！有一人之人，有十人之人，有百人之人，有千人之人，有万人之人，有亿人之人，有兆人之人，为兆人之人，岂非圣乎！是知人也者，物之至者也，圣也者，人之至者也。物之至者，始得谓之物之物也，人之至者，始得谓之人之人也。夫物之物者，至物之谓也，人之人者，至人之谓也。以一至物而当一至人，则非圣人而何？人谓之不圣，则吾不信也。何哉?①

在天地之间，人也是物，而兆物之物即是人，兆人之人就是圣；物之至者就是人，人之至者即是圣。以物观之，不管是物、是人、是圣，都离不了物性；以数而论，圣人包罗无穷，无所不能。邵雍描述了圣人的神圣性，他说："谓其能以一心观万心，一身观万身，一物观万物，一世观万世者焉。又谓其能以心代天意，口代天言，手代天功，身代天事者焉。又谓其能以上识天时，下尽地理，中尽物情，通照人事者焉。又谓其能以弥纶天地，出入造化，进退古今，表里人物者焉。"② 圣人可以弥纶天地，探测幽微，贯通天地古今，这是《周易·系辞》中的基本思想，邵雍发扬了这一观念并给予新的解释，而其理论的创新之处就在于，通过数论证了圣人的包罗周备，以及表里人物、系万物于一心的可能性。另外，在圣人与人和物的认识关系中切实地讨论圣人，也是邵雍的独特思路："鉴之所以能为明者，谓其能不隐万物之形也，虽然鉴之能不隐万物之形，未若水之能一万物之形也，虽然水之能一万物之形，又未若圣人之能一万物之情也。"③ 圣人照临万物是基于其可以"一万物之情"的，这种能力类似于镜

① 邵雍:《观物篇五十二》,《皇极经世书》卷11，四库全书本。
② 邵雍:《观物篇五十二》,《皇极经世书》卷11，四库全书本。
③ 邵雍:《观物篇六十二》,《皇极经世书》卷12，四库全书本。

子之于万物，水之于万物。镜能藏影，水可顺物，是由于他们的虚无，也更由于它们能与物应，用无定体，唯化是体。其实，“一万物之情”更有与诸物平等，彼此声气相通的意思，在此邵雍进一步指出，“反观”是“一万物之情”的途径。

邵雍所提到的“反观”方法，与圣人无思无虑的超然状态并无矛盾，而且将圣人贯通天地鬼神的观照力清晰地描述出来，使其神乎其神的能力似乎有据可凭：

> 圣人之所以能一万物之情者，谓其圣人之能反观也，所以谓之反观者，不以我观物也。不以我观物者，以物观物之谓也，既能以物观物，又安有我于其间哉？是知我亦人也，人亦我也，我与人皆物也，此所以能用天下之目为己之目，其目无所不观矣。[①]

所谓以物观物，即是无我之观，也是实现无我之观的具体方式。邵雍认为，我是人，人也是我，我与人都是物，能用天下之目为我之目，就可以无所不观，无所不见。以物观物合乎人之性，以我观物则流于情，即邵雍所说：“以物观物，性也，以我观物，情也。”[②]“性公而明，情偏而暗”[③]，以物观物旨在规避自我局限，以超越于人、物、我界限的眼光来看待世界，而至广、至远、至高、至乐正是其基本特征[④]。有论者将以物观物解释为“以理观物”[⑤]，其实是不准确的，“以理观物”是邵雍在导出“以物观物”这一观念过程中所提到

① 邵雍：《观物篇六十二》，《皇极经世书》卷12，四库全书本。
② 邵雍：《观物外篇下》，《皇极经世书》卷14，四库全书本。
③ 邵雍：《观物外篇下》，《皇极经世书》卷14，四库全书本。
④ 邵雍：《观物篇六十二》，《皇极经世书》卷12，四库全书本。
⑤ 唐明邦认为：“人心虽一，人性各别，单凭‘观之以心’，还不能区别认识的高下、深浅、真伪，还要‘观之以理’，认识事物的理论指导不同，才是认识不同的根本原因。”见唐明邦《邵雍评传》，南京大学出版社1998年版，第236页。

的概念[①]，邵雍明确表示，“一万物之情”才是圣人的本质所在，理解以物观物应当与圣人的应物观念相联系。在圣人“用无定体，惟化是体”的心物关系中，圣人对物的感应倏忽如神，至大至广，圣人本体虚静无为，那么，圣人对物的感应和认识其实就是物物的彼此观照，在这一过程中恰好是无我而广大的，而圣人之性又得以灌注其中。当这种圣人式的以物观物的“反观”思想进入邵雍的诗学时，其诗歌在审美上便呈现出别具一格的特征。

三　以物观物的审美方法

审美总是与情感联系在一起的，当情感脱离了概念而获得心灵的愉悦时即是美的境界，但这并不意味着情感就此与理性认知水火不容，相反，如果没有信仰的方向、认知的获得，审美只能停留在感官、肉欲上，果真如此，审美也就不存在了。邵雍以物观物的方法论进入审美领域时，一方面，保证了审美中人性理想的存在；另一方面，也在感物过程中避免着主观私情的介入。邵雍的诗歌审美并非为了沉醉于心灵的愉悦，而是为了“言天下大义”。《击壤集自序》曰：“近世诗人，穷戚则职于怨憝，荣达则专于淫泆。身之休戚，发于喜怒；时之否泰，出于爱恶。殊不以天下大义而为言者，故其诗大率溺于情好也。噫，情之溺人也，甚于水。”邵雍以超然的眼光来看待个人之贫、富、贵、贱和社会的治、乱、兴、废，反对出于个人喜怒爱恶的诗歌表达，深感“情之溺人也，甚于水”，主张“以天下大义而为言”[②]。邵雍在此引入了圣人式的态度，在处理心与外物关系时主张抛弃利害之心，摆脱情累。他以蹈水为喻，“外利而蹈水，则水之情亦由人之情也；若内利而蹈水，则败坏之患立至于前，又何必分乎

① 邵雍说：“非观之以心，而观之以理也。天下之物莫不有理焉，莫不有性焉，莫不有命焉。所以谓之理者，穷之而后可知也。所以谓之性者，尽之而后可知也，所以谓之命者，至之而后可知也。此三知者，天下之真知也，虽圣人无以过之也，而过之者，非所以谓之圣人也。”见邵雍《观物篇六十二》，见《皇极经世书》卷12，四库全书本。

② 邵雍：《击壤集自序》，四库全书本。

人焉？水焉？其伤性害命一也”[①]，正如外利而蹈水，人与水相辅相成一样，摆脱因个人好恶所导致的情累，心与物便可两不相伤。伤物则伤身，伤身则伤心，伤心则伤性，伤性则伤道，于应物中不伤物，是理想心物关系的关键，而以物观物是行之有效的方法。邵雍说：

> 况观物之乐，复有万万者焉。虽死生荣辱转战于前，曾未入于胸中，则何异四时风花雪月一过乎眼也？诚为能以物观物而两不伤者焉。盖其间情累都忘去尔，所未忘者，独有诗在焉。然而，虽曰未忘，其实亦若忘之矣，何者？谓其所作异乎人之所作也。所作不限声律，不沿爱恶，不立固必，不希名誉，如鉴之应形，如钟之应声。其或经道之余，因闲观时，因静照物，因时起志，因物寓言，因志发咏，因言成诗，因咏成声，因诗成音。是故，哀而未尝伤，乐而未尝淫，虽曰吟咏情性，曾何累于性情哉？[②]

这段文字分两个层次，先写修养心性，次写吟咏情性，其共同特征是，不累于性情，忘记其情累。以物观物既然是一种普遍的圣人式的观照状态，运用到审美中也是自然而然。具体而言，以物观物并非那么玄妙莫测，将生死荣辱转战于前的人生状态看作四时变动中的风花雪月，即是以物观物。观人生而去看四时，却又不以人的喜怒哀乐或人生境遇之感去看四时，而是“因闲观时”“因静照物”，然后通过四时的自然变化来反观人生，在自然的大节律中看待人生的律动。

“安乐窝中诗一编，自歌自咏自怡然”[③]，这是邵雍的夫子自道，从中可感觉到作者独与天地往来的自得情怀。自歌、自咏、自怡然的

---

① 邵雍：《击壤集自序》，四库全书本。

② 邵雍：《击壤集自序》，四库全书本。

③ 邵雍：《安乐窝中诗一编》，《击壤集》卷9，四库全书本。

逍遥境界正是抖落情累后与天地同俯仰的无我状态，也正因为无我而彰显大义。《击壤集》中以物观物作为一种审美方法在写人情、自然时得以广泛地运用。卷8《思故人》：“芳酒一樽虽甚满，故人千里奈思何。柳拖池阁条偏细，花近檐楹香更多。”举杯间想起友人，远隔千里又无可奈何，一边是斟酒将饮时，一边是路遥不可见，客观的笔调，写出客观的处境。接着写身边柳的姿态、花的香气，它们各自以自身的生态，映照出故人之思，而同时也超越了实际的时空障碍，滤掉了真实的思念困挠，展现出友情的永恒和真挚。这永恒和真挚与自然相始终，与花木同声气。王国维将以物观物解释为“无我之境”无疑是对的，但这无我之境的获得与通过物来反观是不可分开的。卷2《春游五首》其二：“洛城春色浩无涯，春色城东又复嘉。风力缓摇千树柳，水光轻荡半川花。烟晴翡翠飞平岸，日暖鸳鸯下浅沙。不见君王西幸久，游人但感鬓空华。”此诗发思古之幽情，但历史感被巧妙地洗涤，并融合在花鸟烟柳中，成为无涯春色的一部分，让人似乎可触可感，以自然的春色观照了“君王西幸”——政治的春色。这固然不失为一种情景交融，但情与景如何交融则是中国文论史一直探索的问题，因为这涉及人与自然之间基本的伦理关系，涉及人的心灵、理想等问题。魏晋玄学影响下的情景关系中，自然是活泼而各尽其分的；唐人笔下的自然却时时在体现着作者的品格与血性，这与唐人顶天立地的时代气质有关系，王勃易学中鲜明地贯穿了这一思想；宋人笔下的自然总体看来被理性所照耀，欧阳修之推崇平淡、苏轼理性写景，这都与他们的易学思想在审美中的渗透有关。也就是说，在所谓的情景交融中杰出的作家往往独具哲学之眼。至少在中国古代，他们不是盲目地顺从着感觉来表达他们的心情，而是要想方设法突破感觉和思维的定势来开拓新的精神家园，在审美上的这种追求往往与他们在哲学上的孜孜以求是同步的。邵雍是其中的佼佼者，他开拓了一种新的模式，即我们所说的“以物观物”。

为什么通过自然物来反观可称之为以物观物，而并非以物观我呢？因为作者发现物的前提是无我，只有无我才可以让物解放出来，借助被发现的物再反观，更成就着无我，如此循环，其理想的方式必然是以物观物。而通过物物之间的关系来看物，物的自然形态才可以显示出来，那么以物观物最朴实的方式就是在物物关系间来看物。卷10《插花吟》写道："头上花枝照酒卮，酒卮中有好花枝"，作者说花枝留影于酒杯，也看到了酒杯中呈现了花枝；"酒涵花影红光溜，争忍花前不醉归"，酒中又有花影，在花前人又醉了，也即作者将酒入怀，酒进入到人的身心时，酒中的花影也进入到人的身心，而人又面对了花，这次的看花看到的已经不是自然的花，它经过了层层的折射叠映，这就是以物观物。事物逃出了作者直接的眼睛和直接的心灵感觉，借助于别的情景和事物表达出来，构成的自由独立的审美境界。王船山有"两镜取影"说，他以"刻写入冥，如两镜之取影"评岑参《奉和中书舍人贾至早期大明宫》诗①。原诗写道："鸡鸣紫陌曙光寒，莺啭皇州春色阑。金阙晓钟开万户，玉阶仙仗拥千官。花迎剑佩星初落，柳拂旌旗露未干。独有凤凰池上客，阳春一曲和皆难。"所谓两镜取影即是景与景互照，消除主观而尽量得其真谛。鸡鸣、曙光、春色、莺啭，以及金阙晓钟、千门万户、玉阶仙仗、文武百官，这些情景一一呈现，随着光影流转，所有情事都次第展开，就在彼此的光芒中，我们看到了时间的流动、空间的改变，窥见了天地之气的变动，也体察到人世中的那份世俗和辉煌。不过邵雍与王船山是不同的，王船山所推崇的"两镜取影"其是"景外设景"的情景关系，是在心与物应中以心灵为主体感觉到的不同的审美层次；邵雍在物物关系中观物，淡化了心灵的实际内容，这不仅是其审美方法更是其人生态度。卷8《南园赏花》之二写道："花前把酒花前醉，醉把花枝仍自歌。花见白头人莫笑，白头人见好花多。"是酒醉还是花醉？抑或人自醉？是花、是酒、是人，更是它们彼此交互感应下的气

① 王夫之：《船山全书》，岳麓书社1996年版，第14册，第1082页。

氛令人迷眩。人和物此刻消融了界限，彼此对视，于对视中沉醉。卷4《天津感事》二十六首，其十一："烟树尽归秋色里，人家常在水声中。数行旅雁斜飞去，一簇楼台峭倚空。"这真是比仙界还脱俗超凡的境地，树木归于秋色，人家存在于水声之中，楼台依空峭立，有形之物建立在声、色、空这些无形之物之上，其存在的理由必然是脱尽了有形之物的历史感。我们不能不说，邵雍创造的诗境广大无边，其妙无穷，可以看成是圣人式心性的表现，但遗憾的是，他过分地抽空了心灵的内容。这是我们在阐释以物观物时应当注意的。

第八章　苏轼易学与诗学

与其说宋儒将理性精神灌注到传统儒学中，还不如说宋儒生发了儒学中的理性精神，其中当以欧阳修、苏轼为代表。欧阳修深研易理，撰《易童子问》《易或问》《明用》，提出遵循有待之道、固守其志、畜养道德的君子观，这是其易理在伦理中的运用。他还阐释了易理中探赜索隐的精神，并将它渗透于感物吟志中。《经旨十八首·易或问》说："是故穷极万物以取象，至于臀腓鼠豕，皆不遗。其及于怪者，穷物而取象者也；其多隐者，究物之深情也。所以尽万物之理，而为之万事之占也。"[①]"穷极万物"与"究物之情"即是欧阳修对"探赜索隐"的时代性发挥，其表征于诗学即是提倡"探其奇怪"[②]"极于精思"[③]的诗学精神。苏轼在《居士集序》中说："其言简而明，信而通，引物连类，折之于至理，以服人心，故天下翕然师尊之。"[④]欧阳修之所以能"折之于至理"，与其诗学中渗入易理有关，而苏轼能如此深得欧阳修诗心，也是因为他与欧阳修乃同道中

---

① 欧阳修著，李逸安点校：《欧阳修全集》卷61，中华书局2001年版，第3册，第878页。

② 《梅圣俞诗集序》，欧阳修著，李逸安点校：《欧阳修全集》卷43，中华书局2001年版，第2册，第612页。

③ 《薛简肃公文集序》，欧阳修著，李逸安点校：《欧阳修全集》卷43，中华书局2001年版，第2册，第618页。

④ 苏轼：《居士集序》，欧阳修著，李逸安点校：《欧阳修全集》附录卷5，中华书局2001年版，第6册，第2756页。

人。苏轼诗学中的理性精神也是通过其易学生发的，但较之欧阳修更为根本，他以化物之理、性命之理观照诗歌之生成，形成“初无定质”之论，他还将“自然之数”直接引入诗论话语中。苏轼诗学将理性精神和自由精神完美地统一于其诗学本体。对苏轼诗学的研究，学术界成果不少，其中不乏会心之论，但如果从苏轼易学入手似乎更可以窥其真相。

一 苏轼的自然观与性命论

苏轼于《易》造诣颇深，有《东坡易传》传世，在其文集中也可看到《易论》《易解》等文章，而《书筮》一篇则是他将《易》用于占卜的明证[①]。《易》不仅用于苏轼的日常生活，而且成为他独特的宇宙观和方法论中的重要内容，同时，他也将易学思想熔铸于其诗学思想中。《易》学作为苏轼家学是滋润他的学问根脉，《四库全书总目提要》说：“苏籀《栾城遗言》记，苏洵作《易传》未成而卒，属二子述其志，轼书先成，辙乃送所解于轼，今《蒙》卦犹是辙解，则此书实苏氏父子兄弟合力为之，题曰轼撰，要其成耳。”[②]《东坡易传》合父子之力而成，可谓三苏之性命所寄，但仍以苏轼为主。苏轼易学观念颇为独特，《提要》中说：“推阐理势，言简意明，往往足以达难显之情，而深得曲譬之旨。盖大体近于王弼，而弼之说惟畅玄风，轼之说多切人事。其文词博辨，足资启发。”四库馆臣出于正统立场对苏轼评价并不高，但苏轼说《易》，演绎了深刻的义理且能切于人事独自成家则是不争的事实，而由此带来的诗学观念的巨变则是四库馆臣们无缘识见的。

《东坡易传》中苏轼清晰地表达了他的自然观和伦理观。《系辞》

---

① 其文曰：“戊寅九月十五日，以久不得子由书，忧不去心。以《周易》筮之，遇《涣》之内三爻，《初六》变为《中孚》。其繇曰：‘用拯马壮吉。’《中孚》之《九二》变为《益》，其繇曰：‘鸣鹤在阴，其子和之。我有好爵，吾与尔縻之。’”见苏轼撰，孔凡礼点校《苏轼文集》卷71，中华书局1986年版，第5册，第2273页。

② 永瑢等撰：《四库全书总目》卷2，中华书局1965年版，第6页。

上曰："是故刚柔相摩，八卦相荡。鼓之以雷霆，润之以风雨，日月运行，一寒一暑，乾道成男，坤道成女。"东坡传曰：

> 天地之间，或贵或贱，未有位之者也，卑高陈，而贵贱自位矣。或刚或柔，未有断之者也，动静常，而刚柔自断矣。或吉或凶，未有生之者也，类聚群分，而吉凶自生矣。或变或化，未有见之者也，形象成，而变化自见矣。是故刚柔相摩，八卦相荡，雷霆风雨，日月寒暑，更用迭作于其间，杂然施之，而未尝有择也，忽然成之而未尝有意也。[①]

苏轼认为，天地之间并没有贵贱之位的安排者，是因为卑高陈列，贵贱自然而生；也不存在刚柔之性的判定者，是因为动静有常而刚柔自断；同时，吉凶乃自生，并不存在生吉生凶者；至于变化，也不曾有背后的驱动者，是因"形象"出现了，变化乃自然呈现。雷霆风雨、日月寒暑的更迭也不曾有选择，乃"未尝有意""忽然成之"。总之，事物的发生都是无意而成，即所谓"用息而功显"[②]。这样的自然化生观有贵无论倾向，类似于王弼，不过，它并不以无为本体，从而与王弼分为两途。苏轼不主张自然独化或无为之化，而是强调在秩序之下的原始化生和后天遭际，如他认为，因"卑高陈""动静常"等秩序的天然存在，而产生"贵贱""刚柔"；至于卑高之陈、动静之常从何而来，并没有深究。苏轼在秩序的前提下，以"用息功显"为主导思想来讨论乾坤、男女之道："及其用息而功显，体分而名立，则得乾道者自成男，得坤道者自成女。夫男者，岂乾以其刚强之德为之，女者岂坤以其柔顺之道造之哉！我有是道，物各得之，如是而已矣。"[③] 也就是说，乾坤之道自然产生，得乾道者自成男，

① 苏轼：《东坡易传》卷7，四库全书本。
② 苏轼：《东坡易传》卷7，四库全书本。
③ 苏轼：《东坡易传》卷7，四库全书本。

得坤道者自成女；并非乾以刚强之德作用而成男，也不是坤以柔顺之道作用而成女。事物的生成亦然，一者是无意之道，一者是物自得之。与玄学家不同的是，“无意之道”中其实是有秩序的，而“物自得之”也不是各适其分的独化。如何“得道”就成为苏轼的一个重要哲学话题，而顺应自然之理，自由发挥个性则是苏轼的大致思路。这一思想在其诗学中产生了深刻影响，下文将论及。

与上述自然观相应，在伦理观念上苏轼也渗透了“用息功显”的“无我”观念。他讨论了圣人之心与君子性命观。苏轼说：“圣人者亦然，有恻隐之心，而未尝以为仁也，有分别之心，而未尝以为义也，所遇而为之，是心着于物也。人则从后而观之，其恻隐之心成仁，分别之心成义。”[①] 即是说，圣人的恻隐之心、分别之心，其初衷和目的不在于“仁”“义”，它们均是无意中“所遇而为之”，至于或“仁”或“义”则是人们“从后而观”的结果。在此，苏轼强调了圣人之心的无意，圣人之伦理道德是在随所遇而为之的具体情境中。苏轼还论及性、命、情之关系。什么是“性”呢？他说：“君子日修其善，以消其不善，不善者日消，有不可得而消者焉。小人日修其不善，以消其善，善者日消，亦有不可得而消者焉。夫不可得而消者，尧舜不能加焉，桀纣不能亡焉，是岂非性也哉？”[②]“性”难以看见也难以言说，苏轼一改“以可见者言性”的思路[③]，引入具体生活体验来描述“性”。他认为那存在于生活中、尧舜不能加、桀纣不能亡的“不可消者”就是“性”。但所谓“不可消者”是超验于一般人的感官的，它具有永恒性，在伦理上超出了人们所认为的“善”与“不善”的界域。不过，君子又是可以体验到的，而且他至于性的境界就具备了成圣的可能：“君子之至于是，用是为道，则去圣不远

---

① 苏轼：《东坡易传》卷7，四库全书本。

② 《释〈乾〉》，《东坡易传》卷1，四库全书本。

③ 苏轼说：“古之君子患性之难见也，故以可见者言性。夫以可见者言性，皆性之似也。”《释〈乾〉》，《东坡易传》卷1，四库全书本。

矣。虽然，有至是者，有用是者，则其为道常二。犹器之用于手，不如手之自用，莫知其所以然而然也。”[①] 圣人的境界其实就是“莫知其所以然而然”的至性境界。

什么是命呢？至性就是命。苏轼曰：“性至于是，则谓之命。命，令也。君之令曰命，天之令曰命，性之至者亦曰命。性之至者，非命也，无以名之而寄之命也。死生祸福莫非命者，虽有圣智，莫知其所以然而然。”[②] 苏轼将“性之至者”叫作命，又说“性之至者”非命，原因在于：至性是“性之至者”，至高如天，故可以叫命；但是，至性本身并不是命，只是无法命名或定位它而寄之于命。首先，苏轼认为“至性”和“命”都是“莫知其所以然而然”的，他说：“死生祸福莫非命者，虽有圣智，莫知其所以然而然。君子之于道，至于一而不二，如手之自用，则亦莫知其所以然而然矣，此所以寄之命也。”[③] 君子至一不二的体道入神，就是至性和命的境界，此时性命合一，但不同一。其次，“命”是“性”的一个境界，他说：“情者，性之动也。溯而上至于命，沿而下至于情，无非性者。性之与情，非有善恶之别也，方其散而有为，则谓之情耳，命之与性，非有天人之辨也，至其一而无我，则谓之命耳。”[④] 苏轼认为，“性”可上至于“命”，可下至于“情”，“命”是君子至一无我的境界，而非天命；“情”是“性”的有为状态，“性”和“情”没有善恶之别，“散而有为”即是情。总之，通过对情、性、命的讨论，苏轼认为，君子在“至性”和“命”的境界中是“莫知其所以然而然”的，表达了对无为无我的重视，并强调了“性”的自由；而“情”的境界是君子“散而有为”。苏轼伦理观就是在无为和有为中寻找理性与自由。在自然观方面，苏轼认为事物乃无心而成，在性命论方

① 苏轼：《东坡易传》卷7，四库全书本。
② 《释〈乾〉》，《东坡易传》卷1，四库全书本。
③ 《释〈乾〉》，《东坡易传》卷1，四库全书本。
④ 《释〈乾〉》，《东坡易传》卷1，四库全书本。

面，以无我无为的“性至”为“命”，以“莫知其所以然而然”为圣人境界①。在这些基本哲学思想的主导下，苏轼形成了自己独特的诗学思想。

二　初无定质论及王船山的非难

当苏轼的自然观运用于诗学时，作品的生成被看作无心而成的一种自然，另外，作品的生成又与作者不无关系，作品是作者遇物而成的结果，也是作者体道入神的情、性、命的体验。从下面两段著名的文字中其实不难发现，苏轼自然观和性命论在其诗学中表现为“初无定质”“不择地而出”等理念：

> 所示书教及诗赋杂文，观之熟矣。大略如行云流水，初无定质，但常行于所当行，常止于所不可不止，文理自然，姿态横生。②

> 吾文如万斛泉源，不择地皆可出。在平地滔滔汩汩，虽一日千里无难。及其与山石曲折，随物赋形，而不可知也。所可知者，常行于所当行，常止于不可不止，如是而已矣。其他虽吾亦不能知也。③

以上两段文字在核心思想上并无二致，论者大多认为与苏轼崇尚自然有关，但这样的说法并不能真正深入苏轼思想的精微之处，更不能发现此种思想是渊源有自的。其实联系苏轼易学思想，其中深意可

---

① 《释〈乾〉》，《东坡易传》卷1，四库全书本。这些思想是通过解《易》而阐发的，他还将情、性关系放在《易》的框架中，即“六爻发挥，旁通情也，以爻为情，则卦之为性也明矣”。

② 《答谢民师推官书》，苏轼撰，孔凡礼点校：《苏轼文集》卷49，中华书局1986年版，第4册，第1418页。

③ 《自评文》，苏轼撰，孔凡礼点校：《苏轼文集》卷66，中华书局1986年版，第5册，第2069页。

迎刃而解，为什么要推崇“初无定质”“随物赋形”？为什么在行文过程中有“可知”又有“不可知”？可知的是什么？不可知的又是什么？《东坡易传》中世界无心而成的自然观在此运用于诗论中，文章“不择地而出”“初无定质”的生成，同于（上文提到的）苏轼解《易》所说：“未有生之者”“未有见之者”“变化自见”“未尝有择”的自然生成[①]。这是将自然生成论直接引入文章生成中，换句话说，文章写作在根本上模仿了自然——或者说写作某种程度上即是易道的实现。而如同自然一样演绎而成的文章必然如行云流水，滔滔汩汩。

关于创作过程中的“可知”和“不可知”是“初无定质”“不择地而出”论中派生的，但苏轼《易》学依然是其哲学本源。文章生成过程中的“可知”，即是两段文字中提到的“常行于所当行，常止于不可不止”，一方面是指作者写作中得心应手的出神入化，更重要的另一方面是指一种文章本体在形成中的类似自然生成的既活泼又中节的秩序。它类似于苏轼变易之道中的“体分而名立”、无意变化而有乾坤男女、“我有是道，物各得之”[②]，这就是说，自然的生成是自由而有节奏的，文章的生成也如此。不过文章毕竟不同于自然现象，它离不开作者的人力参与，所以它要求作者也进入“常行于所当行，常止于不可不止”的境界中。这种行文之道与自然之道的有机合一，即是可知的境界，因为苏轼是认同自然秩序的。而在此过程中的所谓“可知”又不是孤立的，它总是伴随着“不可知”。因为作者进入自然秩序（可知），体悟到自然的秩序感的前提即是无为无我，即所谓“用息功显”。所以，文章生成过程中的“不可知”是指，作者至一无二地用心于创作中的“莫知其所以然而然”的状态。这一诗性状态类似于“莫知其所以然而然”的至性而寄之于命的体道状态。

上述既重视秩序又重视入神与自由的诗学观念即是“初无定质”

① 苏轼：《东坡易传》卷7，四库全书本。

② 苏轼：《东坡易传》卷7，四库全书本。

之论的核心思想，其思想脱胎于苏轼易学宇宙观和易学伦理观。创作中既能行止有常、顺应自然之理又能发挥个性、自由烂漫的诗学境界是人格境界在文学上的体现。在这个意义上，苏轼充实和发展了文道论，通过精研《易》学，将理性和个人性情引入文道论，并且延伸到具体的方法论层次。我们理解宋人诗学中的理性不可想当然，它是有具体的文化内涵和内在理路的。

苏洵文论也强调行文无心与姿态自然，主张创作主体和客体之间“无意乎相求，不期而相遭”的审美关系。苏洵在《仲兄字文甫说》中以风水相遭为喻，引《易·涣卦》论文道：“且兄尝见夫水之与风乎？油然而行，渊然而留，渟洄汪洋，满而上浮者，是水也，而风实起之。蓬蓬然而发乎大空，不终日而行乎四方，荡乎其无形，飘乎其远来，既往而不知其迹之所存者，是风也。”[①] 风发乎大空，无形无迹，行于水上，而形成千姿百态的波纹，从这种自然现象中，苏洵观照到了《易》理，也看见为文之道：“‘风行水上，《涣》。’此亦天下之至文也。”[②] 苏洵同样认为，文章“无意”而生，正如水风偶然相遇，两两相使而成天下至文，他说：“然而此二物者，岂有求乎文哉？无意乎相求，不期而相遭，而文生焉。是其为文也，非水之文也，非风之文也。二物者非能为文，而不能不为文也，物之相使而文出于其间也，故此天下之至文也。”[③] 与苏轼相比，苏洵所谓“无意”为文更加彻底，是不得已之文[④]，不过，苏氏父子在整体思路上并无二致。

对于苏轼“文无定质”论，王船山有针对性的批评，苏轼如此

① 苏洵：《嘉祐集》卷15，四库全书本。

② 苏洵：《嘉祐集》卷15，四库全书本。

③ 苏洵：《嘉祐集》卷15，四库全书本。

④ 苏洵主张君子的不得已之言，而其言论又是建立在君子道德基础上的，与苏轼一样，也认同“用息功显”的圣人之道。他说：“故夫天下之无营，而文生之者，唯水与风而已。昔者君子之处于世，不求有功，不得已而功成，则天下以为贤；不求有言，不得已而言出，则天下以为口实。”见苏洵《嘉祐集》卷15，四库全书本。

精深的理论为什么会得到王船山的质疑呢？其原因究竟为何？这是一个值得学术界关注的问题。王船山评曹操《秋胡行》说：

> 当其始唱，不谋其中；言之已中，不知所毕；已毕之余，波澜合一；然后知始以此始，中以此中：此古人天文斐蔚、夭矫引伸之妙。盖意伏象外，随所至而与俱流，虽今寻行墨者不测其绪，要非如苏子瞻所云“行云流水，初无定质”也。维有定质，故可无定文，质既无定，则不得不以钩锁映带、起伏间架为画地之牢矣。①

王船山认为，诗情的展开和意象呈现是在“不谋”和“不知”中完成的，何时开始、何为中间、何时结束并非事先安排，对诗歌的进度和结构肌理也非特意用心甚至懵然不知；这与苏轼所说的“无意而成”“不知其然而然”的创作状态是类似的。王船山强调了文字形式、结构肌理，会随着文思的运行而自然展开，王船山称其为“古人天文斐蔚、夭矫引伸之妙”，即自然化生之妙。这一“自然”是“夭矫”“引伸”的自然，也就是“屈伸”“消长”“往来”而形成的自然②；苏轼也强调了文章形式的自由展开，所谓“文理自然，姿态横生”。既然如此，那么，王船山与苏轼的分歧究竟在何处呢？王船山认为，苏轼的所谓“姿态横生”是人为的“钩锁映带”，自己所谓“夭矫引伸”则是自然的。这一论点的根基何在？

事实上，从理论上可以推断出王船山的文章形式确实如自然化生一般。王船山将其易学中阴阳化生的理论移入诗学中，对意象生成、结构成形等作了理论阐释。首先，王船山认为大化流行，氤氲不已，

① 评曹操《秋胡行》，王夫之：《古诗评选》卷1，《船山全书》，岳麓书社1996年版，第14册，第499页。

② 《周易·系辞下》。

而“天之气化在人表现为心与物的相感”[①]。他说：“人心万殊，操纵、取舍、爱恶、慈忍，一唯此阴阳之翕辟，顺其理则为圣，从其妄则为狂。圣狂之分，在心几变易之间，非形色之有善恶也。”[②] 他认为，人心之几变易不居，可谓一本万殊，其取舍爱恶产生在阴阳开合中，这种阴阳关系即是心之几与形色的关系，而圣人能顺应其理故成圣。所以，王船山主张“肖太和之本体”[③]，即心神通于太虚之神，那么，人心与外物相感就是存神化物。他说：“知道者凝心之灵以存神，不溢喜，不迁怒，外物之顺逆，如其分以应之，乃不留滞以为心累；则物过吾前而吾已化之，性命之理不失而神恒为主。”[④] 心应万物，因为有超越形体、感官的“神”，且能曲折应物，所以能贯通万物之理，物来得其理。在此过程中，心物感应，彼此往来，如同阴阳翕辟，而且心神通于太虚之神，故心神与外物相感便可获得真知，其极致境界便是达到物我为一、天人合一之境。其中的心物相感、物我为一既是人生伦理，也可成诗意境界。在心物相感的诗意境界中，心物关系同样是在阴阳模式下进行，文章就是心物相感的产物，是作者内极才情、外周物理、应物入神的结果；道与文可以天然地结合，将主体的理念注入形式表达中，使形式成为有意味、有内容的形式，也就是说，随着作者在行文中“意”的进入，其形式也次第展开。

按照苏轼的理路，“初无定质”是指行文的无意而成，是苏轼在诗学中对“用息功显”“我有是道，物各得之”的自然之道的效仿[⑤]，也是在诗学中对“所遇而为之，是心着于物”的圣人应物精神的运用[⑥]。其自然生成观强调了自然秩序下的无意之道；其圣人应物论中，心以无意遇物。这样的结果是，一方面以无意之心顺应自然之道；另

① 陈来：《诠释与重建——王船山的哲学精神》，北京大学出版社2004年版，第345页。
② 王夫之：《张子正蒙注》卷1，《船山全书》，岳麓书社1992年版，第12册，第43页。
③ 王夫之：《张子正蒙注》卷1，《船山全书》，岳麓书社1992年版，第12册，第17页。
④ 王夫之：《张子正蒙注》卷2，《船山全书》，岳麓书社1992年版，第12册，第95页。
⑤ 苏轼：《东坡易传》卷7，四库全书本。
⑥ 苏轼：《东坡易传》卷7，四库全书本。

一方面，心与物的应合，并进入自得入神的境界，上述哲学观念反映在诗学中就是“初无定质”论。文章是在秩序和自由中展开的，而创作主体是“不可知”又“可知”的。因为“初无定质”（包括主体的无意和形式的自由滋蔓），其“可知”主要指顺应了自然秩序，其“不可知”就是心与物应的“莫知其所以然而然”的入神状态，而且此种诗性状态只有与至性而寄之于命的“莫知其所以然而然”的体道状态相统一，那才是最理想的境界。我们知道，“至性”而“寄之命”时，君子是“至于一而不二”地体悟自然之道的[①]，那么，心与物应也必须是在自然之道中。心与物相遇之初，心以无意遇物，以自然秩序为归，当心与物感应时，在什么情况下依然自得于自然之道中呢？那就是心与物感应的结果应该是对自然之理的把握。

也就是说，苏轼在其入神的创作境界中，是自得于观照外物而获得的自然之理的，心与物的关系是心对物的探赜索隐，心对物观照则又是在自然之道的前提下的。所以，在整体逻辑上，苏轼的创作论也遵循了其自然观模式，先有自然之道，然后以自然之道去应物，既然以现成自然之道去应物，“心”必然主动地去通过“物”获得自然之理，心物也冥合在更生动的自然之道中。就形式展开而言，从“初无定质”到形成文章肌理也是在自然中，王船山说的“不得不以钩锁映带、起伏间架为画地之牢”，其实是多余的担心，苏轼的“映带”“起伏”是其内在的自然之理的表现。

我们还可以进一步证明。苏轼之“初无定质”主要强调的是以“无意”应物，以“无意”顺自然之道。但在其“无意”中却是“有意”的，所谓“意”又与自然之理有关。党圣元先生在《苏轼的文章理论体系及其美学特质》一文中指出了“立意”与“观照自然之理”的密切关系。他说：“坚持‘无私’，观照‘自然之理’并顺应之，既不依傍‘贤人之说’，亦不惮‘不悦于世’，一切皆‘断之

---

① 《释〈乾〉》，苏轼：《东坡易传》卷1，四库全书本。

于中’，这可以说是苏轼的文化性格和审美趣向之主要特点，而他的‘立意’说正是在这种主体精神中孕育而成的”[①]，此论重要。按照朱熹的说法：“今东坡之言曰：‘吾所谓文必与道俱。’则是文自文，而道自道。待作文时，旋去讨个道来入放里面，此是它大病处”[②]，苏轼重“立意”，就有讨个道放入文章的嫌疑；按照王船山的逻辑，苏轼“立意”的内容，要完美地与其“映带”“起伏”的形式结合也是问题。但是，假如苏轼“立意”，是以心体物并去主动地获得自然之理时，上述质疑就不攻自破。同时，也可以证明苏轼的理论是相当完善精深的。其实，苏轼《上曾丞相书》中表达了他对体察和秉持自然之理的重视：

> 凡学之难者，难于无私。无私之难者，难于通万物之理。故不通乎万物之理，虽欲无私不可得也。已好则好之，已恶则恶之，以是自信则惑也。是故幽居默处而观万物之变，尽其自然之理而断之于中。其所不然者，虽古之所谓贤人之说，亦有所不取。虽以此自信，而亦以此自知其不悦于世也。故其言语文章未尝辄至于公相之门。[③]

推崇“无私”“通万物之理”，并注重两者之关系，这样的思路显然与前文所提到的苏轼的性命论有关。在性命论上，希望进入至一无我，顺从自然之道的境界，此种观念反映在方法论上，即是“幽居默处而观万物之变，尽其自然之理而断之于中”。也即是说，无我的主体观照万物，以自然顺道的姿态从中体悟自然之理，并将自然之理作为生命之依托和价值之准绳。“自然之理”在这里有着易学内涵，苏轼性命论来于其易学，而“幽居默处而观万物之变”也体现

① 党圣元：《苏轼的文章理论体系及其美学特质》，《人文杂志》1998 年第 1 期。
② 朱熹：《朱子语类》卷 139，四库全书本。
③ 苏轼撰，孔凡礼点校：《苏轼文集》卷 49，中华书局 1986 年版，第 4 册，第 1379 页。

了圣人“寂然不动，感而遂通天下”“极深研几”而“通天下之志”的理性精神[①]，它应该说是苏轼的基本哲学观念。《稼说》中以稼穑为喻，讨论为学之道。他说：“种之常不后时，而敛之常及其熟”，这是“富人之稼常美”的道理所在。因为栽种与收割都能应时而动，循常行事。他将这一物理推之于人，主张“信于久屈之中，而用于至足之后，流于既溢之余，而发于持满之末”的为学之道[②]，强调了对自然节度的顺应。《日喻》则以“没水”为喻，来说明“道可致而不可求”的思想。他说，南方人“日与水居”，“七岁而能涉，十岁而能浮，十五而能没矣。夫没者岂苟然哉？必将有得于水之道者”[③]。苏轼从日常平凡中看到了必然规律，从朴素的“没人”那里体察到他们得道的方式，推之于为学，提倡“莫之求而自至”的学文之道。《问养生》一篇，主张“和”与“安”的养生方式，“安则物之感我者轻，和则我之应物者顺，外轻内顺，而生理备矣”[④]，这也是从日常生活中对物理的体察得来的。观照万物并深研自然之理的观念是深入苏轼思想深处的，《韩愈论》中苏轼就批评韩愈“其论至于理而不精”。需要注意的是，苏轼对自然之理的探求是在儒家思想的视野中进行，他反对韩愈混淆儒墨，以至于泯灭夏夷秩序而对它们一视同仁，他说：“儒墨之相戾不啻若胡越，而其疑似之间相去不能以发，宜乎愈之以为一也。”[⑤] 由此可见，苏轼虽然体物研理，并由物及人，但在根本上还是以儒家之道为出发点。具体而言，他正是从以性为本的视角来观照事理的，他说：“儒者之患，患在于论性。以为喜怒哀乐皆出于情，而非性之所有。夫有喜有怒，而后有仁义，有哀有乐，而后有礼乐，以为仁义礼乐皆出于情而非性，则是相率而叛圣人之教

---

① 《周易·系辞上》。

② 苏轼撰，孔凡礼点校：《苏轼文集》卷10，中华书局1986年版，第1册，第340页。

③ 苏轼撰，孔凡礼点校：《苏轼文集》卷64，中华书局1986年版，第5册，第1981页。

④ 苏轼撰，孔凡礼点校：《苏轼文集》卷64，中华书局1986年版，第5册，第1983页。

⑤ 苏轼撰，孔凡礼点校：《苏轼文集》卷4，中华书局1986年版，第1册，第114页。

也。”[①] 上述观点在苏轼《释〈乾〉》卦时也有表述，他说：“情者，性之动也。溯而上至于命，沿而下至于情，无非性者。”[②] 而在《扬雄论》中，他将“情”当作“性”的一种状态，反对“离性以为情”[③]。在这样的观念之下，“无意”应物，其实就是在主张至性而寄之于命，而苏轼对物理的精研也离不了这样的性命状态，这也就是他在《上曾丞相书》中所说的“幽居默处而观万物之变”，而且只有如此，才能“尽其自然之理而断之于中”。

综上所述，“无意”“立意”“自然之理”是统一在苏轼的性命论与艺术活动中的，苏轼“初无定质”论是深刻而完善的，在理论上并不像王船山和朱熹所说的那样简陋，而是有着深邃的易学内涵和严密而清晰的内在理路。不过，苏轼的理论和创作受到自然之理的制约却是有可能的，当题材内容扩大时，其局限性就显示出来了。

三　自然之数

我们理解苏轼的“自然之理”的内涵要从其以性为本和深研物理相结合的哲学观念去体察。苏轼的“自然之理”就其哲学来源而言也受《周易》影响，它与欧阳修所发扬的易理彼此辉映，为那个时代提供了独特的理性主义。欧阳修与苏轼正是在这样的儒学精神下，开创了一个新的文学时代。而苏轼更将“自然之理”具体到“数”的层次，将“数”直接引入文艺创作与理论中，比如“自然之数”“逆来顺往”等概念进入诗学批评中，就与苏轼的象数观念有关，而他倡导无法之法也是在讲求“自然之数”的前提下进行的。

“数”在《易传》中多次见到：

《系辞》上：极数知来之谓占。

---

① 苏轼撰，孔凡礼点校：《苏轼文集》卷4，中华书局1986年版，第1册，第114—115页。
② 《释〈乾〉》，苏轼：《东坡易传》卷1，四库全书本。
③ 苏轼撰，孔凡礼点校：《苏轼文集》卷4，中华书局1986年版，第1册，第110页。

《系辞》上：大衍之数五十，其用四十有九。

《系辞》上：参伍以变，错综其数，通其变，遂成天下之文；极其数，遂定天下之象。

《说卦》：参天两地而倚数。

《说卦》：天地定位，山泽通气，雷火相薄，水火不相射，八卦相错，数往者顺，知来者逆，是故易逆数也。

上述文中提到的“极数知来”“错综其数”“极其数，遂定天下之象”“参天两地而依数”“数往者顺，知来者逆”等极深研几的行为，其主体即是圣人，尚变与尚占均是圣人之道，圣人测事物之变、断天下之疑，都离不开占卜之“数”。在占卜中，以数定象，数变则象变，万物变化都可尽现其中。正如金景芳说：“在筮法中，所有的环节都用数表现出来。十个天地之数，大衍之数，分二、挂一、揲四、归奇以及七八九六，乃至乾之策二百一十有六，坤之策百四十有四，二篇之策万有一千五百二十等，都是数。”①《东坡易传》对“数”也给予足够的重视，其理性精神在“数”中找到了具体而坚实的依据，同时，他又将“数”作为方法论运用到具体的文艺创作和理论建构中。苏轼解释“参伍以变，错综其数”时说：

世之通于数者，论三五错综，则以九宫言之。九宫不经见，见于《乾凿度》，曰：“太一行九宫。”九宫之数，以九、一、三、七为四方，以二、四、六、八为四隅，而五为中宫，经纬四隅，交络相值，无不得十五者。阴阳老少，皆分取于十五，老阳取九余六，以为老阴，少阳取七余八，以为少阴，此与一行之学不同，然吾以为相表里者，二者虽不经见，而其说皆不可废也。②

① 金景芳讲述，吕绍刚整理：《周易讲座》，广西师范大学出版社2005年版，第15页。

② 苏轼：《东坡易传》卷7，四库全书本。

这是引《易纬·乾凿度》九宫说来阐释“数”。《乾凿度》说：“太一取其数以行九宫，四正四维皆合于十五”，也就是说，太一在九个宫室中运行，其数纵、横、斜相加都是十五。按照郑玄注，太一乃北辰之神，四正四维是八卦神之居所，太一如同天子出巡一样，下行八卦之宫。从坎宫开始，其数为一，其次入坤宫，其数为二，依次是震宫三、巽宫四，然后入中宫五休息，其后再入乾宫六、兑宫七、艮宫八，至离宫九结束。太一行于九宫之数合于十五，也即是合于阴阳之道，正符合《乾凿度》所说的“易一阴一阳，合而为十五之谓道”。《乾凿度》以数来解释阴阳二气消长，并揭示了阴阳此消彼长、阴阳之数合而为十五的自然法则①，而且进一步认为太一运行之数也不出其外。所以郑玄注曰：“此数者合十五言有法也”②，《乾凿度》从太一神那里也看到了法度。苏轼引《乾凿度》注释“参伍以变，错综其数”，同样表达了阴阳之数此消彼长交错变化但终“合而为十五”的观念。

苏轼还提到“一行”之学，通过对唐代僧一行筮法的考察，认为“阴阳之老少”取决于“三变”之中：“故七八九六者，因余数以名阴阳，而阴阳之所以为老少者，不在是，而在乎三变之间八卦之象也。”③ 按照《周易·系辞》的说法，经过四营（分二、挂一、揲四、归奇）十八变而成卦，每一爻象需要三变之后确定。苏轼所说的一行之法，从每三变之后的三个扐数来判断，三变皆少，就是乾之象，三变皆多，就是坤之象。他说：“变之扐，有多少。其一变也，不五则九，其二与三也，不四则八。八与九为多，五与四为少。少多者，奇偶之象也。三变皆少，则乾之象也，乾所以为老阳，而四数其余得九，故以九名之。”④ 从三变过程中直接看到八卦之象是“一行之学”

① 《周易·乾凿度》（卷下）曰：“阳动而进，阴动而退。故阳以七，阴以八为象。易一阴一阳，合而为十五之谓道。阳变七之九，阴变八之六，亦合于十五，则象、变之数若一也。”

② 《周易·乾凿度》（卷下），四库全书本。

③ 苏轼：《东坡易传》卷7，四库全书本。关于苏轼所提到的筮法，朱熹有论。

④ 苏轼：《东坡易传》卷7，四库全书本。

的特征，不过，朱熹认为九、六、七、八之数“已具于挂扐而必求之过揲之间”[①]，但无论是在过程中观其数变参差来断定老少阴阳，还是将最后的策数来“四数其余”而得九、六、七、八，都是在四十九（大衍之数其用四十九）中错综进行的。

认为九宫法和一行之学可互为表里，并兼而取之，体现了苏轼整体的“数”观念，即阴阳变化遵循自然之道，自有定数，但彼此参合改变，错综无穷。穷极数变而极深研几属于圣人之道的一部分，苏轼当然重视“数”的运用，而且主张“数”“道”“神”相结合，且以“神”为主。这是对《周易·系辞》的创造性解释，他说：“至精至变者，以数用之也；极深研几者，以道用之也。止于精与变也，则数有时而差；止于几与深也，则道有时而穷，使数不差道不穷者，其唯神乎。”[②] 这就是说，圣人尚变尚占而用数，可以至精极变，知晓将来之事，定天下万物之象，同时又能穷极幽深通天下之志，但是，如果离开了无思无为、感通天下的“至神”境界，极有可能“道穷”“数差”。苏轼从数、道、神三个层次对易道进行解析，使易道中生发出清晰而适用的方法论。在易道的具体运作中，他进一步提出“以神行智”的观念，他说：“蓍有无穷之变，故其德圆而象知来之神，卦著已然之迹，故其德方而配藏往之智，以圆适方，以神行智，故六爻之义易以告也。”圣人在卜筮过程中，蓍变通无穷，可以知卦象将来之事；卦成于蓍变之后，集蕴了蓍象往去之事[③]。从蓍变到卦成是从圆转无端到列爻定体的过程，也是圣人既“洗濯万物之心”，无思无为，又能了察数变体悟几微的过程[④]，当然也是“神”“智”结合，“以神行智”的过程。在这一过程中，既往之事、将来之几无

① 朱熹：《文公易说》卷22，四库全书本。

② 苏轼：《东坡易传》卷7，四库全书本。

③ 参考孔颖达“神以知来，知以藏往”疏。孔颖达疏曰：“此明蓍卦德同神知，知来藏往也。蓍定数于始，于卦为来。卦成象于终，于蓍为往。以蓍望卦，则是知卦象将来之事，故言‘神以知来’。以卦望蓍，则是聚于蓍象往去之事，故言‘知以藏往’也。”

④ 《周易·系辞》：“圣人以此洗心，退藏于密。”

不包罗，那么“以神行智”具体而言就是“逆来顺往”，即《说卦》所谓“数往者顺，知来者逆，是故易逆数也”。即是说，对未来之事逆推其根源，对已往之事可以顺见其变化之道。

苏轼将此种“数”“道”“神”结合，“以神行智”，以及“逆来顺往”的象数过程与修身立命、推行教化的圣人伦理联系起来。苏轼论曰：

> 何为顺？何为逆？曰：道德之变，如江河之日趋于下也，沿其末流。至于生蓍倚数，立卦生爻而万物之情备矣。圣人以为立于其末，则不能识其全而尽其变，是以溯而上之，反从其初。道者，其所行也，德者，其行而有成者也，理者，道德之所以然，而义者，所以然之说也。[①]

苏轼将“顺”看作自本而末、顺流而下的“道德之变”，就象数而言，则是倚数蓍变，立卦生爻，以推衍万物之情。而所谓“逆”，则是圣人为尽变化之道而反归本初的至性命过程，从象数角度来讲，就是据末求本、立卦以预知未来的“逆数”过程[②]。事实上，圣人立卦与回归到无思无为的至性命是统一在一起的。前文对苏轼的“至性命”有所论及，其主旨是达到至一不二、莫知其所以然而然的无我境界。在这里，苏轼也表达了同样的思想，他以机发木偶与人之自用相对照，认为人的自由境界并不是从理路中来，与木偶的机械行为不同。同样的道理，君子至于性命也一定是超越所以然之理，他说：“是以君子贵性与命也，欲至于性命必自其所以然者，溯而上之。”[③]圣人君子在“逆”的过程中得性命之理，得性命之理后，就“顺而

① 苏轼：《东坡易传》卷9，四库全书本。

② 《周易·说卦》：“是故易逆数也。”

③ 苏轼：《东坡易传》卷9，四库全书本。

下之，以极其变”①。在象数方面，就是尽万物变化，呈现无穷姿态与情势，他说：“故兼三才，设六位，以行于八卦之中，天地山泽，雷风水火，纷然相错，尽八物之变，而邪正、吉凶、悔吝、忧虞、进退、得失之情，不可胜穷也，此之谓顺。”② 苏轼又以“断竹为籥”来比类“顺”与“逆”，他说：

> 断竹为籥，窍而吹之，唱和往来之变，清浊缓急之节，师旷不能尽也，反而求之，有五音十二律而已。五音十二律之初，有哮然者而已，哮然者之初，有寂然者而已，古之作乐者，其必立于寂然者之中乎！是以自性命而言之，则以顺为往，以逆为来。故曰：“数往者顺，知来者逆。”六十四卦、三百八十四爻，皆据其末而反求其本者也，故易逆数也。③

演奏竹籥时，唱和往来，清浊缓急，可谓极尽其变，这就类似于“顺”，而反求根本，从五音十二律之初，到哮然之初，再到寂然而已，这就类似于“逆”。简言之，“顺”就是得性命之理与自然之理之后，顺势而下的变化；“逆”就是反求性命之理和体悟自然之理。象数的变化总是与圣人君子反求性命之理、探测自然之理、推行伦理教化联系在一起的，即苏轼所谓数、道、神合而为一，逆来顺往的象数过程也是圣人君子安身立命，体察自然之理的过程。

苏轼将上述思想引入他的诗学理论中，在《书吴道子画后》中直接引入“自然之数”“逆来顺往”的观念，来探究吴道子极尽其变于法度之中，又能超然入神的艺术奥秘。其文曰：

> 诗至于杜子美，文至于韩退之，书至于颜鲁公，画至于吴道

① 苏轼：《东坡易传》卷9，四库全书本。
② 苏轼：《东坡易传》卷9，四库全书本。
③ 苏轼：《东坡易传》卷9，四库全书本。

> 子，而古今之变，天下之能事毕矣。道子画人物，如以灯取影，逆来顺往，旁见侧出，横斜平直，各相乘除，得自然之数，不差毫末，出新意于法度之中，寄妙理于豪放之外，所谓游刃余地，运斤成风，盖古今一人而已。

如果不联系苏轼易学，就不能领悟这段文字，也不能理解“不差毫末”又能“出新意于法度之中”的艺术奥秘。关于吴道子在画史上的意义和其对古法之新变，郑午昌先生有论，他说：“于画无所不能，其画人物鬼神，穷形极相，用笔生动，超然绝俗。当其早年，犹拘成法，行笔差细；中年以后，则笔似莼叶，遒劲圆转。所画人物，八面生动，傅采染色，别出心裁，世称吴装。”“道玄画人物如塑，旁见周视，四面得神，笔迹图细如铜丝萦盘，朱粉厚薄，即见骨高下而肉起陷处。……是殆所谓出新意于法度之中，寄妙理于豪放之外也。”[①] 吴道子所遵循的法度是对“成法”的扬弃，用笔不再以钩斫为能，也不以细润为工，而是挥洒自如[②]，于观物取象中追求八面生动、四面得神。吴道子采取了新的观照方式，研理摹形不拘旧法，于生动豪放的笔触中得自然之理。苏轼发现了这一点，并给予深刻的理论概括，苏轼所说的“以灯取影”“旁见侧出”，就是指对物象进行立体的观察和表现——深得物理且能精妙入神。

问题的关键是，苏轼是如何理解吴道子并建构其理论的。苏轼认为，吴道子画人物“如以灯取影”，它绝对区别于原原本本的模拟，是“旁见侧出”的，而之所以有此艺术效果就在于“逆来顺往”。这些文字可以看作是对画中人物呈现的姿态的描述，更可以看作是对画家视角变化、勘测光影过程的哲理性概括。吴道子画法中的透视既不

---

① 郑午昌：《中国画学全史》，上海古籍出版社2001年版，第99页。

② 郑午昌认为，自武德至开元以前的唐初期，当时画风继承六朝，“盖其时作法仍盛行钩斫，以细润为工，画人物如此，写山水树石，大概亦皆拘拘于前人之成法，未能挥洒自如。”见郑午昌《中国画学全史》，上海古籍出版社2001年版，第97页。

是西方绘画中的定点透视，也不是用“散点透视”一词可以笼统而言的。画家先“逆”求寻求到情理本质、物理本质，然后又“顺”势交错变化，任情自由地挥洒笔墨，而那些笔画如横、斜、平、直，错综变化，不出阴阳之道，总得自然之数，在自然之数中超越到入神的艺术境界。这一过程中，笔法纵横与画家的勘测物理、至于性命是统一在一起的，用笔的自然法度与画家的情性自由是统一在一起的。画家深研物理，又能归于自然本性，其用笔既能错综万变、出神入化，又都在法度之中。“得自然之数”就是艺术自身的规定性，这样的艺术是真实的，因为从物理中来；这样的艺术也是虚假的，因为决定于作者的心性，不过，它又不是随意的，它要游弋于无限的自然之道中，寻找并生成着自己的生命与节律。苏轼的“得自然之数”论涉及艺术的本质性问题，他在“道”的宏观与“数”的微观处立论，将创作中作者的自由情性、伦理价值、理性精神等要素精湛地统合在易学模式中。

苏轼很好地解决了诗学中法度与神变的关系问题。《盐官大悲阁记》也论及“度数”与求精逐妙之关系，他将“度数”看作艺术化境之根本：

> 羊豕以为馐，五味以为和，秫稻以为酒，曲蘖以作之，天下之所同也。其材同，其水火之齐均，其寒、暖、燥、湿之候一也。而二人为之，则美恶不齐，岂其所以美者不可以数取欤？然古之为方者，未尝遗数也。能者即数以得妙，不能者循数以得其略，其出一也，有能有不能，而精粗见焉。人见其二也，则求精于数外，而弃迹以逐妙。曰：“我知酒食之所以美也。”而略其分齐，舍其度数，以为不在是也，而一以意造，则其不为人之所呕弃者寡矣。①

① 苏轼撰，孔凡礼点校：《苏轼文集》卷12，中华书局1986年版，第2册，第386—387页。

美味珍馐与良酒的制作，因工匠不同而美恶不齐。不过，珍馐良酒固然出于人为，但总是“可以数取”的，即所谓“能者即数以得妙，不能者循数以得其略”。他认为“度数”是必不可少的，不可以“求精于数外”“弃迹以逐妙”，他反对舍弃“度数”的臆想独造。在此可见其“得自然之数”的思想。由于以自然之数为根本，苏轼并不讲求具体的“法”，他有“无法之法”的说法，《跋王荆公书》曰：“荆公书得无法之法，然不可学，学之则无法。故仆书尽意作之似蔡君谟，稍得意似杨风子，更放似言法华。”[①] 这里的“无法之法”是指不着痕迹的艺道，于自由纵笔中不失规矩。苏轼并不在“法”的层次上来讨论艺术，而是将艺术和人生的性命追求、物理体验当作整体过程，其论书曰：“用意精至”而“浩然听笔之所之而不失法度”[②]，这里讲的依然是得自然之数而入于人生和艺术的化境。作为创作主体，依赖的是执一守中又能顺应事变的“易”的智慧。《书舟中作字》云：“将至曲江，船上滩欹侧，撑者百指，篙声石声荦然，四顾皆涛濑，士无人色，而吾作字不少衰，何也？吾更变亦多矣，置笔而起，终不能一事，孰与且作字乎？”[③] 从这个故事可以知道，作者专心运笔，并能与物推移，所以，行船洪涛之上尤能书写自如而不失法度，这也是所谓“神与万物交，其智与百工通”的神妙境界。[④]

将参天地、究性命、察物理的圣贤功夫与诗学融合为一是中国儒者的突出特征，他们以完备的理论、生动的创作实践，证明了纯粹的艺术与经天纬地的道德情怀原本一体，离开了人格境界的提升以及对物理的体察，纯粹的艺术则失去根基。而苏轼的特出之处在于，以易学为基本模式，为自然、自由的艺术找到了亲和性命物理

① 苏轼撰，孔凡礼点校：《苏轼文集》卷69，中华书局1986年版，第5册，第2179页。

② 《书所作字后》，苏轼撰，孔凡礼点校：《苏轼文集》卷69，中华书局1986年版，第5册，第2180页。

③ 苏轼撰，孔凡礼点校：《苏轼文集》卷69，中华书局1986年版，第5册，第2203页。

④ 《书李伯时山庄图后》，苏轼撰，孔凡礼点校：《苏轼文集》卷70，中华书局1986年版，第5册，第2211页。

的自然之途。

在此有两点有待申明：其一，圣人式人格中有无自由之可能？其二，正视中国哲学与诗学中的理性精神。这两者都是审美自由的重要前提。邓晓芒对圣人精神或君子人格心存疑虑，他说："尽管儒家信徒们的本意也许并不要伪善，但建立在儒家心性论的这种良好自我感觉之上的'君子'人格具有一种结构性的伪善。"[①] 在他看来，儒家心性养成、道德之诚是一种无客观标准的心中默识，导致自我的体认成为主观的专断；因为缺乏普遍的立法原则，人其实是不可能达到真正自由的。苏轼在伦理上提出"用息功显"的"无我"观念，"无我"避免了私我、固我之弊端，又以顺应自然为前提，这就预设了人的充分的自由；而且在论及性、命、情之关系时，认为"性"是永恒而超出善恶的，上可至于"命"，下可至于"情"，这一方面保证了人在超出现世善恶评价的领域中的自由独立；另一方面又有着来自"命"的自律——之所以称为自律，是因为这个"命"并不等同于天命，"性之至者，非命也，无以名之而寄之命也"[②]，在这里，"命"可以被看成类似康德的出于自由意志的普遍立法原则。从苏轼的伦理模式可以看出圣人式的人格中同样存在自由的可能，中国哲学与诗学中的圣人模式应当得到科学的对待，而不仅仅去推想其中并不存在的伪善结构。而中国哲学与诗学中的理性精神也应当引起我们的正视，古代哲学家与诗人在探求心物关系与审美时并非仅仅停留在经验与情感领域，而是常常基于精深的格物之思，在此方面苏轼无疑是非常出色的代表。苏轼的伦理思想是和理性精神结合在一起的，儒道的修持与履践是落实于日常生活与精深的认知中的，其所谓"得自然之数"，是返求性命之理、探测自然之理的过程，它也贯穿于极尽变化于法度而又超然入神的审美境界的生成过程中。

---

① 邓晓芒：《康德哲学诸问题》，生活·读书·新知三联书店2006年版，第95页。

② 苏轼：《东坡易传》卷1，四库全书本。

第九章　杨万里易学与诗学

杨万里（1127—1206），字廷秀，号诚斋，吉州吉水人，南宋著名诗人、思想家、批评家，以文章气节彪炳当时，照烛后世。其诗屡变屡新，自成一体，于风格、境界别开生面。《诚斋荆溪集序》中说："予之诗始学江西诸君子，既又学后山五字律，既又学半山老人七字绝句，晚乃学绝句于唐人。"① 后来于诗学忽有领悟，辞谢唐人、王、陈、江西诸君子不学，以心手相应、万象毕来的创作境界为尚。不过，杨万里的诗学自始至终与传统是一脉相承的，不仅因为杨万里在诗法上自觉继承、渊源有自，也因为他能从法度入手而与前贤在诗学精神上内在相通，更重要的是将其道德境界灌注在诗学中，发展了文道合一的诗学传统。杨万里有《诚斋集》《诚斋易传》等著作。《诚斋集》中有《心学论》，对儒家六经、儒家圣徒作了专门论述，包括《易论》《礼论》《乐论》《书论》《诗论》《春秋论》《颜子论》《曾子论》《子思论》《孟子论》《韩子论》等，对儒家圣人君子之道都有独特而公允的见解，这些思想直接影响其文学创作观念，而《易论》中睿智的语言论直接为杨万里的"去词去意"论提供了坚实的理论保障。《诚斋易传》以及《庸言》中杨万里的圣人思想、通变观念、感应观念也渗透到其诗论中。

---

① （宋）杨万里：《诚斋集》卷 81，文渊阁四库全书本。以下凡引该书，只随文标注书名及卷数。

一 杨万里易学及其圣人观

四库馆臣对易学发展有“两派六宗”的总结性说法，其中对杨万里易学给予很高的评价，《四库全书总目·经部·易类一》曰：“故《易》之为书，推天道以明人事者也。《左传》所记诸占，盖犹太卜之遗法，汉儒言象数，去古未远也。一变而为京、焦，入于机祥。再变而为陈、邵，务穷造化，《易》遂不切于民用。王弼尽黜象数，说以老庄，一变而胡瑗、程子，始阐明儒理。再变而李光、杨万里，又参证史事，《易》遂日启其论端，此两派六宗已互相攻驳。”① 杨万里《易》学既能阐明儒理，又于义理推演中参证史事，评价历史人物，针砭当世，将对具体人事的思考与对天理性命的体悟有机结合起来，虽然在穷极造化之理方面略有欠缺，但却是切于民用实际的，正如《四库全书总目·〈诚斋易传〉》提要中所说：“然圣人作《易》本以吉、凶、悔、吝示人事之所从……，舍人事而谈天道，正后儒说《易》之病，未可以引史证经病万里也。”②《诚斋易传》中派生出的社会政治思想、伦理观念确实比较发达，除此之外，他还有《易论》论述圣人“立象尽意”的圣教之道，并专门论证了具体的语言观念，其语录《庸言》中的易学观念也大多是切实之言。

其中杨万里的圣人观值得重视，杨万里的宇宙观、认识论、伦理观在此得以集中体现，他也借助这一观念表达自己的人文理想，以及对人君及士人君子在价值观上的期许。而在某种程度上他对诗人气格与情性的建构也有其圣人观的影子。《周易·系辞》中有对圣人的描述，圣人“观象制器，以前民用”，圣人可以“穷神知化”，“通神明之德，以类万物之情”等，总之，圣人能以天地为法，以广大智慧去顺应外物，沟通天人。《诚斋易传》在阐释《系辞》时，突出了圣人制《易》、用《易》的广大德行，对“易道”本身也作了富有个性

---

① （清）永瑢等撰：《四库全书总目》卷1，中华书局1965年版，第1页。

② （清）永瑢等撰：《四库全书总目》卷3，中华书局1965年版，第14页。

的阐述。

杨万里虽然预设了“天尊地卑”“动静有常”这些先验之理，但他更重视与圣人关联密切的“天下之理”。他认为《易》有既画之《易》，也有未画之《易》：“未画者，《易》之理，既画者，《易》之书。”[①] 诸如天尊地卑、动静有常、方以类聚、物以群分之类，即是未画之《易》，也即是《易》之理，圣人通过仰观俯察而制《易》画卦，写彼之理，罗彼之理。杨万里说：“于是制此之画，写彼之理，罗彼之理，归此之画，而《易》之书生焉。是故因彼之天地，定吾二卦为乾坤，因天地之卑高，列吾六位之贵贱，因天地之动静，判吾九六之刚柔，因天地之间万物之聚散，生吾八卦之吉凶，因天地之示形象，见吾六十四卦之变化，画卦之椎轮，作《易》之滥觞，于是乎书此。既画之《易》也，《易》之书也。”（《诚斋易传》卷17）这就是说，《易》书中乾坤两卦的产生，六爻位的排列，以及六十四卦的推演变化，都来自圣人对“天尊地卑”等先验之理的体悟与模仿。但是，乾坤一旦产生，世界必然进入乾坤理性之中，即杨万里所谓“《易》之未作，乾坤在天地；《易》之既作，天地在乾坤”（《诚斋易传》卷17），具体而言，圣人掌握的《易》理和乾坤之道，确立了君臣父子这一基本的伦理关系，并流布万世，整个社会文化格局由此敷衍不绝。所以，杨万里说：“乾坤者，礼之祖，而《易》之门也。入室始于门，入《易》始于乾坤。人本乎祖，道本乎礼。”（《诚斋易传》卷17）更重要的是，杨万里认为圣人之德“始乎法天地，终乎参天地”（《诚斋易传》卷17），乾坤之道因天地尊卑而产生，因天地变化而流布，但乾坤各有其德，已经不是纯粹的自然，杨万里进而阐释道：“乾坤之功虽至溥而无际，乾坤之德实至要而不繁也。”（《诚斋易传》卷17）也就是《系辞》中所谓“乾以易知，坤以简能”。而圣人能得“易”“简”之理，立于天地间，杨万里说：“圣人

① （宋）杨万里：《诚斋易传》卷17，文渊阁四库全书本。以下凡引该书，只随文标注书名及卷数。

法乾德之易，故天下皆可以易知；圣人法坤德之简，故天下皆可以易从。”（《诚斋易传》卷 17）由此类推，杨万里得出天地之理在于圣人的结论，他说：“乾坤易简之理得，而圣人成位乎乾坤之两间，而与天地参矣！夫圣人以易简成，而昧者以智巧败，易简之理无它，因天地万物自然之理而顺之耳。因尊卑以定乾坤，于是天地之理不在天地而在《易》，因乾坤而得易简，于是天地之理不在《易》而在圣人，大哉《易》乎！大哉体《易》之圣人乎！”（《诚斋易传》卷 17）杨万里在此肯定圣人法天地、参天地、建构秩序的神圣功德，将我们的视野引向圣人的心性。

圣人之功还体现在其用《易》之道，杨万里进一步明确说明：“圣人作《易》之道本乎天地，而天地之道本乎阴阳，圣人用《易》之道显乎天地人物之间，而藏乎一性之内。”（《诚斋易传》卷 17）圣人观于天文，察于地理，知幽明死生之故，然后书之于《易》，“圣人作《易》之道即天地之道，则《易》与天地相似而不违乎天地矣，由是举而措之天地之间，孰能出乎《易》之外哉?”（《诚斋易传》卷 17）圣人将本于天地之道的易道运用在天地万物之上，圣人“用《易》于一身，可以乐天知命而不忧”，“用《易》于众民，可以安土敦仁而能爱”，“用《易》于天地，可以范模运量天地之化”，“用《易》于万物，可以致曲成就万物之生”（《诚斋易传》卷 17）。因为易道在本质上又是阴阳之道——所谓“《易》之道，何道也？天地而已矣；天地之道，何道也？一阴一阳而已矣”（《诚斋易传》卷 17），而阴阳之道又是“生物”之道——“天地之道本乎阴阳，夫阴阳之为道安在哉？在乎生物而已”（《诚斋易传》卷 17），所以，圣人用《易》又与“生物”联系在一起。生物者是善，所以生物者是道，有其善者在人之性，从天下推及人类、推及圣人，杨万里得出“道者善之父，性者道之宅，然有之而能成之者圣人也”的结论（《诚斋易传》卷 17）。我们可以说圣人之性是善的，也是广大无边的“生物”的，善与性在圣人这里找到了肉身的居所。确实如此，生生之理是集聚于圣人的，杨万里说："《易》者何物也？生生无息之理也。是理也，具于天地，散于万物，聚于圣人，形于八卦。"（《诚斋易传》卷17）

阴阳不测之谓神，天地间万物的生死盛衰、消长起伏必然是变化莫测的，圣人易道也同样能与天地万物推移，体现其易道之神。杨万里借助对《系辞》的阐释表达了他的圣人应物观念。杨万里在解释"子曰：知变化之道者，其知神之所为乎！《易》有圣人之道四焉……"时，认为这段《系辞》言说的是圣人易道之神与君子用《易》之神。（《诚斋易传》卷17）君子用易之神何以可能？这取决于君子如何用《易》，也取决于易道何以能神。在杨万里看来，圣人易道之所以能神的理由关键在于圣人"心之精"，他说：

> 《易》何为而神也？圣人穷极天下万物之理而得其深研，究天下万事之微而得其几，聚于一心之精而谓之神也。惟其深，故以吾先知达彼后知，以吾先觉达彼后觉，自一心而通天下之志。惟其几，故未乱知乱，易乱为治，未亡知亡，转亡为存，自一心而成天下之务。合深与几而至于圣而不可知之神，此其所以能不疾而速，不行而至也夫。（《诚斋易传》卷17）

圣人能探赜索微，极深研几，这是《易传》中的基本思想，不同的易学家对此有不同的解释，无不流露出时代色彩和个性特征。杨万里描述的圣人也同样带有理学特征，他所注意到的是圣人将天下物理"聚于一心之精"的理性精神。圣人能深研物理，穷究几微，以"吾先知达彼后知"，以"吾先觉达彼后觉"，即在自己的知、觉与外物的知、觉中感应并综合，所以他有"合深与几而至于圣而不可知之神"的说法。与王勃相比，少了几分神秘和激情，这种"聚于一心之精"的"神性"主要是通过感应来实现的，而感应的实现还基于万物彼此之间、万物与人心之间是可以建立感应关系的。杨万里说："岂惟心之能神哉？物理亦有之，铜山东倾而洛钟西应，东西异地，倾应同时，此一物之理，相感有不疾而速者也。岂惟物理哉？人气亦有之，其母啮指，而其子心动，母未尝往，子未尝来，此一人之气相同，有不行而至者也，而况圣心之神乎？"（《诚斋易传》卷17）杨万里认为，在气或理的层面，物与物、人与人之间是可以有超越空间的感应的，圣人的功绩就是"聚天地之神于一心，推一心之神于大易"（《诚斋易传》卷17）。这一思想渗透到杨万里的诗学中就形成了他重视感应万物的诗学观念，而其感应方式也就与一般的传统诗学中的感物方式大异其趣，我们将在下文论及。易道能神，君子用《易》时就必须遵循易道，杨万里认为君子能在一言一动，将有作为时用《易》，就可以有吉而无凶，君子应当"一言乎不敢以私意言"，而问于易道，"吾受易之命如响应声之速"（《诚斋易传》卷17），这种排斥个人私见而借助理性精神的感应论也与杨万里"去词去意论"的诗学思想存在一致性。

易道尚变，可以广应万物，这还要依赖于圣人洗心以洞照天理的德行，杨万里说："夫惟易道尚其变，是故圣人以之洗心，则洞照天人之理。"（《诚斋易传》卷17）同时，杨万里也承认圣人并非与忧患绝缘，他说："盖圣人之心同乎天，而圣人之忧患同乎人。何圣人之忧患同乎人也？民之吉凶，圣人之吉凶也，民无吉凶，圣人何患？"（《诚斋易传》卷17）因为民众有吉凶，所以圣人有忧患，圣人不是高高在上的神，而是与民同忧同喜的人。不过，杨万里又将圣人与常人区别开来，即圣人"有时而同乎人，有时而同乎天也"（《诚斋易传》卷17）。而圣人以《易》洗心时，就是同乎天之时，即"退而潜乎静密穆清之中，乐而玩乎卦、系、爻、象之辞，默而观乎乾、坤、阖、辟之变，如是而为变为通，如是而为象为器，如是而为法为神"（《诚斋易传》卷17）。在此，杨万里讨论了洞照天人之理的圣人智慧与圣人洗心饰视的个人修养之间的关系，这样的圣人仿佛体现了宋儒的人格理想。"圣人用《易》之道，其散在天下之事业，其聚在一身之德行”（《诚斋易传》卷17），这是杨万里的基本认识，他将《易》分为“天易”“竹易”“人易”三类，他说：“《易》有三，一曰天易，二曰竹易，三曰人易，天尊地卑，乾坤定矣，天易也；书不尽言，言不尽意，竹易也；存乎其人，存乎德行，人易也。”（《诚斋易传》卷17）圣人能得《易》之道，神而明之，默而成之。从易道体用的角度，杨万里也突出了易道中人之德行的重要性，他为“《易》之为书也不可远，为道也屡迁”这一章作传：“易道之用存乎变，易道之体存乎常，易道之行存乎人。”（《诚斋易传》卷18）杨万里认为易道有体、有用，易道之用在于变，易道之体不变而有常，他说：“易道之用存乎变，然《易》之道有体有用，其变而无常者用也，其常而不变者体也。君子之学《易》能通其变而得其常，极其用而执其体，是可谓善学《易》之书而深明《易》之辞，力行《易》之道者矣。”（《诚斋易传》卷18）君子学《易》、用《易》能得其常、执其体，那么，易道之体在何处呢？杨万里说：“易道之体安在哉？曰：敬而已矣。乾曰‘夕惕若’，敬也；坤曰‘敬以直内’，敬也。《易》之道，千变万化而归于一敬，大哉敬乎！其入德之捷径，作圣之奇勋欤！”（《诚斋易传》卷18）杨万里在人心处找到了易道之体，人心唯敬是推行易道、树立德行、建立圣人功勋的前提。此外，圣人的“贞”“正”也是应对吉凶、以不变应万变的德行，杨万里说：“圣人有一道以处吉凶者，何道也？曰：贞而已。贞者何也？一于正而已。惟天下之一正为能胜天下之万变，非吾求胜于彼也，彼自不能入也。”（《诚斋易传》卷18）

总之，杨万里所阐释的圣人能取法天地，沟通天人，用《易》于天地人物，而易道得以推行的关键在于圣人的心性道德，它能感应万物，聚天地之神于一心，它又是那样贞正而诚敬，不变而常。这是杨万里发现的圣人精神，这一精神不仅成为君子士人的人格典范、处世圭臬，而且成为其诗学的基本内核。对于杨万里圣人观的初步分析，将有利于我们去解析其“兴上”论，从而避免仅流于感性地主观揣测。

二 “兴上”论与《咸》

兴是一种诗学方法，也是一种诗学精神，在中国古代文学理论史上渊源有自，也备受推重，几乎所有的诗歌理论家都对它有所阐释，而其意义的呈现与不同的理论建构相关。杨万里诗学中出现的“兴上”论当引起我们的重新反思，不仅需要我们注意这一概念的诗学内在逻辑，也需要揭示它背后独特的哲学质素。具体而言，杨万里所提出的“兴”是诗学自身链条上的重要一环，这种审美方式和审美理想由来已久，到杨万里这里承前启后，并发生流变应当是自然而然的；另外，“兴”作为一种感物论，与杨万里的哲学观念和方法论存在着深层的联系，也正因为如此，“兴上”论具有了丰富而独特的诗学内涵。杨万里在《答建康府大军库监门徐达书》中说：

> 大抵诗之作也，兴上也，赋次也，赓和不得已也。我初无意于作是诗，而是物是事适然触乎我，我之意亦适然感乎是物是事，触焉感焉，而是诗出焉。我何与哉？天也，斯之谓兴。或属意一花，或分题一山，指某物课一咏，立某题征一篇，是已非天矣，然犹专乎我也，斯之谓赋。至于赓和，则孰触之，孰感之，孰题之哉，人而已矣。(《诚斋集》卷67)

“大抵诗之作，兴上也”，这是一句平常语，在讲求天机自然、感荡性灵的抒情诗人那里，以兴为上是在情理之中的。“兴”的基本意义是感发，是人情与物象之间情感的彼此互动。杨万里区别于他人之处在于，这里的兴，强调的是我与外物无意中的、时机巧合的感触，主张人与物、事的适然逢会与天机巧合。“我何与哉？天也，斯之谓兴”，在这样的“兴”中，自我消失了，由自然来言说，而这自然也非纯粹的自然，是中国古人心目中的理想自然，其最终根据则是归源于天理和至善的。杨万里反对诗歌创作中主观私见的存在，也反对言不由衷的代人说话，赋与赓和就存在这样的弊端。属意一花或分题一山，“是已非天矣，然犹专乎我也”，确实在诸如此类的吟咏中，所有的花木山水，一定过多地沾染了自己的色彩，局限在自我的情思之中，已经远离天然。至于彼此唱和的场合，究竟是谁来感受，谁来言说，都不好说，诗人的笔成为他人言说的出口也未可知。可见，在人与物、事之间的感发关系中，杨万里追求的是理想的感应交合，我是空无的，物、事是自由的，在恰当的时机里汇合为一。由感应而得自然天机，这是杨万里“兴”的特征。

那么，所谓“无意”究竟是一个什么样的空无状态呢？当它成为感应的心理前提时，主体与外物是在一个什么样的模式里感应着呢？如果只是随性而发，那就谈不上什么理论上的建树，如果这一模式是杨万里自创的，那么其合法性如何呢？我们可以发现杨万里的易学为其诗学中的感应思想给出了坚实的理论基础。“兴上”论中所提到的人与物的关系模式在《诚斋易传》中是存在着理论原型的。《咸》卦是艮下兑上，《象》曰：“山上有泽，咸。君子以虚受人。”王弼注：“以虚受人，物乃感应。”[①]《诚斋易传》卷9解释《咸》卦《象传》曰：“山受泽，山之虚，心受人，君子之虚，虚故感，感故应。”这里是讲感应的，感应可以使阴阳交通，生气盎然，可谓是生命的源头，教化施行渠道，也即《咸》之《彖》辞所说的：“天地相感而万物化生”，“圣人感人心而天下和平”。事实上，作为理想的感应就是圣人的感应，《彖传》说：“观其所感，而天地万物之情可见矣。”孔颖达《周易正义》曰：“感物而动，谓之情也。天地万物皆以气类共相感应，故‘观其所感，而天地万物之情可见矣’。”[②] 圣人感应天地万物这是《系辞》的观念，也是易学家们的共识，杨万里在阐释圣人之感应时，则突出了圣人“聚天地之神于一心，推一心

① （魏）王弼注，（唐）孔颖达疏：《周易正义》，北京大学出版社1999年版，第140页。
② （魏）王弼注，（唐）孔颖达疏：《周易正义》，北京大学出版社1999年版，第140页。

之神于大易”的神圣之功（《诚斋易传》卷17），而在对《咸》卦的解释中，突出“虚故感，感故应”的思想，因而显示出一定的独创性。

在感应中主张“无思”而“虚照”。杨万里解释《咸》卦九四爻曰：

> 九四在一卦之体，如一身之心也，不言心而言思，责其废心而任思也。心者身之镜，思者镜之翳，镜则虚而照，思则索而照，虚而照无物也，索而照有物矣，惟无物者见物，有物矣，安能见物哉！故虚而照则明，索而照则昏，仲尼系之曰：“天下何思何虑？”盖此心。何思何虑则虚，虚则贞，贞则吉，何悔之有？今也不然，憧憧焉役思于事物，往来屈伸之变故，思未能感通于事物，而事物万绪朋来从之，而不胜其扰且害矣，非如贞吉无思之时，未感而无害也。以思穷物，适以物穷思，安能穷神知化，而成光大之盛德哉？（《诚斋易传》卷9）

他强调心之作用，反对“废心而任思”，这里的“思”是主观之思，不是广大之心，主观之思虽然能感，但其真理性就会大打折扣。在杨万里看来，心如明镜，而思虑是镜子的阴翳，理想的观照应该如同镜子一般“虚而照”，而掺杂了个人思虑的观照就是“索而照”。在“索而照”中，存在主观情思，可谓是“有物”的观照，因为“有物”就不能见物，而且外物与思虑彼此劳役，不能感通。至于虚而照，因为心中无物，也无功利，是无意感知，心与物彼此相应，所以能“穷神知化”。“穷神知化”是圣人的理想境界，诗人之审美也需要以这一境界为理想，否则不能发现普遍的美，而诗人进入到自由的审美时，正是摆脱了“役思于事物”，而感通无碍地徜徉在自然大化的理想和自由中。而这里的虚照之心，也正是《答建康府大军库监门徐达书》中所说的“无意”的审美心理状态。

当然“无思”与“虚照”还必须依赖于“心”，没有心之神，即使“无思”也无济于事。他在解释《咸》卦九五爻时说：

> 王弼云：“‘脢’者心之上，口之下。”其膺膈之间乎？此一身至虚无思之地也。九五当之，宜其为咸，感之盛也，止曰“无悔”，何也？盖无思而神则明，无思而不神则昏，神者心也，不神者膈也。膈虽无思，昏懵而已，九五是也。（《诚斋易传》卷9）

“脢”处膺膈之间，此乃一身“至虚无思之地”，但由于与之相应的“九五”是“膈”，而不是“心”，所以这种感应只能是“无思而不神”的昏懵，而非“无思而神”。杨万里在此突出了“心”的重要性。杨万里认为圣人是可以聚天地之神于一心的，不过，“聚于一心之精”、不疾而速的感应，又是建立在万物彼此之间、万物与人心之间建立的感应关系的基础上的。即杨万里所谓“岂惟心之能神哉？物理亦有之，铜山东倾而洛钟西应”，“其母啮指，而其子心动”（《诚斋易传》卷17）。既然不疾而速，超越了时间与空间，那么，这样的感应就不是一般的感觉，而是气理相通的精神之感。另外，杨万里反对不感而动，解释《咸》卦六二时，主张应感而动：“二与五应，二行五之感而应可也，而二之体则腓也，股之下，拇之上，盖胫之肉，所谓足肚者也，其往无故而自动，不待感而动者也。钟不叩而鸣，则妖，石非言之物而言，则怪，有不感而动者乎？”（《诚斋易传》卷9）无故而动的、一厢情愿的感应在杨万里看来是异常的，《答建康府大军库监门徐达书》中提到的“指某物课一咏”就是无故而动的感应。不仅如此，杨万里也反对随人感动，解释《咸》卦九三说：“三为一卦之股，居足之上、身之下，不自动也，随人之身而动也，自动则妄，随人则牵。故九三之与六二，其动异，其失均也。”（《诚斋易传》卷9）或是自动、或是随人，均不是感应的最佳状态，《答建康府大军库监门徐达书》中所提到的不知“孰触”“孰感”的“赓和”就是随人而感。总之，杨万里认为无思而有神之心才能感触万物，他主张抛弃心中的个人思虑，揭开心之障蔽，以心之独立自由，无功利而自由地聚天地于一心，穷神而知化。这一思想进入诗学中，即形成了其“兴上”论中独特的感应观念，“兴上”论的哲学内涵存在于杨万里对《咸》卦的深刻阐释中，其易学哲学中对感应的深邃而精致的思考提升了中国古代诗歌感兴论的理论品质。

杨万里的“兴上”论中，诗人之心如同圣人之心，无思而有神地聚集着人与万物、万物与万物之间的感应，它在气理的层次上入于自然大化。诗人之心与圣人之心结合的结果其实就是文与道的结合，他将自己的儒道自然而然地流淌于诗歌中，那么，诗歌也就呈现了圣人气象，在风格上形成自然活泼而含理趣的审美特征，体现万物情致各异、生生不息的自然状态和自己的澄静至善之心。其实，一个诗人的理想精神的体现也正在于这种抛弃私见，尊重内心，以坚贞不变之心神，敏锐地感应物理的审美过程中。诗人也正是这样，由己及人，由近及远地如圣人一般调和着人与世界的关系，由美而至于善，发挥着自己的社会功能。杨万里所强调的感应，其实正是一种人与世界的交合方式，杨万里论述到万物交通的重要性，如《诚斋易传》在解释《泰·大象》“天地交泰，后以财成天地之道，辅相天地之宜，以左右民”时说：“天下之理，大和生于通，大戾生于隔。天本乎上而其气下降，地本乎下而其气上腾。天地交通，所以为泰也。圣人所以补天地助民人，不过裁成天地之道，还以补其不及，合其自然而已，岂更驾而外取哉？天地之道何道也？一言而尽曰‘交’而已。君民之情交，故鳏寡达乎旒纩；君臣之志交，故幽侧发乎梦卜；天人之心交，故言行感乎日星。大哉交之为道乎！”（《诚斋易传》卷4）大和生于通，大戾生于隔，天下的和谐离不开物物感通以及天人之交，这一观念推及政治思想，那就是要君与民、君与臣能彼此相通，同气相应。在杨万里的圣人理想中，圣人是通过诚敬、无思、贞正之心来应对天地万物的，这一哲学思想中折射着那个时代党争中的君子小人之辨。我们也可以说，政治现实对杨万里的诗学思想也留下了明显的投影。

三 杨万里诗法论及其通变观

杨万里师法江西诸子、后山、半山，后又学绝句于唐人，却最终独辟蹊径自成一家，那么，是什么样的思想逻辑使他由法而无法，换句话说，其由法而无法的独特思路是什么呢？我们知道，在他之前苏轼和吕本中已经找到了他们由法而无法的诗学思路，杨万里所面临的诗学任务就应当是在诗法论方面综合前人，后出转精。苏轼认为诗歌法度与审美的神妙并不存在矛盾，得自然之数，深研物理，又能错综变化，便可以由法而达到无法，所谓“出新意于法度之中，寄妙理于豪放之外也”①。吕本中则讲求活法，规矩具备而出规矩之外。刘克庄引其言论：

> 紫微公作《夏均父集序》云：学诗当识活法。所谓活法者，规矩备具，而能出于规矩之外，变化不测，而亦不背于规矩也。是道也，盖有定法而无定法，无定法而有定法。知是者，则可以与语活法矣。近世惟豫章黄公，首变前作之弊，而后学者知所趋向，毕精尽智，左规右矩，庶几至于变化不测。②

这是对江西派句法理论的提升，他认为在法度规矩中是有一种自由存在的，即从左规右矩而至于变化不测，却又能不背于规矩，这显然是延续了苏轼由法而无法的思路。所不同者在于，苏轼重视对物理、形态的探赜研几，在得自然之数的基础上精妙如神，也就是说，苏轼认为得自然之法时即可以走向无法了；吕本中则限于法本身的遵

① （宋）苏轼：《书吴道子画后》，《东坡全集》卷93，文渊阁四库全书本。

② （宋）刘克庄：《后村集》卷24，文渊阁四库全书本。

循与新变，其“活法”是与对诗法的参悟联系在一起的，得活法时，可以走向法的自由，也就是“有定法而无定法，无定法而有定法”的境界。吕本中显然没有苏轼悟得彻底，不直接去师法自然，而要以法为师法对象，以法为了悟目标，法本身横亘在他的面前，似乎他有些迂腐不化，但仔细寻思恐怕不像一般论者那样想象的简单。当文学成为一种传统时，无论是实际创作还是文学批评，都必然要面对前人的规矩法度。吕本中的贡献在于他告诉人们在法的国度里可以找到一种法，使对法的运用走向自由，正如苏轼从自然中找到一种自然之数，而使对自然的有法度的描述可以出神入化。如果说苏轼处理的是创作规矩和审美自由的关系问题，那么，吕本中除此之外，也旨在解决传统与创新之间的矛盾问题。那么，如何去找到活法呢？吕本中主张对众法参悟。他说：

> 《楚词》、杜、黄固法度所在，然不若遍考精取，悉为吾用，则姿态横出，不窘一律矣。如东坡、太白诗，虽规摹广大，学者难依。然读之使人敢道，澡雪滞思，无穷苦艰难之状，亦一助也。要之，此事须令有所悟入，则自然越度诸子。悟入之理，正在工夫勤惰间耳。如张长史见公孙大娘舞剑，顿悟笔法，如张者专意此事，未尝少忘胸中，故能遇事有得，遂造神妙。使它人观舞剑，有何干涉？[①]

吕本中认为《楚词》、杜甫、黄庭坚等人那里存在着法度，但对于这些法度不能执守一家，而是应该“遍考精取，悉为吾用”，只有这样，作者就可以姿态横出，而不拘泥于某家规矩。而“专意此事”的勤苦“悟入”正是具体的门径。吕本中的“悟入”是对法的“悟入”，我们无法否认对法的悟入也可以同时打开“悟入”审美境界的

① （宋）胡仔：《渔隐丛话》前集卷49，文渊阁四库全书本。

通道，但很显然，苏轼紧切现实、直击事物的审美传统不见了，那种对事物体察入微的感性与理性交融的观物精神障而不显了。也就是说，吕本中虽然在樊篱丛丛的成法世界中可以越度众家，但并没有直面诗学中的另一个重要问题——诗人在审美中如何面对自然。

而杨万里诗法论体现出时代感极强、内涵非常丰富、个性十分鲜明的诗学特征，他融合了苏轼和吕本中诗法理论，既包括了对法本身的了悟，又有着直触万物的艺术冲动。对法本身的了悟是杨万里对待成法的态度，直触万物的艺术冲动则是他对待自然的态度。前者延续了吕本中的话题，后者继承着苏轼的精神。那么，杨万里是如何处理这一复杂的理论难题的呢？

杨万里对法本身的态度是重法而能通变。在很多场合杨万里表达了对诗法和句法的重视，评价诗人多与诗法、句法联系。《唐李推官披沙集序》曰："孟达亦能诗，殊有推官公句法。"（《诚斋集》卷82）《王叔雅墓志铭》曰："先生诗句得法于杜子美，自西江而下不论也。叔雅少从先生，赋《早行篇》，先生惊喜曰：'吾子亦能诗乎？'，遂授以句法。"（《诚斋集》卷126）句子是整篇诗作中的重要部分，积句而成篇，所以句法最为关键。杨万里赞同学习名家句法，也认同句法的授受。同时，句法的师承也决定着一个人的作品风格，有益于他的诗歌成就，《胡英彦墓志铭》曰："性嗜文，尤工于诗，其句法祖元白而宗苏黄。"（《诚斋集》卷127）他也认为，句法和诗法的继承，与作品的独创并非水火不容，反而有助于个性风格的养成，《端溪主簿曾东老墓志铭》曰："言语文章自出机轴，无一语袭前作。尤喜为诗，平淡简古，深得陈、黄句法，凡悲欢忧乐、登高怀远、览古行役，一切寓之于诗。"（《诚斋集》卷130）《卢溪先生文集序》曰："少尝见曹子方得诗法，盖其诗自少陵出，其文自昌黎出，大要主于雄刚浑大。"（《诚斋集》卷81）诗法在杨万里诗学中无疑是重要组成部分，他在对待前人诗法方面与吕本中的"悟入"思想是十分一致的，其言论中多次提到"参"这一禅宗语，所"参"

的结果就是对诗法的领会。

《书王右丞诗后》："晚因子厚识渊明，早学苏州得右丞，忽梦少陵谈句法，劝参庾信谒阴铿。"（《诚斋集》卷7）

《读唐人及半山诗》："不分唐人与半山，无端横欲割诗坛。半山便遣能参透，犹有唐人是一关。"（《诚斋集》卷8）

《送分宁主簿罗宏材秩满入京》："要知诗客参江西，政似禅客参曹溪。不到南华与修水，于何传法更传衣。……"（《诚斋集》卷79）

第一首诗是说，遍学各家之法，包括柳子厚、陶渊明、王维、杜甫等人，但又认为杜甫句法存在于庾信、阴铿那里，需要参悟而得。第二首诗提到的"参透"，主要是对半山、唐人诗歌境界、技巧，包括句法而言，这里表现的是兼容并包的师法态度，也可看出他对前人成法的尊重。第三首诗以禅喻诗，准确地讲又是以佛法流传来比喻诗法流传，不属于舍筏达岸、得鱼忘筌之悟，即使参悟后也要有法可依。在尊法、悟法的前提下，杨万里同样走向了"无法"的自由，《酬阁皂山碧崖道士甘叔怀赠美名人不及佳句法如何十古风》写道："赠我新诗字字奇，一夜八百颗珠玑。问侬佳句如何法？无法无盂也没衣。"（《诚斋集》卷38）那字字珠玑的新诗在杨万里眼中竟然是无法无衣也无钵。诚斋重法，在此又称赞无法，那么，该如何理解杨万里的诗法论思路呢？他与吕本中一样由法悟入，也可谓"遍考精取"，不过，杨万里是经历了步步阶梯，终于才走向无法的自由。《诚斋南海诗集序》中叙述了诗风的几次转变："予生好为诗，初好之，既而厌之，至绍兴壬午予诗始变。予乃喜，既而又厌，至乾道庚寅，予诗又变。至淳熙丁酉，予诗又变。……予诗每变每进，能变矣，未知犹进否？"（《诚斋集》卷81）在杨万里的创作生涯中，其诗风总是在不停地变，愈变愈进，不拘泥于任何一种风格，也不拘束在任何一家门墙之下，《跋徐恭仲省干近诗》之三曰："传派传宗我替羞，作家各自一风流。黄陈篱下休安脚，陶谢行前更出头。"当然每一次的超越门户总是以迈进门户为第一步的，《诚斋荆溪集序》说："予之诗始学江西诸君子，既又学后山五字律，既又学半山老人七字绝句，晚乃学绝句于唐人。学之愈力，作之愈寡，尝与林谦之屡叹之。"（《诚斋集》卷81）虽然学有根本，遍学各家，但结果是才思枯涩创作减少，并没有找到吕本中所谓的"活法"，终于有一天杨万里也到达了"忽若有寤""万象毕来"的自由境界：

> 故自淳熙丁酉之春，上暨壬午止，有诗五百八十二首，其寡盖如此。其夏之官荆溪，既抵官下，阅讼牒，理邦赋，惟朱墨之为亲。诗意时日往来于予怀，欲作未暇也。戊戌三朝时节，赐告少公事，是日，即作诗，忽若有寤，于是辞谢唐人及王、陈、江西诸君子皆不敢学，而后欣如也。试令儿辈操笔，于予口占数首，则浏浏焉无复前日之轧轧矣！自此每过午，吏散庭空，即携一便面，步后园，登古城，采撷杞菊，攀翻花竹，万象毕来，献予诗材，盖麾之不去，前者未雠而后者已迫，涣然未觉作诗之难也。盖诗人之病去体将有日矣，方得时不惟未觉作诗之难，亦未觉作州之难也。（《诚斋集》卷81）

这段文字是耐人寻味的。前文他叙述了踏入各家门户屡次变更这一事实，在此段文字中，他告诉我们没有忽然得到一种灵丹妙药似的诗法，相反倒是文笔偃蹇才思阻遏了，但这并不意味着学习各家于诗艺无补，因为诗意在他忙于公务之时却往来心中跃跃欲出了。也就是说，师法他人只是走向自由而无法的一个因素，他对吕本中的诗法论是接受的但又不完全接受的。让杨万里忽然感悟的是在公事之余闲暇之时，他辞谢诸家欣然有诗，"浏浏焉无复前日之轧轧矣"，这是流利而愉快的创作状态，这一近乎灵感的瞬间在平时也成了可以复制的创作常态，当面对花木城池等自然景致时便有挥之不去的意象种种。也就是说，杨万里如此自由的创作状态并不首先是自然给他带来的灵感，他这种直面自然的无法境界是以学习诗法为前提的，他接受了苏轼的诗法观念时结合了吕本中的思想。此段文字的描述大概可以说明杨万里是如何兼容并包地成就自己的诗学思想的，他指出了师法传统且师法自然的诗学门径。

杨万里貌似经验之谈的诗法论背后，其实存在着一个很重要的逻辑——那就是承认每变每进、由变而通的通变观念，而起着重要作用的是“心”，这可以说是，杨万里之所以能在由诗法而无法的诗学思索中另辟蹊径的重要理念。之所以说它是理念，也不是毫无根据的，《荆溪集》写作开始于淳熙四年（1177）三月，完成于淳熙六年（1179）二月，但《诚斋荆溪集序》写作于淳熙十四年（1187）四月，也即是说《序》是后期补写的，显然是对其学诗经历和诗学精神的总结。同时，杨万里在《诚斋易传序》中则明确地提出了他的通变观念，与《诚斋荆溪集序》中所隐藏的由变而通的通变观念是极其类似的，而《诚斋易传序》正好写于淳熙十五年八月二日，比《诚斋荆溪集序》仅仅晚了一年，两者在时间上纵然有先后之分，但正好出现在他诗学和哲学的总结时期。可以说，《诚斋荆溪集序》中以通变观念找到了诗学出路，《诚斋易传序》则明确阐述了这一哲学理念。杨万里认为，世界彼此联系而互生变化，太极生变而有阴阳，阴阳变化而有五行变化，五行变化而有人和万物，人和万物之变而有万事，万事之变又永远不停息，他说：“何谓变？盖阴阳，太极之变也，五行，阴阳之变也，人与万物，五行之变也；万事，人与万物之变也。古初以迄于今，万事之变未已也。”（《诚斋易传序》，《诚斋易传》卷首）而《易》是圣人通变之书，《易》就是对这些变化“幽观其通”“逆抽其图”的结果。（《诚斋易传序》，《诚斋易传》卷首）而圣人就能穷理尽性，参天地合鬼神，“万事之变方来，变通之道先立”（《诚斋易传序》，《诚斋易传》卷首），以变通之道来应对万事变化。所谓变通之道即是中正之道，“斯道何道也？中正而已矣。唯中为能中天下之不中，唯正为能正天下之不正。中正立而万变通，此二帝三王之圣治，孔子颜孟之圣学也。”（《诚斋易传序》，《诚斋易传》卷首）那么，中正之道又在何处呢？杨万里认为中正之道在圣人的心中，他说：“学者将欲通变，于何求通？曰‘道’。于何求道？曰‘中’。于何求中？曰‘正’。于何求正？曰‘易’。于何求易？曰‘心’。”（《诚斋易传序》，《诚斋易传》卷首）总之，通变之道最后归结在圣人的心中，这些观念与杨万里解释《系辞》时的圣人观是相同的。圣人能总天地万物于心中，以不变应万变，以中正虚无来执一驭万，这种重视本心的通变观念为杨万里由尊法到无法提供了思路，也挽合了吕本中与苏轼的思路，使诗人之心能穿梭在传统和自然中来去无碍。

第十章　杨万里“去词去意”论及其易学内涵

“去词去意，而有诗在”①，是杨万里的惊人之论，因为吟咏情性，发而为诗，诗人或唯恐词不达意而极尽辞藻描摹之功，或追求无言之美以求幽思远韵，很少“去词去意”然后再获求诗味的。杨万里《江西宗派诗序》认为，江西派得名“江西”，不是因为人人都属江西，而是共同的“味”将他们联系在一起，即所谓系之者“以味不以形”②。杨万里也将“味”看作诗歌的本质性特征和一种本体境界，但“去词去意”后所获得的“味”毕竟不是寻常之“味”，它与钟嵘之“滋味说”、司空图的味外之味，以及其他以味论诗者的“味”都是不同的。“去词去意”论之于杨万里，绝非一时的玄思妙悟，而是有着缜密深邃的思想逻辑的成熟诗论。那么，“去词去意”论的价值究竟在哪里？其背后的思想内涵为何呢？

一　超越门径，去词去意

“去词”之目的不是“尚意”，这与以有限之语言表达无穷之意是不可简单等同的。杨万里认为“去意”以后，诗性同样显现，其

① 《颐庵诗集序》，杨万里撰，辛更儒笺校：《杨万里集笺校》卷83，中华书局2007年版，第3332页。

② 杨万里撰，辛更儒笺校：《杨万里集笺校》卷79，中华书局2007年版，第3230页。

《颐庵诗集序》曰：“夫诗何为者也？尚其词而已矣。曰善诗者去词，然则尚其意而已矣。曰善诗者去意，然则去词去意，则诗安在乎？曰去词去意而诗有在矣。然则诗果焉在？曰尝食夫饴与荼乎？人孰不饴之嗜也？初而甘，卒而酸。至于荼也，人病其苦也。然苦未既而不胜其甘。诗亦如是而已矣。”[①] 他强调了诗性之“在”，于求其所是途中而成美学境界，表明对诗性精神与诗之形式的自始至终的持续关注，显然与那种轻易达成的得意忘言式的审美境界是不同的，这也是儒家诗学境界的特别之处。“去词”意味着对语言局限的规避，“去意”意味着对自我局限的突破，其基本思路是，以一定的形式完美地表达理想的、确定的内涵。

明确的诗学主张是以对经典的阐释为前提的，杨万里要回归到《诗三百》的理想中，而晚唐诗和王安石的“荆公体”诗也是其推崇的榜样。虽然在理论上提出“去词去意”乃诚斋首创，但在他看来诗歌创作中业已存在理想的典范了。他说：“昔者暴公谮苏公，而苏公刺之。今求其诗，无刺之之词，亦不见刺之之意也。乃曰：‘二人从行，谁为此祸？’使暴公闻之，未尝指我也，然非我其谁哉？外不敢怒，而其中愧死矣。《三百篇》之后，此味绝矣，惟晚唐诸子差近之。”[②]“二人从行，谁为此祸”，只是一句平常语，却是那样的意味深长，于温柔敦厚中自有爱憎是非，它发自衷心又仿佛来自天地间的公理，所以，不见“刺词”与“刺意”，却有着不可辩驳的事实支撑与毋庸置疑的道德力量。杨万里《颐庵诗集序》所举例证，如“寄到玉关应万里，戍人犹在玉关西”“羌笛何须怨杨柳，春风不度玉门关”等，也都是遗味深永的佳句。整体看来，这些句子不以浓郁的主观意思取胜，也无炫耀辞藻力求工巧的习气，而是以质朴的言辞来呈现意味深长的事理。故杨万里有“《三百篇》之遗味，黯然犹存

① 《颐庵诗集序》，杨万里撰，辛更儒笺校：《杨万里集笺校》卷 83，中华书局 2007 年版，第 3332 页。

② 杨万里撰，辛更儒笺校：《杨万里集笺校》卷 83，中华书局 2007 年版，第 3332 页。

也。近世惟半山老人得之”的说法。

杨万里所谓“意”和“辞”是有所确指的，《诚斋诗话》中存留了诗有“三意”者、“两意”者的说法，也有“无其辞而句外有意”的说法。“诗有一句七言而三意者，杜云：‘对食暂餐还不能。’退之云：‘欲去未到先思回。’有一句五言而两意者。陈后山云：‘更病可无醉，犹寒已自知。’诗有句中无其辞，而句外有其意者。《巷伯》之诗，苏公刺暴公之谮已，而曰：‘二人同行，谁为此祸。’”① 这里的“意”应该是指诗人意向性的表达，如在“对食暂餐还不能”句中有“对食”“暂餐”“还不能”三层意思；在“欲去未到先思回”中，则有“欲去”“未到”“先思回”三层意思。意思的多重叠加直现出诗人情绪的曲折，这种“意”是主观性较强的句内意。而这里的“辞”，是指明确表达诗人倾向的语言形式，杨万里举杜甫《病后过王倚饮赠歌》中的诗句并解释说：“‘遣人向市赊香秔，唤妇出房亲自馔。’上言其力穷，故曰‘赊’；下言其无使令，故曰‘亲’。”② 在这两句诗中，虽然没有使用直接相关的词来言说，却有力地表达了“力穷”和“无使令”这样的意思。由此可见，“意”和“辞”都是指主体性比较强的意义或是表达形式。杨万里上述例证是为其“诗已尽而味方永，乃善之善”作论据，而其所谓绵长之诗味，不是读者在阐释中一厢情愿地揣摩而得，而是指已经隐含在诗中的实在意思，也正是因为他在解读活动中清晰地观照着诗句中具体的意义点和文字形式，才使他有可能提出“去词去意”的极端主张——因为只有“去”的对象确实存在，才可讨论“去”的行为，从而也可能使这一诗学方法有形可触。当然，对于一句多意的诗歌，杨万里持着肯定态度，不过，这只是他学诗过程中的一个步骤，“去词去意”可以

① 杨万里：《诚斋诗话》，丁福保辑：《历代诗话续编》上册，中华书局 1983 年版，第 138 页。

② 杨万里：《诚斋诗话》，丁福保辑：《历代诗话续编》上册，中华书局 1983 年版，第 138 页。

说是另辟蹊径，反其道而行之。他想消除诗歌中那种主观性强的文意和言语，找到发自衷心、直诣道理的诗味与诗语。

"去词去意"并不局限于修辞或技术领域，从诗学史的角度而言，杨万里似乎有补足杜甫、韩愈之弊而发挥其优长的诗学变革的魄力，从而在王安石、晚唐人，以及《诗》那里找到理想的审美趣味。《颐庵诗集序》乃嘉泰元年（1201）六月作，到开禧二年（1206）杨万里就逝世了，"去词去意"论正是杨万里诗学自成一家后更简洁、更醒人耳目的一种理论表述，它基本上延续了《诚斋荆溪集序》中所形成的诗学观念。《诚斋荆溪集序》的写作年份是在淳熙十四年（1187），集中所收作品是淳熙四年（1177）到淳熙六年（1179）的创作，该集的序言属补写而成，固然与实际创作有一定距离，但那些心得和主张是经过认真思考和总结过的。杨万里说："予之诗，始学江西诸君子，既又学后山五字律，既又学半山老人七字绝句，晚乃学绝句于唐人，学之愈力，作之愈寡。"① 杨万里学诗经历了长期的、有偏爱的、有门径的、有变化的过程，其诗歌变革总是与学习对象的改变存在某种同步关系，与其说杨万里是在变更着学习对象，不如说是在建构着自己的诗风。他"每变每进"②，到后期确实钟情于王安石和唐人绝句。这里的唐人绝句应当主要指晚唐人绝句，或具有晚唐风调的唐人绝句。杨万里有"受业初参且半山，终须投换晚唐间"的夫子自道③，《诚斋诗话》则尤推晚唐绝句，其词曰："五七字绝句最少而最难工，虽作者亦难得四句全好者，晚唐人与介甫最工于此。"

不同于一般诗歌爱好者的仰慕之举，青年时代尽毁旧作的杨万里很早就将诗学当作人生大事，《诚斋荆溪集序》中所谓"学之愈力，作之愈寡"，正说明他已经沉浸于对晚唐人绝句和王安石诗所具有的

---

① 杨万里撰，辛更儒笺校：《杨万里集笺校》卷 80，中华书局 2007 年版，第 3260 页。

② 杨万里撰，辛更儒笺校：《杨万里集笺校》卷 80，中华书局 2007 年版，第 3264 页。

③ 《答徐子材谈绝句》，杨万里撰，辛更儒笺校：《杨万里集笺校》卷 35，中华书局 2007 年版，第 1785 页。

那种格调和境界中，虽手不能作而心向往之。而所谓的晚唐人绝句、王安石风格已经成为杨万里的诗学理想，这正是他长期以来形成的已经属于自己的审美趋向和诗学精神；作为方法论的“学王”“学唐”势必让位于一种超脱形迹的诗学观。只有超越他人门径，才能显现出诗人自己。《诚斋荆溪集序》接着叙述了不入蹊径、诗思突来的诗学顿悟，他说：“戊戌三朝时节，赐告少公事。是日即作诗，忽若有寤。于是辞谢唐人，及王、陈、江西诸君子皆不敢学，而后欣如也。试令儿辈操笔，于予口占数首，则浏浏焉，无复前日之轧轧矣。”①在生活闲暇少事，而诗学尝试却居夷处困时，杨万里找到了诗歌捷径，涣然心开而自出机杼。他于此所获得的诗学感悟其实已为“去词去意”的方法论提供了潜在逻辑。他说：“自此每过午，吏散庭空，即携一便面，步后园，登古城，采撷杞菊，攀翻花竹，万象毕来，献予诗材。盖麾之不去，前者未雠而后者已迫，涣然未觉作诗之难也。”②即是说，摆脱了公务羁绊，以自在之身悠然俯仰，忘情于烂漫的自然；生动的林木花草同时触发了诗人的心，心与物会，万象毕来，源源不绝。杨万里描述了诗思的涌动和心灵的胜境，这种从根本上重视心物交会的诗学理念，就天然地崇尚着凭空落笔、直击道心的境界。在此境界中，诗人从一切方法、门径、历史、现实中挣脱出来，完成了由门径入而超越门径，心与物会，却又不出法度的诗学蜕变。

杨万里最终脱略蹊径独自成家，在诗法史上可谓承前启后。苏轼认为诗歌法度与审美的神妙并不存在矛盾，得自然之数，深研物理，又能错综变化，便可以由有法而达到无法，所谓“出新意于法度之内，寄妙理于豪放之外也”③。吕本中则讲求活法的规矩具备而出规

---

① 《诚斋荆溪集序》，杨万里撰，辛更儒笺校：《杨万里集笺校》卷80，中华书局2007年版，第3260页。

② 《诚斋荆溪集序》，杨万里撰，辛更儒笺校：《杨万里集笺校》卷80，中华书局2007年版，第3260页。

③ 《书吴道子地狱变相》，苏轼撰，孔凡礼校注：《苏轼文集》卷70，中华书局1986年版，第2213页。

矩之外，其“活法”是与对诗法的参悟联系在一起的。杨万里融合了苏轼和吕本中诗法理论，既包括了对法本身的了悟，又有着直触万物的艺术冲动。对法本身的了悟是杨万里对待成法的态度，直触万物的艺术冲动则是他对待自然的态度；前者延续了吕本中的话题，后者继承着苏轼的精神。杨万里重视自然，也重视诗法、古法，更重视心与物的直接关联。他给了我们这样的思路：从诗法、门径入手，并体认自然之心，便从法度走向创作的自由。于是，古法、心灵、自然法度融合为一。

超越门径之后，必然在诗歌创作中回归到心与物会的感兴，直会通融，并将心与物之冥合落于实处。如《诚斋荆溪集序》所言，杨万里的快意和自由，一方面来自心、物冥合的与道为一；另一方面则来自诗歌的符号性实现。也就是说，诗歌创作的过程是以致道和表达一定的意旨为前提的，而这一过程的最终实现是一种理想的境界，需要有语言将其理想意旨完美地呈现出来。诗歌的表达离不开“词”与“意”，否则再美的诗情只能是暂时的泡影，或只存在于孤立的心灵世界中；但在理想的诗意实现中，“词”与“意”极可能将现实中的种种纠葛带入其中，影响到理想诗意的传达。是执着于修辞立意，还是“去词去意”后直接让诗意出场呢？通过《颐庵诗集序》可以知道，杨万里在晚年完成了最终的诗学思考，他将《诚斋荆溪集序》中涉及的如何在语言层面实现心物直会的诗学问题，落足于“词”与“意”的具体层面。选择“去词去意”，而摒弃前贤一句三意或两意的老路。

二　杨万里的易学语言系统

“去词去意”论的提出并非偶然，也不是出于经验主义，而是杨万里哲学观念在诗学领域中的体现，它有着更直接的哲学渊源。对于言意关系的理解和阐释在杨万里的《易》学中有精微的展开，关涉到圣人“立象尽意”、神道设教这些根本性问题。杨万里对这些根本问题的思索，为其“去词去意”论提供了丰厚的思想基础。其《易论》说：

> 圣人之教，不离于言，而未始不离于言。不离于言者，言也。未始不离于言者，非言也。言者道之因也，圣人且得而离于言乎？非言者道之诣也，圣人且得而不离于言乎？[1]

这就是说，圣人之教需要依赖语言，但也能离于语言。语言是道之“因”，离于语言者是道之“诣”，而所谓“因”就是道所凭依，所谓“诣”就是道的境界或本旨。杨万里将道分为两个层面，一是言，一是诣。诣，其实也就是圣人之意，它本来就可以脱离语言存在，同时也是圣人之道所达到的境界，“言”与“诣”的问题就包括了“言”与“意”的问题，或者直接可以看作“言”与“意”的问题。杨万里说：“夫何故传天下以其道，而不示天下以其诣，天下何从而诣其诣哉？诣其诣，则不因其因矣。虽然，诣其诣而不因其因可也。未诣其诣而不因其因可乎？”[2] 在杨万里看来，圣人是可以将“意”宣示天下的，否则，天下人无从去“诣其诣”，也即是说，圣人之意或圣人本旨固然可以脱离语言存在，但他认为对于那些没有领会圣人之意的人来说，则又不可离开对语言的凭借。

对于杨万里来说，语言的问题依然是复杂的，行圣人之教、传圣人本道，或者说达圣人之意，无论是依赖语言，还是对语言废而不用，都同样会产生严重的弊端，他说：

> 是故不得离于言。不离于言者，不废其道之因也。不废则恃此之情，恃彼之愚，是故不得不离于言。离于言者，不恃其道之

① 《易论》，杨万里撰，辛更儒笺校：《杨万里集笺校》卷84，中华书局2007年版，第3361页。

② 《易论》，杨万里撰，辛更儒笺校：《杨万里集笺校》卷84，中华书局2007年版，第3362页。

因也。以道之因者，可忘而废言，见人之迷于途而莫之指者也。以道之因者，不可忘而恃言，指人以途而谓之家者也。莫指其途，天下自此绝，指途为家，天下自此愚。[①]

如果不废"道之因"而依赖语言，就会"恃此之情，恃彼之愚"，导致"以途为家"而不见真谛。这就是说，如果凭借语言这一有形的媒介，无论是传达者还是接受者都很容易将自己的私情愚见参杂其中，从此天下愚昧。如果忘却"道之因"废言，那么就是"见人之迷于途，而莫之指"，这就是说，抛弃了语言，接受者就会陷于迷惑而无从得道，于是天下人必然无路可走。杨万里在此充分认识到了语言的复杂性，"言可恃耶？言不可恃耶？"这是圣人之忧，圣人只好在"废言"和"恃言"之间徘徊："欲废言也，而天下之人，岂人人而心孔子之心，诣尧、舜之诣也？欲恃言也，则天下将死乎吾言之中，而不生乎吾言之外，非吾言之死天下也，死天下之见也。"[②]并不是人人都可以直诣圣人之心，领悟圣人之意，所以废弃语言并不现实，但若过分依赖语言，天下人则不能知晓言外之意而将见识滞留于"吾言"中，而"吾言"也可能因为主观自我本身就存在局限。这样的结果是："天下以吾言为尽，故捐其思。捐其思，故死其见。死其见，故貌信乎吾言，而心无得于吾道。道非得于吾道也，不自得其得也。"[③] 即天下人的思维停留在"吾言"的局限范围中，从而不能对"吾道"心领神会，也即杨万里所谓"言也者心之翳也，晓天下者，暗天下者也"[④]。语言的局限性导致了天下人思虑萎靡，从而

① 《易论》，杨万里撰，辛更儒笺校：《杨万里集笺校》卷84，中华书局2007年版，第3362页。

② 《易论》，杨万里撰，辛更儒笺校：《杨万里集笺校》卷84，中华书局2007年版，第3362页。此段引文标点笔者根据文意标出，与《笺校》区别较大。

③ 《易论》，杨万里撰，辛更儒笺校：《杨万里集笺校》卷84，中华书局2007年版，第3362页。

④ 《易论》，杨万里撰，辛更儒笺校：《杨万里集笺校》卷84，中华书局2007年版，第3362页。

与圣道无缘。

尽管言不可废，可是，言也不可恃，如果过分依赖语言，天下人受语言本身和传达者的局限必然失去自己的思想与见识，从而走向愚昧之途而不入圣人之道。鉴于此，杨万里认为，圣人并非言不能尽意，书不能尽言，而是不敢尽也，《易论》曰："圣人之言，非不能尽意也，能尽意而不尽也。圣人之书，非不能尽言也，能尽言而不尽也。曷为不尽也？不敢尽也。《中庸》曰：'有余不敢尽。'此《易》与《中庸》之妙也。然则曷为不敢尽也？忧其言之尽，而人之愚也。"[①] 这是对《系辞》中"书不尽言，言不尽意"思想的深入开掘，他更看到了尽言尽意的弊端。那么，能否有一种言说方式可以脱离或尽量少受私情愚见的影响，不是"捐其思""死其见"，而是引人深思地传达圣人之教或圣人之意呢？圣人作《易》，"立象尽意"正是这样的表达系统。《易论》曰：

> 圣人之作易，其初有卦而已，象焉在其后。有象矣，辞焉在最后。有辞也，如未始有辞也。杳茫深微，不可得而近也。非不可得而近也，不可得而近者，所以致人之近也。人致于《易》，则近于《易》矣。人之常情，近则狎，远则疑，故《易》之远者，所以投天下以疑而致天下之思也。思则见，见则悦，悦则研，研则诣。故圣人之作《易》也，不示天下以其道之诣，而诣天下以其道之因。[②]

圣人之《易》巧妙地建立了一套多样的语言系统，首先是设卦，设卦之后立象，立象之后系辞，辞处在这一系统的最末梢。而这

① 《易论》，杨万里撰，辛更儒笺校：《杨万里集笺校》卷 84，中华书局 2007 年版，第 3363 页。

② 《易论》，杨万里撰，辛更儒笺校：《杨万里集笺校》卷 84，中华书局 2007 年版，第 3363 页。

“辞”是有“辞”，又好似“未始有辞”，“杳茫深微，不可得而近也”。其实，“辞”与“意”都以消隐的姿态出现的情形，也可以叫“去词去意”，它们在语言系统的最末梢以接近于无的姿态，有效地间离了人们对《易》的直接亲近，这就避免了接受者在接受中“以途为家”，失去思考而陷入愚昧。只有使人远于《易》，才能引起思考，《易》的远辞及其远意，就是要“投天下以疑，而致天下之思”，“思则见，见则悦，悦则研，研则诣”。这样的语言系统中就包含了圣人隐幽地表达，也包含了接受者澄心静虑、抛弃杂念、启动思致的对大道地研阅体味。

《易》的语言系统中虽然强调“未始有辞，杳茫深微”，但圣人之意的传达和圣教的实现却要依赖于天下人的疑虑、反思、研求。也就是说，天下人的接受过程与《易》的语言系统共同造就着圣人之意的传达和圣人之教的实现，此种相互关系与西方阐释学中所谓互相阐释是不同的。圣人之意是可以超越语言的独立存在，但在实现的过程中，圣人之意又不得不借助于语言。这就要求，在语言上去除传达者的自我之意，以便让圣人之意得以显现——去除通向歧路的直接言辞而以“未始有辞”的隐约形式出现；另外来说，这样的修辞效果是为了引起众议，以成就圣人之教，尽圣人之意。

对于圣人之教在传达过程中的语言问题，杨万里给予了严谨细密的论证，以“未始有辞，杳茫深微”的语言方式，来规避语言有可能带来的缺陷，其实质就是“去词去意”，此处的“意”是指个人之意，而非圣人之意，圣人之意是“去词去意”后的道之所诣。正如《易论》中所论，“杳茫深微”之辞与“立象尽意”之间存在着必然的逻辑关系一样，杨万里也将“去词去意”作为实现心物直会而万象毕来时的诗意的最佳途径。

三 去词去意的理论意义和价值维度

杨万里“去词去意”的诗论，与其《易论》中的语言观念存在着内在关联，从《易论》的相关阐释足以了解到“去词去意”的理论深度。杨万里从心物交会到“万象毕来”，乃至以“去词去意”的手段去营造的艺术境界，与圣人“立象尽意”——通过由象、爻、辞构成的微妙语言系统去传达圣人之教的境界，存在着同构关系。杨万里的易学不仅为其诗学提供了坚实的理论基础，而且提供了价值维度。在这个意义上，杨万里所追求的“味”必定有别于传统的“味”论，即他不是在追逐玄远的味外之味，而是旨在规避语言局限，隔断人心私好，让作品去发人思虑，直诣诗心。这包括三层意思：首先，文字必然要呈现一定的意旨；其次，“去词去意”是理想的语言表达，使诗意得以呈现；最后，“去词去意”并不是简单地以有限的在场而掀动无限的在场，而是引起思索和公议。

那么，杨万里是不是真有此意呢？他在《颐庵诗集序》里指出，《三百篇》中出现过的引人思考、指向内心的具有现实批判性的诗歌精神和艺术感染力，而这种现实精神和艺术感染力在晚唐诸子那里也并没有重现，只是“差近之”“黯然犹存”而已①。对于《三百篇》的特质，杨万里有自己独到的见识，他认为《三百篇》是“矫天下之具”，是通过众议来克服私见，从而引发心中的惭愧，以达到矫正不善而归于至情的诗教目的。《诗论》曰：

> 《诗》也者，矫天下之具也，而或者曰：圣人之道，《礼》严而《诗》宽。嗟乎，孰知《礼》之严为严之宽，《诗》之宽为宽之严也欤？盖圣人将有以矫天下，必先有以约天下之至情。得其至情而随以矫之，安得不从？盖天下之至情，矫生于愧，愧生于众，愧非议则安，议非众则私。安则不愧其愧，私则反议其议。圣人不使天下不愧其愧，反议其议也。于是举众以议之，举议以愧之，则天下之不善者，不得不愧。愧斯矫，矫斯复，复斯

① 杨万里撰，辛更儒笺校：《杨万里集笺校》卷83，中华书局2007年版，第3332页。

善矣。此诗之教也。诗果宽乎耸乎，其必讥而断乎，其必不恕也。诗果不严乎恶，恶莫恶于盗，而懦莫懦于童子。①

这就是说，《诗》作为“矫天下之具”，是通过“众议”和自我的反省——“愧其愧”而发生效用的，即所谓“圣人引天下之众，以议天下之善不善，此《诗》之所以作也”②。圣人正是这样以“约天下之至情”来矫正天下的。这种“天下之至情”又是从何而来呢？它不是抽象地、先验地存在于圣人的意识中，杨万里认为“矫生于愧，愧生于众”本身就是一种“天下之至情”，能引发“众议”和“愧其愧”的诗情也就是理想的《诗》的情感。那么，《诗》的语言是否高妙就取决于是否能引起“众议”和自省，即是否能避免直接的语言表述或个人私见以唤起接受者的思考与评价，从而使人归于至善之途。我们不难发现杨万里《诗》学语言观与其《易论》语言观存在着内在的一致性，它们都是在避免语言的局限，避免在传播过程中的主观之意影响真谛的呈现，这是《易论》深刻论证过的，而在《诗论》中则采取具体的引起“众议”与“愧其愧”的方式来贯彻这一思想。

引起“众议”与“愧其愧”的语言，因为过滤掉了太多的主观之意，必然是普遍性的理想的“至情”。“至情”即在于议论和自省中——作者放弃了语言的威权和思想的妄念，让文本最大限度地向着人的心灵开放，真实地呈现，于是，“去词去意”的过程中出现的就是诗性诗情。杨万里在《诗》与王荆公、晚唐人那里领会到的共同趣味就是规避语言局限和主观之意，这样的诗作中，语言本身几乎成了物自身，以一种生命的姿态呈现，读者无法找到靠近它的直接的语

① 《诗论》，杨万里撰，辛更儒笺校：《杨万里集笺校》卷84，中华书局2007年版，第3372—3373页。

② 《诗论》，杨万里撰，辛更儒笺校：《杨万里集笺校》卷84，中华书局2007年版，第3374页。

言通道，而只有再一次地体味、思索才能与它灵犀相通。叶梦得说："王荆公晚年诗律尤精严，造语用字，间不容发。然意与言会，言随意遣，浑然天成，殆不见有牵率排比处。"① 所谓"牵率排比"，就是因过多主观之意而造成的语言枝蔓，所谓"言随意遣，浑然天成"，其实就是指语言忠实地呈现了情理、意象。如王安石的《南浦》诗："南浦随花去，回舟路已迷。暗香无觅处，日落画桥西。"诗人以极其澄淡的心态观照了自然和自己，自然及诗人自己以极其省静又抽象的姿态出现，从而引起读者一唱三叹的吟咏和思索。花儿在开放，顺着水流，随花前行，诗人迷舟，花儿似乎也失路，但花香似有似无的被诗人感觉着，此时诗人分明看到夕阳落入画桥之西。于是，那花与日的自然以近乎抽象的美的形式存在了。这种发人幽思的情理来自诗歌中独特的生命系统，来源于这些生命脱离了尘俗、抛弃了私见、规避了纷乱的语言陷阱。黄山谷云："荆公暮年作小诗，雅丽精绝，脱去流俗，每讽味之，便觉沆瀣生牙颊间。"② 脱去流俗的刹那，事物的本真就出现了，它超离了人们的庸常意识，具有了更大的、更纯粹的思考空间，具有了美的普遍性，从而发人思虑，余味不绝。

王荆公这样的佳作很多，审美方式上都呈现与此类似的路数，杨万里注意并总结、提升了此种诗性智慧。他深知语言直接表达和主观之意的局限，也能领悟《周易》象、爻、辞系统中起阐释作用的系辞杳茫深微，而爻、象则尽可能地独立于接受者主观之意的精妙之处，杨万里在诗歌创作中也总是剪除词语的芜杂，尽量呈现真实而崭新的诗美境界。如《闲居初夏午睡起二绝句》其一："梅子留酸软齿牙，芭蕉分绿与窗纱。日长睡起无情思，闲看儿童捉柳花。"该诗写梅子的酸意留在齿间，使牙齿发软，真实到了极点，但更有一层意思是"留"，它与"芭蕉分绿与窗纱"的"分"对应，写出了意、味、

① 叶梦得：《石林诗话》卷上，何文焕辑《历代诗话》上册，中华书局 1981 年版，第 406 页。

② 胡仔：《苕溪渔隐丛话》前集卷 35，人民文学出版社 1993 年版，第 242 页。

光、影等无形之物的变易流动，从而呈现了形而上的普遍意旨，那么“闲看儿童捉柳花”中的“闲”这一种意识的流动，也就缥缈的如同光影一样接近“无情思”的本真状态。而诗人在生活中似乎也在追求着这种排除主观之意的近乎纯粹的精神境界。

杨万里“去词去意”论之理路，是理学新成果在诗学领域中的创造性运用，既富深幽之思致，又坚守了儒学精神。一方面，让诗之本真（至理、至情、诗境界，等等）呈现，且呈现出一种实在，而不是佛老的玄妙之理；另一方面，这种呈现也只有在排除私意和引发众议的过程中才能实现。他要排除由语言带来的混杂的意识，让诗的境界如同道一样显现出来。正因为如此，杨万里认为诗人发掘并泄露了天地的秘密，《雪巢小集序》中认为诗人“发造化之秘”，是天之横民，“且吾与诗人，同争夫天之所靳，是天之横民，同犯天之所恶，是又天之横民也。治横民宜以横政，既与诗人同为横民，又欲不与诗人同受横政，可乎？”[①] 在此，诗人主动引天下之众议，唤起天下之至情，他所希望引起的阐释是在一定价值观下的对某种客观真理或美的回溯，与此同时，读者参与到了因诗而起的感动中，教化和审美、诗境与人情完美地统归为一。

杨万里的诗学以儒家思想为基础，与其《易》学可相互印证。杨万里九种诗集的《序》集中在一段时间写成，有的属于后期补写[②]，写作的时间集中在公元1188年前后，也是在这一年，杨万里始作《易传》，又作《易外传序》。该《序》论及易道，力主中正、通变，其文曰：“斯道何道也？中正而已矣。唯中为能中天下之不中，唯正为能正天下之不正。中正立而万变通，此二帝三王之治，孔子、颜、孟之圣学也。”[③] 不过，通变和中正之道的归结点却在于心：“然

① 杨万里撰，辛更儒笺校：《杨万里集笺校》卷81，中华书局2007年版，第3284页。

② 杨万里诗集写作跨度46年，而为诗集作序集中于6年内。参见张瑞君《杨万里评传》，南京大学出版社2002年版。

③ 杨万里撰，辛更儒笺校：《杨万里集笺校》卷80，中华书局2007年版，第3254页。

则学者将欲通变，于何求通？曰道，于何求道？曰中，于何求中？曰正，于何求正？曰易，于何求易？曰心。”强调心的感应和通变能力，此种心物关系论与其超越门径而心与物会的诗学方法在逻辑上是一致的。《诚斋荆溪集序》写于1187年，与杨万里作《易传》写《易外传序》几乎同时，不能排除杨万里以易学思想统摄诗学的企图，也不能排除他以诗学玄思充实易理的可能性。更何况在1188年前后，杨万里补写了诗集序言，并在补写过程中有意识地总结自己的诗风演变和诗学感悟，这在《诚斋荆溪集序》里表现得尤其明显。而写于1201年的《颐庵诗集序》，重视心物直击，摒弃门径不讲，甚至超越语言和个人之意，将《易论》中的言意关系应用到诗学中，充分体现了归真于《诗》《易》的诗学理论倾向。

第十一章　杨万里诗学中的意、象、言关系

杨万里处理意、象、言关系问题在哲学史上具有个性与特别价值，同时，他将这一哲学理论自觉地引入其诗学体系中，在文学领域形成了独特的意、象、言话语方式。关于意、象、言三者关系的讨论绝不流于经验所得，而是始终以深沉的理论思考探索并深化着这一命题，不仅在学理上严谨自洽，而且内含着儒者的精神诉求。杨万里在诗学上学江西、后山、半山、晚唐，乃至独自树立卓然成家，凡有数变，但最终是以易学为思想渊薮的，其诗学可与其《易》学相互印证。杨万里九种诗集的《序》文，集中在一段时间写成，有的属于后期补写①，写作的时间在公元1188年前后，也是在这一年，杨万里始作《易传》，又作《易外传序》。《易外传序》论及易道，力主中正、通变，向易求正、向心求易②，强调心的感应和通变能力，此种心物关系论与其超越门径、心与物会的诗学方法在逻辑上是一致的；

① 杨万里诗集写作跨度46年，而为诗集作序集中于6年内。参见张瑞君《杨万里评传》，南京大学出版社2002年版。

② 杨万里《易外传序》曰："斯道何道也？中正而已矣。唯中为能中天下之不中，唯正为能正天下之不正。中正立而万变通，此二帝三王之治，孔子、颜、孟之圣学也。"不过，通变和中正之道的归结点却在于心，"然则学者将欲通变，于何求通？曰道。于何求道？曰中。于何求中？曰正。于何求正？曰《易》。于何求《易》？曰心"。杨万里著，辛更儒笺校：《杨万里集笺校》卷84，中华书局2007年版，第3254页。

而《易传》中精心结构的意、象、言关系也足以为其诗学讨论意、象、言话语系统提供逻辑基础。值得提及的是，写于1187年的《诚斋荆溪集序》，与杨万里作《易传》《易外传序》几乎在同时，不能排除杨万里以易学思想统摄诗学的企图，更何况在1188年前后，杨万里进行了对诗集序言的补写。而写于1201年的《颐庵诗集序》，重视心物直击，摒弃门径，也将《易论》《易传》中所建构的言、象、意关系渗入诗学体系中，而有“万象毕来”之论。《易论》是杨万里《心学论》之《六经论》中的一篇，耐人寻味的是，杨万里绍兴三十二年（1162年）尽焚旧作，与笼罩诗坛的江西诗风决裂之时，正是其《心学论》写作时期。下文的讨论将从易学渊源、意象感发、语言表达等不同层面观照杨万里诗学中的意、象、言关系。

一　意、象、言

关于意、象、言关系的讨论依然是当下文学界无法回避的，尽管现代人眼中的言意关系已非静态的玄学思辨，而是进入语用层面上的实践与阐释，但我们无法忽视语言运用中文化模式的存在，因为我们无法隔离出原子式的语言，语言往往被建构在一定的模式中来理解和运用。易学中的意、象、言阐释体系就是对中国文化和文学影响深远的一种模式，《易·系辞》（上）说：“子曰：‘书不尽言，言不尽意。’然则圣人之意，其不可见乎？子曰：‘圣人立象以尽意。’”① 意谓圣人之意的表达需要通过卦象体系来表达，圣人探赜索隐，拟诸形容，立“象”来尽意，也即利用语言、卦象系统来表达圣人之意或天道，从而形成言、象、意的阐释体系。杨万里在阐释《系辞》“设卦立象”章时，也创造性地阐发了这一体系意。《系辞》曰：

> 圣人设卦观象，系辞焉而明吉凶，刚柔相推而生变化。是故

---

① 王弼注，孔颖达疏：《周易正义》，北京大学出版社1999年版，第291页。

吉凶者，失得之象也。悔吝者，忧虞之象也。变化者，进退之象也。刚柔者，昼夜之象也。六爻之动，三极之道也。是故君子所居而安者，易之序也。所乐而玩者，爻之辞也。是故君子居则观其象而玩其辞，动则观其变而玩其占。是以自天佑之，吉无不利。①

杨万里认为“象”与“辞”是用易之功效，并界定“象”与“辞”之含义。《诚斋易传》说：“此章言君子学易者，必先会易之象辞以为用易之功效也。象者，何象也？六爻之象也，辞者，何辞也？爻辞与象辞也。”② 圣人设卦，然后有卦，然后有象，然后有辞，所谓“象泯则卦隐，辞废则象晦，卦以象立，象以辞明”。这里的“圣人设卦”，可以看作是圣人之意的达成或对“道”的呈现，所以上述表达是关乎意、象、言之间彼此依存关系的。杨万里还进一步阐明，圣人设卦观象之目的是彰明吉凶，借助对“象”的观察与对系辞的体悟来触及早已蕴含的吉凶之理。他说：“谓观其有是象，而吉凶之理已具，系之以是辞，而吉凶之象始明也”，而这“吉凶之理”的产生正是在阴阳结合之后，即“纯阳无吉凶，纯阴无吉凶，或以阳杂之阴，或以阴杂之阳，顺则合，逆则战，逆顺相推，合战万变而吉凶生焉。”③ 至于如何知晓吉凶，需要通过观察爻象当位与否，以及阴阳推移。即《诚斋易传》中所谓：“或以阳居阳，或以阳居阴，或以阴居阴，或以阴居阳，当位则安，不当位则危，当否相推，安危数化而吉凶生焉，故既曰明吉凶。又曰刚柔相推而生变化，盖谓某卦之吉凶生于某画之变化，某画之变化生于阴阳之推移。”④

卦象的吉凶是事之忧虞，通过吉凶来看事情的得失。杨万里说：“何谓象？物有事有理，故有象。事也理也，犹之形也；象也，犹之影

① 王弼注，孔颖达疏：《周易正义》，北京大学出版社1999年版，第261—264页。
② 杨万里：《诚斋易传》卷17，四库全书本。
③ 杨万里：《诚斋易传》卷17，四库全书本。
④ 杨万里：《诚斋易传》卷17，四库全书本。

也，不知其形，视其影，不知其事与理，视其象，是故欲知事之得失也。如何？卦爻象之以吉凶，事之忧虞也"，"有失得则吉凶随，有忧虞则悔吝随，此事之形影也。可得而象者也。"[①] 这就是说，象就是事理的"影子"，在未知事理之"形"时，可以通过显现的"象""影"，足以表现事理之实质，也即通过卦象吉凶悔吝可推知事理的得失。

杨万里从设卦、立象、系辞的角度论证了意、象、言之关系，特别强调对事理得失的探赜索隐；他也从学易者玩辞、观象、求道的角度来倡明意、象、言的彼此对应与阐释的关系，他说："君子学易者，因辞求象，象不能外乎辞，因象求道，道不能外乎象。"[②] 显然，强调了道不外象，辞外无象，因辞求象的言、象、意彼此依存的阐释路径。所谓"象"，并非抽象地体现圣人之意或道，而是表达着事理。而所谓"言"，是求象之"因"，因辞求象，象不外辞。显然与王弼所谓得象忘言，得意忘象之论大异其趣。

在《易论》中，杨万里更有微妙的意、象、言理论[③]，来讨论言与意或道之关系，他认为，如果过分依赖语言，就会"恃此之情，恃彼之愚"，导致"以途为家"而不见真谛；如果忘却言是"道之因"而废弃语言，那么就是"见人之迷于途，而莫之指"，即使民众陷于迷惑而无从得道，导致天下人必然无路可走[④]。杨万里的根本观念还是，在社会实践中，道或意是无法离开语言的，不过需要建构一种微妙的意、象、言系统。《易论》曰："圣人之言，非不能尽意也，能尽意而不尽也。圣人之书非不能尽言也，能尽言而不尽也。曷为不

---

① 杨万里：《诚斋易传》卷17，四库全书本。

② 杨万里：《诚斋易传》卷17，四库全书本。

③ 关于《易论》中意、象、言关系的讨论，笔者已有详尽论述，参见李瑞卿《杨万里去词去意论发微》，《文学遗产》2013年第2期。

④ 杨万里《易论》曰："是故不得离于言。不离于言者，不废其道之因也。不废则恃此之情，恃彼之愚，是故不得不离于言。离于言者，不恃其道之因也。以道之因者，可忘而废言，见人之迷于途而莫之指者也。以道之因者，不可忘而恃言，指人以途而谓之家者也。莫指其途，天下自此绝，指途为家，天下自此愚。"杨万里撰，辛更儒笺校：《杨万里集笺校》卷84，中华书局2007年版，第3362页。

尽也？不敢尽也。《中庸》曰："'有余不敢尽。'此〈易〉与〈中庸〉之妙也。然则曷为不敢尽也？忧其言之尽，而人之愚也。"[①] 这是对《系辞》中"书不尽言，言不尽意"的深入开掘。《易论》曰：

> 圣人之作易，其初有卦而已，象焉在其后。有象矣，辞焉在最后。有辞也，如未始有辞也。杳茫深微，不可得而近也。非不可得而近也，不可得而近者，所以致人之近也。人致于《易》，则近于《易》矣。人之常情，近则狎，远则疑，故《易》之远者，所以投天下以疑而致天下之思也。思则见，见则悦，悦则研，研则诣。故圣人之作《易》也，不示天下以其道之诣，而诣天下以其道之因。[②]

圣人之《易》巧妙地建立了一套多样的语言系统，首先是设卦，设卦之后立象，立象之后系辞，辞处在这一系统的最末梢。而这"辞"尽管存在，又好似"未始有辞"，"杳茫深微，不可得而近也"。即"辞"与"意"都以消隐的姿态出现，它们在语言系统的最末梢以接近于无的姿态出现，通过远辞及其远意，来"投天下以疑，而致天下之思"，于是，"思则见，见则悦，悦则研，研则诣"，从而获得"道之诣"。这样的语言系统是将道或意的阐释当作一个引起众议、谨慎建构的过程。而言与象似乎最大限度地模仿出了道的原初状态——也指示着道的意义。

二　万象毕来

杨万里易学中的意、象、言模式对其诗学理论的影响是结构性

① 《易论》，杨万里撰，辛更儒笺校：《杨万里集笺校》卷 84，中华书局 2007 年版，第 3363 页。

② 《易论》，杨万里撰，辛更儒笺校：《杨万里集笺校》卷 84，中华书局 2007 年版，第 3363 页。

的。杨万里《易论》的写作与焚其旧作几乎同步，几个重要序文的整理也与《易传》及序文写作时间基本相当。在杨万里诗学中出现了“万象毕来”，以及属于言意问题的“句中”“句外”等重要观念，体现着他对诗学中意、象、言关系的处理方式，或者说，他将易学中的意、象、言模式引入诗学当中，而且精巧地完成了哲学话语到诗学话语的转换。杨万里《诚斋荆溪集序》中的“万象毕来”是一个值得论证的、理论内涵深广的诗学命题：

> 自此每过午，吏散庭空，即携一便面，步后园，登古城，采撷杞菊，攀翻花竹，万象毕来献予诗材。盖麾之不去，前者未雠，而后者已迫，涣然未觉作诗之难也。盖诗人之病，去体将有日矣，方是时，不未觉作诗之难，亦未觉作州之难也。①

在此段序文前面，杨万里交代的是他在诗学上的困境，而自从诗学悟道后，他才有此引人入胜的创作体验，这与其诗学与易学的结合存在关联，其中的关键词则应是“万象毕来”。“象”由哲学概念转化为诗学概念，以及中国易学与诗学的亲缘关系在理论上是完全可能的，刘勰已然是典范，他将意义与文字、意象关联为一，而不去字外求意②，这一点上迥异于王弼。我们需要进一步证明的是，

① 杨万里撰，辛更儒笺校：《杨万里集笺校》卷80，中华书局2007年版，第3260页。

② 刘勰建构的意、象、言关系与王弼大异其趣，他承认易道中的意、象、言阐释模式。《原道》篇曰：“人文之元，肇自太极，幽赞神明，易象为先。庖牺画其始，仲尼翼其终。而《乾》、《坤》两位，独制《文言》。言之文也，天地之心哉！若乃《河图》孕八卦，《洛书》韫乎九畴，玉版金镂之实，丹文绿牒之华，谁其尸之？亦神理而已。”文中可见，其一，圣人幽赞神明与庖牺画卦，仲尼十翼（包括系辞、文言）构成的意、象、言符号体系中象可表达意，言可阐释象。其二，神理、《河图》《洛书》，以及玉版金缕、丹文绿牒（文字符号）也构成了意、象、言的阐释体系。《神思》篇中便有意授于思、言授于意的思维的逻辑，意、象、言是完美地结合在一起的。《神思·赞》中说：“神用象通，情变所孕；物以貌求，心以理应。刻镂声律，萌芽比兴。结虑司契，垂帷制胜。”在此体现的也是言、象、意结合融创的境界。

杨万里的“万象毕来”与其易学中“象”之间的内在关联，及其具体含义。

此处的“万象”应当指自然物象。杨万里是在不学唐人及王、陈、江西诸君子之后，步入后园，亲近花竹而获得诗学灵感的。“万象毕来献予诗材”，不可看作是一般的审美表象之类，而是有其审美的路径与独特的文化内涵。张少康先生认为：“他提出的诗歌创作主张是以自然为师，在现实生活中去寻找诗歌创作的源泉。在这方面他和陆游的观点是一致的，不过陆游偏重在于国家、民族存亡休戚相关的重大社会生活内容，而杨万里侧重在清新秀丽的自然山水景物和富有生活气息的普通悲欢际遇。”[①] 张师之论诚是，杨万里正是将目光从对诗法规矩、流派宗脉、模山范水的关注，转移并投射向了活泼自在的自然，从而在自然物象中忽然见道。这当然不仅是诗学上的感悟，而且是借助自然物象与心灵的自由会合，获得诗歌与人生境界的超越。因而不得不说，“万象毕来”的情境就是人生的悟道。这里涉及人心如何感物与感物对象的问题。其中包含两个层面：其一，什么样的感物方式，使得有此“万象毕来”的胜境；其二，为什么感发对象是自然物象呢？换句话说，感发自然物象即可入道或入于审美自由的理论基础为何？

第一，讨论杨万里的心物关系问题，也即“万象”如何“毕来”。《答建康府大军库监门徐达书》说：“大抵诗之作也，兴上也，赋次也，赓和不得已也。我初无意于作是诗，而是物是事适然触乎我，我之意亦适然感乎是物是事，触先焉，感随焉，而是诗出焉。我何与哉？天也，斯之谓兴。”[②] 诗歌之作，以兴为上，与外物无意感触，适然逢会，即所谓“我何与哉？天也，斯之谓兴”。意思是说，自我消失了，由自然来言说，而这自然也非纯粹的自然，是中国古人心目中的理想自然，其最终根据则是归源于天理和至善的；我是空无

① 张少康：《中国文学理论批评史教程》，北京大学出版社1999年版，第179页。

② 杨万里撰，辛更儒笺校：《杨万里集笺校》卷67，中华书局2007年版，第2841页。

的，物、事是自由的，无心以应而自得天机。这正是“万象毕来”的情境，因无意才能自由自在，才能囊括众象。那么，所谓“无意”究竟是一个什么样的空无状态呢？

此种心物关系模式在《诚斋易传》中是存在着理论原型的。《咸》卦是艮下兑上，《象》曰：“山上有泽，咸。君子以虚受人。”王弼注：“以虚受人，物乃感应。”[①]《诚斋易传》卷九解释《咸》卦《象》辞曰：“山受泽，山之虚，心受人，君子之虚，虚故感，感故应”，突出“虚故感，感故应”的思想[②]，杨万里解释《咸》卦九四爻，主张“虚而照则明”，“无思”而“虚照”。[③]他强调心之作用，反对“废心而任思”。只有虚而照，心中无物，方可无意感知，故而能“穷神知化”。当然“无思”与“虚照”还必须依赖于“心”，没有心之神，即使“无思”也无济于事。他在解释《咸》卦九五爻说，“脢”处膺膈之间，此乃一身“至虚无思之地”，但由于与之相应的“九五”是“膈”，而不是“心”，所以这种感应只能是“无思而不神”的昏懵，而非“无思而神”，杨万里在此突出了“心”的重要性[④]，事实上杨万里认为圣人是可以聚天地之神于一心的，不过，“聚于一心之精”、不疾而速的感应，又是建立在万物彼此之间、万物与人心之间建立的感应关系的基础上的。即所谓“岂惟心之能神哉？物理亦有之，铜山东倾而洛钟西应”，“其母啮指，而其子心动。”[⑤]既然不疾而速，超越了时间与空间，这样的感应就是气理相通的精神之感。

第二，我们来看看感发自然物象的哲学理路。中国美学与文学中存在着一个司空见惯的现象，那就是通过对自然物的感发与体悟可以进入自然之道。《庄子》中逍遥境界是无待的，只有无待才能逍遥与

① 王弼注，孔颖达疏：《周易正义》，北京大学出版社1999年版，第140页。
② 杨万里：《诚斋易传》卷17，四库全书本。
③ 杨万里：《诚斋易传》卷9，四库全书本。
④ 杨万里：《诚斋易传》卷9，四库全书本。
⑤ 杨万里：《诚斋易传》卷17，四库全书本。

自然，后世的哲学家证明了有待也可进入逍遥，于是有向秀、郭象的“与物冥冥，循其大变”，支遁的“物物而不物于物”之论[①]，从而将对自然之道的把握关联于具体的自然物，这一思路体现在山水诗作家那里即是徜徉于自然山水便可澄怀味道，归于自然。其实，《周易》之易道也是自然之道，而自然物象是自然之道的象征，自然变化通过自然形象来体现。杨万里在其易学思想中对此论证颇多，他在阐释《系辞》“在天成象在地成形，变化见矣”时说，“在天成象，在地成形，变化见矣，何谓也？曰：有物可见，无物可执之谓象。有物可见，有物可执之谓形。日月在天，象也；山泽在地，形也；天垂日月之象，故易之坎离可见天之变化；地出山泽之形，故易之艮兑可见地之变化。变化者，天地之至神也，孰得而见之者，形象著而变化不可隐矣。”[②] 意思是说，自然化生而有形象变化，这些形与象就是日月山泽等自然形象。在阐释“是故刚柔相摩，八卦相荡，鼓之以雷霆，润之以风雨，日月运行，一寒一暑，乾道成男，坤道成女”时说：“此言天地斡流，而成万化之神，乾坤错综，而生六子之妙也。以乾之刚而错摩坤之柔，以坤之柔而错摩乾之刚，一刚一柔，相推相荡，鼓之以雷霆而为震，莫之鼓而鼓也，润之以风雨而巽坎，莫之润而润也。日月运行，夫寒暑而为坎离，莫之运而运也。然得我之刚者为长男，为中男，为少男；得我之柔者为长女，为中女，为少女，成男成女，莫之成而成也。三才之天地人，易之乾坤其神矣乎！其妙矣乎！”俨然是苏轼“我有是道，物各得之”的思路[③]，但杨万里在苏轼的基础上充实了乾坤之外其他六卦的

① 《世说新语·文学第四》，见刘义庆著，刘孝标注，余嘉锡笺疏《世说新语笺疏》，上海古籍出版社1993年版，第220页。

② 杨万里：《诚斋易传》卷17，四库全书本。

③ 苏轼在秩序的前提下，以“用息功显”为主导思想来讨论乾坤、男女之道：“及其用息而功显，体分而名立，则得乾道者自成男，得坤道者自成女。夫男者，岂乾以其刚强之德为之，女者岂坤以其柔顺之道造之哉！我有是道，物各得之，如是而已矣。”见苏轼《东坡易传》卷7，四库全书本。

内容[1]，以六卦为六子，而且它们的产生是自然现象变化，所谓“鼓之以雷霆而为震，润之以风雨而为巽坎”，也即强调了自然变化中的雷霆风雨即是变化之因。易道的变化，不仅是抽象的阴阳刚柔，而且还是具有自然内容的具体变化。前文所述，杨万里认为通过卦象可见吉凶，沿着其思路，通过自然现象也一定不难见到事理悔吝。在这个意义上，杨万里认为，通过自然物象完全也可以进入道的境界。类推于诗学，杨万里是通过感发自然物象而进入到审美的境界的。如果说杨万里易学中通过卦象来看事理之吉凶，那么在其诗学中也表现了对事理得失的重视。《诚斋诗话》中说：“太史公曰：‘国风好色而不淫，小雅怨诽而不乱。’《左氏传》曰：‘《春秋》之称，微而显，志而晦，婉而成章，尽而不污，此《诗》与《春秋》纪事之妙也。”将《诗经》与《春秋》比类，正是为凸显诗歌的纪事之妙。[2]

总之，杨万里将目光转向自然物象，求得“万象毕来”的诗意，是他有意建构的诗学逻辑，有着深厚的哲学基础。重视自然物象及事理也确实是杨万里诗歌的重要特征。《寒食雨中同舍约游天竺，得十六绝句，呈陆务观》其二：“笋舆冲雨复冲泥，一径深深只觉迟。孤塔忽从云外出，寺门渐近报侬知。”[3]物象次第出现，直接写来，虽然不做玄远的思考，但不乏深永的趣味。其九：“城里哦诗枉断髭，山中物物是诗题。欲将数句了天竺，天竺前头更有诗。”[4]即是以自然物为题，而获得层出不穷的诗意。《丰山小憩》：“归路元无远，行

---

① 苏轼宇宙观和道论中，认为宇宙由八卦相荡而产生，自然之道自在其中。《东坡易传》卷7中说：“天地之间，或贵或贱，未有位之者也，卑高陈，而贵贱自位矣。或刚或柔，未有断之者也，动静常，而刚柔自断矣。或吉或凶，未有生之者也，类聚群分，而吉凶自生矣。或变或化，未有见之者也，形象成，而变化自见矣。是故刚柔相摩，八卦相荡，雷霆风雨，日月寒暑，更用迭作于其间，杂然施之，而未尝有择也，忽然成之而未尝有意也。”见苏轼《东坡易传》卷7，四库全书本。

② 丁福保辑：《历代诗话续编》（上），中华书局1983年版，第139页。

③ 杨万里撰，辛更儒笺校：《杨万里集笺校》卷20，中华书局2007年版，第3册，第1007页。

④ 杨万里撰，辛更儒笺校：《杨万里集笺校》卷20，中华书局2007年版，第3册，第1008页。

人倦自迟。野香寒蝶聚，秋色老枫知。得得逢清荫，休休憩片时。江山岂无意，邀我觅新诗。”① 写归路迟缓，路遇野香、寒蝶、秋色、老枫、清荫，以及倦困休憩，可谓一片江山，满目诗意。

如何去体悟杨万里笔下的自然万象，应当以其哲学观念和处理心物关系的方法论为钥匙。钱钟书先生对杨万里如何捕捉自然物象有所论述，他说：“诚斋则如摄影之快镜，兔起鹘落，鸢飞鱼跃，稍纵即逝而及其未逝，转瞬即改而当其未改，眼明手捷，踪矢蹑风，此诚斋之所独也。”② 以追踪物象之飘忽递转为杨万里的摹写功夫，这与杨万里本人的审美方法与风格特征并不吻合。不妨细读下面绝句，《寒食雨中同舍人约游天竺，得十六绝句，呈陆务观》其四：“破雨游山也莫嫌，却缘山色雨中添。人家屋里生松树，穿出茅檐却覆檐。”其五：“小溪曲曲乱山中，嫩水溅溅一线通，两岸桃花总无力，斜红相倚卧春风。”③ 前一首，写雨中山色，写屋里生松穿出茅檐又覆盖着茅檐，描绘的是自然的光色与姿态；后一首则写两岸桃花无力，斜卧于春风之上，彼此相依，是一番春风沉醉的趣味，从理论上来归本推源，杨万里不过是以虚无之心观照自然物象，从中见道，默然兴会。

钱钟书先生是以苏轼的审美论来阐释杨万里摹写自然的方法。关于苏轼的理路，从《文与可画云当谷偃竹记》可窥见一二：

> 竹之始生，一寸之萌耳，而节叶具焉。自蜩蝮蛇蚹以至于剑拔十寻者，生而有之也。今画者乃节节而为之，叶叶而累之，岂复有竹乎？故画竹必先得成竹于胸中，执笔熟视，乃见其所欲画者，急起从之，振笔直遂，以追其所见，如兔起鹘落，少纵则逝矣。与可之教予如此。予不能然也，而心识其所以然。夫既心识

① 杨万里撰，辛更儒笺校：《杨万里集笺校》卷5，中华书局2007年版，第1册，第295页。

② 钱钟书：《谈艺录》，中华书局1984年版，第118页。

③ 杨万里撰，辛更儒笺校：《杨万里集笺校》卷20，中华书局2007年版，第3册，第1008页。

其所以然，而不能然者，内外不一，心手不相应，不学之过也。故凡有见于中而操之不熟者，平居自视了然，而临事忽焉丧之，岂独竹乎？

子由为《墨竹赋》以遗与可曰：“庖丁，解牛者也，而养生者取之；轮扁，斫轮者也，而读书者与之。今夫夫子之托于斯竹也，而予以为有道者则非邪？”子由未尝画也，故得其意而已。若予者，岂独得其意，并得其法。①

文与可为何要如此迅疾？他欲捕捉到物象的神采，欲把胸中之竹淋漓展现，这需要得自然之数，应自然之道；另外，也涉及心手相应的问题，唯有振笔直遂才能得其意思所在。虽是论画，于诗亦然。按照苏轼的逻辑，摹写事物正如庖丁解牛一样，是一个得道的过程，而在杨万里这里，自然事理本身就在自然物象之中；从心物关系来看，杨万里是虚照而明的与物感应，唯有如此才能万象呈现，而苏轼则是系风捕影，合于自然之道。对于自然物象的重视在杨万里这里是空前的，他找到了理论上的依据，也在苏轼的基础上有所拓展，以儒家的心态来观察外物之变化，将对自然物的描写日常化、生活化，也将生活化、日常化的描写哲理化，将悟道和诗作融合在平常起居之中，显示出了一种清浅的风尚。这清浅的风格与诗心是依赖于道心的。

三　意在句中

关于言意关系的讨论在中国哲学史上颇为盛行，以佛道文化背景的言意论倾向于认为语言无法表达意义，因而主张而放弃语词，不立文字，或者简略其意以期无言之美。不过，如果没有语言的表达，我们无从看到所谓的无尽之意，意义无论如何是要通过语言来表达的，表达方式有所不同而已。正如前文所论，杨万里在言意问题上独树一

① 苏轼撰，孔凡礼点校：《苏轼文集》，中华书局2004年版，第365—366页。

帜，他认为，圣人不是无法尽意而是他们认为直接用语言尽意容易引起误解，“忧其言之尽，而人之愚也”[①]，所以要立象，然后系辞，而这辞又好像“未始有辞”[②]。简言之，道不外象，辞外无象，因辞求象。言可尽意在中国哲学中是主流，即使是《老子》《庄子》中的语言观，也在强调言的重要，如果说无名到有名是必然，而语言的出现也是必然。《庄子·齐物论》：“天地与我并生，而万物与我为一。既已为一矣，且得有言乎？既已谓之一矣，且得无言乎？一与言为二，二与一为三。”[③] 语言无法不存在，否则不能确认“一”，也因为这语言，世界便演化到无穷。欧阳建作《言尽意论》：“原其所以，本其所由，非物有自然之名，理有必定之称也。欲辩其实，则殊其名；欲宣其志，则立其称。名逐物而迁，言因理而变，此犹声发响应，形存影附，不得相与为二矣。苟其不二，则言无不尽矣，吾故以为尽矣。”[④] 论证是颇为有力的，北宋邵雍也说：“有意必有言，有言必有象，有象必有数，数立则象生，象生则言彰，言彰则意显。象数则筌蹄也，言意则鱼兔也，得鱼兔而忘筌蹄可也，舍筌蹄而求鱼兔则未见其得也。”[⑤] 明末清初王夫之说：“天下无象外之道”[⑥]，“言、象、意、道，固合而无畛”[⑦]，深受儒学浸润的文学家在实际创作中也在坚守着言可达意的信仰。刘勰的语言观也是如此，他超出了言尽意与言不尽意的讨论界域，让语言进入创作的枢机之中，成为与情感同等地位的本体，《神思》篇说：“神思方运，万涂竞萌，规矩虚位，刻镂无形”，即相对于语言来说，人的感觉和情思是虚位，意象必须落

① 《易论》，杨万里撰，辛更儒笺校：《杨万里集笺校》卷84，中华书局2007年版，第3363页。

② 《易论》，杨万里撰，辛更儒笺校：《杨万里集笺校》卷84，中华书局2007年版，第3363页。

③ 郭庆藩：《庄子集释》，中华书局1972年版，第79页。

④ 欧阳询：《艺文类聚》（上），上海古籍出版社1999年版，第348页。

⑤ 邵雍：《观物·外篇上》，《皇极经世书》卷13，四库全书本。

⑥ 王夫之：《周易外传》卷6，中华书局1977年版，第212页。

⑦ 王夫之：《周易外传》卷6，中华书局1977年版，第214页。

实在语言中，也即思—意—言是同一过程。刘勰《神思》篇说：“意翻空而易奇，言征实而难巧也。是以意授于思，言授于意，密则无际，疏则千里。或理在方寸而求之域表，或义在咫尺而思隔山河。是以秉心养术，无务苦虑；含章司契，不必劳情也。”思、意、言三者合一是刘勰的理想，更重要的是这一境界也是语言的世界，而非只可意会、无法言表的心理境界。

需要指出的是，上述的言，不仅指语音，而且指文字，文字是可以表达世界与意义的，或者说文字就是世界与意义，这与站在语音中心主义的立场上的胡塞尔不同，也与赞成文字、反对语音中心主义的德里达不同。德里达在《书写与差异》中认为，记载上帝笔迹的书从未出现，出现的只是其踪迹，“这种神学上的确定性注定已失落了”，从19世纪开始，这种意识就构成了现代的自我理解的典型特征。[①] 不过，德里达虽然重视文字书写，但对文字并不是完全信赖的。哈贝马斯评价道：“在此过程中，德里达根本没有考虑到‘书写文字的牢固性’，而是首先关注这样一种情况：书面形式把文本从发生语境中分离出来。书写使言词独立于作者的精神，也独立于接受者和言语对象的在场性。书写媒介赋予文本一种冷漠的自主性，使之脱离了一切生动的语境”[②] 在德里达看来，语言符号与作者之意及世界是割裂的。

杨万里把意义落实在了语言中、文字中，准确地说是落实在句中。我们需要探讨一下著名的《和李天麟二首》其一，其诗曰：“学诗须透脱，信手自孤高。衣钵无千古，丘山只一毛。句中池有草，字外目俱蒿。可口端何似，霜螯略带糟。”[③] 对于这首诗的解读，马东瑶认为，首先是对“自然”的强调，“句中池有草”是为纠雕镂之

① ［德］于尔根·哈贝马斯：《现代性的哲学话语》，曹卫东等译，译林出版社2011年版，第191页。

② ［德］于尔根·哈贝马斯：《现代性的哲学话语》，曹卫东等译，译林出版社2011年版，第193页。

③ 杨万里撰，辛更儒笺校：《杨万里集笺校》卷4，中华书局2007年版，第199页。

弊；其次，“字外目俱蒿”指出诗歌当寄寓作者关怀世事之心，“目蒿”之语出自《庄子·骈拇》：“蒿目而忧世之患”；再次，“可口端何似？霜螯略带糟”是用一个形象的比喻，强调诗歌当有言外之“味”[①]。综其大意是，杨万里主张自然，关怀世事，讲究言外之味——这代表了当下比较普遍的看法。可是，当我们放下先见，重新审视这首诗时，才发现该诗的主要意旨与关怀世事、言外之味无关，而是主张透脱学诗以达到超越门户、直击自然的自由的创作与审美境界。如此信手而来的孤高卓异的境界，也正是杨万里所强调的即目成诗、言象为一的审美境界。在杨万里这里，创作的通脱自由与具体文字句子是相互关联的，句子的存在、语言的表述是整体诗意的基础，所以，他强调“句中池有草”，也即句子中的生机和内蕴，就如同“池塘生春草”——强调句子之内的诗歌语言意象的存在和诗意的盎然滋长。与之相对，“字外目俱蒿”是告诉人们不要在字外来求意，因为语言之外，意义遥远不能看见，求意字外，就是目中尽蒿，蒿草挡目；蒿草细微，最易染尘，故人们昧眼于尘世。清陈大章撰《诗传名物集览》卷9曰：“《尔雅翼》：庄子称今之君子蒿目而忧世之患。蒿细弱而阴润，最易栖尘，故以为比，言昧眼尘中而忧世也。”[②]此解切意，“目俱蒿”首先指的是被遮挡，将“字外目俱蒿”解释为关心世事是不准确的。那么，“可口端何似，霜螯略带糟”就不是比喻言外之味，恰好相反，指的是言内之味。以味论诗不假，但首先强调的是构成诗味的具体内容，也即不依赖玄虚的想象而索求诗味，而是品味构成其句子的元素与成分。

以句子为单位，重视其表达，是杨万里诗学的重要观念。《和李天麟二首》其二也是讨论句子的。它说：“句法天难秘，功夫子但加。参时且柏树，悟罢岂桃花？要共东西玉，其如南北涯。肯来谈个事，分坐白鸥沙。”句法的秘密是存在的，只要加以功夫即可得法，

① 马东瑶：《论诚斋新诗体的形成》，《汉语言文学研究》2010年第3期。

② 陈大章：《诗传名物集览》卷9，四库全书本。

虽然来自参悟所得，但依旧要回归本义，“柏树”与“桃花”句典出《五灯会元》，据《五灯会元》卷四：“（僧）问：‘如何是祖师西来意?’师（赵州从谂）曰：‘庭前柏树子。’曰：‘和尚莫将境示人?’师曰：‘我不将境示人。’曰：‘如何是祖师西来意?’师曰：‘庭前柏树子。’”[①]《五灯会元》卷四“灵云志勤禅师”有一则公案：（志勤禅师）初在沩山，因见桃花悟道。有偈云：“三十年来寻剑客，几回落叶又抽枝。自从一见桃花后，直至如今更不疑。”沩览偈，诘其所悟，与之符契。沩曰：“从缘悟达，永无退失，善自护持。”综合两则公案来看，桃花与柏树可借以悟道，但悟道后桃花还是桃花，柏树还是柏树。这一思想进入杨万里的诗学后，体现为对自然万象的重视。

前期的维特根斯坦，在其《逻辑哲学论》中，就认为世界是事实的总和，通过引入图像这一概念，将事实解释为思想，然后进一步说明思想是句子所表达的东西，句子和世界是对应的，通过对句子的探讨可以解决对世界的探讨。[②] 杨万里聚焦于句子也有其自身逻辑，事理或意义可以被象与辞表达，那么，句子作为相对完整的意义单位也是诗意所在。比如在《诚斋诗话》中说：

> 诗有一句七言而三意者，杜云“对食暂餐还不能”，退之云：“欲去未到先思回。”有一句五言而两意者，陈后山“更尽可无醉，犹寒已自知”诗。有句中无其辞，而句外有其意者。《巷伯》之诗，苏氏刺暴公之谮已，而曰：“二人同行，谁为此祸?”杜云：“遣人向市赊香秔，唤妇出房亲自馔。”上言其力穷，故曰赊；下言其无使令，故曰亲。又“东归贫路自觉难，欲别上马身无力”，上有相干之意而不言，下有恋别之意而不

① 普济：《五灯会元》，中华书局1984年版，第202页。
② 王路：《走进分析哲学》，中国人民大学出版社2009年版，第54—59页。

忍。又“朋酒日欢会，老夫今始知”，嘲其独遗己而不招也。[①]

杨万里句中觅意，指出有一句七言三意，也有一句五言二意，在句子的曲折变化中来表达层次密匝的意义，这与其“万象毕来”的审美感受是两两相应的。将意象凝固在句中，将意义分布于言辞之内，正是杨万里努力的方向。同时，语言文字在其形式化方面也有其独立性，句子含蕴多意的意图和方法，也会促使作者去剖情析采，可见，诚斋体的出现是有完备而深刻的理论支持的，与其哲学观念、语言论密不可分。其中诚斋体一个最大的特点就是，因为其深厚的儒学背景与独诣古旨的诗学方法，他不去刻意寻找所谓言外之意，尽管他并不反对言外之意义。当然，是否有言外之意也非作家个人主观能控制的。即使是在本段引文中出现“有句中无其辞，而句外有其意者”的说法，所谓句外之意，依然是通过句子的言辞来达到的。

在杨万里的理论中，将意义通过句子的细致表达与言外之意的生成是并行不悖的，言外之意的存在依赖于辞藻字句的精心结撰。《诚斋诗话》说：

唐律七言八句，一篇之中，句句皆奇，一句之中，字字皆奇，古今作者皆难之。余尝与林谦之论此事。谦之慨然曰：“但吾辈诗集中，不可不作数篇耳。如老杜《九日》诗云：‘老去悲秋强自宽，兴来今日尽君欢。’不徒入句便字字对属，又第一句顷刻变化，才说悲秋，忽又自宽，以‘自’对‘君’甚切，君者君也，自者我也，‘羞将短发还吹帽，笑倩旁人为正冠。’将一事翻腾作一联，又孟嘉以落帽为风流，少陵以不落为风流，翻尽古人公案，最为妙法。‘蓝水远从千涧落，玉山高并两峰寒。’诗人至此，笔力多衰。今方且雄杰挺拔，唤起一篇精神，非笔力

① 丁福保辑：《历代诗话续编》（上），中华书局1983年版，第138页。

拔出，不至于此。‘明年此会知谁健，醉把茱萸仔细看。’则意味深长，幽然无穷矣。”①

在杨万里看来，唐代律诗的魅力与成就是建立在句法和字法上的，句句皆奇，字字皆奇，才能见到效果。因为诗话中的分析实在锋芒毕现、准确到位，所以抄录如上，正如杨万里分析杜甫《九日蓝田崔氏庄》，先说老境遇悲秋，忽然又自我宽慰，又能与君共欢，可谓句奇字奇。而“明年此会知谁健，醉把茱萸仔细看”两句，杨万里评为“意味深长幽然无穷”，这意味来自扎实的修辞。写眼前嘉会，却遥想明年光景，醉把茱萸之态，如现目前。于是，现在与明年、当下与远景之界限消失，成为永恒之美，意味深长之感便油然而生。体会杨万里的此种发现，我们不得不为杜甫的精工字句和杨万里的修辞敏感折服。“明年”与“此会”、“知”与“谁”、“醉把茱萸”与“仔细看”，是以彼此意义的相互对立却又彼此映照的奇趣来达到意象凸显又迷离恍惚的境界的。杨万里对东坡诗中之层叠之意的剖析也非常精彩。他说：“东坡《煎茶》诗云：‘活水还将活火烹，自临钓石汲深清。’第二句七字而具五意。水清，一也；深处清，二也；石下之水，非有泥土，三也；石乃钓石，非寻常之石，四也；东坡自汲，非遣卒奴，五也。”② 五种意思的析出无疑是精确的，可谓辨析毫厘，切中要害，从严丝合缝的字里行间读解到丰赡的内蕴。此外，杨万里也从具体的句法和用词来解读苏轼诗，他说：“‘大瓢贮月归春瓮，小杓分江入夜瓶’，其状水之清美极矣，分江二字，此尤难下。‘雪乳已翻煎处脚，松风仍作泻时声。’此倒语也，尤为诗家妙法。即少陵‘红稻啄余鹦鹉粒，碧梧栖老凤凰枝’也。‘枯肠未易禁三碗，卧听山城长短更。’又翻却卢仝公案。仝吃到七碗，坡不禁三

① 丁福保辑：《历代诗话续编》（上），中华书局 1983 年版，第 139—140 页。

② 杨万里：《诚斋诗话》，丁福保辑：《历代诗话续编》（上），中华书局 1983 年版，第 140 页。

碗，山城更漏无定，长短二字，有无穷之味。”①“分江”二字确非轻易得来，以小勺舀水入瓶，可称为“分”，所分者无非水，但这水来自江中，所以不叫分水，而叫“分江”，突出了它的来历以及与江河的一体性。于是，“分江”，既是分又不可分，从而将带着月色、倾入夜瓶之水，与天地日月江河湖海浑沦为一了。

值得进一步研究的是，杨万里对杜甫与苏轼诗学精髓揭示或摄取是通过字句层面来完成的。他相信意义是要通过句子来表达，丰富的意义来自具体而微的修辞，言外之意则根植于表达的竭尽全力与精确性，而非来自故意的含蓄吞吐；对一句之中多层意思的推崇，与他对事理雏形的敏锐感受密不可分。

① 杨万里：《诚斋诗话》，丁福保辑：《历代诗话续编》（上），中华书局1983年版，第140页。

第十二章　元好问诗学与苏轼易学

元好问诗论有其完整的理论体系，在诗歌本质论、创作论、诗歌史论，以及审美观念等方面的论述都能独自成家，体现出对诗学本体和诗学史的深刻洞见。元好问诗论具有深厚的文化内涵和高超的思维品质是不争的事实，当代的研究者或探讨其理学根源，或追究其释道因素，或溯求其诗学自身的哲学内蕴，我们也有机会借此窥测到元好问诗学的某些潜在逻辑和文化基因。对于元好问《论诗三十首》，有的阐释其“立诚说”[①]，有的阐释其“自然说”[②]，有的阐释其宗教思想[③]。这些研究无疑是非常有益的，不过这种文化分析的研究方法并非毫无瑕疵，文化与哲学影响着审美方式，但文化与哲学并非审美方式本身，当然，我们也并不是说只从经验主义出发来体味审美方式，而是要精准地探讨是什么样的文化和哲学中的什么具体思路直接影响了审美方式，换句话说，宽泛的文化研究固然重要，但具体的内在理路的揭示也必不可少，因为这种内在的思路是研究对象最

---

① 张晶：《辽金诗学思想研究》，辽海出版社 2004 年版，第 211—226 页；狄宝心：《元好问“以诚为本”说的出发点和归宿》，《民族文学研究》2001 年第 2 期。

② 陈忆军：《略谈元好问〈论诗三十首〉的审美标准》，《开封教育学院学报》2002 年第 3 期；张俊敏：《元好问雅正自然的诗学观》，《保定师范专科学校学报》2002 年第 1 期；李瑞卿：《天然风韵　英雄气质——元好问美学精神新论》，《民族文学研究》2006 年第 3 期。

③ 詹石窗：《论元好问诗词的仙家情思》，《厦门教育学院学报》1994 年第 4 期；狄宝心、任立人：《元好问对佛教文化的弘扬兼蓄》，《忻州师范学院学报》2000 年第 4 期；李正民、牛贵琥：《试论佛教对元好问的影响》，《民族文学研究》2005 年第 3 期。

为有机的思想成分，也是其诗学的灵魂和特质，是区别于他人的“这一个”。

笔者今天讨论元好问诗论与“苏学”之关系，旨在能比较准确地刻画元好问的诗学特征，更倾向于比较元好问与苏轼在内在理路上的联系，以观照“苏学”在元好问那里是如何延伸的。目前可以有很多的证据，足以证明苏轼对于元好问在诗学理论和创作上的影响是十分明显的。如杨松年《论元好问评苏轼诗》一文①，作者列举了《论诗三十首》用及苏诗的 20 多例，以充分的证据说明元好问论诗绝句与苏轼的亲近关系。该文还提到施国祁《元遗山诗集笺注》中标举出遗山取用苏轼的句例，以及林明德《元好问与苏轼》一文中以二十首诗句为例证明了元好问在诗歌艺术上是如何尊崇与因循苏轼的。如张惠民《从金源文论看“苏学北行”》认为，“苏学北行，苏轼对金源文学的影响特别体现于一代宗师元好问的身上”②，作者所理解的“苏学”局限于苏轼之诗学（包括古文理论），“苏学北传，却并非以儒宗行，而以文学为主”③，该文其实讨论的依然是苏轼诗学对包括元好问在内的金源诸家的影响。

苏轼诗学固然属于“苏学”的一部分，但学术史上的自成体系，影响甚巨的“苏学”则是与洛学（程学）、荆公之学鼎立的思想学说，那么，“苏学”作为一种思想学说是否会对元好问诗学产生根本性的影响呢？也就是说，元好问对苏诗诗学的接受仅是经验性的、局部的，还是有自觉的、有门派意识的整体的接受？如果答案是后者，我们在阐释元好问诗学时，就找到了其更为直接的思想源头，就可以找到更为明晰的理论肌理，也就可以将其纳入更为具体的文化语境和价值体系中重新认识。

---

① 杨松年：《论元好问评苏轼诗》，《苏州大学学报》（哲学社会科学版）2001 年第 2 期。

② 张惠民：《从金源文论看“苏学北行”》，《乐山师范学院学报》2007 年第 4 期。

③ 张惠民：《从金源文论看“苏学北行”》，《乐山师范学院学报》2007 年第 4 期。

一 遗山诗学与“苏学”体系

张惠民《从金源文论看“苏学北行”》一文论述了苏轼诗学对金源文论的影响，作者指出，赵秉文评党怀英文，直接引用苏轼理论来作为评价的准绳，而王若虚对苏轼“随物赋形”之论也是颇有会心的，“为情为意而造文，王若虚正是以东坡之论而论东坡之文”[①]。总的来讲，金源诸家对苏轼诗学的继承深得其精神。王若虚道：“东坡自言其文‘如万斛泉源，不择地而出，滔滔汩汩，一日千里无难。及其与山石曲折，随物赋形而不自知所之者，常行于所当行，而止于不可不止。’论者或讥其大夸。予谓唯坡可以当之。夫以一日千里之势，随物赋形之能，而理尽辄止，未尝以驰骋自喜。此其横放超迈，而不失为精纯也耶。”[②] 苏轼豪放但不失精纯，是“理尽辄止”的既有自由又不失法度的境界，王若虚对于苏轼的评价中肯且准确，他已经意识到了苏轼文论与其性命义理之学存在关联，而且“理尽辄止”一语正道出了苏轼之学的特征——它与洛学一系以天理为本体不同。事实上，元好问在对苏轼诗学的继承中，也延续着苏学的核心精神，他看到了苏轼诗学背后的哲学内涵，并做了有意识的延续和守护，我们试图从元好问的几篇序引中得到证明。

元好问继承了苏轼的“随物赋形”这一理论话语，他在《杜诗学引》中说：

> 尝谓子美之妙，释氏所谓学至于无学者耳。今观其诗，如元气淋漓，随物赋形；如三江五湖，合而为海，浩浩瀚瀚，无有涯涘；如祥光庆云，千变万化，不可名状。固学者之所以动心而骇目。及读之熟，求之深，含咀之久，则九经、百氏、古人之精华所以膏润其笔端者，犹可仿佛其余韵也。夫金屑、丹砂、芝术、

① 张惠民：《从金源文论看“苏学北行”》，《乐山师范学院学报》2007 年第 4 期。
② 王若虚：《滹南集》卷 36，四库全书本。

参桂，识者例能指名之。至于今而为剂，其君臣佐使之互用，甘苦酸醎之相入，有不可复以金屑、丹砂、芝术、参桂而名之者矣。故谓杜诗为无一字无来处亦可也，谓不从古人中来亦可也。前人论子美用故事，有着盐水中之喻，固善矣。但未知九方皋之相马，得天机于灭没存亡之间，物色牝牡，人所共知者为可略耳。①

此段文字的主旨是，杜甫因真积力久，自得天机，而达到的自由而入神的诗道境界；“由学而无学”，然后“得天机于灭没存亡之间”，乃至进入元气淋漓、无有涯际、千变万化、不可名状的类似于万物自然化生的艺术境界，是该段文字中基本的逻辑。“无学”与“得天机”为随物赋形、自由入神的文字生成提供了条件，而“无学”又是“得天机”的最初准备。何谓“学至于无学”？正如元好问所言，这是一句方外语，它与佛道思想有关的。《陶然集诗序》说：“方外之学有‘为道日损’之说，又有‘学至于无学’之说，诗家亦有之。子美夔州以后，乐天香山以后，东坡海南以后，皆不烦绳削而自合，非技进于道者能之乎？诗家所以异于方外者，渠辈谈道不在文字，不离文字。诗家圣处不离文字，不在文字。唐贤所谓‘情性之外，不知有文字’云耳。”② 元好问认为，在诗学领域也有“为道日损”的弊端，而“学至于无学”正是要回归到真正的诗道，即“技进于道”“不烦绳削而自合”。所“自合”者，即是合乎道。由无学而合道，或由无学而“得天机”，此种思维方式与佛学有关，当代学者已有论述，但从诗学理论史的角度，追溯其最近源头恐怕要到苏轼那里。元好问在《陶然集诗序》的另一段文字中也有类似的观念：

---

① 元好问著，姚奠中主编，李正民增订：《元好问全集》（增订本上）卷 36，山西古籍出版社 2004 年版，第 750 页。

② 元好问著，姚奠中主编，李正民增订：《元好问全集》（增订本上）卷 37，山西古籍出版社 2004 年版，第 772 页。

“吾见其溯石楼，历雪堂，问津斜川之上。万虑洗然，深入空寂，荡元气于笔端，寄妙理于言外。”[①] 于万虑沉寂的心理状态下，笔端元气生发，触及妙理，进入神奇的审美境界，它强调了创作中的元气自然与触及妙理，这显然与苏轼“随物赋形”论中所表达的诗学观念是十分雷同的。

苏轼说：“吾文如万斛泉源，不择地而出。在平地滔滔汩汩，虽一日千里无难。及其与山石曲折，随物赋形，而不可知也。所可知者，常行于所当行，常止于不可不止，如是而已矣。其他虽吾亦不能知也。”[②] 这是对创作中自由胜境的描述。苏轼以水论文，以水的无心奔涌、与物逶迤来比喻文心与文章的渐次展开，自然生发。不过，我们不能将这个比喻看作随性而粗略的形象描述，它有着深刻的理性内涵。文章如水一般不择地而出，与山石曲折蜿蜒前行，作者在此过程中首先是“不可知”的心理状态，这“不可知”表现为“不择地而出”的无心发生，然后是进入审美妙境时的无我状态，也只有如此，才能了无忘执，与物合一，自然成文。与此同时，创作者又是“可知”的，所谓“常行于所当行，常止于不可不止”，而这种自由自在又若合符节的“可知”，其实就是得自然之理、致于道境的表现。“随物赋形”一方面指审美中的心物合一，即无意应物以后，又得自然之理，在可知与不可知之间的致道状态；另一方面指在文章结构生成时的自然呈现的内在肌理和行而为文的整体走势。苏轼还有“文无定质”论：“所示书教及诗赋杂文，观之熟矣。大略如行云流水，初无定质，但常行于所当行，常止于不可不止，文理自然，姿态横生。”[③] 该段文字也表达了与上述类似的理念，“文无定质”是指行文的无意而成，但又能得自然之理，文章如同自然之道一样随意生发。概括而言，苏轼

① 元好问著，姚奠中主编，李正民增订：《元好问全集》（增订本上）卷37，山西古籍出版社2004年版，第772页。

② 苏轼：《文说》，《东坡全集》卷100，四库全书本。

③ 《答谢民师推官书》，苏轼撰，孔凡礼点校：《苏轼文集》卷49，中华书局1986年版，第1418页。

的“随物赋形”论包含了无意而发，于“致道”的境界中，文理自然。

“致道”是苏轼的说法，流露着他独特的体道观念。他说：“故世之言道者，或即其所见而名之，或莫之见而意之，皆求道之过也。然则道卒不可求欤？苏子曰：‘道可致而不可求。’”[①] 苏轼以没水为喻，强调掌握自然规律，因学求道，但不主张以“即其所见而名之，或莫之见而意之”来言道，也就是说，不要以直接所见或私意揣摩为道。苏轼反对从虚空入道，所谓“古之学道，无自虚空入者。轮扁斫轮，佝偻承蜩，苟可以发其智巧，物无陋者”[②]，他主张如同轮扁斫轮、佝偻承蜩一样动用智慧，而达执一以驭万之境界。这与庄子所谓“用智不分，乃凝于神”大意是相同的[③]，但他指出，庄子的“道”中是不排斥“智巧”的，即在上述的体道行为中，入于空静排除万物，并非凭空蹈虚，而是动用智慧，凭借实际经验凝思于神。这其实就是掌握了自然之理。“无学”是苏轼致道的一个门径，但这样的门径中却是讲求智慧与知识的。苏轼吸收庄子思想，发现并肯定了《庄子》在顺应自然时的“智巧”，进而主张获得自然之理，比如，他在《书吴道子画后》提出“自然之数”的概念。无论是有意识地获得自然之数，还是长久累积而“致道”，都强调了在无意而发的状态下动用智慧的力量，通神于自然。

在整体的诗学理路上，元好问与苏轼相通。元好问推崇创作中的“肆口而成”，或是讲求“思与神通”“神遇”的审美境界，足以表明他对苏轼诗论的继承是深有会心、自觉而理性的。《新轩乐府引》曰：“《诗》三百所载小夫贱妇幽忧无聊赖之语，特猝为外物感触，满心而发，肆口而成者尔。其初果欲被管弦、谐金石，经圣人手，以

① 《日喻》，苏轼撰，孔凡礼点校：《苏轼文集》卷64，中华书局1986年版，第1981页。

② 《宋钱塘思聪归孤山叙》，苏轼撰，孔凡礼点校：《苏轼文集》卷10，中华书局1986年版，第326页。

③ 《庄子·达生篇》。

与六经并传乎？小夫贱妇且然，而谓东坡翰墨游戏，乃求与前人角胜负，误矣！自今观之，东坡圣处，非有意于文字之为工，不得不然之为工也。”① 元好问认为，东坡非有意于文字之工，但能从游戏的自由笔墨而进入必然的艺术王国，在文字上无意为工却不得不工。东坡的游戏文字，何尝不是一种体道行为，源于无意，却合乎自然。基于此，元好问赞同小夫贱妇“猝为外物感触”，而“满心而发”“肆口而成”的文字，他们虽不同于苏轼的翰墨游戏，但在无意而发、自然生成方面却是相同的。《陶然集诗序》也说：“盖秦以前民俗醇厚，去先王之泽未远。质胜则野，故肆口成文，不害为合理。”② 在“肆口而成”与“合理”之间，在“无意”与“自然”之间，元好问在开辟和安顿着诗意。

元好问诗意的获得也是在类似于苏轼的“致道”境界中进行的。《木庵诗集序》中的“思与神通”，《双溪集序》中“神遇”“悬解”与苏轼所谓“轮扁斫轮，伛偻承蜩，苟可以发其智巧，物无陋者”在精神上并无二致。《木庵诗集序》说：“境用人胜，思与神遇，故能游戏翰墨道场，而透脱丛林窠臼，于蔬笋中别为无味之味。皎然所谓‘情性之外不知有文字’者，盖有望焉。”③ “境用人胜”在元好问《临锦堂记》《兴复禅院功德记》中也提到④，是指行文或道德因人事而取境不凡，有不从虚无处求道的意思，即苏轼所谓“古之学

① 元好问著，姚奠中主编，李正民增订：《元好问全集》（增订本上）卷 36，山西古籍出版社 2004 年版，第 765 页。

② 元好问著，姚奠中主编，李正民增订：《元好问全集》（增订本上）卷 37，山西古籍出版社 2004 年版，第 771 页。

③ 元好问著，姚奠中主编，李正民增订：《元好问全集》（增订本上）卷 37，山西古籍出版社 2004 年版，第 773 页。

④ 《临锦堂记》曰：“盖刘公子出贵家，春秋鼎盛，志得意满，时辈莫敢与抗。乃能折节下士，敦布衣之好，以相期于文字间，境用人胜，果不虚语。”见元好问著，姚奠中主编，李正民增订《元好问全集》（增订本上）卷 33，山西古籍出版社 2004 年版，第 698 页。《兴复禅院功德记》曰：“清（水束鸟）在两山间，初无所知名，特以名德所在，故斋鼓粥鱼之声殷然山谷间，至今为崧前名刹。境用人胜，真不虚语。”见元好问著，姚奠中主编，李正民增订《元好问全集》（增订本上）卷 35，山西古籍出版社 2004 年版，第 734 页。

道，无自虚空入”[①]，这是合于苏轼“致道”原则的。就是在这一前提下，元好问强调发动情思，入于神妙之境，也即“思与神遇”。这不是空虚的神妙之境，也非一厢情愿的冥然入神，而是从一定的实际经验进入，透脱于任何窠臼，于现实中获得超然的无味之味。

既然是基于实际经验，又能获得超然之境，那一定是作者之思虑智慧触及自然之理了。《双溪集序》：“学道者有神遇，有悬解。如以无碍辨才，游戏翰墨，龙拏虎掷，动心骇目，不可致诘。彼区区者，方缨冠被（披）发、流汗而追之，九万里风斯在下矣。”[②] 此处“神遇”与“悬解”也都是指“致道”的境界，这也是审美的、诗意的境界。

元好问和苏轼在诗学思路上都是无意而发，然后在“致道”“神遇”的境界中“随物赋形”入于大道自然。在诗歌本质上，两者倾向于由无而有，自然生成的发生论；在创作上，都主张随性自由，却又能入于规矩法度，摆脱所有羁绊而以大自然为法。他们在诗学上精神相通，元好问对苏轼诗学思想的继承是非常内在的，不仅在诗学理路上逻辑一致，而且，元好问是在全面地吸收或认同“苏学”的前提下接受了苏轼的诗学，也就是说，在元好问诗学中潜藏着“苏学”因素，甚至是苏学的思想体系。

二　元好问“由心而诚”与苏轼的圣人应物观念

苏轼的上述诗学思想有其哲学来源。苏轼的自然观与伦理观也渗透在他的诗学中，这样的诗学不仅是经验性质的，而且有着系统的哲学理念，包括对诗歌本质、诗歌情感内涵、审美价值，以及结构肌理等方面都有根本性的思考。《东坡易传》中世界无心而成的自然观和以

① 《宋钱塘思聪归孤山叙》，苏轼撰，孔凡礼点校：《苏轼文集》卷10，中华书局1986年版，第326页。

② 元好问著，姚奠中主编，李正民增订：《元好问全集》（增订本上）卷36，山西古籍出版社2004年版，第761页。

无心为理想的伦理观贯穿于苏轼的诗学中，即有“不择地而出”“初无定质”“随物赋形”的诗文生成论，关于这一点需要稍作论述。

《东坡易传》在解《系辞》（上）“刚柔相摩，八卦相荡。鼓之以雷霆，润之以风雨，日月运行，一寒一暑，乾道成男，坤道成女”一段文字时说：

> 天地之间，或贵或贱，未有位之者也，卑高陈，而贵贱自位矣。或刚或柔，未有断之者也，动静常，而刚柔自断矣。或吉或凶，未有生之者也，类聚群分，而吉凶自生矣。或变或化，未有见之者也，形象成，而变化自见矣。是故刚柔相摩，八卦相荡，雷霆风雨，日月寒暑，更用迭作于其间，杂然施之，而未尝有择也，忽然成之而未尝有意也。[①]

苏轼认为，天地之间并没有贵贱之位的安排者，是因为卑高陈列，贵贱自然而生；也不存在刚柔之性的判定者，是因为动静有常而刚柔自断；同时，吉凶乃自生，并不存在生吉生凶者；至于变化，也不曾有背后的驱动者，是因“形象”出现了，变化乃自然呈现。雷霆风雨、日月寒暑的更迭也不曾有选择，乃“未尝有意”“忽然成之”。总之，事物的发生都是无意而成。苏轼不主张自然独化或无为之化，而是强调在秩序之下的自然化生和后天遭际，如他认为，因“卑高陈”“动静常”等秩序的天然存在，而产生“贵贱”“刚柔”；至于卑高之陈、动静之常从何而来，并没有深究。苏轼在秩序的前提下，以“用息功显”为主导思想来讨论乾坤、男女之道：“及其用息而功显，体分而名立，则得乾道者自成男，得坤道者自成女。夫男者，岂乾以其刚强之德为之，女者岂坤以其柔顺之道造之哉！我有是道，物各得之，如是而已矣。”[②] 也就是说，乾坤之道自然产生，得

① 苏轼：《东坡易传》卷7，四库全书本。
② 苏轼：《东坡易传》卷7，四库全书本。

乾道者自成男，得坤道者自成女；并非乾以刚强之德作用而成男，也不是坤以柔顺之道作用而成女。事物的生成亦然，一者是无意运行的自然之道，一者是物各得之。既然乾坤运作，都出于无心[①]（正如余敦康先生所指出的苏轼哲学“以乾坤之心为无心”[②]），那么，一切事物的理想生成必然是无心的自然而成。

此种自然观推及伦理观和认识论，也一定以无心而自然为理想的圣人应物观念。苏轼说：“夫无心而一，一而信，则物莫不得尽天理，以生以死。故生者不德，死者不怨，无怨无德，则圣人者岂不备位于其中哉!”[③] 即圣人也当以无心为尚。苏轼也提出了“圣人无能”的观念，他说：“言易简者，取诸物而足也。万物自生自成，故天地设位而已。圣人无能，因天下之已能而遂成之，故人为我谋之明，鬼为我谋之幽，百姓之愚，可使与知焉。”[④] 这里强调圣人无心，顺应自然之理，正如余敦康先生所说：“由于圣人无能，故无心。唯其无心，故能顺应自然之理，因天下之已能，用天下之所知。”[⑤] 此论诚然，无心是顺应自然之理的前提，但苏轼还有一个重要的前提是他强调“天地设位”，重视自然之理，这是他不同于玄学家的地方。因此，苏轼所谓圣人之心一方面是无心；另一方面却在“知”与“不知”之间顺应自然之理。苏轼有独特的“穷理尽性”的观念，解《系辞》“精义入神”曰：

> 精义者，穷理也。入神者，尽性以至于命也。穷理尽性以至于命，岂徒然哉？将以致用也。譬之于水，知其所以浮，知其所

---

① 苏轼解释《系辞》“乾以易知，坤以简能”说：“上而为阳，其渐必虚，下而为阴，其渐必实。至虚极于无，至实极于有。无为大始，有为成物。夫大始岂复有作哉？故乾特知之而已，作者坤也。乾无心于知之，故易。坤无心于作之，故简。易故无所不知，简故无所不能。”

② 余敦康：《汉宋易学解读》，华夏出版社 2006 年版，第 187 页。

③ 苏轼注：《系辞》“乾以易知，坤以简能”，见《东坡易传》卷 7，四库全书本。

④ 苏轼注：《系辞》“天地设位，圣人成能”，见《东坡易传》卷 8，四库全书本。

⑤ 余敦康：《汉宋易学解读》，华夏出版社 2006 年版，第 188 页。

以沉，尽水之变，而皆有以应之，精义者也。知其所以浮沉而与之为一，不知其为水，入神者也。与水为一，不知其为水，未有不善游者也，而况以操舟乎？此之谓致用也。故善游者之操舟也，其心闲，其体舒。是何故？则用利而身安也。事至于身安，则物莫吾测而德崇矣。[①]

“精义”即是“穷理”，表现为对自然之理的把握和顺应，“入神”即是“尽性以至于命”，即表现为一种超然物外，摆脱束缚，而致于道的境界；前者是入于法度，后者是任性自由。这里以浮水为喻，生动而准确地表达了苏轼的伦理观念和认识论。顺便提一下，苏轼哲学中认为世界的开始也是水，而圣人之德也应与水相似。[②] 世界无心而成的自然观和无心应物的伦理观、认识论，以及在无心应物过程中的“知”与“不知”的致道心态，还有以“浮水为喻”的“穷理尽性”“精义入神”，这些哲学观念都为苏轼的诗文理论提供了严密的思维逻辑。苏轼以水论诗文显然不是偶然的比附，其中的“随物赋形”，以及在行文中的“可知”“不可知”“行于所当行”“止于不可不止”具有着深刻的哲学内涵。[③]

诗文的产生如同万物的生成变化一样，其理想的模式是自然而成。诗文结构的派生、意象文字的呈现，应当如流水一般自由蜿蜒，这是从诗文本体来说的；另外，诗文的主体是作者，这就需要作者如圣人应物一般来处理心物关系，这是审美过程，也是致道的境界。作

---

① 苏轼：《东坡易传》卷8，四库全书本。

② 苏轼为《系辞》（上）“一阴一阳之谓道”作传曰：“一阴一阳者，阴阳未交而物未生之谓也，喻道之似，莫密于此矣。阴阳一交而生物，其始为水。水者有无之际也，始离于无而入于有矣。老子识之，故其言曰‘上善若水’，又曰‘水几于道’。圣人之德，虽可以名言，而不囿于一物，若水之无常形，此善之上者，几于道矣而非道也。”圣人之德应类于水，水之善在于不囿于一物且“无常形”；在性质上“水几于道”，但又不是道之本身。两者在时间上有先后，道存在于阴阳未交之时；水则存在于阴阳一交之际，圣人之德或圣人之善的出现也是在“道”之后。

③ 《文说》，苏轼：《东坡全集》卷100，四库全书本。

者正是在审美中穷理尽性，精义入神，心之于物，就如同善水者一样能尽水之变、与之为一，其文字便如水一般不择地而出，随物赋形姿态横生。苏轼的诗学观念是建立在他的哲学观念之上的，从其自然观出发，苏轼形成了自己独特的伦理观念和方法论并渗透在诗学中，可以说，苏轼诗学中的作者论来源于其圣人应物观念。

元好问虽然没有支撑其"随物赋形"诗学观念的系统哲学，似乎只是忠实地继承着苏轼的"随物赋形"论，但并不能否认元好问对苏轼哲学理念，特别是伦理观的精神性继承。如果苏轼、元好问没有在伦理观上的血脉相承，两者的"随物赋形"论只能是表面上的相似而已。元好问心目中的诗人应当是顺应自然，不与造物争锋的，《双溪集序》曰："又有论诗者云：'乾坤有清气，散入诗人脾。千人万人中，一人两人知。'其可谓尤难矣！前世诗人凡有所作，遇事辄变化，别不一其体裁，乃欲与造物者争柄，囚锁怪异、破碎阵敌、凌轹波涛、穿穴险固者，尤未尽也。"① 他主张诗人之心应当禀受乾坤清气，反对与造物争柄的险怪凌厉作风；诗人应当在天地自然中自由自在，不过，这样的自由始终不违自然，在这一点上，元好问深得苏轼精神。

值得注意的是，元好问诗学中引入"诚"这一伦理观念，它与苏轼的圣人伦理观非常接近。《杨叔能小亨集引》曰：

> 诗与文，特言语之别称耳。有所记述之谓文，吟咏情性之谓诗，其为言语则一也。唐诗所以绝出于《三百篇》之后者，知本焉尔矣！何谓本？诚是也。古圣贤道德言语布在方册者多矣。且以"弗虑胡获？弗为胡成"、"无有作好，无有作恶"、"朴虽小，天下莫敢臣"较之，与"祈年孔夙，方社不莫"、"敬共明神，宜无悔怒"何异？但篇题句读不同而已。故由心而诚，由

① 元好问著，姚奠中主编，李正民增订：《元好问全集》（增订本上）卷36，山西古籍出版社2004年版，第760—761页。

诚而言，由言而诗也，三者相为一。情动于中而形于言，言发乎迩而见乎远。同声相应，同气相求。虽小夫贱妇、孤臣孽子之感讽，皆可以厚人伦、美教化，无他道也。故曰不诚无物。夫惟不诚，故言无所主，心口别为二物，物我邈其千里。漠然而往，悠然而来，人之听之，若春风之过马耳。其欲动天地、感神鬼，难矣！其是之谓本。唐人之诗，其知本乎？何温柔敦厚、蔼然仁义之言之多也！幽忧憔悴，寒饥困惫，一寓于诗，而其厄穷而不悯、遗佚而不怨者，故在也。至于伤谗疾恶，不平之气不能自掩，责之愈深，其旨愈婉；怨之愈深，其辞愈缓。优柔餍饫，使人涵泳于先王之泽，情性之外，不知有文字。①

元好问重申了吟咏情性乃诗歌本色，并且以《诗经》与唐诗为创作典范，强调诗歌之“本”在于“诚”。也就是说，作为圣贤道德准则的“诚”，同时又是诗歌的审美价值与诗性精神所在。但元好问的思路与理学家是不同的，他没有将“诗”置于“道”之下，也没有将“文”作为言“道”之具，而是提出“由心而诚，由诚而言，由言而诗”，将穷理尽性与文学审美合而为一，审美的实现与作品的生成过程也正是“厚人伦，美教化”的实现，在此，儒家之道与诗道本为一道，即所谓“无他道也”，在这一点上与苏轼并无二致。元好问的“诚”类似于苏轼的圣人应物之心，两者均不执着于心本体，而是顺应自然，他说：“情动于中而形于言”，“同声相应，同气相求”，可以看出，“诚”包含了“情动”的过程，以及与同类之间彼此相应的过程，这里的“诚”即是类似于苏轼的“致道”的境界。因为元好问的“诚”也是一个过程，而不是静止的道德状态；在这心与物应中它们是自然而然的彼此感应；更重要的是，由真情而发可至于仁义的道德境界，也就是说，元好问在伦理上同样没有预设天理

① 元好问著，姚奠中主编，李正民增订：《元好问全集》（增订本上）卷36，山西古籍出版社2004年版，第763页。

人欲性善情恶的鸿沟，与苏轼对情性的理解是趋同的。

苏轼说："情者，性之动也。溯而上至于命，沿而下至于情，无非性者。性之与情，非有善恶之别也，方其散而有为，则谓之情耳，命之与性，非有天人之辨也，至其一而无我，则谓之命耳。"[①] 苏轼认为，"性"可上至于"命"，可下至于"情"，"命"是君子至一无我的境界，而非天命；"情"是"性"的有为状态，"性"和"情"没有善恶之别，"散而有为"即是情。由此逻辑，可以推定"情"的真挚可上至于"情""性""命"合一的"道"的境界。元好问的上述表述中，其实也暗含了由情动而至于仁义的逻辑，他说："不平之气不能自掩，责之愈深，其旨愈婉；怨之愈深，其辞愈缓。"意思是说，感情自由发生，遭遇外物而有不平，但因为至诚无二，所以抵达了温柔敦厚之境。元好问所谓"不诚无物"来自《中庸》，《中庸》说："诚者物之终始，不诚无物。是故君子诚之为贵，诚者非自成己而已也，所以成物也。"元好问所谓"诚"是对《中庸》中"诚"之本义的继承和发挥，正如《中庸》中所说的"诚者自成也，而道自道也"，"不见而章，不动而变，无为而成，天地之道，可壹言而尽也"，元好问的"诚"也是自然而然的、至诚不二的"成物""成己"，它与苏轼的应物观念是十分接近的，再结合他对情性的理解，不难体会到元好问对苏学的领悟和承接。

另外，苏轼门人张耒有《至诚篇》，"诚"这一哲学观念运用于文学中，《上文潞公献所著诗书》中说："彼诗者虽一人之私意，而要之必发于诚而后作"；《上曾子固龙图书》说："夫情动于中而无伪，诗其导情而不苟，则其能动天地，感鬼神者，是至诚之说也"。[②] 马东瑶认为"至诚"主要指文学中的真情实感，将天道之"诚"与人道之"文"联系起来正是蜀学的特点[③]，此论诚是。从张耒的"至

① 《释〈乾〉》，苏轼：《东坡易传》卷1，四库全书本。
② 张耒：《张耒集》卷56，上海古籍出版社1990年版。
③ 马东瑶：《苏门六君子研究》，北京大学出版社2005年版，第118页。

诚说”中，我们可以发现元好问“由心而诚”“情动”而无伪的逻辑，甚至二者在字面上都极其相似。

论者在阐释元好问“以诚为本”的诗学观念时，一般以为“诚”这一哲学概念是来自理学家的。笔者认为，元好问所谓“诚”是从苏学体系中来的，与理学家的“诚”大异其趣。苏轼在其易学中提到“诚”，“诚”的境界也是无心而自然，程颐所谓“诚”，则是“贞一”“无我”之意。苏轼说：“见其意之所向谓之心，见其诚然谓之情”①，“诚然”即是“诚”之意，是指“情”之真而不伪，并将“诚”当作过程来看，元好问“由心而诚”与此句在逻辑上是相同的。苏轼在解《咸》卦“天地感而万物化生，圣人感人心而天下和平。观其所感，而天地万物之情可见矣”句说：“情者，其诚然也。云从龙，风从虎，无故而相从者岂容有伪哉?”② 苏轼认为，情的至诚无伪是感应的前提，不过，这样的至诚无伪是无心而自然的，余敦康先生论曰：“天地万物之情交相感应，发于至诚之性而不容有伪，是一个无心而自然的运行过程。”③ 具体而言，苏轼的至诚感应是一个无心、自然、入神的过程，即“咸者以神交。夫神者将遗其心，而况于身乎！身忘而后神存，心不遗则身不忘，身不忘则神忘。故神与身，非两存也，必有一忘”④。在这一过程中，达到遗心、遗身的身心两忘而入于神的境界，与之伴随的是随物赋形的、遵循自然之理的、诚而无伪的自由选择。

程颐是洛学的主要代表人物，其《伊川易传》有对《咸》的解释，涉及“诚”“感应”等观念。《咸·彖传》曰：“天地感而万物化生，圣人感人心而天下和平。观其所感，而天地万物之情可见矣。”程颐传曰：“天地二气交感而化生万物，圣人至诚以感亿兆之

---

① 苏轼解《复·彖传》“‘利有攸往’，刚长也。复，其见天地之心乎”句，见《东坡易传》卷3，四库全书本。

② 苏轼：《东坡易传》卷4，四库全书本。

③ 余敦康：《汉宋易学解读》，华夏出版社2006年版，第212—213页。

④ 苏轼：《东坡易传》卷4，四库全书本。

心而天下和平。"[①] 圣人感物需要至诚，而此处的至诚是"虚中以受人"，程颐解释《咸·大象传》"山下有泽，咸。君子以虚受人"时说："夫人中虚则能受，实则不能入矣。虚中者，无我也，中无私主则无感不通。"[②] 也即是说，程颐所谓"诚"是"无我"的境界。"无我"则主要指"贞一"而不用私心，程颐说："'憧憧往来，朋从尔思'，夫贞一则所感无不通，若往来憧憧，然用其私心以感物，则思之所及者，有能感而动，所不及者，不能感也。是其朋类则从其思也，以有系之私心，既主于一隅一事，岂能廓然无所不通乎？"[③] "无我""贞一"的圣人之心与苏轼无心而自然的圣人之心是不同的，程颐规定了对于道德境界的修持，苏轼保留了生命情感的活泼自由，正如余敦康先生所说："苏轼的心性之学与理学家之不同，在于理学家着眼于对行为规范的执著，而苏轼则着眼于率性而行的旷达。"[④] 关于蜀学之"诚"与洛学之"诚"，马东瑶有论述，认为"洛学由'诚'而导出'敬'"，"蜀学同样是主'诚'，所申发出的却非'天理'之'敬'而是'人情'之真"[⑤]。总的来讲，苏学与程学对于"诚"的体认存在明显的分野，而元好问的"诚"接近于苏学而非程学（洛学）。

三　"程学盛南苏学北"的历史意味

更为重要的是，元好问对于程学是持反对态度的，我们对"程学盛南苏学北"不可作简单的理解。元好问的哲学观念中具有苏学内涵，而这种苏学因素不是苏学北行的惯性使然，也不是被动接受，而是在与程学并置的历史语境中生发的。也就是说，在"程学盛南苏学北"的历史事实中似乎潜藏着学派之间的交锋，程学与苏学的

① 程颐：《伊川易传》卷3，四库全书本。
② 程颐：《伊川易传》卷3，四库全书本。
③ 程颐：《伊川易传》卷3，四库全书本。
④ 余敦康：《汉宋易学解读》，华夏出版社2006年版，第209页。
⑤ 马东瑶：《苏门六君子研究》，北京大学出版社2005年版，第117—118页。

传播状况很可能不是纯粹的自然性实现而是意味深长的历史结果。元好问自觉地将理论的矛头指向了程学，在针砭程学的同时表现为对苏学的承接。在诗学领域，元好问对苏轼的肯定及对其诗学的弘扬是非常明显的；在哲学思想领域，其实也可以发现元好问在有意识地表达着对苏学的认同。

1220 年，这一年元好问 31 岁，与刘从益交，有《赠答刘御史云卿四首》，其三写道：

> 学道有通蔽，今人乃其尤。温柔与敦厚，扫灭不复留。高蹇当父师，排击剧寇仇。真是未可必，自私有足羞。古人相异同，宁复操戈矛。春风入万物，枯枿将和柔。克己未有加，归仁亦何由。先儒骨已腐，百骂不汝酬。胡为文字间，刮垢搜瘢疣。吾道非申韩，哀哉涉其流。大儒不知道，此论信以不。我观唐以还，斯文有伊周。开云揭日月，不独程张俦。圣途同一归，论功果谁优。户牖徒自开，胶漆本易投。九原如可作，吾欲起韩欧。①

这是一段研究遗山思想的重要资料。从中可见，元好问对于程学的针砭与对韩、欧、苏、黄的推崇是统一于发扬“圣学”的历史重任的。②《赠答刘御史云卿四首》（其三）的主要内容除了批评程、张诋毁先儒、行为高蹇、排击同道之外，还表达了对儒道流于申、韩的担忧，以及振起韩欧的愿望。而反申、韩，尊韩、欧，以宏扬孔孟之学正是苏轼的思想倾向，苏轼在《六一居士集序》中表达了

---

① 元好问著，姚奠中主编，李正民增订：《元好问全集》（增订本上）卷 1，山西古籍出版社 2004 年版，第 13 页。

② 狄宝心先生有论：“盖自隋王通倡三教归一，开辟新儒学以来，唐之韩愈、李翱等援佛（禅）于儒，尊奉孟子心学。两宋理学家阐发道学，亦多得益于禅宗，但程、张诸人不但排佛，对韩、欧、苏、黄等文学家亦列在排击之列。”（狄宝心：《元好问年谱新编》，中国文联出版社 2000 年版，第 71 页）；“（元好问）批评了自立门户、诋毁先儒的道学，认为‘圣徒同一归’，‘不独程、张俦’，主张学习韩愈、欧阳修。”见狄宝心《元好问年谱新编》，中国文联出版社 2000 年版，第 72 页。

这一观点：

> 自《春秋》作而乱臣贼子惧。孟子之言行而杨、墨之道废。天下以为是固然而不知其功。孟子既没，有申、商、韩非之学，违道而趣利，残民以厚主，其说至陋也，而士以是罔其上。上之人侥幸一切之功，靡然从之。①

> 自汉以来，道术不出于孔氏，而乱天下者多矣。晋以老庄亡，梁以佛亡，莫或正之，五百余年而后得韩愈，学者以愈配孟子，盖庶几焉。愈之后二百有余年而后得欧阳子，其学推韩愈、孟子以达于孔氏，著礼乐仁义之实，以合于大道。其言简而明，信而通，引物连类折之于至理，以服人心，故天下翕然师尊之。②

苏轼肯定了孔子与孟子的功绩，指出申、商、韩非之学“违道而趣利，残民以厚主”的弊端，以及孔道淹没，老庄、佛学盛行给社会政治带来的祸乱，在他看来，韩愈正是直接孟子的人物，欧阳修则是直接韩愈的人物，二者可以说是孔门的圣徒。与老庄、佛学流于空玄相较，韩、欧倾向于发扬“礼乐仁义之实，以合于大道”。对照元好问《赠答刘御史云卿四首》（其三）与苏《序》，元好问与苏轼具有着反申、韩，尊韩、欧，振圣学这一共同的愿望，不难发现，元好问的这一观念是上承苏轼的。“克己未有加，归仁亦何由”，即是主张克己、复礼、归仁；“我观唐以还，斯文有伊周”，即是推崇伊尹、周公，伊尹是儒家致君泽民的榜样，周公则是制礼作乐的圣人，这些都表明元好问对于儒家仁义礼乐之实的重视，在这一点上也是苏

---

① 《六一居士集序》，苏轼撰，孔凡礼点校：《苏轼文集》卷10，中华书局1986年版，第315页。

② 《六一居士集序》，苏轼撰，孔凡礼点校：《苏轼文集》卷10，中华书局1986年版，第316页。

轼的同调。有意味的是，元好问隐约指出程、张之学流于申、韩，将反程、张，反申、韩与推崇韩、欧统一起来，在苏学与程学相对立的语境中，明显地站在了苏学这一边，而且其“反申、韩”的具体内容是指向程、张之学所表现出的“高蹇当父师，排击剧寇仇”的弊端的。

程学与苏学作为天道性命之学在学理上存在明显不同，关于这一问题学界已有深入的专门研究。[①] 程颐作为理学家的中坚人物，提出了完备的理本体论，以天理为宇宙本体和价值本体。程颐说：“‘一阴一阳之谓道’，此理固深，说则无可说。所以阴阳者道，既曰气，则便是二。言开阖，已是感，既二则便有感。所以开阖者道，开阖便是阴阳。”[②] 这就将阴阳变化的本原归结为“道”，并且将阴阳变化中的“气”从本原中隔离出来，不在感性层面上来寻找自然变化的原因，那么，这样的“道”已经是形而上之“理”了，从而形成以精神性的理为本体的本体论。而“理”命于人则是“性”，即所谓：“盖上天之载，无声无臭，其体则谓之易，其理则谓之道，其用则谓之神，其命于人则谓之性，率性则谓之道，修道则谓之教。”此段文字，虽然标为“二先生语”，但也可看作是程颐的观点。他还说：“性与天道，一也。天道降而在人，故谓之性。性者生生之所固有。”[③] 这就是说，表现在人那里的“性”具有“天道”的性质，既然天道是最完善的，那么，人性也有着完善的可能，所以，他主张性善论。同时，在其哲学思想中存在“理与心一”的逻辑。不过在现实层面上，人往往不是完善的，“理与心一，而人不能会之为一”[④]，

---

① 关于苏轼与程颐思想的比较，余敦康《汉宋易学解读》（华夏出版社 2006 年版）、马东瑶《苏门六君子研究》（北京大学出版社 2005 年版，第 113—114 页）论及，姜海军《苏轼与程颐易学思想之比较》（《周易研究》2009 年第 5 期）、孔涛《论苏轼与程颐在道论和性情论上的差别》（《齐鲁学刊》2008 年第 3 期）有专门性论述。

② 程颢、程颐：《二程遗书》卷 15，伊川先生语，四库全书本。

③ 程颢、程颐：《程氏文集》卷 8，中华书局 1985 年版。

④ 程颢、程颐：《二程遗书》卷 5，二先生语，四库全书本本。

人只有回到天理才可达到至善的境界。于是，“寂然不动”便成了途径，“‘寂然不动，感而遂通’者，天理具备，元无欠少，不为尧存，不为桀亡。父子君臣，常理不易，何曾动来？因不动，故言‘寂然’，虽不动，感便通，感非自外也。”① “‘寂然不动，感而遂通’，此已言人分上事，若论道则万理皆具，更不说感与未感。”② 程颐认为天理先验而普遍地存在着，人对天理的体验，不来自外，而是寂然不动，会于心中。

苏轼所说的“道”是空无一物的，同时又是有的，阴阳未交而物未生的状态类似于“道”：

> 圣人知道之难言也，故借阴阳以言之，曰一阴一阳之谓道。一阴一阳者，阴阳未交而物未生之谓也，喻道之似，莫密于此者矣。阴阳一交而生物，其始为水。水者，有无之际也，始离于无而入于有矣。老子识之。故其言曰：“上善若水”，又曰：“水几于道”，圣人之德虽可以名言，而不囿于一物，若水之无常形，此善之上者，几于道矣，而非道也。若夫水之未生，阴阳之未交，廓然无一物而不可谓之无有，此真道之似也。阴阳交而生物，道与物接而生善，物生而阴阳隐，善立而道不见矣。③

苏轼所说的“道”廓然无有，但在事物生成之始，它可独立存在着。正如前文所说到的，苏轼认为宇宙的变化，一者是无意运行的自然之道，一者是物各得之。由此，苏轼生发出他的伦理观念，既然“善”是“道与物接”之后出现的，那么，“善”只能是“性”的功能，“性”在本原上是与他所说的“道”一样无心的、无善无恶的，在苏轼的哲学中不存在“理与心一”的逻辑。相反，苏轼有“致道”

① 程颢、程颐：《二程遗书》卷2上，二先生语，四库全书本。

② 程颢、程颐：《二程遗书》卷15，伊川先生语，四库全书本。

③ 苏轼：《东坡易传》卷7，四库全书本。

的说法，圣人的理想境界也不在寂然不动中，而是在无心而顺应自然的过程中。苏轼与程颐的不同理路在于，前者以无心而致道，后者则可以理与心一；前者的道境在于顺应自然的过程中，后者求至理可能于寂然不动中。联系上文所述，元好问对于程学的批评、对于苏学的迎合是切中要害的。当然，元好问没有从学理深处比较二者，而只是在理论运行的层面上来判断优劣，也是存在一定问题的，多少有些实用主义的倾向。

元好问还明确反对“天地一我、今古一我”哲学倾向，他将这种人称作“圣癫”。他在《东平府新学记》中说：“心失位不已，合谩疾而为圣癫，敢为大言，居之不疑。始则天地一我，既而古今一我。小疵在人，缩颈为危。怨讟熏天，泰山四维。吾术可售，无恶不可。宁我负人，无人负我。从则斯朋，违则斯攻。我必汝异，汝必我同。自我作古，孰为周孔？人以伏膺，我以发冢。凡此皆杀身之学，未若自附于异端杂家者为尤甚也。”[①] 我们不能断定元好问是针对程学的，但按照程学的逻辑，在为学实践中有可能流入这样的弊端，他反对此种弊端与对程学的正面批评存在着一定联系。他还针砭了这样的一些文化现象，其文曰：

> 居山林，木食涧饮，以德言之，则虽为人天师可也，以之治世则乱。九方皋之相马，得天机于灭没存亡之间，可以为有道之士，而不可以为天子之有司。今夫缓步阔视，以儒自名，至于徐行后长者，亦易为耳，乃羞之而不为。窃无根源之言，为不近人情之事，索隐行怪，欺世盗名，曰：“此曾、颜、子思子之学也。”不识曾、颜、子思子之学固如是乎？夫动静交相养，是为弛张之道，一张一弛游息存焉。而乃强自矫揉，以静自囚。未尝学而曰“绝学”，不知所以言而曰“忘言”。静生忍，忍生敢，

① 元好问著，姚奠中主编，李正民增订：《元好问全集》（增订本上）卷32，山西古籍出版社2004年版，第669页。

> 敢生狂，缚虎之急，一怒故在，宜其流入于申、韩而不自知也。古有之：桀纣之恶，止于一时；浮虚之祸，烈于洪水。夫以小人之《中庸》，欲为魏晋之《易》与崇观之《周礼》，又何止杀其躯而已乎？道统开矣，文治兴矣，若人者必当戒覆车之辙，以适改新之路。①

总体看来，元好问反对不切实的道德之学，认为他们“窃无根之言，为不近人情之事”，同时，更指出在道德修养中“主静”是“以静自囚”，这样，极有可能走向其反面，即“静生忍，忍生敢，敢生狂，缚虎之急，一怒故在，宜其流入于申、韩而不自知也”。鉴于此，主张“动静交相养”。元好问揭示了“主静”之学流于“申、韩之学”的内在可能，虽然不能说是明确反对程学，但指出了这种哲学思路的欠缺。

元好问在苏学和程学之间的不同态度，是哲学问题、诗学问题，也是个现实问题。他诗学的苏学理路是自觉的，也是非常深刻的，在当时更显示出不同寻常的现实意义。

---

① 元好问著，姚奠中主编，李正民增订：《元好问全集》（增订本上）卷32，山西古籍出版社2004年版，第669—670页。

第十三章　郝经易学与诗学

郝经（1223—1275），字伯常，山西陵川人。金末，避地河南，其母为兵火熏灼而死，当时郝经九岁，“以蜜和寒菹汁抉母齿饮之，即苏，人以为异”①，可见其禀赋非凡。后来在元将张柔家遍览万卷群书，上溯洙泗，下追伊洛，经史子集无不洞究。使宋议和，被贾似道羁留真州十六年，以礼送归后不久离世。据《宋元学案》所说，有著作《春秋外传》《易外传》《续后汉书》《陵川文集》共数百卷，都是拘幽时所作。《四库全书总目提要》评价道：“其生平大节，炳耀古今，而学问文章亦具有根柢。如《太极》、《先天》诸图说、《辨微论》数十篇，及论学诸书，皆深切著明，洞见阃奥，《周易》《春秋》诸传于经术尤深，故其文雅健雄深，无宋末肤廓之习，其诗亦神思深秀、天骨秀拔，与其师元好问可以雁行，不但以忠义著也。”郝经精通易学，接受宋儒易学和理学并有所发扬，他言道讲理，重性命之学，且能有宏通深邃的创新之见。虽然受程朱理学影响深重，但能发挥己意自成一家。《周易》及周敦颐以来的太极观念是助其守正出新的重要思想资源，他在易学和理学方面的独到见解又直接作用于诗学思想。历来研究者重视理学传统、文学传统，以及地域文化对郝经诗学的影响，但对郝经易学和理学的创造性及其在诗学形成中的影

---

① 黄宗羲原著，全祖望补修：《宋元学案》卷 90，中华书局 1986 年版，第 3007 页。

响，似乎关注不多。鉴于此，笔者讨论如下。

一　心者人之太极

郝经在太极思想的框架内讨论道、命、性、心、情等概念，寻求人性本质与天道的内在联结。他认为道是与形器相对而言，但道并非或虚无恍惚、或难以施行、或寂灭空阔的玄理。“道统夫形器，形器所以载夫道。即是物而是道存，即是事而是道在，近而易行，明而易见也。”① 那么道究竟是什么呢？郝经以易学观念来描述道的存在，道不离万物，不越天地，总萃于人类，它就在阴阳变化中。

> 故动静相根，道之几也；阴阳相乘，道之气也；刚柔相错，道之形也；消长相寻，道之变也。其包绵长，贯上下，统中外，使天地万物各受其成，守其则，而不可易者，则谓之太极。其迭生死，互往来，环始终，使天地万物各全其理，新其气，续其形，生生而不已者，则谓之造化。其湛静方一，而不可易，变动周流而不可测者，则谓之鬼神。②

动静相根是道的萌芽，阴阳相乘是道之气，刚柔相错是道的形态，此消彼长是道的变化。正是这样的道，使万物生生不已。这里说的道，其实就是建立在阴阳变化之上的易道，道是太极、道是造化、道是鬼神、道是世界的本源，也是本体。在此处，郝经由于引进了易变的秩序和层次，从而对道本体的描述更加明晰，将其中的变易、秩序、莫测、生机毕显无遗。不可否认，郝经是在理学家的基础上谈论天道、性命，将现成的理学成果重新印证于易学思维，因而其认识避

① 郝经：《论八首·道》，李修生主编《全元文》卷126，江苏古籍出版社1999年版，第220页。

② 郝经：《论八首·道》，李修生主编《全元文》卷126，江苏古籍出版社1999年版，第220页。

免粗疏而转向精微。

与道相对，郝经论及圣人，从而将天道和人道结合起来。周敦颐《太极图说》中以太极言天道，来说明自然生化过程，并引入人极的概念，突出了人的灵性，将人和宇宙联系起来，他说："圣人定之以中正仁义，而主静，立人极焉。"① 对于圣人来说能自然合乎中正之道，对于常人来讲，无欲主静是修养的关键，这都是在与天地合德，周敦颐《通书》中进一步提出"诚"，并有对圣人的理解，《通书·圣第四》说："寂然不动者，诚也；感而遂通者，神也；动而未形、有无之间者，几也。诚精故明，神应故妙，几微故幽。诚、神、几，曰圣人。"在这里突出的是圣人的感通能力，郝经论圣人则说："其全太极之体，乘造化之几，尽鬼神之情，而与道为一者，则谓之圣人。"② 此处发挥《周易》圣人弥纶天地之神用，强调了圣人在造化中的作用，即所谓："故天地者，道之区宇也，万物者道之邮传也，圣人者道之主宰也。"相对于宋代理学家，郝经不仅关注圣人的寂然不动的感通能力，更加关注他辅助造化的神圣能力；不仅强调圣人的伦理性质，更看重圣人在人道推行中的现实作用。

圣人是道的主宰，而心是制宰之几。他说："故道之赋予，则谓之命；其得之理，则谓之性；其制宰之几，则谓之心；其发见酬酢，则谓之情；其血气之所嗜，则谓之欲。"③ 天道的好坏与人道密切相关，而人道的好坏关键在德，德又不能离开心体，郝经说："其义理之所得，则谓之德。全心之德，则谓之仁；尽心之德，则谓之忠；推心之德，则谓之恕；实心之德，则谓之诚。"④ 既然"人不蹈道，则

---

① 周敦颐：《太极图说》，《周元公集》卷1，四库全书本。

② 郝经：《论八首·道》，李修生主编《全元文》卷126，江苏古籍出版社1999年版，第220—221页。

③ 郝经：《论八首·道》，李修生主编《全元文》卷126，江苏古籍出版社1999年版，第221页。

④ 郝经：《论八首·道》，李修生主编《全元文》卷126，江苏古籍出版社1999年版，第221页。

天地万物坏"[①]，那么，全心、近心、推心、实心而成的仁、忠、恕、诚就至关重要，而在种种德行的实现过程中，都通过心体来实现。郝经对"心"有创造性解释，《心》论中说：

> 命之赋予，则谓之性；性之发见，则谓之情；性情之几，则谓之心。命者，性之本原；情者，性之功用；心者，性之枢纽。性与情为体段，充周而无不具；命与心为主宰，发微而无不在。[②]

命是道之令，赋予人则是性，性所发则是情，也即"情者性之功用"，而"心"则是性的枢纽，也是性情之几，也即性情变化的苗头所在。所以，心是性情主宰之一，能"妙众理而为用"[③]。心的功用对于人而言是根本性的，是人之"太极"。

> 自动静而为阴阳，自阴阳而为天地，其所以然者太极也。自命而为性，自性而为情，其所以然者，心也。故太极者，天地之心；心者，人之太极也。其几则神妙，其本则静虚，其才则施为，其用则不测，而惟正是主，惟变是适。动以道而裁以时，虽终日动，而未尝动也。[④]

所谓太极，陵川有论，"无极而太极者，包本末，贯隐显，一体用"，"屈信消长之几，气形象数之蕴，命性心迹之原，天地人物之

---

① 郝经：《论八首·道》，李修生主编《全元文》卷126，江苏古籍出版社1999年版，第222页。

② 郝经：《论八首·心》，李修生主编《全元文》卷126，江苏古籍出版社1999年版，第226—227页。

③ 郝经：《论八首·心》，李修生主编《全元文》卷126，江苏古籍出版社1999年版，第227页。

④ 郝经：《论八首·心》，李修生主编《全元文》卷126，江苏古籍出版社1999年版，第227页。

理，造化之枢纽，鬼神之情状，道德之统体，无不在焉。”① 太极是万物化生的“所以然者”，是世界之本体，郝经将心比作人的太极，强调了心对于人的根本性作用，对于人来说，它是自命而性、自性而情的“所以然者”，是神妙而虚静的，它能顺道而动，唯变是适地发挥作用。朱熹推崇张载“心统性情”，并有所发挥，郝经受其影响，也以心为性情主宰，但极大地肯定了心的重要性和应物而动、顺时而变的神性。我们知道，圣人是人极之极，能与太极同体，主乎太极②，那么，圣人之心也与太极同体，对于常人来讲，明正精一之心也可与太极同体。人心之变化与天道之变化为一，与道为一也包括人心变化和天道变化的同步，在人心中也一定进行着生生不息的造化，也一定有着变化不测的运动。

二 内游说及其重学问之实质

在以心为人之太极的观念下，郝经提出了“内游”说。“内游”所描绘的就是人心的神妙作用。

> 身不离于衽席之上，而游于六合之外，生乎千古之下，而游于千古之上，岂区区于足迹之余、观览之末者所能也。持心御气，明正精一，游于内而不滞于内，应于外而不逐于外。常止而行，常动而静，常诚而不妄，常和而不悖。如止水，众止不能易；如明镜，众形不能逃；如平衡之权，轻重在我。无偏无倚，无污无滞，无挠无荡，每寓于物而游焉。③

内游之心显示的是心的神妙，它可以坐于衽席，而游六合，超越时空界限，超越具体的眼观耳听。它是动静的结合，守中而行；它精

① 郝经：《图说》，李修生主编《全元文》卷129，江苏古籍出版社1999年版，第265页。
② 郝经：《图说》，李修生主编《全元文》卷129，江苏古籍出版社1999年版，第267页。
③ 郝经：《内游》，李修生主编《全元文》卷136，江苏古籍出版社1999年版，第464页。

一致神，又能自由遨游。这些对立而充满张力的本性，就是心为人之太极的表现。《周易 · 系辞下》："子曰：'天下何思何虑？' 天下同归而殊涂，一致而百虑，天下何思何虑？" 所谓 "一致而百虑" 者，是指思虑有百种，但终归于一，归于至真。孔颖达正义："言多则不如少，动则不如寂，则天下之事，何须思也？何须虑也？"[①] 这里的圣人之心，是无思无虑的，但无思无虑的客观结果却是感通众有。所以，周敦颐说："无思，本也；思通，用也。"[②] "不思，则不能通微。"[③] 这里的 "心" 是无思而有思。杨万里《诚斋易传》解释《咸》卦九四则说："心者身之镜，思者镜之翳。" 这里的 "心" 是无思而反对有思。郝经认为 "心非思虑无以见"，但又说 "思虑之差至于亡"[④]，他没有像杨万里一样因思虑影响照物之真，反对心之思虑，而是对 "思虑之差" 提出归避途径。他说："所以有学问之道，而圣人相与为传而谨之也。"[⑤] 作为后人，只要学养笃正，即可以从经典中体悟到圣人的心之道，而避免 "思虑之差"。总的来说，郝经 "内游" 是无思和有思的结合，因为消除了有思的局限，在其内心中便张扬着思力的纵横上下。

但 "内游" 说，主要讲的是游于经、游于史，圣人式的广大精微之思遨游于经史中。这里有两个问题，一是内游和外游之高下，此话题涉及 "文以气为主" 这一文学理论命题。一是内游的实质，此论题涉及尊经重道。

郝经对 "欲学迁之文，先学其游" 的见解持否定态度，因为这样的外游 "激其志而益其气，仅发于文辞，而不能成事业"[⑥]。也就

① 《周易 · 系辞下》，王弼注，孔颖达正义：《周易正义》。

② 周敦颐：《通书 · 思第九》。

③ 周敦颐：《通书 · 思第九》。

④ 郝经：《论八首 · 心》，李修生主编《全元文》卷 126，江苏古籍出版社 1999 年版，第 227 页。

⑤ 郝经：《论八首 · 心》，李修生主编《全元文》卷 126，江苏古籍出版社 1999 年版，第 227 页。

⑥ 郝经：《内游》，李修生主编《全元文》卷 136，江苏古籍出版社 1999 年版，第 463 页。

是说，游历山川、探访故迹的外游在郝经看来是有局限的——只能增补志气，有助文辞。郝经对《史记》有一番评论，指出该书在思想和体例上的不合儒家正统。他这样的见解是否正确在此暂且不论，但我们可以发现发扬儒道是郝经的首要任务，文辞则次之，而山川游历不是接近儒道的最好方法，却是滋养文气的有效途径。山川之气毕竟不直接是中正之气，不能直接作用于儒道事业，舍山川而入经典也合乎郝经逻辑。另外，山川游历所见虽多，但行文是在“足迹之余”“观览之末”，很容易造成观览为本，而行文为末的状况①。这一观点也不无道理，游览山川、考究历史掌故可能有助于游记写作，但对于评骘历史、修行儒道不是主要途径。韩愈继承孟子养气说，在《答李翊书》中提出了“气盛言宜”（“气盛则言之短长与声之高下者皆宜”）之论，这里所谓的“气盛”，是指儒家仁义道德修养造诣很高而体现出的一种精神气质和人格境界，是孟子“配义与道”而养成的“浩然之气”②。郝经在此反对的是仅仅有益文辞之气，尊崇的是“浩然之气”，他说：“吾之卓尔之道，浩然之气，嵲乎与天地一，固不待于山川之助也。彼隳山乔岳，高则高矣，于吾道何有？长江、大河，盛则盛矣，于吾气何有？”③ 显然是对孟子、韩愈儒家气论的继承和发扬。

《内游》论主张的是游于儒家经典史籍，有论者认为内游是审美体验，体现了儒家的美学精神，这种见解无疑遮蔽了《内游》说的真正价值所在。不可否认，“内游”有审美体验的成分，但更重要的是它是一种尊经重道的态度和借体悟经典而成就儒道的方法，不仅昌明了学的重要性，还创造性地提出了古学和太极之心结合的方式。郝经认为，儒道有依位而传和依心而传之分，他说：“三代而上，圣王在位，则道以位传，尧、舜、禹、汤、文、武、周公是已。三代而

① 郝经：《内游》，李修生主编《全元文》卷136，江苏古籍出版社1999年版，第463页。

② 张少康主编：《中国历代文论精品》，时代文艺出版社1995年版，第300页。

③ 郝经：《内游》，李修生主编《全元文》卷136，江苏古籍出版社1999年版，第465页。

下，圣人无位，则道以心传，孔子、颜、曾、子思、孟子是已。”[①]但是无论是心传还是位传，均不离学问之道。

> 心非思虑无以见，而思虑之差至于亡。所以有学问之道，而圣人相与为传而谨之也。尧传之舜，曰“允执厥中”。中者何？心之全体也。允执，则不放矣。舜传之禹，曰“道心”，曰“人心”。道心则其理，人心则其欲也。禹传之汤，曰“无间”，此心则混然而一也。汤传之文、武、周公曰“建中”，以吾心之中建于吾民也。文、武、周公传之孔子，曰“纯”，纯则一而不二，其心无物欲之杂也。[②]

儒道的核心不离心之道，因为它涉及天道性命之理，涉及内圣外王之道，但在传授过程中必然依靠学问之道，所谓“圣人相与为传而谨之也”。而学问之道形诸文字便是经史，在这个意义上，重视儒家之学成为必然选择。在主观方面，周敦颐太极之学能“欲虑静尽，极于精一，笃于纯诚”[③]，继承前圣先儒之道，“使人人自致圣域，而不以为难”[④]。也正是“致圣”之学与传统儒家经典之学的结合，形成了内游之论的主要内容。在郝经这里，表现为太极之心与儒家经典之学的契合，即“因吾之心，见天地鬼神之心；因吾之游，见天地鬼神之游”[⑤]。郝经建立了他的儒经体系，内容包括：《河图》《洛书》《书》《诗》《春秋》《礼》《易》《乐》等，以及“尧、舜、禹、

---

① 郝经：《周子祠堂碑》，李修生主编《全元文》卷133，江苏古籍出版社1999年版，第405页。

② 郝经：《论八首·心》，李修生主编《全元文》卷126，江苏古籍出版社1999年版，第227—228页。

③ 郝经：《周子祠堂碑》，李修生主编《全元文》卷133，江苏古籍出版社1999年版，第406页。

④ 郝经：《周子祠堂碑》，李修生主编《全元文》卷133，江苏古籍出版社1999年版，第406页。

⑤ 郝经：《内游》，李修生主编《全元文》卷136，江苏古籍出版社1999年版，第464页。

汤、文、武、周、孔，拱宓牺而坐，皋、夔、伊、吕，亚风牧而侍，孟轲氏辨乎其间，而颜、曾导焉，荀、扬奉焉”的圣人谱系[①]。他描绘了如此内游所致的境界：

> 熙熙乎育物之仁，翕翕乎制物之义。位尊卑，辨上下，治神人之礼，和而不流之乐。别嫌疑，明是非，照耀昭晰之智，闲而存之之敬，实而守之之信，化而极之之圣。死生之说，神应之妙，大发其阃。而诡言诐行，放辟斥除。圣路廓清，而天宇泰定。[②]

游于经之后，则是游于史，以知道历史的兴废治乱及其原因，即所谓“废兴之迹，邪正之由，大君大臣之所以盛，小惠小道之所以蔽，礼乐之所以兴，政刑之所以紊……。”[③] 以太极之心游于经史之中，与圣人和历史对话，以明正精一之心体会世道之变，以无偏无依之心接近仁义礼智，正是这样的学问精神，使他进入了更纯正、更自由的精神境界：

> 既游矣，既得矣，而后洗心斋戒，退藏于密，视当其可者，时时而出之。可以动则动，可以止则止，可以久则久，可以速则速。蕴而为德行，行而为事业，固不以文辞而已也。[④]

洗心斋戒，退藏于密，这是《系辞上》中所描绘的圣人的道德境界；可以动则动，可以止则止，这体现着《周易》随物而变、顺时而动的精神，这种自由和智慧是建立在既游经史之后，洗心斋戒的

① 郝经：《内游》，李修生主编《全元文》卷136，江苏古籍出版社1999年版，第464页。
② 郝经：《内游》，李修生主编《全元文》卷136，江苏古籍出版社1999年版，第464页。
③ 郝经：《内游》，李修生主编《全元文》卷136，江苏古籍出版社1999年版，第464页。
④ 郝经：《内游》，李修生主编《全元文》卷136，江苏古籍出版社1999年版，第465页。

基础上的，此精神境界可以用于文辞写作，但不仅仅于此。《内游》一文与刘勰《神思》不同，不是审美理论，而是一篇尊经、重道、重学的文章，涌动着在理学背景下的尊经复古思潮。《内游》篇可作为重要的儒学复古、文学复古文献。

三　诗法与格调及其理学、易学内涵

诗法作为诗学理论的主要话题是在宋代流行的，苏轼、黄庭坚、吕本中、杨万里等都有创造性的诗法论，这一命题到明代依然延续于李梦阳。而格调一说，严羽论及，到明代则昌盛于七子派。考察郝经的诗学理论，我们发现诗法论在郝经这里并未断绝，而是由宋到明的重要一环，而且有自己的独到看法，可自成家。至于格调理论，郝经可以说是发明者之一，直接启发明人。《文说送孟驾之》《答友人论文法书》《与撖彦举论诗书》等文献集中了郝经的诗法和格调理论。陵川论诗法、格调以理学和易学为哲学基础，并从文的根本上立论。

对于文的本质，他说："《易》曰：'物相杂故曰文。文不当，故吉凶生焉。'"① 文是万物相杂的产物，但这产生有其依据之理，是在道的大化流行中，自然产生的，所以，"万理皆备，推而顺之，文在其中"。郝经结合了理学和易学思想来讨论文的产生。

> 盖文可顺而不可作也。天地有真实正大之理，变而顺，有通明纯粹不已之文，是其所以为之，非矫轹造凿而然也。唯其变，是以有文；唯其顺是以不已，皆自然也。故阴阳得以文乎天；刚柔得以文乎地，仁义得以文乎人，羽毛鳞介苞叶根荄得以文乎物。清浊高下得以文乎声，升降舒缀得以文乎节，丽缛华采得以文乎色，礼乐射御书数，得以文乎艺。德刑、殿最、号律得以文

① 郝经：《文说送孟驾之》，李修生主编《全元文》卷129，江苏古籍出版社1999年版，第298页。

平政，城聚、都鄙、庐井得以文乎居，华虫、藻火、山龙、黼黻得以文乎服。易其无有，利其兴革，化而新之，至至终终，为神道之极致，亦得其本然之理而已，焉有作为之赘哉！[①]

文自然生成，不可强作，郝经列举了天地间各种文饰是“变而顺”的产物。天地有真实正大之理，因而产生通明纯粹之文，阴阳、刚柔、仁义、清浊高下、升降舒缀、丽缛华采等都是文的形式，其有无变化是神道的极致，缘于本然之理，不自有为而作。文章是理的表现，其形态也经历了“有理而无名”“有名而无书”“有书而无法”“有法而无作”等阶段，以及到后世的“晦于理而文于辞”的境地。[②]在郝经看来，文章是“物感于我，我应之以理而辞之耳”[③]，即物我交感，顺理而成，也就是说，在整体上文是理的表现，但也来于自我之表现。所以，《答友人论文法书》一文反对以文为技，导出了“理者法之源”的诗法论。

古之为文也，理明义熟，辞以达志尔。若源泉奋地而出，悠然而行，奔注曲折，自成态度，汇于江而注之海。不期于工而自工，无意于法而皆自为法。故古之为文，法在文成之后，辞由理出，文自辞生，法以文著，相因而成也。非与求法而作之也。[④]

这段文字似源于苏轼之论，强调文理自然、姿态横生，但郝经在此基础上更进一步，提出了理—辞—文—法的逻辑，而反对法在文

① 郝经：《文说送孟驾之》，李修生主编《全元文》卷129，江苏古籍出版社1999年版，第297—298页。

② 郝经：《文说送孟驾之》，李修生主编《全元文》卷129，江苏古籍出版社1999年版，第298页。

③ 郝经：《文说送孟驾之》，李修生主编《全元文》卷129，江苏古籍出版社1999年版，第298页。

④ 郝经：《答友人论文法书》，李修生主编《全元文》卷123，江苏古籍出版社1999年版，第153页。

前、以理从辞、以辞从文、以文从法的弊端。从文与法的历史来看，六经可谓是“理之极，文之至，法之备也”[①]，“皆法在文中，文在理中”。[②] 自孔孟之后，理日益废，文日益彰，法日益多，左氏、庄、荀、屈、宋、马迁、贾谊、董仲舒、刘向、扬雄、班固、韩、柳、欧、苏都各有文法，但都是“以理为辞，而文法自具”。[③] 由此看来，郝经论法是从根据文章的生成之理来讨论，理是法的源头根本，但也承认法的历史形态和存在。对于后人，诗法包括两个意义层面，一是顺文理而成，二是古人的文法传统。

郝经提出了自己的诗法论。前文提到，郝经认为文章以理为本，但也需要物我交感，顺理而成，文在于理，也在于自我。所以，他的诗法论是从理来，也从自我中来。特别在作文方面，郝经提出了“精穷天下之理而造化在我”的理论：

> 故今之为文者，不必求人之法以为法，明夫理而已矣。精穷天下之理，而造化在我。以是理为是辞，作是文成是法，皆自我作。志帅行权，多多益善。标识根据，不偏不倚，中天下、准四海以为正；辉光照耀，炳烈粲发，引日星、丽霄汉以为明；造微入妙，探赜索隐，极九地、筑底里以为深；包括绵长，笼罩遐外，尘天地、芥太极以为大；龙骧虎步，瞰眺八极，登风云、厉威震以为雄；跻攀倚拔，穷原无上，弃形器、脱凡迩以为高；莽苍阔越，混涵太朴，郁鸿荒、全浑沌以为古。震雷霆，开昏塞，节八音，鸣万籁，有始有卒，如律如吕以为声；通一元，贯四时，塞天地，鼓万物，喷薄动荡，生成化育以为气。挈矩布算，

① 郝经：《答友人论文法书》，李修生主编《全元文》卷123，江苏古籍出版社1999年版，第153页。

② 郝经：《答友人论文法书》，李修生主编《全元文》卷123，江苏古籍出版社1999年版，第154页。

③ 郝经：《答友人论文法书》，李修生主编《全元文》卷123，江苏古籍出版社1999年版，第154页。

撙节量度，径围天地，位置六合，规万世以为格……。[①]

《周易·系辞上》说："法象莫大乎天地，变通莫大乎四时，悬象著明莫大乎日月，崇高莫大乎富贵。"意思是说，圣人作易效法天地。郝经上文中描述的自我类似圣人，他以天地四海为准，以日月星辰为明，他探赜索隐，包括绵长，翱翔于八极，反归于太古鸿荒。在无限的时空和壮丽诡秘的天际中，心志放飞，宇宙万物的精髓都集萃于我心。我心以天地为尘土，以太极为纤芥，超越众有，顺应大化流行，可以说是精穷了天下之理。这一具体的过程是文章形成的过程，文章的正、明、深、大、雄、高、古、声、气、格，这些姿态和格调都来自宇宙的启发，而文章之大法就是造化在我，效法天地，因此，文随理而成，法随文而生，达到"不知其所以然而然，莫非自然以为神，则法亦不可胜用"[②]。所以，郝经明确提出："文固有法，不必志于法，法当立诸已，不当尼诸人。"[③]

当审美主体到达入神境界时，随处是法，无不是法。这是无法也是有法，随处是法便是无法，但因为效法万物种种神态形状，以及自我呈现出无穷无尽的风格韵致，虽然变化无定法，但法早已在其中。这时的法，表现在主观方面就是审美方式和审美的情态，表现在文本形式上就是文章的肌理和风神格调。关于文章的肌理，郝经引入"势、间架、铺叙、关键、含蓄、步骤、驰骋、机杼"等术语，郝经所提到的格调有：精、洁、新、密、博、邃、婉、态、易、难、清、节、暇、安、固、重、简、富、快、伟、肆、严、整、壮、厚、通、感、激、味、趣、和、变、奇、巧、化、备。这些词语都是在摹写文

---

① 郝经：《答友人论文法书》，李修生主编《全元文》卷123，江苏古籍出版社1999年版，第154页。

② 郝经：《答友人论文法书》，李修生主编《全元文》卷123，江苏古籍出版社1999年版，第155页。

③ 郝经：《答友人论文法书》，李修生主编《全元文》卷123，江苏古籍出版社1999年版，第155页。

本形成的姿态，是它们共同构成了完美的艺术形式，可称之为郝经的格调或风格形态。但郝经的格调不停留于辞藻形式，他主张文章有言外之意、意外之味、味外之韵，以高古为上。《与撖彦举论诗书》一文中说：

> 盖后世辞胜，尽有作为之工，而无复性情，不知风雅有沉郁顿挫之体，有清新警策之神，有振撼纵恣之力，有喷薄雄猛之气，有高壮广厚之格，有叶比调适之律，有雕锼织组之才，有纵入横出之变，有幽丽静深之姿，有纡余曲折之态，有悲忧愉佚之情，有微婉郁抑之思，有骇愕触忤之奇，有鼓舞豪宕之节。若夫言外之意，意外之味，味外之韵，知之者鲜，又孰能为之哉？先为辞藻，茅塞思窦，扰其兴致，自趋尘近，不能高古，习以成俗，昧夫风雅之原矣。[①]

后世诗歌所呈现出的体、格、神、气、力、姿、态、情、节等姿态，是诗歌重辞藻形式的结果，这种格调风神固然不坏，但郝经却崇尚“味外之韵”，渴望重返风雅。由于他对风雅的过度崇尚，使他不以格调为最高审美理想，也由于他深知易学三昧，最后在审美上还是以中和高古为归。但不可否认，郝经在审美上追求的是多样性的统一，既重视形式的姿态横生，也追求中和之美。

① 郝经：《与撖彦举论诗书》，李修生主编《全元文》卷123，江苏古籍出版社1999年版，第166—167页。

第十四章　吴澄易学与诗学

吴澄（1249—1333）字幼清，抚州崇仁人。生于南宋，据《元史》本传，吴澄少小颖悟，读书通宵达旦，母忧其过勤，限给膏火。既长，于经传皆通，并致力于圣贤之学。入元以后，著述宏丰，声誉隆重，潜心于《五经》之学，阐释经典，纂古今人之言，晚年总成为《五经纂言》。其《易纂言》《易纂言外翼》于易学发明甚多，象数义理兼备，形成了个性鲜明的象数理论和义理思想。关于吴澄象数之学，王新春有详细的介绍①；其义理之学中理气论、情性论与诗学关系甚为密切，成为其诗学思考中的基本哲学观念，构建了系统的诗学理论。

一　吴澄易学及理气论，兼与朱熹比较

理气论在理学家的思想中是至关重要的，它涉及宇宙观念、人性论、方法论等方面，提出了宇宙是如何变化的，人的价值根据在何处，以及人性之善恶、人之自由何以可能等问题。我们可以从吴澄《易纂言》《易纂言外翼》《无极太极说》《与田副使第二书》等著述中发现他对理气关系的融通思路，以及影响后世的理气思想。关于吴澄理气论已有论述②，作者对吴澄“理气合一”论介绍详尽，但对其

---

① 王新春：《吴澄理学视野下的易学天人之学》，《周易研究》2005 年第 6 期。

② 章伟文：《试论吴澄易学的理气论思想》，《中国哲学史》2001 年第 4 期。

评价却有拔高之嫌，忽视了朱熹理气论之价值。这似乎是讨论元明理学学者存在的共同问题，因而有必要将吴澄理气论与朱熹理气观念作出比较，进一步看清其理气论之肌理。吴澄《易纂言》与朱熹《周易本义》都是对《周易》的阐释，其间贯穿了他们的理气观念，而朱熹《易学启蒙》则论证了象数与筮法的先天理据[①]，从侧面也反映了理气观念。从朱熹到吴澄理气论到底发生了什么样的变化，将是本文关注的重点。

朱熹认为理与气是二物，他说："所谓理与气，此决是二物。但在物上看，则二物浑沦不可分开各在一处，然不害二物之各为一物也。若在理上看，则虽未有物，而已有物之理，然亦但有其理而已，未尝实有是物也。"[②] 在物的层次上，朱熹承认理气不分，但并不意味着理气为一，而是理依然是理，气依然是气。理虽然是先于天地的理念，却又不是孤立的理念性存在，有理即有气，朱熹说："阴阳是气，才有此理，便有此气；才有此气，便有此理。"[③] 冯友兰解释朱熹这种理气关系说："盖依事实言，则有理即有气，所谓'动静无端，阴阳无始'；若就逻辑言，则'须说先有是理'。盖理为超时空而不变者，气则为在时空而变化者，就此点言，必'须说先有是理'。"[④] 此论诚是，朱熹的这种逻辑发端于思想的精妙处，那就是将气和理放在不同的价值层面上。

《易学启蒙》中《本图书》《原卦画》，以及《周易本义》中对天地自然之《易》、伏羲之《易》、文王周公之《易》、孔子之《易》的划分，都是在对图书、象数、易理中的理本身进行反思，寻找其价值渊薮。《易》作为宇宙世界的演化图式，需要证明其易理本身的合法性，证明易理本身的合法性就是在寻找超越于易学系统，甚至超越

① 余敦康：《朱熹〈周易本义〉卷首九图与〈易学启蒙〉解读》，《中国哲学史》2001年第4期。

② 朱熹：《答刘文叔》，《晦庵集》卷46，四库全书本。

③ 朱熹：《朱子语类》卷65，四库全书本。

④ 冯友兰：《中国哲学史》（下），中华书局1961年版，第906页。

于圣人后天感悟的理，这一理可以叫天地之理，也可叫先天之理。朱熹说："自伏羲以上，皆无文字，只有图书，最宜深玩，可见作《易》本原精微之意。"[①] 他在《易学启蒙·本图书》中论证了图书的历史真实性，同时彰明了河图之数是天地之理的体现[②]，并认为天地间阴阳五行之演化都本于天地之数，朱熹在阐释"天一、地二"一节时说："此一节，夫子所以发明河图之数也。天地之间，一气而已，分而为二，则为阴阳，而五行造化，万物始终，无不管于是焉。"显然，朱熹明确表达了气化流行之根源和规律在于天地之理，并未说明气化之理即在气本身。

朱熹进一步又说明，在两仪未分之前两仪、四象、六十四卦之理其实就早已存在了，《原卦画》曰：

> 《大传》又言：包羲画卦所取如此，则《易》非独以河图而作也。盖盈天地之间，莫非太极阴阳之妙，圣人于此，仰观俯察，远求近取，固有以超然而默契于其心矣。故自两仪之未分也，浑然太极，而两仪、四象、六十四卦之理，已粲然于其中。自太极而分两仪，则太极固太极也，两仪固两仪也。

朱熹所谓理不仅是物理意义上的，而更多的是价值意义上的，理在天地之间，理在浑然太极中，也在圣人之心中，这就是理在气之先的依据。朱熹认为包羲氏仰观俯察是"超然而默契于其心"的，即是说理不是圣人作为而得，是已然存在的，圣人直接看到的是"两仪、四象、六十四卦之理"，理已然存在，被圣人看就"粲然于其中"。而太极分两仪，由两仪而四象，由四象而八卦，乃至百千万亿之无穷，"其已定之形，已成之势，则固已具于浑然之中，而不容毫

---

① 朱熹：《周易本义》九图，四库全书本。

② 可参见书中蔡元定语，《易学启蒙·本图书》，四库全书本。

发思虑作为于其间”[1]。这就是说，在朱熹看来，世界变化之理不出阴阳化生，理的本原是早于阴阳化生的。

吴澄讲理，认为理气不分，主张无理外之气，亦无气外之理。《答人问性理已》曰：

> 自未有天地之前至既有天地之后，只是阴阳二气而已。本只是一气分而言之，则曰阴阳，又就阴阳中细分之则为五行。五气即二气，二气即一气，气之所以能如此者何也？以理为之主宰也。理者非别有一物，在气中只是为气之主宰者，即是无理外之气，亦无气外之理，人得天地之气而成形，有此气即有此理。[2]

朱熹强调未有天地之前即存在“理”，并认为理不离气存在，他说：“未有天地之先，毕竟也只是理。有此理，便有此天地；若无此理，便亦无天地，无人无物，都无该载了。”[3] 这就为吴澄理气思想的展开提供了便利。吴澄认为，既然理不离气存在，而且在天地未有之前即有“理”存在，那么，天地未有之前一定已经存在气，而且理就是气的主宰，进而认为，理作为气的主宰就在气中。其实，朱熹只是说天地间的阴阳变化来自先天之理，并没有说明这种阴阳变化的最初根源就在阴阳二气本身中，而且朱熹认为两仪未分之前，理就存在了，理是早于阴阳的（见上文论述），阴阳二气变化中一定有阴阳之理，但阴阳之理并不是理的本原。吴澄将阴阳变化之理与朱熹所讲的理混同起来，只在物的层次上讨论理气关系，从而得出“无理外之气，亦无气外之理”的结论。吴澄更加普遍地通过易理来解释世界，但对易理本身的反思是缺席的。

我们还可以从朱熹和吴澄对《周易》的不同阐释看到二者在理

---

① 朱熹：《易学启蒙·原卦画》，四库全书本。

② 吴澄：《吴文正集》卷2，四库全书本。以下所引《吴文正集》版本不另注明。

③ 朱熹：《朱子语类》卷1。

气关系上的不同趣味，他们的这些分歧植根于思想深处。比如在讨论到卦画成因时，朱熹认为“画前有易”，而非“圣人作为”“极其心思探索之巧而得之”①，吴澄则认为卦画是圣人体天地万物之情的结果。《易纂言序》曰：“上古包羲氏见天地万物之性情、形体，一阴一阳而已，于是作一奇画以象阳，作一耦画以象阴。见一阳一阴之互相易也，故自一奇一耦相易而为四象、八卦，极为六十四卦，是为卦画之象。”② 这种解释或许更符合《易传》字面意思，但把易理归结为经验的结果，吴澄只从圣人本身的智慧去解释其揭示阴阳之理、立象画卦的原因。从万物之性情中见到的理，当然极可能是理气同一之理。

对于朱熹所提出的天地自然之易，吴澄有不同的阐释，不同的解释路径反映着不同的理气观念。在解释“天尊地卑，乾坤定矣，卑高以陈，贵贱位矣”一节时，吴澄说：“此言圣人因天地自然之易而作易也。天者，阳气之轻清尊者，谓其昭著在上也；地者，阴质之重浊卑者，谓其凝聚在下也”，“天地卑高、动静类群象形者，天地自然之易，乾坤贵贱、刚柔吉凶变化者，圣人所作之易也”。③ 在此，吴澄认为“天地卑高、动静类群象形者”是“天地自然之易”，“乾坤贵贱、刚柔吉凶变化者”是圣人之易，而朱熹则把《河图》作为《易》的本原，认为它们是天地自然之易④，至于圣人之易则又有不同层次。吴澄之天地自然之易是高下、动静的实物存在，朱熹的天地自然之易是理和数；前者将易道来源归于实体，后者则归为形而上之理。正是这样的易理逻辑，吴澄阴阳二气与理就合而为一，朱熹则坚守了形上之理和形下之气的不杂不离。吴澄在对阴阳之气的形上形下

---

① 朱熹：《易学启蒙·原卦画》，四库全书本。

② 吴澄：《易纂言》卷首，四库全书本。

③ 吴澄：《易纂言》卷7，四库全书本。

④ 余敦康文说：“其中河图洛书代表天地自然之易。”见《朱熹〈周易本义〉卷首九图与〈易学启蒙〉解读》，《中国哲学史》2001年第4期。笔者按：朱熹没有明确界定天地自然之易为何，但从上下文可以推断，其天地自然之易当指《河图》《洛书》。

问题上则是含混的，他解释“是故形而上者谓之道，形而下者谓之器”一节时说：“有乾坤则相易而成八卦，八卦皆象有形之物，而两仪之本乎太极，则无形也。故有形之上者，道也，太极是也。有形之下者，器也，八卦所象之物是也。”[①] 朱熹在解释这节文字时则明确指出：“卦爻、阴阳皆‘形而下者’，其理则道也。因其自然之化而裁制之，变化之义也。”[②] 阴阳在朱熹的哲学体系中是形而下者，他说：“形而上者是理；才有作用，便是形而下者。”[③] 阴阳变易之理是作用之理，与朱熹所谓的理不是在一个层面上的，吴澄理气合一之理在朱熹视野中一定是停留在器的层面上的。吴澄解释“一阴一阳之谓道”，虽然引用周子、程子之论，但并不妨碍他贯彻自己的见解：“阴阳，气也。道者，理也。然非别有一物在气中，即是气而为之主宰者道也。”[④] 吴澄强调的是理气不分，阴阳变易之理即是在自身中，陈来认为，吴澄主张非实体性的主宰说，他在《元明理学的“去实体化”转向及其理论后果》一文中说：“无论如何，这种主宰说只是功能意义上的，而已经没有任何实体的意义了。”[⑤] 朱熹解释“一阴一阳之谓道”说：“阴阳迭运者，气也。其理则所谓道。”[⑥] 朱熹并没有说使阴阳之所以迭运之理就在是气本身中。

吴澄对朱熹思想的改造极其微妙，如果不作细心之考察，会觉得二者可以是同源而异脉者，如果再稍粗心，读者会觉得朱熹有些固执迂腐，而吴澄就显得通达无碍。当代有论者说：“明确地反对分理气为两物，正是吴澄理气论的一个贡献。因为吴澄的理气一体论，主要是针对当时把客观存在划分为本体之‘无’和现象之‘有’的流行

---

① 吴澄：《易纂言》卷7，四库全书本。
② 朱熹：《周易本义》卷7，四库全书本。
③ 朱熹：《朱子语类》卷75，四库全书本。
④ 吴澄：《易纂言》卷7，四库全书本。
⑤ 陈来：《诠释与重建——王船山的哲学精神》，北京大学出版社2004年版，第397页。
⑥ 朱熹：《周易本义》卷7，四库全书本。

思潮的反动。”[1] 其实，若从物的层次上，朱熹并不认为理气为两物，而且朱熹理气论也并不仅仅针对了客观存在，他是在守护一个流行于人世而不被人世羁绊的精神。

二 吴澄性气论及对朱熹文道关系的颠覆

朱熹主张理不离气，但理不杂气，有形上形下之分，吴澄则理气合一，认为天理在阴阳变化本身中，将气引入形上领域；这种貌似同一、实质殊异的理气论导致了样貌同而实异的性情论。性情论是理气论在人性领域的展开，朱熹说：“理者天之体，命者理之用，性是人之所受，情是性之用。”[2] 人之性受自天命又不能离乎气，所以讲性又有天地之性或天命之性和气质之性的分别。朱熹说：“天地之性是理也，才到有阴阳五行处，便有气质之性，于此便有昏明厚薄之殊。得其性而最灵，乃气质以后事”[3]。天地之性是理，气质之性是在阴阳五行处的，气质之性从天地之性出，天地之性乃气质之性的根源，即朱熹所谓：“性只是理，气质之性亦只是从这理出，若不从这理出，有甚归着。”[4] 天地之性与气质之性的关系就是理与气的关系。天地之性，是专指理言；气质之性，是从气与理相杂来说的。

> 问：命者，天之所以赋予乎人物也。性者，人物之所以禀受乎天也。然性命各有二，自其理而言之，则天以是理命乎人物，谓之命；而人物受是理于天，谓之性。自其气而言之，则天以是气命乎人物亦谓之命？而人物受是气于天亦谓之性？曰：“气不可谓之性命，但性命因此而立耳。故论天地之性，则专指理言，论气质之性，则以理与气杂而言之，非以气为性命也。”[5]

---

① 章伟文：《试论吴澄易学的理气论思想》，《中国哲学史》2001 年第 4 期。

② 朱熹：《御纂朱子全书》卷 42，四库全书本。

③ 朱熹：《朱子语类》卷 94，四库全书本。

④ 朱熹：《朱子语类》卷 4，四库全书本。

⑤ 朱熹：《御纂朱子全书》卷 42，四库全书本。

性是人受于天者，命是天赋予人者，在性命问题上，天与人的关系是授与受之关系。但这种授受只是就理而言，不是从气而言。天以理命乎人物，可以叫命，人物受理于天，可说是性；天命人物以气，则不可以命称，而人物受天于气，也不能称性，即是说，气不可谓之性命，性命是专指理而言的。朱熹说："孟子恐人谓性元来不相似，遂于气质内挑出天之所命者说与人，道性无有不善，即子思所谓'天命之谓性也'。"[①] 朱熹在此强调了"性"的天理性质，其来自天、来自理，它是纯粹至善的。不过，天地之性不能离开气质之性存在，正如理不离气一样，"天地之性是理也，才到阴阳五行处，便有气质之性，于此便有昏明厚薄之殊，得其性而最灵，乃气质以后事。"[②] 天地万物禀气而生，因禀气不同，清浊各异，故气质之性有善恶之分、贤愚之别。这样的气质之性是"以理与气杂而言之"，即是说，理是存在的，天地之性是存在的，因气之清浊不同，天地之性或得以显现或被遮蔽。他说："人之生也，气质之禀清明纯粹，绝无渣滓，则于天地之性无所间隔，而凡义理之当然，有不待学而了然于胸中者，作为生而知之，圣人也；其不及此者，则以昏明、清浊、正偏、纯驳之多少胜负为差。"[③] 这就是说，人性决定于天地之性和人的气质，天地之性与气质之性的"性"层面不同，前者是绝对的理想人性，后者是显现在气化流行中的结果，人性的最初根源是在天地之性，而不是在阴阳变化领域。

吴澄讨论性，也是性气结合，他引述程子"论性不论气，不备""论气不论性，不明"的观点，主张天地之性与气质之性为一。吴澄说：

> 张子言：形而后有气质之性善，反之则天地之性存焉，故气质之性君子有弗性者焉。此言最分晓，而观者不能解其言，反为

① 朱熹：《朱子语类》卷4，四库全书本。
② 朱熹：《朱子语类》卷94，四库全书本。
③ 朱熹：《四书或问》卷21，四库全书本。

所惑，将谓性有两种。盖天地之性、气质之性，两“性”字只是一般，非有两等性也，故曰“二之则不是”。言人之性本是得天地之理，因有人之形，则所得天地之性局在本人气质中，所谓形而后有气质之性也。气质虽有不同，而本性之善则一。但气质不清不美者，其本性不免有所污坏，故学者当用反之之功，反之如汤武反之也，之反谓反之于身而学焉，以至变化其不清不美之气质，则天地之性浑然全备，具存于气质之中，故曰“善”。①

程子说“二之则不是”，是指论性与论气要彼此结合，但程子没有等同二者的意思，更没有说要泯却天地之性与气质之性。吴澄以“本性之善则一”为由，希望将天地之性和气质之性放在一个逻辑层次，正如将理和气放在同一个逻辑层次上一样。此段文字表面看来，从气质差异来解释人本性善却有善恶之分这一事实，与朱熹观点并无二致，但他将论性与论气彼此结合，试图变成相互混合的。我们的推测也不是毫无根据的，在下面一段文字中，吴澄将性命之理归结为阴阳变化，从而把天理、人性的根源归结到气的领域。

澄观夫子言“昔者圣人之作《易》，将以顺性命之理”，而其所谓性命之理者，不过曰天之道阴与阳，地之道柔与刚，人之道仁与义而已。柔者地之阴也，刚者地之阳也，仁者人之阳也，义者人之阴也。夫子何不舍去阴阳而别作高虚之说，以言天地人之道乎？不审舍了阴阳，而有天地细缊变化之机否乎？舍了阴阳而有人物性情之理否乎？以至开物成务、治国平天下之道，无非阴阳之用。今而不知其为阴阳，正所谓百姓日用而不知尔。②

吴澄反对舍去阴阳而立高虚之说，认为阴阳变化可涵盖天地人之

① 吴澄:《答人问性理》,《吴文正集》卷2。
② 吴澄:《吴文正集》卷3。

道以及人性情理。他通过对《易传》阴阳思想的阐释来讨论性命之理，《易纂言》阐释“昔者圣人之作《易》”一节说：“故天之气有阴与阳，地之质有柔与刚，人之德有仁与义，皆两者相对而立，道则主宰其气质而为是德者也。”[①] 吴澄承认有主宰气质的道的存在，是道使气质有阴阳变化之德，但其所主宰气质又指道本身的气质，这样就将道和气相杂来论，最终将道归为阴阳变化本身。这一倾向在上段引文中明确地显现出来，他进一步认为“开物成务、治国平天下之道，无非阴阳之用”。“高虚之说”“变化之机”大概是针对朱熹一脉的理学家而言。《朱子语类》：“问：‘动静者，所乘之机。’曰：‘太极理也，动静气也。气行则理亦行，二者常相依而未尝离也。太极犹人，动静犹马；马所以载人，人所以乘马。马之一出一入，人亦与之一出一入。盖一动一静，而太极之妙未尝不在焉。’”[②] 朱熹的思路要比吴澄复杂，他讲高虚的天理，也讲动静之机，动静承载太极，太极无动静，吴澄也认同太极无动静[③]，但他认为是气承载太极，他说：“太极乘此气，犹弩弦之乘机也”[④]，这样，吴澄直接在阴阳二气的变化中体认天理和性命之理，可以说是简化了的、实用主义的理学。这一思想对后世影响很大，在哲学史的发展中诚乃承前启后者，后来刘宗周、黄宗羲、颜元、李塨、王船山等都在气化中探测天理[⑤]，但朱熹设置的超然现实之理变得暗淡了。虞集《送李扩序》中记载，在元贞、大德间，朝中人就认为吴澄“陆氏之学也，非朱子之学也，不合于许氏之学，不得为国子”[⑥]，这样的指摘并非毫无道理，大概

---

① 吴澄：《易纂言》卷10，四库全书本。

② 朱熹：《朱子语类》卷94，四库全书本。

③ 方旭东详细地论证了吴澄“太极之体用动静”思想，认为，“吴澄这些讨论实际是对朱熹有关太极动静说法的一种补充，它对后来明代一些理学家产生了一定影响”。见方旭东《吴澄太极思想述论》，《国学研究》第14卷。

④ 吴澄：《答王参政仪伯问》卷2。

⑤ 可参考冯友兰《清代道学之继续》，《中国哲学史》，中华书局1961年版，第974—1009页。

⑥ 虞集：《道园学古录》卷5，四库全书本。

不是单纯出于门户之见。吴澄与朱熹在性气问题上也存在微妙的差异，吴澄将性理的根源归结到了气的领域。这样的直接结果便是对天地之气和个人之气的重视。当这一倾向进入诗性审美时，传统的文道关系就走向消解了。

文道关系是韩愈、柳宗元、欧阳修、苏轼等古文家讨论的哲学、诗学命题，这是任何一个儒者都绕不过的话题，朱熹从其理学家的立场提倡新的文道关系模式。《朱子语类》记载："才卿问：'韩文《李汉序》头一句甚好。'曰：'公道好，某看来有病。'陈曰：'文者，贯道之器。且如《六经》是文，其中所说皆是这道理，如何有病？'曰：'不然。这文皆是从道中流出，岂有文反能贯道之理？文自文，道自道，文只如吃饭时下饭耳。若以文贯道，却是把本为末，以末为本，可乎？其后作文者皆是如此。'因说，'苏文害正道，甚于老佛……'。"① 朱熹认为，道是本体，文从道中流出，若以文贯道就是本末倒置，以文为本，以道为末。韩愈的初衷虽不如此，但其文往往流于虚言甚至夸张滋蔓，这样的语言是不能代替道的实际履行的，何况韩愈所谓贯道之文，也是亲近于古文家之文，其论人论道也必然施行古文的标准。朱熹说："故其论古人，则又直以屈原、孟轲、马迁、相如、扬雄为一等。"② 他主张，评价文或文人的标准不能以文的标准为标准，因为文本身只是文化系统中的一个环节。朱熹主张文道合一、以道为本，尽管有着理学家的固执，但其核心是宏扬天理和三代文章，倡导以道为根本的文章。他说："道者，文之根本，文者，道之枝叶。惟其根本乎道，所以发之于文皆道也。三代圣贤文章皆从此心写出，文便是道。今东坡之言曰：'吾所谓文，必与道俱，则是文自文而道自道，待作文时旋去讨个道来入放里面，此是它大病处。'"③ 文是道的枝叶，道是文的根本，这样的逻辑是理气

① 朱熹：《朱子语类》卷139，四库全书本。

② 朱熹：《晦安集》卷70，四库全书本。

③ 朱熹：《朱子语类》卷139，四库全书本。

论、性气论逻辑的延续。从理气的角度而言，文是属于气的层面的。从性气角度而言，文生于性动以后，文的作者要保持性正才合乎性理。朱熹在《诗经集传·序》写道："或有问于予曰：'诗何为而作也?'予应之曰：'人生而静，天之性也，感于物而动，性之欲也。夫既有欲矣，则不能无思，既有思矣，则不能无言。既有言矣，则言之所不能尽，而发于咨嗟咏叹之余者，必有自然之音响节族而不能已焉。此诗之所以作也。'"[①] 朱熹认为诗是性动后的产物，其根本还在性上，接着他又提到圣人之所感都是"正"的，即所谓"惟圣人在上，则其所感者无不正"[②]，至于上之人虽然所感或"杂"，但"必思所以自反"[③]，圣人之言，自然合乎性理，但非圣人之言，"自反"之后也可以性理毕现。在朱熹看来周王朝兴盛之时，"其言粹然无不出于正者"[④]。所谓"正"，其实就是符合"性"与"理"，这是朱熹的理想，也是他权衡文章的规范。

具体到文学评价，朱熹将性理看得很重。他论作文之事说："不必著意学如此，文章但须明理，理精后文字自典。"[⑤] 主张为文要从学问和明理上下功夫，他说："今人学文者，何曾作得一篇枉费了许多气力。大意主乎学问以明理，则自然发为好文章。诗亦然。"[⑥] 他认为文士之失在忽视义理："今晓得义理底人少，间被物欲激搏，犹自一强一弱，一胜一负，如文章之士下梢头都靠不得。"[⑦] 是否有义理成为文章的标准，《语类》记载："问：南丰文如何？曰：南丰文却近质。他初亦只是学为文，却因学文渐见些子道理，故文字依傍道理做，不为空言。"[⑧] 他认为曾巩文章的可贵在于依傍道理，他还指

---

① 朱熹：《诗经集传·序》，四库全书本。
② 朱熹：《诗经集传·序》，四库全书本。
③ 朱熹：《诗经集传·序》，四库全书本。
④ 朱熹：《诗经集传·序》，四库全书本。
⑤ 朱熹：《朱子语类》卷139，四库全书本。
⑥ 朱熹：《朱子语类》卷139，四库全书本。
⑦ 朱熹：《朱子语类》卷139，四库全书本。
⑧ 朱熹：《朱子语类》卷139，四库全书本。

陈时人不晓义理的弊端，并从义理的角度来肯定欧、苏古文，他说："今人作文，皆不足为文，大抵专务节字，更易新好生面辞语，至说义理处又不肯分晓。观前辈欧苏诸公作文，何尝如此！圣人之言坦易明白，因言以明道，正欲使天下后世由此求之，使圣人立言要教人难晓，圣人之经定不作矣。"[①] 而在古文的表达方式上，主张平易实在："古人文章大率只是平说而意自长"，认为欧、苏古文"好处只是平易说道理"[②]，可见，朱熹并不愿意突出文章华彩，而是期望文道糅合为一。

吴澄论文，虽曰"以理为主，气为辅"[③]，但这仅是装饰门面之词，其实质是以气为本。吴澄对"气"非常重视，在哲学领域，"气"中有理，性理的根源也在气中，那么在文学领域，气就成了文的根本，也即是说，朱熹所谓的文道关系，在吴澄这里几乎成为气文关系。吴澄从气的角度论述了文的本质和流变。《别赵子昂序》曰：

> 盈天地之间一气耳，人得是气而有形，有形斯有声，有声斯有言，言之精者为文。文也者，本乎气也。人与天地之气通为一气，有升降而文随之。画易造书以来斯文代有，然宋不唐，唐不汉，汉不春秋、战国，春秋、战国不唐虞三代，如老者不可复少。[④]

"文也者，本乎气者也"，吴澄为文找到了切实的本质性根源。他认为天地之间气化流行，人得气而有形，有形然后有声，有声然后有言，而言之精粹者就是文，这样就将文的本源归于气。吴澄还将文的产生和流变放置在阴阳造化中思考，他认为，气有升降，文也有升

---

① 朱熹：《朱子语类》卷139，四库全书本。
② 朱熹：《朱子语类》卷139，四库全书本。
③ 吴澄：《东麓集序》，《吴文正集》卷16，四库全书本。
④ 吴澄：《吴文正集》卷25，四库全书本。

降，即所谓“斯文代有”，而且一代有一代之文，进化更迭就如“老者不可复少”，形成一定的规律和潮流。这是从文的大体走势与气运关系而言。

但是，文又是离不开具体的人气的，同时，潮流的运动必然与人的变化其气有关。在此吴澄强调了在整体走势与气运中豪杰之士们卓然特立的气与文。他说：

> 天地之气固然，必有豪杰之士出于其间，养之异，学之到，足以变化其气，其文乃不与世而俱。今西汉之文最近古，历八代浸敝，得唐韩柳氏而古，至五代复敝，得宋欧阳氏而古，嗣欧而兴，惟王、曾、二苏为卓卓。之七子者，于圣贤之道未知其何如？然皆不为气所变化者也。[①]

天地之气升降更迭，其间必然有豪杰之士应运而生，他们修养其气、变化其气、因气成文，形成了精神独具的文字。杰出的个性气质与后天学养，使豪杰之士超出众流，不与世而俱，往往在颓败的气运中能别开生面，去弊而反古。在吴澄看来，豪杰之气中蕴涵了上古理想，而“七子”就是典型代表。当然这“气”与学养又是联系在一起的，他论赵子昂时，一方面强调天然气禀；另一方面则强调涵泳经典、旁及书乐。其文曰：“子昂昔以诸王孙，负异材丰，度类李太白，资质类张敬夫，心不挫于物，所养者完其学，又知通经为本，与余论及书、乐，识见敻出流俗之表，所养所学如此，必不变化于气，不变化于气而文不古者未之有也。”[②] 这里的“古”，既是文的审美理想，也是文的价值标准，而其根本就在于气。吴澄之所以如此推重气，与其哲学中的道气不分有关，推重气就是推重道，但朱熹所建立的文道观念却在此止步了。文从道中流出、以道为根本的文学观念，

① 吴澄：《别赵子昂序》，《吴文正集》卷25，四库全书本。
② 吴澄：《别赵子昂序》，《吴文正集》卷25，四库全书本。

被以气为根本的文学观念代替了。

吴澄以为文本乎气，并进一步指出，所本之气应当是“乾坤之气”，《萧独清诗序》写道：

> 诗也者，乾坤清气所成也。屈子《离骚》、《九歌》、《九章》、《远游》等作，可追十五国风，何哉？盖其蝉蜕污浊之中，浮游尘埃之外，皭然不滓于楚俗，为独清故也。陈拾遗《感遇》三十八，如丹砂空青，金膏水碧，超然为唐诗人第一。李翰林仙风道骨，神游八极，其诗清新俊逸，继拾遗而勃兴，未能或之先者，非以其清与？故朱子论作诗，亦欲净洗肠胃间荤血腥膻而漱芳润。故曰：诗也者，乾坤清气所成也，道家者流，物外之翛然独清者也。①

“诗者，乾坤清气所成也”，这是从根本上来讨论诗的生成和本质，乾坤清气成为诗之本，这一见解相对于以前的文学观念，无疑是革命性的。朱子虽然有“欲净洗肠胃”之说，刘勰有“疏瀹五脏、澡雪精神”之论，但他们都是就创作心理而言，并非本体意义上的。吴澄这里的乾坤清气，既指创作心理，也指构成诗文的原质及其生成机制。总之，将诗的本质归结为乾坤清气。从文学批评的角度而言，因为以乾坤清气为评价标准，所以他对屈原、陈子昂、李白的重新认识出人意表，强调了三者的超然独清，与传统的文学批评史论大异其趣，几乎都要将三者归为道家之流了。而吴澄将屈原的“独清”与其上追《国风》传统相联系，则透露出欲使“乾坤清气论”成为文学的普遍准绳的诗学理想。他甚至推崇超出人寰、直指虚空的“乾坤清气”，以诗为悟道之阶。他说：“诗也者，乾坤清气所成也。虽然，独清将为诗人乎？抑为道士乎？因诗悟道，因道成诗，阶有名之

① 吴澄：《萧独清诗序》，《吴文正集》卷19，四库全书本。

清，跻无为之清，至是则诗其天矣乎，若今之诗，清则清矣，而犹未离乎人也。独清名复清云。[①] 当然，这是针对具体的道士兼诗人这样的批评对象所发，但从侧面可以看出，所谓“乾坤清气”是道家者流“物外之翛然独清者也”[②]。

吴澄认为天地之气太和，体现为乐是极盛之乐，人之气太和，发而为诗是极盛之诗。他以具备太和之气为诗之理想。《吴闲闲宗师诗序》曰：

> 物之有声而成文者，乐也。人之有声而成文者，诗也。诗，乐声也，而本乎气。天地之气太和，而声寓于器，是为极盛之乐。人之气太和，而声发乎情，是为极盛之诗。古及今惟文、武、成、康之世，有《二南》、《雅》、《颂》之声焉，汉魏以后诗人多矣，而成周之太和不再见。其间纵或小康，而诗人大率不遇，身之轗轲穷愁，则辞之凄凉哀怨宜也，何由而得闻治世之音乎。[③]

诗本乎气，太和之气是气之理想。太和之气又可从天地和个人两方面而论，如果天地之气太和，那么文教礼乐中就有极盛之乐。如果个人之气太和，那么抒发性情则有极盛之诗。极盛的诗与乐，就其本质上来说禀承了理想的太和之气。表现在诗歌批评上，就是以文、武、成、康之世的诗乐为典范和理想，汉魏以后诗人也下其一成。同时，将诗人“轗轲穷愁”之辞看作太和之诗的反面，认为它不是治世之音而加以鄙薄。按照吴澄以气为本的逻辑，可以说，诗人有穷愁之情、凄凉之感，是天地失和、个人失和的表现，但这样的作品自然有其存在的价值，通过哀怨和讽谏来指陈时弊，移风易俗。吴澄在这

① 吴澄：《萧独清诗序》，《吴文正集》卷19，四库全书本。

② 吴澄：《萧独清诗序》，《吴文正集》卷19，四库全书本。

③ 吴澄：《吴文正集》卷22，四库全书本。

里无视具体的社会现实，也不顾自己理论的整体逻辑，而痴心于所谓治世之音，结果是现实的和平要求凌驾于他所提出的太和之气，也就是说，所谓太和之气并非超然的，它是迎合现实的。在《吴闲闲宗师诗序》接下来的文字中，吴澄在吴宗师那里发现了太和之气，其文曰："玄教大宗师吴特进，当四海一统之时，际重熙累洽之治，出入禁闼晨夕清光，历仕六朝，眷渥如一。一世亨嘉之？如此，一身希旷之遇又如此，醺酣唐虞三代之春，醲郁蓬瀛三岛之馥，太和之气贯彻于身，表里冲融，居天上人间第一福德，其发于声而为诗也，韵度何如哉？"[①] 吴宗师的太和之气来自何处，耐人寻味——正值四海一统，也因出入禁闼，于是，这样的礼遇就好比披拂唐虞三代与蓬莱仙境之气息。此处的太和之气竟然成了御赐钦定的了。"太和之气"这一概念，变成了政治伦理概念，由此也可以看出，吴澄混同气理似乎也存在着的逻辑漏洞，世俗之物均可被穿上神圣的外衣。

此外，吴澄论文还强调了个人自然之气与学养的结合，如《黄成性诗序》中的黄成性，"生长山间林下，师友不出乎一家之闻见，上无所承，下无所丽"[②]，却能挺然卓立。原因在于他一方面基于自然；另一方面，能"泽之以南丰之经，原之以金溪之道，磨砻浸润，光莹透彻，查（渣）滓尽而冲莫。"[③] 即先天禀赋与后天磨砺，促使作者能以清澈之气上冲霄莫。《张氏自适集序》则主张端正心术、积中发外，首先指出上古之文到后汉日趋卑若，至唐宋七子才恢复先汉之风："古之文自虞、夏、商、周，更秦历汉，至后汉而弊，气日卑弱，莫可振起。到唐韩、柳，宋欧、曾、王、苏七子者作，始复先汉之风"[④]，在《序》中，吴澄推崇与七子比肩的司马光，并认为他们之所以能振起文风，是因为"心术正，伦纪厚，持守严，

① 吴澄：《吴文正集》卷22，四库全书本。
② 吴澄：《黄成性诗序》，《吴文正集》卷16，四库全书本。
③ 吴澄：《黄成性诗序》，《吴文正集》卷16，四库全书本。
④ 吴澄：《张氏自适集序》，《吴文正集》卷16，四库全书本。

践履实，积中发外”，以至“辞气和平，非徒言之为尚”①。《临川王文公集序》则认为王安石古文能度越前辈，是因为以“至公至正之心，欲尧舜其民臣，以至公至正之心，欲尧舜其君”，但也指出王安石“未明孔孟之学”是其缺憾②，可见“公正之心”需要资之以孔孟之学。

《李侍读诗序》中发挥韩愈“气盛言宜”之论，赞扬李仲渊“心易直而气劲健，其为气也肖其人”，他说：“平日淹贯古今诸名家诗，芳润熏渍乎肝脾，英华含咀乎颐辅，藏蓄既富而气之盛，又足以驱役左右之俾效供给而各职其职，非若孱懦之帅，拥兵百万而拙于调用。故出乎喉吻，溢乎毫端，与名家诗人之态度声响无一不似。彼肆口肆笔漫成音韵而曰诗者，何能窥其仿佛哉！所谓言与声之皆宜者，由乎气之盛，讵不信矣！”③ 这段文字与韩愈“气盛言宜”之论相比饶有异趣，韩愈论古文，吴澄论诗；韩愈重视道德涵养，吴澄则强调艺术浸润，另外，吴澄在养气方面更强调个性气质的纵横恣肆。《遗安集序》以韩、柳、欧、王、曾、苏诸公学文轨迹来说明学古的重要性，赞扬文集作者“盖其才气优裕，义理明习，故文有根柢”④，吴澄主张才气与学古明理的结合。《胡印之诗序》虽然有“进于道，庶几可与言诗”之论，但对道的理解又是个性化的，他说：“道也者，天所与我，已所固有也，不待求诸外，有志而进进焉，有见有得，可立而竢，非止能言而已。”⑤ 此处的“道”类似于气质禀赋。《张君才诗序》赞扬诗集作者能众体兼备，自成一家：“或泊然冲澹似霞外超逸之仙，或妩然软媚似花间娈婉之客，不专一长，无施不宜，可谓全能也已”⑥，而原因正在于他不蹈袭、不模拟，“天然益丰其本，而自成一家”，

---

① 吴澄：《张氏自适集序》，《吴文正集》卷16，四库全书本。
② 吴澄：《临川王文公集序》，《吴文正集》卷20，四库全书本。
③ 吴澄：《李侍读诗序》，《吴文正集》卷22，四库全书本。
④ 吴澄：《遗安集序》，《吴文正集》卷22，四库全书本。
⑤ 吴澄：《胡印之诗序》，《吴文正集》卷22，四库全书本。
⑥ 吴澄：《张君才诗序》，《吴文正集》卷23，四库全书本。

“通古通今，多学多艺”①。

以气论文，不自吴澄始，由来已久，以气论文也无可非议，因为文章的产生与气不无关系，但吴澄将气当作文章之根本。上溯乾坤清气、天地太和之气、人之太和之气，实际上就是将其理想的气境界当作文章的最终根本，而这个气境界，就是他的道境界，从而呈现出与朱熹完全不同的旨趣。后人称赞吴澄哲学、文学思想的融通性时，其实忽视了他新创的理气论。从《吴闲闲宗师诗序》中就可以明显地感到现实层面上的政治权力轻而易举地混入所谓的太和之气中。气失去了理或本身成为理，很容易变成一个暧昧的概念，这是应该引起警惕的。

三　在诗法和情性之间

宋人对于诗法问题的讨论是广泛的，也是深入的。苏轼、黄庭坚、吕本中、杨万里，以及朱熹论诗法各有侧重，均可独自成家。其诗法主要包含三个层面，其一是作为普遍的法，其二是存在于经典作家那里的法，其三是所谓运用于实践的活法。但这些法，主要指法度规矩，而门户、家法观念并不明显。吴澄论诗法则强调门户、家法，这是一个新的诗学思路。《唐诗三体家法序》曰：“言诗本于唐，非固于唐也。自河梁之后，诗之变至于唐而止也。于一家之中则有诗法，于一诗之中则有句法，于一句之中则有字法。”②吴澄在这里将诗法和具体作家及其所建立起的传统联系在一起，一家之中有诗法，即是“家法”的意思。《出门一笑集序》也提到家法：“（廖）云仲亦别驾君从子，自选举法坏而其业废，遂借父兄之余为诗，且韵且婉，锵然不失其家法”③，这里的家法，指代代传承的诗法。《陈善夫集序》也提到家法：“陈家诗如伯玉，如履常，如去非，家法自不待

① 吴澄：《张君才诗序》，《吴文正集》卷23，四库全书本。

② 吴澄：《唐诗三体家法序》，《吴文正集》卷19，四库全书本。

③ 吴澄：《出门一笑集序》，《吴文正集》卷15，四库全书本。

它求，文乎文乎一惟乡相是式”[①]，这里的家法即是指乡贤王安石的法度与风格。吴澄也强调“门户”，《吴闲闲宗师诗序》曰：“其诗如风雷振荡，如云霞绚烂，如精金良玉，如长江大河，盖其少也，尝从硕师博综群籍，早已窥闯唐宋二、三大诗人之门户”[②]，吴澄认为入大诗人门户是有益诗艺的。《赠周南瑞序》则叙述自己对濂溪先生路径、门户的慕求，以及周南瑞欲对濂溪门户的继承[③]。《题李缙翁杂稿》则肯定李缙翁能闯七家门户，其文曰：“唐宋六百年间，雄才善学之士山积能者七人而已，不其难乎！近年人人奋笔不让，文若甚易，何哉？然其最不过步骤叶氏，孰有肯闯七家门户者？”[④]“闯七家门户”不仅指师法七家，也指形成与七家类似的风貌。《跋赵运使录中州诗》则认为从中州诗可以入唐诗门户，“入唐诗门户”就是指形成类似于唐诗的风貌，可承继唐诗血脉。[⑤]《龚德元诗跋》说：“龚德元诗已窥简斋门户，阔步勇进，由是而升堂焉而入室焉可也”[⑥]，即是说龚德元与简斋风格类似，前者可归宗后者。《谭晋明诗序》则提到“家数”，其文曰：“盖非学陶、韦，而可入陶、韦家数者也，故观其诗，可以见其人”[⑦]，得陶、韦“家数”，即是已入陶、韦门户，需要注意的是，吴澄认为不学陶、韦，却能入于陶、韦门户。《刘志霖文稿序》中所提到的刘志霖能继承刘太博传统，所谓“嗣其响仪，可分其光”，但刘志霖却是“不太博而太博”，即不从太博学而能入于太博门户[⑧]。

在吴澄诗学中，所谓家法或门户是指历史形成的相对稳定的诗学规矩或诗歌风貌，可以说是诗歌流派中的法度规矩。吴澄重视诗学传

---

① 吴澄：《陈善夫集序》，《吴文正集》卷16，四库全书本。
② 吴澄：《吴闲闲宗师诗序》，《吴文正集》卷22，四库全书本。
③ 吴澄：《赠周南瑞序》，《吴文正集》卷24，四库全书本。
④ 吴澄：《题李缙翁杂稿》，《吴文正集》卷55，四库全书本。
⑤ 吴澄：《跋赵运使录中州诗》，《吴文正集》卷56，四库全书本。
⑥ 吴澄：《龚德元诗跋》，《吴文正集》卷62，四库全书本。
⑦ 吴澄：《谭晋明诗序》，《吴文正集》卷17，四库全书本。
⑧ 吴澄：《刘志霖文稿序》，《吴文正集》卷17，四库全书本。

统，他以法度的眼光去观照传统，也以传统的流韵来充实法度。从上文例证可发现，后辈作家可以超越具体的传承链条进入门户，吴澄同时提出由门户而超越门户。《董震翁诗序》中提到陈简斋能从一定门户悟入，而自成风貌："宋参政简斋陈公，于诗超然悟入。吾尝窥其际，盖古体自东坡氏，近体自后山氏，而神化之妙简斋自简斋也。近世往往尊其诗，得其门者或寡矣"，董震翁属于其后继者，又从能简斋悟入，即所谓"学者各有所从入，其终必有所悟"[①]。《邬性传诗序》则肯定邬君遵循法度与家传，"字有眼，句有法，光彩精神既不减其家传"，又对邬君寄寓了"他日不涉宋人陛级而诣唐人窔奥"的希望。[②]《聂咏夫诗序》中聂咏夫"诗法固有自，然君所到不限于所见"，而能"博洽其志，坚其思"，使诗艺日益精工，卓然一家，既无场屋之气，也非江湖游士之语。[③]《曾志顺诗序》中肯定曾志顺从简斋门户入，学求肖，吴澄说："曾志顺年未三十学简斋，直逼简斋可畏也已"，但又主张不拘泥于专学一家，而应达到超越众家而游于艺："以君之志，以君之资，何人不可学？何事不可成？诗固游艺之一端也。"[④]《诗府骊珠序》则主张讲求源流，认为在考究源流的基础上能出于笔墨蹊径之外，吴澄说："呜呼！言诗颂、雅、风、骚尚矣，汉魏晋五言讫于陶其适也，颜谢而下勿论，浸微浸灭，至唐陈子昂而中兴，李、韦、柳因而因，杜、韩因而革，律虽始而唐，然深远萧散不离于古为得，非但句工、语工、字工而可。呜呼！学诗者靡究源流，而编诗者亦漫迷统纪，胡氏此篇其庶乎缘予所言，考此所编，悠然遐思必有超然妙悟于笔墨蹊径之外者。"[⑤] 此段文字体现了吴澄重视超妙萧散的审美观念，他主张梳理统纪，考究源流，在美学上继承超妙传统，在方法论上有所妙悟。

① 吴澄：《董震翁诗序》，《吴文正集》卷15，四库全书本。
② 吴澄：《邬性传诗序》，《吴文正集》卷15，四库全书本。
③ 吴澄：《聂咏夫诗序》，《吴文正集》卷15，四库全书本。
④ 吴澄：《曾志顺诗序》，《吴文正集》卷15，四库全书本。
⑤ 吴澄：《诗府骊珠序》，《吴文正集》卷15，四库全书本。

强调家法、门户包含了对诗法规矩的历史形态和对诗学传统的重视，从门户入而超越门户的观念则体现了对普遍的诗法规矩和作家心灵的关注。吴澄试图在情性、诗法的普遍性和诗法的历史性中建立圆融的理论体系。同时，严羽“妙悟”论中的思路似乎在吴澄的理论思考中可以找到一些踪影。禅宗妙悟讲求门径、功夫，主张遍参高僧、名偈，严羽“妙悟”说受禅宗影响[①]，主张“辩家数如辨苍白，方可言诗”“看诗须着金刚眼睛”[②]。他以取法汉魏盛唐诗为上，以熟参为功夫，最终获得妙悟诗境。吴澄也讲求门户和功夫，但其“门户”往往专指一家。入于门户，妙悟超越是吴澄和严羽共同的思路，吴澄的不同之处在于，他认为从任何一家都可以了悟诗法。严羽“妙悟”论建立了层次明晰的师法秩序和价值系统，吴澄则将一切最终归向作家的才情。

他既认为从任何一家都可了悟诗法，又认为不从此门户入也可进入此门户——如前文所提到的“非学陶、韦，而可入陶、韦家数”[③]，“不太博而太博”[④]，其根本原因在于，他一方面承认普遍的诗法或诗理存在，另一方面又将它归源于才情心灵。吴澄也将其理学思路引入诗法论中。

《皮达观诗序》中认为太极之理，融液于心，发而为文，才能自然而然。吴澄说：“清江皮达观素不以外乐易内乐，其识固已超迈，迩来太极先天之理，融液于心，视故吾又有间矣。偶然游戏于诗，盖其声迹之仿佛所到可涯涘哉？”[⑤] 先天之理与文章的自然生发是统一于心灵的，而且这太极之心并不是圣贤的专利境界，普通诗人也可以达到，那么诗人心灵就已经可以具备诗法本身了。《丁晖卿诗序》中则将丁晖卿与李太白比类，在丁晖卿的才气心志中寻找诗法与自由审

① 参见李瑞卿《〈沧浪诗话〉新论》，《中国韵文学刊》2005 年第 2 期。

② 严羽著，郭绍虞校释：《沧浪诗话校释》，人民文学出版社 1961 年版，第 125、123 页。

③ 吴澄：《谭晋明诗序》，《吴文正集》卷 17，四库全书本。

④ 吴澄：《刘志霖文稿序》，《吴文正集》卷 17，四库全书本。

⑤ 吴澄：《皮达观诗序》，《吴文正集》卷 16，四库全书本。

美的境界。其《诗序》说：

> 李太白天才间气，神俊超然八极之表，而从容于法度之中，如夫子之从心所欲而不踰矩，故曰诗之圣。槌黄鹤楼，倒鹦鹉洲，此以梦语观太白者。丁晕晖卿破厓岸绝畦，径而为诗，志则高矣，才气果能追太白矣乎？可也。①

将天才的自由和法度统一起来，其实是朱熹的思想。圣人性情可以统一于天理，诗学中也是如此，朱熹说："李太白诗非无法度，乃从容于法度之中，盖圣于诗者也。"② 吴澄显然继承了朱子的这一诗学思想，但朱熹认为人的气禀有定，人与人之间是存在贵贱、贫富、圣愚、贤不肖差别的。吴澄表面上继承了朱熹思想，他却在现实中将丁晖卿混同于李白，已经失去了朱熹文中强调的"法度"，吴澄诗学中法度与才情的结合变得更为自由。

《谭晋明诗序》崇尚性情自然，同时认为家数规矩与自然性情之间是可以相通的。《诗序》说："诗以道情性之真，十五国风有田夫闺妇之辞，而后世文士不能及者，何也？发乎自然而非造作也。"③ "诗以道情性之真"，这是吴澄表达的基本文学观念，与朱熹出现明显的分野。正如前文所提到的朱熹认为诗歌是"性"动的产物，而吴澄论诗首先将"情"置于首位，然后强调"情性之真"——这种品质是"田夫闺妇"所拥有的，由此可以发现，此处所谓"真"，不是天理或性的形而上领域，而是作家才情或气的形而下领域。吴澄也认为谭晋明"天才飘逸"，作诗"本乎情之真"，然后将他归入《诗经》、陶渊明、韦应物等形成的传统序列中，也归入陶、韦家数中，

① 吴澄：《丁晖卿诗序》，《吴文正集》卷16，四库全书本。

② 朱熹：《朱子语类》卷140，四库全书本。

③ 吴澄：《谭晋明诗序》，《吴文正集》卷18，四库全书本。

即“盖非学陶、韦而可入陶、韦家数者也”[1]。这就是说，写情性之真即可承继传统，入于法度。吴澄逻辑中，诗人情性可以超越门户家数，但他又保留了对这些诗法观念的尊重。在《周栖筠诗集序》中也表达了类似观点，吴澄说：“善诗者，譬如酿花之蜂，必渣滓尽化，芳润融液而后贮于脾者皆成蜜。又如食叶之蚕，必内养既熟，通身明莹而后吐于口者，皆成丝。非可强而为，非可袭而取。”[2] 强调清澈晶莹的情性，而周栖筠正是这样的人，“其才高，其思清，不待苦心劳力，天然而成”[3]，这天才般的超然之悟，可使诗歌“梯黄、杜，而窥陶、曹”，可谓情性天然而不违法度。《息窝志言序》中的李季安“天才绝异于人”，“学诣玄微，识超凡近”[4]，可以说是才情超卓，而其作品又能继承众家之长，风格也渊源有自：“诗矫矫如云中龙，翩翩如风中鸿，其古体仙逸奇怪，有翰林玉川之风，其近体工致豪宕，有工部、诚斋之气，其绝句清婉透脱而又有张司业、王丞相之韵度。”[5]

吴澄也承认普遍性诗法，如果说朱熹将天理当作诗法、规矩的根据，那么，吴澄在情性中找到了这一根据。吴澄也面对了诗法的历史形态这一事实，如何解决普遍性诗法和历史性、具体性诗法的关系问题成为吴澄诗学的重要话题，家法、门户观念中其实包含了对普遍性诗法和历史性、具体性诗法的承认，而对家法、门户的任情超越，则体现了对诗法、规矩与情性为本的兼容。总体看来，吴澄的诗学体系中渗透着他的哲学思路，无论是世界观念还是方法论都体现在其诗学中，他以出色的思考力建构了属于自己的诗学体系。正如在哲学中放弃了对天理的守护一样，诗学中也掀起了以情性为本的思潮，这一思潮对后世影响巨大，而且与我们当下的文学观念已经非常接近，这或许是历史的必然。

---

① 吴澄：《谭晋明诗序》，《吴文正集》卷18，四库全书本。
② 吴澄：《周栖筠诗集序》，《吴文正集》卷22，四库全书本。
③ 吴澄：《周栖筠诗集序》，《吴文正集》卷22，四库全书本。
④ 吴澄：《息窝志言序》，《吴文正集》卷18，四库全书本。
⑤ 吴澄：《息窝志言序》，《吴文正集》卷18，四库全书本。

第十五章 “气机”论与“诗而我”

——吴澄理学与诗学的转向

作为哲学家的吴澄要远比作为诗学家的吴澄影响深远，但吴澄在诗学史上承前启后之作用却不容忽视，其理气论、性气论与朱熹相较，呈现出不同的旨趣。吴澄消解了天理的绝对性，于气中寻求天理存在之理由，也将性命之理归结为阴阳变化，在气中寻找人性的根源。基于同样的逻辑，吴澄诗学中的文道关系实质上转化为文气关系，从而为重性情的诗学提供了学理准备，于是，吴澄诗学中诗道、诗法嵌入了鲜明的“我”的因素，论诗的本质主张“诗而我”①，尤重“我”之作用；论诗法、规矩则在性情中寻找其根据；论诗歌审美则主张“物我俱泯”②，在心物关系的处理上另辟新路。那么，“我”是如何进入吴澄诗学的呢？有必要注意其太极动静论中的“气机”说。

一 太极动静论中的“气机”说

周敦颐《太极图说》有无极和太极之论，其文曰：“无极而太极，太极动而生阳，动极而静，静而生阴，静极复动，一动一静，互为其根，分阴分阳，两仪立焉。”周敦颐以此解释宇宙的动因及其化

---

① 吴澄：《朱元善诗序》，《吴文正集》卷18，四库全书本。

② 吴澄：《一笑集序》，《吴文正集》卷16，四库全书本。

生，在他看来，太极是有动静的，一动一静而有阴阳分立，五行流布。但同时又说："五行一阴阳也，阴阳一太极也，太极本无极也，五行之生也，各一其性"，即无极、太极、阴阳、五行并无先后，而是妙合无间、浑然一体，皆出于无极之妙。一方面讲动静、阴阳、五行之化生；另一方面又认为太极、动静、阴阳、五行浑然为一，其实，就是将世界视作无始无终的过程，而太极则是其本体。

朱熹以理来解释太极，陈来说："《太极图说解》以太极为'形而上之道'，为'动静阴阳之理'，表明朱熹已开始明确地用理来规定太极的内涵。"① 既然作为本体的是理，理无动无静，那么，太极之理与世界流行过程存在什么样的关系呢？朱熹提出以太极为体、阴阳动静为用的看法，也提出"动静者，所乘之机"的观念，同时主张理在气先②。总之，在形而上之理与形而下之气之间存在着统一，也存在着割裂。

《太极图解》讨论了阴阳之用与太极本体的关系，其文曰："此（太极）所谓无极而太极也，所以动而阳、静而阴之本体也。然非有以离乎阴阳也，即阴阳而指其本体，不杂乎阴阳而为言耳。"即是说，太极之理是阴阳动静之根据，但这一本体并不离乎阴阳，而是"即阴阳指其本体"的结果，这就是所谓"一阴一阳之谓道"。道在阴阳变化中，但道也是阴阳变化的本体，属于形而上者，不离阴阳又不杂乎阴阳。《太极图说解》曰："太极者，本然之妙也；动静者，所乘之机也。太极，形而上之道也；阴阳，形而下之气也。"在朱熹看来，形而上之体与形而下之用在根本上依然存在着不可逾越的鸿沟。

---

① 陈来：《朱子哲学研究》，华东师范大学出版社 2000 年版，第 78 页。

② 关于太极为体、阴阳动静为用的思想，以及"理在气先"的思想，陈来先生在其《朱子哲学研究》中有深入论述。前者主要见于朱熹《太极解义》，根据陈来先生的观点，《太极解义》初成于乾道庚寅（朱熹 41 岁），定稿于乾道癸巳（朱熹 44 岁）；而理在气先的看法则见于 60 岁后，晚年更有定论。但陈来先生将"动静者，所乘之机"阐释为"理乘气动"，与朱熹本意有所出入。

在与陆九渊的争论中，朱熹进一步论述太极与阴阳的关系，《答陆子静第五》：

> 至于《大传》既曰"形而上者谓之道"矣，而又曰"一阴一阳之谓道"，此岂真以阴阳为形而上者哉？正所以见一阴一阳虽属形器，然其所以一阴而一阳者，是乃道体之所为也。故语道体之至极，则谓之太极，语太极之流行，则谓之道，虽有二名，初无两体。周子所以谓之无极，正以其无方所，无形状，以为在无物之前而未尝不立于有物之后，以为在阴阳之外而未尝不行乎阴阳之中，以为通贯全体无乎不在，则又初无声臭影响之可信也。今乃深诋无极之不然，则是直以太极为有形状有方所矣，直以阴阳为形而上者，则又昧于道器之分矣。①

这段文字中，强调了道与太极的形而上性质，而一阴一阳则属于形而下的器的层面。同时，也肯定了太极不但行于阴阳之中，也在阴阳之外；太极无声臭影响，又无所不在；不能将太极视作有形状、有方所的存在。朱熹始终把阴阳看作太极的流行，在他看来，在阴阳之内寻找大道流行的根据是昧于道器之分的，这种对形上形下之分的强调正是朱熹理学的特征。陈来认为，"朱熹的错误不在乎区分形上与形下，而在于他把形上形下割裂开来，认为形上可以先于或独立于形下，这就从区分形上形下这种还比较接近真理的立场多走了一步。"②笔者则认为，朱熹在世界流行的层面并没有割裂形上形下，只不过他为大化流行中的形上之理寻找最终理由时必然产生形上与形下的割裂。所以，他在逻辑上承认理在气先，理气不可相混杂，哲学成为其信仰和理想，一种对世界与人生的设计。

那么，理与气之间、太极与阴阳之间的割裂如何在理论上沟通

---

① 朱熹：《晦庵集》卷36，四库全书本。

② 陈来：《朱子哲学研究》，华东师范大学出版社2000年版，第86页。

呢？太极作为本体不可以动静言，但太极又确实贯通全体，如何看待太极的动静呢？朱熹基本的观点是太极本身无动静，但它在天命流行中有动静，这也是太极本体存在于现象界的方式。《太极图说解》有论：

> 太极之有动静，是天命之流行也，所谓一阴一阳之谓道。诚者，圣人之本物之终始，而命之道也。其动也，诚之通也，继之者善，万物之所资以始也；其静也，诚之复也，成之者性，万物各正其性命也。动极而静，静极复动，一动一静，互为其根，命之所以流行而不已也。动而生阳，静而生阴，分阴分阳两仪立焉，分之所以一定而不移也。盖太极者，本然之妙也；动静者，所乘之机也。太极，形而上之道也；阴阳，形而下之器也。是以自其著者而观之，则动静不同时，阴阳不同位，而太极无不在焉。自其微者而观之，则冲漠无朕，而动静阴阳之理，已悉具于其中矣。

天命之流行的过程包含了自然化生与各正性命的双重过程，一方面是自然论的，另一方面是人性论的。也即是说世界的运动变化并不仅是纯物质过程，而且也是一个伦理的、精神的过程。太极是所以动静之理，动极而静、静极而动的循环往复也是天命流行的原因和状态，也即是说，动静作为太极所乘之机，并不仅是指有形之气，而是一动一静的开阖过程。这一动一静就好比是一开一关，“机”，指弓弩上发箭的机关，这里指开阖的关键。研究者在阐释“所乘之机”时多是孤立地理解，其实朱熹以机喻动静是相对于以枢喻太极而言的。《答杨子直第一》说：“原极之所以得名，盖取枢极之义”①，“枢”，原是指门的转轴，可形容作为大化流行之本的太极。朱熹用

① 朱熹：《晦庵集》卷45，四库全书本。

门轴与门的开关来比类天命流行中的太极与动静的关系。太极之动要依赖于动静开阖，正如门轴之转要托付于门的开关。此种有形比喻虽然不能完全呈现自然化生的奇妙过程，但在易学中的运用还是有先例的，“枢机”一词出现在《周易·系辞下》中“言行，君子之枢机”，王弼注：“枢机，制动之主”，即“枢机”是言语行为发动或默处的关键。“太极者，本然之妙也；动静者，所乘之机也”，这句话本身是讲天命流行中一阴一阳、一动一静的永恒而变易的过程，这里的“动静”当指开阖之意，不可等同于气。朱熹说：“动静不同时，阴阳不同位”。动静与气不可分开，但气之动静与气本身则不可等同。《语类》载：“太极者，如屋之有极，天之有极，到这里更没去处，理之极至者也。阳动阴静，非太极动静，只是理有动静。理不可见，因阴阳而后知，理搭在阴阳上，如人跨马相似。”[①] 此处的“理有动静”并非指理本身有动静，而同样是从大化流行而言，在此过程中阴阳动静是所乘之机，理是阴阳动静之根据，同时又通过阴阳动静表现出来。总之，太极以动静为机的意思是说，太极是动静的原因，而太极之理要进入现象界必然依赖于动静开阖。不过，朱熹还有以下理论表述：

问：“‘动而生阳，静而生阴’，注：‘太极者本然之妙，动静者所乘之机。’太极只是理，理不可以动静言，惟‘动而生阳，静而生阴’，理寓于气，不能无动静所乘之机。乘，如乘载之‘乘’，其动静者，乃乘载在气上，不觉动了静，静了又动。”曰：“然。”[②]

（直卿）又云：“先生《太极图解》云：‘动静者，所乘之机也。’……盖太极是理，形而上者；阴阳是气，形而下者。然理无形，而气却有迹。气既有动静，则所载之理亦安得谓之无动

① 黎靖德编，王星贤点校：《朱子语类》卷94，中华书局1986年版，第2374页。
② 黎靖德编，王星贤点校：《朱子语类》卷94，中华书局1986年版，第2370页。

> 静！”……先生因云：“某向来分别得这般所在。今心力短，便是这般所在都说不到。”①

> 问：“动静者，所乘之机”。曰：“太极理也，动静气也。气行则理亦行，二者常相依而未尝相离也。太极犹人，动静犹马；马所以载人，人所以乘马。马之一出一入，人亦与之一出一入。盖一动一静，而太极之妙未尝不在焉。此所谓‘所乘之机’，无极、二五所以‘妙合而凝’也。”②

> 问“动静者，所乘之机。”曰：“理搭于气而行。”③

朱熹似乎将气作为太极之理所乘之机，甚至认为“气既有动静，则所载之理亦安得谓之无动静”，“气行则理亦行”，“其动静者乃乘载在气上，不觉动了静，静了又动”，“理搭于气而行”。不过，上述材料中的理论表述并不是朱熹严格的界定和诠释，主要是就弟子的理解所做的判断，弟子往往无法得其精妙，只是领会基本精神，朱熹的应诺则是肯定这基本精神的正确与否，而并不是正式而精确的思索。理乘在气上的说法并不为错，但动静、阴阳则能更准确地说明气的特定状态。只有一动一静才是理的所乘之机，因为这正好可以阐明大化流行发生时理气之关系，即理既然先于气而又是如何理与气合且理不与气杂的。这就是说，在气之前，逻辑上存在着动静、阴阳，在这个意义上，动静为太极（理）所乘之机，比气为太极（理）所乘之机更为具体和精确。

吴澄对“动静者所乘之机”进行了话语转换，提出“气机”之说。而这种话语转换是自觉的，其目的则是突破形而上与形而下之界

① 黎靖德编，王星贤点校：《朱子语类》卷5，中华书局1986年版，第84页。
② 黎靖德编，王星贤点校：《朱子语类》卷94，中华书局1986年版，第2376页。
③ 黎靖德编，王星贤点校：《朱子语类》卷94，中华书局1986年版，第2376页。

限，使理气融合为一。《答王参政仪伯问》：

> 盖太极无动静，动静者气机也。气机一动，则太极亦动，气机一静，则太极亦静，故朱子释太极图曰："太极之有动静，是天命之有流行也"，此是为周子分解。太极不当言动静，以天命之有流行，故只得以动静言也。又曰："太极者，本然之妙也，动静者，所乘之机也。"机犹弩牙弩弦，乘此机如乘马之乘。机动则弦发，机静则弦不发；气动则太极亦动，气静则太极亦静。太极之乘此气，犹弩弦之乘机也，故曰："动静者，所乘之机"，谓其所乘之气机有动静，而太极本然之妙无动静也。然弩弦与弩机却是两物，太极与此气非有两物，只是主宰此气者便是，非别有一物在气中而主宰之也。机字是借物为喻，不可以辞害意。①

上述材料中，吴澄明确地指出："太极与此气非有两物，只是主宰此气者便是，非别有一物在气中而主宰之也"，即太极之理与气不仅无形上与形下之分，而且本来就是一物，了无分别。吴澄通过诠释朱熹言论却为何得出与朱熹截然相反的结论呢？他以"气机一动，则太极亦动，气机一静，则太极亦静"来解释"太极之有动静，是天命之有流行也"，其意思是说，天命流行是气的流行，气动则太极动，气静则太极静，所以，太极乘气机而有动静，于是，进一步得出太极和气非有二物的结论，从而也必然导致现实即合理的思想。从逻辑上看，吴澄首先是机械地将气和太极分开，一为乘者，另一为被乘之机，然后又将两者合而为一。朱熹认为太极有动静，是从天命流行的角度来说，理与气合的关键处应当在一动一静中，动静本身不是太极，动静是太极之用。《太极图说解》曰："动静不同时，阴阳不同位，而太极无不在焉"，即无论动静，太极在焉，动时太极在，静时

① 吴澄：《吴文正集》卷2，四库全书本。

太极也在。“动则此理行，此动中之太极也，静则此理存，此静中之太极也”①，即无论是动是静，太极之理都存在于此，动静始终是联系在一起的过程，而不是可以孤立存在的气的状态，也正是在动静的开阖过程中太极之理落实于流行大化中。朱熹正是上述语境中来说明“动静者，所乘之机”的。

吴澄以“气机一动，则太极亦动，气机一静，则太极亦静”阐释“太极之有动静”是对朱熹的误解。朱熹在其“机”喻中，突出了两个意思，一是指动静给了太极进入发挥其现实之用的门户，二是指无论动静，太极总是主宰。吴澄“机”喻，则机械地强调了太极的动静，并且消解了太极之主宰地位，进一步提出“太极无体用之分”的观点，而走向朱熹的反面。吴澄说：“以冲漠无朕声臭泯然为太极之体，以流行变化各正性命为太极之用，此言有病。盖太极本无体用之分，其流行变化者皆气机之阖辟。有静时，有动时，当其静也太极在其中，以其静也因以为太极之体，及其动也，太极亦在其中，以其动也因以为太极之用。太极之冲漠无朕声臭泯然者，无时而不然，不以动静而有间，而亦何体用之分哉。”② 吴澄的论证逻辑是：气静时为太极之体，气动时为太极之用，然后根据动静无间，来证明体用无分。他以气静为太极之体的前提是人为设置的，这样的后果是，将本体之理放置在气的层面，从而理与气混，然后在气中寻找理之根据。

二 吴澄心性论与朱熹心性论

吴澄实际上主张彻底的理气合一，以消除朱熹形上与形下的割裂，从而将本体之理置于气之层面，在气中去寻找理之根据，这也必然导致其性命论将性之本原归到气中。朱熹明确地认为性命是自其理而言：“气不可谓之性命，但性命因此而立耳。故论天地之性，则专

① 黎靖德编，王星贤点校：《朱子语类》卷94，中华书局1986年版，第2371页。
② 吴澄：《答王参政仪伯问》，《吴文正集》卷2，四库全书本。

指理言，论气质之性，则以理与气杂而言之，非以气为性命也。”[①] 而吴澄则认为性命之理即是阴阳刚柔：“澄观夫子言‘昔者圣人之作《易》，将以顺性命之理’，其所谓性命之理者，不过曰天之道阴与阳，地之道柔与刚，人之道仁与义而已。”[②] 显然，吴澄将性命之理最终归到气中。

对天地之性与气质之性的认识，吴澄与朱熹也截然不同。朱熹认为气质之性是就天地之性落到阴阳五行处而言，他说：“天地之性，是理也，才到阴阳五行处，便有气质之性，于此便有昏明厚薄之殊，‘得其秀而最灵’，乃气质以后事。”[③] 当然，气质之性与天地之性也存在了无间隔的可能，但必须具备“气质之禀，清明纯粹，绝无渣滓”的天然条件，只有圣人方能如此。[④] 这就是说，气质之性合于天地之性是就特定对象与特定情形而言的，天地之性一落于现实即是气质之性，前者是后者的本体，正如理是气之本体一样。虽然天地之性不能离开气质之性而存在，但在逻辑上，天地之性是先于气质之性的，正如理不离气，理先于气一样。

> “人生而静以上”，即是人物未生时。人物未生时，只可谓之理，说性未得，此所谓“在天曰命”也。“才说性时，便已不是性”者，言才谓之性，便是人生以后，此理已堕在形气之中，不全是性之本体矣。故曰“便已不是性也”，此所谓“在人曰性”也。大抵人有此形气，则是此理始具于形气之中，而谓之性。才是说性，便已涉乎有生而兼乎气质，不得为性之本体也。然性之本体，亦未尝杂。要人就此上面见得其本体元未尝离，亦未尝杂耳。“凡人说性，只是说继之者善也”者，言性不可形

---

① 朱熹：《御纂朱子全书》卷42，四库全书本。

② 吴澄：《答钱副使第二书》，《吴文正集》卷3，四库全书本。

③ 黎靖德编，王星贤点校：《朱子语类》卷94，中华书局1986年版，第2381页。

④ 朱熹：《四书或问》卷21，四库全书本。

容，而善言性者，不过即其发见之端而言之，而性之理固可默识矣，如孟子言“性善”与“四端”是也。[①]

“人生而静”是未发时，“以上”即是人物未生之时，不可谓性。才谓之性便是人生以后，此理堕在形气之中，不全是性之本体矣。然其本体又未尝外此，要人即此而见得其不杂于此者耳。[②]

从以上文字来看，人生之后所言之性，已经不是性之本体了，而是属于气质之性了，即“此理堕在形气中，不全是性之本体矣”。不过，作为本体的天地之性“未尝离”，也“未尝杂”——但存在着。既然性之本体还可存在于气质之性，那么，如何见到性之本体呢？朱熹认为，“言性不可形容”，这就是说，性是不能作为具体现实对象加以描述的，即性之本体不能完美地呈现为现象，人也不能现实地回到天地之性，而只能从“发见之端”去“默识”。

吴澄主张天地之性与气质之性只是一般，他说：“盖天地之性、气质之性，两‘性’字只是一般，非有两等性也，故曰‘二之则不是’。言人之性本是得天地之理，因有人之形，则所得天地之性局在本人气质中，所谓形而后有气质之性也。气质虽有不同，而本性之善则一。”[③] 吴澄认为天地之性与气质之性在本性上是等同的，这本性就是善，并且指出反归本性的现实通道，那就是“反之于身而学焉”。他说：“气质不清不美者，其本性不免有所污坏，故学者当用反之之功，反之如‘汤武，反之也’之反，谓反之于身而学焉，以至变化其不清不美之气质，则天地之性浑然全备，具存于气质之中，

① 黎靖德编，王星贤点校：《朱子语类》卷95，中华书局1986年版，第2430页。
② 朱熹：《答严时亨（一）》，《晦庵集》卷61，四库全书本。
③ 吴澄：《答人问性理》，《吴文正集》卷2，四库全书本。

故曰‘善’，反之则天地之性存焉。”[①] 吴澄为性本体在现实中实现出来提供了可能。

吴澄与朱熹在天地之性的获得或体验上呈现出截然不同的路径。朱熹认为天地之性是气质之性之本体，天地之性须臾不离，但人只可以默而识之；吴澄则可以将天地之性落实在人的形体气质中。吴澄在《答王参政仪伯问》中说：“至若朱子所谓‘本然未发者，实理之体，善应而不测者，实理之用’，此则就人身上言与造化之动静体用又不同。盖造化之运，动极而静，静极而动，动静互根，岁岁有常，万古不易，其动静各有定时。至若人心之或与物接，或不与物接，初无定时，或动多而静少，或静多而动少，非如天地之动静有常度也。”[②] 在此，吴澄离开造化之理来讨论人心，所以不必谈论动静体用来质疑心与性、情之关系，其心之动静不是哲学意义上的动静，而是心理活动中的动与静。这也昭示着吴澄与朱熹对“心”的不同理解，朱熹论心依然是在动静体用之间，性作为心之体是特定的理想澄明状态，心具性理，但心不即是性理；吴澄所论之心则是一个独立的认识主体，存在心即性理的主观情势。

不同的理气论决定着不同的心性论，钱穆说：“性属理，心属气，必先明白了朱子之理气论，始能探究朱子之心性论。”[③] 朱熹理气论比吴澄理气论的精妙处正在于，以动静为太极所乘之机，而不是直接讲“气机”，以最终混淆理气之界限。陈来认为，朱熹常用易—道—神的模式说明心性情的关系[④]，将心当作一个类似于流行变易的宇宙过程。朱熹说：

> “易”之为义，乃指流行变易之体而言，此体生生，元无间

① 吴澄：《答人问性理》，《吴文正集》卷2，四库全书本。

② 吴澄：《答王参政仪伯问》，《吴文正集》卷2，四库全书本。

③ 钱穆：《朱子学提纲》，生活·读书·新知三联书店2002年版，第43页。

④ 陈来：《朱子哲学研究》，华东师范大学出版社2000年版，第253页。

断，但其间一动一静相为始终耳。程子曰：“上天之载，无声无臭，其体则谓之易，其理则谓之道，其用则谓之神”，正谓此也。此体在人则心是已，其理则所谓性，其用则所谓情，其动静则所谓未发已发之时也。此其为天人之分虽殊，然静而此理已具，动而此用实行，则其为易一也。①

流行变易之体在人即是心，朱熹将心当作一动一静、相为始终的过程。这一过程中，正如太极之理在大化流行中为本体一样，性是心之体，情是心之用；也正如无论动静太极之理都存在一样，无论心之动静、已发未发，性都在心体中；也正如太极之理以动静为机一样，性也以心之动静为机，“其理属之人则谓之性，其体属之人则谓之心，其用属之人则谓之情”（《语类》一百，曾祖道录）。性是人受理于天的结果，人正是在心之动静之间受理于天。“静而此理已具，动而此用实行”，心之动静相对于性理永远处于用的层次，但也正是在动静之间，以动静为机而沟通天人之分。

相对于性理，心属于形而下的易变的过程。朱熹说：“人心则语默动静，变化不测者也。体，是形体也（贺孙录云：‘体，非“体用”之谓’）。言体，则亦是形而下者；其理则形而上者也”②，即是说，人心变化不测如同易体。朱熹认为：“以其体谓之易，以其理谓之道，这正如心性情相似。易便是心，道便是性。易，变易也。如弈棋相似，寒了暑，暑了寒，日往而月来，春夏为阳，秋冬为阴，一阴一阳，只管恁地相易”③，即是说，心体如同四季变化，一阴一阳，运行不息。在这个意义上，心体又是生生不息的，正如朱熹所说，“发明心字，曰：‘一言以蔽之，曰生而已’”④，“心必须兼广大流行

① 朱熹：《答吴德夫》，《晦庵集》卷45，四库全书本。
② 黎靖德编，王星贤点校：《朱子语类》卷95，中华书局1986年版，第2422页。
③ 黎靖德编，王星贤点校：《朱子语类》卷95，中华书局1986年版，第2422—2423页。
④ 黎靖德编，王星贤点校：《朱子语类》卷5，中华书局1986年版，第85页。

底意看，又须兼生意看。”①

将人的知觉与德行置于生命过程中来考量有着重要的意义，但朱熹独特的价值更在于，他始终重视在整个生命和宇宙过程中谨慎其心，在动静体用中来讨论心之内涵。在其“心统性情”论中，理解心的“兼括”与“主宰”意义也当如此。

> “心统性情。”统，犹兼也。②
>
> 性，其理；情，其用。心者，兼性情而言；兼性情而言者，包括乎性情也。③
>
> 仁义礼智，性也，体也；恻隐羞恶辞逊是非，情也，用也。统性情该体用者，心也。④
>
> 性以理言，情乃发用处，心即管摄性情者也。故程子曰：“有指体而言者，‘寂然不动’是也”，此言性也；“有指用而言者，‘感而遂通’是也”，此言情也。⑤
>
> 性，本体也，其用情也，心则统性情，该动静而为之主宰也。⑥

陈来解释“心统性情”之“统”有“兼”与“主”二义，他说：“心统性情的一个主要意义即心兼性情，指心是兼括体用的总体”⑦，“所谓心主性情是指心对于性情具有统率管摄的主宰作用”⑧。心的兼括之义和主宰之义都应该在动态的易变系统中来讨论。心在动静间，有体有用，心可与理合一，心可触物生情，都在一动一静中，故心兼性情；而在此过程中，心是用功夫处，它“该体用”“该动

① 黎靖德编，王星贤点校：《朱子语类》卷5，中华书局1986年版，第85页。
② 黎靖德编，王星贤点校：《朱子语类》卷98，中华书局1986年版，第2513页。
③ 黎靖德编，王星贤点校：《朱子语类》卷20，中华书局1986年版，第475页。
④ 朱熹：《答方宾王（四）》，《晦庵集》卷56，四库全书本。
⑤ 黎靖德编，王星贤点校：《朱子语类》卷5，中华书局1986年版，第94页。
⑥ 朱熹：《孟子纲领》，《晦庵集》卷74，四库全书本。
⑦ 陈来：《朱子哲学研究》，华东师范大学出版社2000年版，第254页。
⑧ 陈来：《朱子哲学研究》，华东师范大学出版社2000年版，第254页。

静",故心为主宰。简单地说,朱熹所讨论的心是浑然一体又自有体统的。"问:'"心统性情",统如何?'曰:'统是主宰,如统百万军。心是浑然底物,性是有此理,情是动处。'"① "心,主宰之谓也。动静皆主宰,非是静时无所用,及至动时方有主宰也。言主宰,则混然体统自在其中。心统性情,非笼统与性情为一物而不分别也。"② 心是浑然的,又是分明的,将心推到天理与外物的整个宇宙和生命过程中来说,心是浑然的,但心毕竟是人心,心能检点性理,所以,能"该动静""该体用",体统明晰地作为主宰。朱子曰:"渠说'人能弘道,非道弘人'处云:'心能检其性,人能弘道也。性不知检其心,非道弘人也。'此意却好。"③ 正如钱穆所说:"今就人生界言,则心能主宰理,即是能检点此理,配合于人生理想,而使其尽量获得发挥,由理想的人生界来达到一理想之宇宙界。"④ 赖贤宗精细地阐释了朱熹"心统性情"中"统"的"兼"义和"主宰"义,认为"兼"是指"联结的中介"⑤;"'统'作为'主'、'主宰'意指康德自律伦理学中'狭义的意志的自我立法'和'钳制作用'。"⑥ 这些结论是精彩的,但无论是"联结"还是"立法",朱熹都不离心的易变模式,这也是他高明于康德的地方。

心不是孤立的主观知觉,而是湛然虚明的。他说:"心之全体,湛然虚明,万理具足"⑦,"心者人之神明,所以具众理而应万事者也"⑧,"心虽是一物,却虚,故能包含万理"。⑨ 在此不一一列举,陈来说:

① 黎靖德编,王星贤点校:《朱子语类》卷98,中华书局1986年版,第2513页。
② 黎靖德编,王星贤点校:《朱子语类》卷5,中华书局1986年版,第94页。
③ 黎靖德编,王星贤点校:《朱子语类》卷97,中华书局1986年版,第2502页。
④ 钱穆:《朱子学提纲》,生活·读书·新知三联书店2002年版,第48页。
⑤ 赖贤宗:《儒家诠释学》,北京大学出版社2010年版,第190页。
⑥ 赖贤宗:《儒家诠释学》,北京大学出版社2010年版,第192页。
⑦ 黎靖德编,王星贤点校:《朱子语类》卷5,中华书局1986年版,第94页。
⑧ 朱熹:《尽心上注》,《孟子集注》卷7,四库全书本。
⑨ 黎靖德编,王星贤点校:《朱子语类》卷5,中华书局1986年版,第88页。

“在心和理的关系上，朱熹的基本观点是‘心具众理’”①，不过，心的状态却又是虚明的。这就是说，性理是心之本体，但心不即是性，也不即是理，而只有在澄明状态中才可万理具足，随物以应。

> 人之心，湛然虚明，以为一身之主者，固其本体。而喜怒忧惧随感而应者，亦其用之所不能无者也。然必知至意，诚无所私系，然后物之未感，则此心之体寂然不动，如鉴之空、如衡之平。物之既感，则其妍媸高下，随物以应，皆因彼之自尔，而我无所与，此心之体用所以常得其正而能为一身之主也。②

> 人心如一个镜，先未有一个影象，有事物来，方始照见妍丑。若先有一个影象在里，如何照得！人心本是湛然虚明，事物之来，随感而应，自然见得高下轻重，事过便当依前恁地虚，方得。③

在此过程中，心体寂然不动，心用不得不行。心为一身之主，必须体用分明，心在动静间合于天理又感于事物。朱熹强调了应物过程中的“我无所与”，也强调了应物之后的“依前恁地虚”，这都是在避免将己心当天理或以空虚之理为天理的知觉专横。朱熹没有发展出一个能自作主张的自我之心来，他的心只是有“虚明”“浑然”的变化作用。

吴澄的思路是将心等同于性理，心成为太极，一反朱熹的心为易变过程，而成为过程之源与过程的尽头，这就使心僭越到理的位置，心与外界之关系就变得更为直接，朱熹论心的曲折微妙不再呈现，朱熹的谨慎其心也不复重有。吴澄《放心说》曰：

---

① 陈来：《朱子哲学研究》，华东师范大学出版社 2000 年版，第 221 页。

② 朱熹：《答黄子耕（七）》，《晦庵集》卷 51，四库全书本。

③ 黎靖德编，王星贤点校：《朱子语类》卷 16，中华书局 1986 年版，第 347 页。

其体则道，其用则神，一真主宰，万化经纶。夫如是，心是为太极，或已放去，所宜收也。于名，于利，于色，于味，妄念纷扰，私意缠滞，夫如是，心是为剧贼，或未放下，不宜留也。不可以放还，家即次者欤？不可不放，解悬弃屣者欤？虽然，放故不放，不放故放，二者相通而不相戾，此学之全。知不放心、不知放心，二者相尚而不相同，此学之偏。虚豁豁地无毫发累，常惺惺法无须臾离，其放不放如是，如是吾会其全，以救其偏，在吾可圣，在彼可仙，于乎至矣，安得起邹叟蒙吏而与之言。①

吴澄以体用论心违背朱熹的苦心孤诣，他的“其用则神”与朱熹的“情也，用也”是全然不同的。情的出现与理和外物是关联的，并不是心之自由神境，而吴澄“其用则神”中的用，已经不是用了，而是体了，它成了主宰，可以经纶万化。朱熹的心常归于虚，为的是与物相应，与理为一，吴澄的心，则直接入神，超离主客。正是有这样对心的简便的认识，他似乎找到了折中儒道的捷径，“在吾可圣，在彼可仙”，既不离理法，也能豁然无累，这种通贯儒道的方法无非是任意驱使他自以为是的心，凭空在心上下功夫。这样的心，若在朱熹看来就是以心为性，类似于佛家以知觉为性，即“只是于自己身上认得一个精神魂魄有知有觉之物，即便目为己性”②。

三 自由“我”心与诗论

朱熹的虚明、浑然之心要在“发见之端”才能“默识”性理，心可与理为一，但心不能直接是性理，对于心的知觉和德行功能是谨慎的。吴澄论心，给了心至高的地位和自由，《放心说》中即以心为太极，从而走向了心即性理的思路，这种思路可以使个人的知觉与德行简捷地在自己心中与理为一。也就是说，个人之心天然地存在合理

① 吴澄：《吴文正集》卷4，四库全书本。
② 朱熹：《答连嵩卿（一）》，《晦庵集》卷41，四库全书本。

性，去融通一切法则，也可以将情感从天理中解放出来，完成自我的创造。《放心说》曰："其体则道，其用则神，一真主宰，万化经纶。夫如是，心是为太极，或已放去，所宜收也。"在吴澄看来，心成为世界变化的主宰，在此逻辑下，吴澄在其人性论与方法论中显示了强烈的自我观念。

吴澄的这一哲学观念首先体现在其诗歌本质论中，个人的创造被凸显出来。正如世界由心而化一样，吴澄认为诗也来自心之太极。《皮达观诗序》说："清江皮达观素不以外乐易内乐，其识固已超迈。迩来太极先天之理融液于心，视故吾又有间矣。偶然游戏于诗，盖其声迹之仿佛所到，可涯涘哉？"在与先天之理合一的途径上，既不是由静回归本性，也不是格物穷理与理合一，当然这些都是暂时的体道瞬间，吴澄所说"迩来太极先天之理融液于心"则是心与理融而为一的恒定的道德与知觉状态。当这样的自我"游戏于诗"时，则物色、声音都会无穷地显现出来。这就是说，当自我之心进入审美与艺术创造时，就外化出美的形式与境界。而朱熹则认为诗是性动之产物，《诗经集传·序》曰："或有问于予曰：'诗何为而作也？'予应之曰：'人生而静，天之性也，感于物而动，性之欲也。夫既有欲矣，则不能无思，既有思矣，则不能无言。既有言矣，则言之所不能尽，而发于咨嗟咏叹之余者，必有自然之音响节族而不能已焉。此诗之所以作也。'"[①] 朱熹强调了诗歌创作中的感物而动，而吴澄将自我游戏当作诗歌的源头活水。

另外，吴澄在审美上提出了"物我俱泯"的观念。《一笑集序》："诗人网罗走飞草木之情，疑若受役于物。客尝问焉。予应之曰：江边一笑，东坡之于水马；出门一笑，山谷之于水仙。此虫此花，诗人付之一笑而已，果役于物乎？夫役于物者未也，而役物者亦未也，心与景融，物我俱泯，是为真诗境界。"[②] 诗人网罗自然，是为了付之

① 朱熹：《诗经集传·序》，四库全书本。

② 吴澄：《吴文正集》卷16，四库全书本。

一笑，即山水虫花形象的呈现脱离了它的功利性、道德性，显示出审美属性，诗人作为审美主体既不受物支配，也不支配物，即人与物之间的功利关系、认识关系都泯灭了，从而进入审美自由中。用吴澄的话说就是要进入“真境界”，也是道的境界，物成了无，我也成了无，当一切泯灭为无时，便超越了具体时空与存在，物进入无限中。可以看到，吴澄“物我俱泯”的审美论中，不仅包含了物我合一的过程、物我界限的泯灭，更重要的是将此过程引领向“物”与“我”的共同泯灭。物与我、心与景的交融为一，有着众多的可能性方式与丰富的生命内容，在这样的审美关系中可以有“移情”，可以有“同构”，可以往来酬答、心与理应，或者主体因为对象的纯粹形式而获得一种合目的性的愉悦感，等等。但在吴澄的理论中，将最后的审美境界归于因外物与我的泯灭而获得的真境界。

“我”之泯灭，准确地讲，是消融在一个自我设定的虚无中。但是，诗歌并不仅仅是审美感受，诗歌需要以语言的形式将美外化出来。吴澄提出了“诗人语”“诗而我”的理论命题。“诗人语”的说法中表达了吴澄主张以诗性的语言来呈现审美境界；“诗而我”的说法中，则强调了诗歌语言中“我”的存在。《朱元善诗序》写道：

> 不能诗者联篇累牍，成句成章，而无一字是诗人语。然则诗虽小技，亦难矣哉。金溪朱元善才思俱清，遣辞若不经意，而字字有似乎诗人。虽然，吾犹不欲其似也。何也？诗不似诗，非诗也；诗而似诗，诗也，而非我也。诗而诗已难，诗而我尤难。①

显然这是个难题，既然“真境界”是超离于“我”与“物”之上的，那就需要去找“非我”的语言来呈现这样的境界，最好是让语言自己来言说。海德格尔即认为在一首诗中是“语言自己在说

① 吴澄：《吴文正集》卷18，四库全书本。

话”，他说：“格奥尔格·特拉克尔写了这首诗。他是这首诗的作者，在这里并不重要，就像在其他任何一首真正成功的诗歌中一样。真正成功的地方，事实上是能够拒绝诗人的名字和他本人。”① 吴澄所谓的“诗人语”就是在“不经意”中自然流露出的非概念的、具有普遍意义的、非人格化的诗性语言。“拒绝诗人名字和他本人”似乎成了诗歌语言的必备条件。策兰尽管没有放弃海德格尔的观点，但有所修正，他说：“我肯定，在这里起作用的不再是语言本身，而总是一个从存在的特殊角度说话的‘我’。他总是关注大致的轮廓和方向。”② 吴澄又特意强调了“诗而我”，与策兰的观念多少有些类似，策兰并没有在理论上解决这一“无我”又“有我”的矛盾。那么，早在元代的吴澄是否为此理论提供了合理的逻辑？以心为太极的诗学思想中，诗歌是心极的演化形式。演化是自然的呈现，生生不息，语言自己来说话，它之所以不是杂乱无章的，正是因为贯穿着神理，神理超出一切自我，但必然通过自我落在实处。

最后，在风格论方面，吴澄也提出了“品之高，其机在我”的观点。《孙静可诗序》中说：

> 孙静可诗甚似唐人，或者犹欲其似汉魏。夫近体诗自唐始，学之而似唐，至矣。若古体诗则建安黄初之五言，《四愁》《燕歌》之七言，诚为高品。然制礼作乐，因时所宜，文章亦然。品之高，其机在我，不在乎古之似也。杜子美唐人也，非不知汉魏之为古，一变其体，自成一家，至今为诗人之宗，岂必似汉似魏哉。然则古诗似汉魏可也，必欲似汉魏则泥。此可为圆机之士道，执一废百者未足与议也。③

---

① ［美］詹姆斯·K. 林恩（James K. Lyon）：《策兰与海德格尔——一场悬而未决的对话（1951—1970）》，李春译，北京大学出版社 2010 年版，第 154 页。

② ［美］詹姆斯·K. 林恩（James K. Lyon）：《策兰与海德格尔——一场悬而未决的对话（1951—1970）》，李春译，北京大学出版社 2010 年版，第 92 页。

③ 吴澄：《吴文正集》卷 22，四库全书本。

风格的高下取决于“我”，其实是回答了一个学古与师心的问题，按照吴澄的哲学逻辑，取之“我心”至关重要。与之相关，他在诗法论方面也提出了通融的方法论，在此不论了。总之，吴澄的诗学体系中贯穿了他的哲学逻辑，特别是因为他在心性论方面的大胆变革，将“我心”有意识地植入他的诗学本质论、审美论、风格论、诗法论中。这个“我心”因为有着丰富的哲学意义，在诗学史上显示出别样的光彩。诗人与理论家发现和张扬自我并不难，但是，当这样的自我只是随性而发的自我时，他的诗歌与诗论必然沉没在众声喧嚣中，这样的主张似乎是无意义的。吴澄的意义正在于发挥了意义重大的哲学话题，并有机地放置在其诗学中，自觉地建构了与其哲学思想相匹配的诗学理论体系。相对于朱熹对理或太极的归依心，吴澄开始追求有点类似于现代性中的审美感。“审美的世界态度意欲重新发现并神化此岸世界，要为感性的在性品质恢复名誉。审美的世界态度作为一种精神诉求，与启示宗教的彼岸品质遂生龃龉。”① 吴澄自觉地游戏于诗，有着“诗而我”的品格崇尚，在理的笼罩下延伸着感性自我，似乎已经开始动摇儒家稳固的精神逻辑，但最终的事实却是蜷缩于世俗的封建的权力逻辑中，这样的“我心”值得我们进一步审视。

① 刘小枫：《现代性社会理论绪论》，上海三联书店 1998 年版，第 303 页。

第十六章　李梦阳易学与诗学

李梦阳（1473—1530），字献吉，庆阳（今属甘肃）人。弘治七年进士，官户部郎中，弘治十八年应诏上书，指陈利病，极论得失。其中有言："寿宁侯张鹤龄招纳无赖，罔利贼民，势如翼虎。"张鹤龄奏辩，摘疏中"陛下厚张氏"语，诬陷李梦阳讪母后为张氏，罪当斩。幸得皇帝宽容回护，夺俸予杖，得以不死。武宗朝，刘瑾用事，李梦阳弹劾被祸，幸得康海说情才免死。刘瑾被诛后，起官江西提学副使，因"陵轹同列，挟制上官"，曾下狱，后以冠带闲住家居。家居后，兴修园林，招揽宾客，越发使气任性，名震海内，自号"空同子"。后因宸濠反事，遭弹劾下狱，受大学士杨廷和、尚书林俊力救，但因坐前作《书院记》削籍，不久，便结束了他慷慨危难的一生。《明史》卷286《李梦阳传》曰："梦阳才思雄鸷，卓然以复古自命。"弘治时，李东阳主持文柄，李梦阳起而矫其文弱之弊，倡言文必秦、汉，诗必盛唐，成一代文坛领袖，羽翼者众多，影响深远。关于李梦阳振兴文坛之功，朱彝尊评价全面而允当①。李梦阳兴起于文坛时，诗道旁落，台阁体盛行，理学诸公性气诗泛滥颓靡。以李梦阳为中心形成了一个流派体系，即所谓"信阳角之，迪功犄之，律以高廷礼《诗品》，浚川、华泉、东桥等为之羽翼，梦泽、西原等

① 朱彝尊著，姚祖恩编，黄君坦校点：《静志居诗话》，人民文学出版社1990年版，第260页。

为之接武。正变则有少谷、太初，傍流则有子畏，霞蔚云蒸，忽焉丕变，呜呼盛哉！”① 信阳指何景明，迪功指徐祯卿，何、徐是与李梦阳并列的健将，三人互为犄角，鼎足文坛，为七子派核心。浚川是指王廷相，华泉是指边贡，他们是李梦阳之羽翼，梦泽（王廷陈）、西原（薛蕙）则是其接武者，而少谷（郑善夫）、太初（孙一元）是李梦阳之正变。李梦阳诗歌也不主一家，五古源本陈思王、谢灵运，七古和近体专仿杜甫，七绝则学李白，取法乎上、取径于宽，可谓多师以为师②。

李梦阳主盟文坛，能豪杰四应，原因何在？他并没有身居显赫而赢得文士的阿谀影从，他能振起当代，主要得益于能切中文坛弊病，一反台阁体的柔弱、性气诗的老调，在其诗歌创作中也能通达兼学，取法乎上。更重要的是，李梦阳诗论中的精深思想。李梦阳倡导格调说，提倡一种在声色、情调、章法、思想上都有气格神韵的诗歌境界，这是针对重理重意的诗歌倾向而言。而在格调观念的背后，李梦阳对诗人主体情感、感物能力、诗歌的法度形式有着卓越的理论思考和理论建构。不可否认，台阁体、性气诗，以及诗歌中的理学倾向，是促成李梦阳情感观念、创作论、审美观产生时代性变革的社会文化原因，但也不得不考虑他所凭依的思想资源对他的启发与影响。所以，我们下面主要讨论的是李梦阳易学思想对其诗学内在逻辑的影响。李梦阳易学在诗学中的渗入成为其诗学创新的思想源泉，他对“情”的理解、“格”的强调、“法”的固守都源于此。

一　情动乎遇，文随事变化

虽然李梦阳没有专门易学著作，但我们不难发现他常用易学观念

① 朱彝尊著，姚祖恩编，黄君坦校点：《静志居诗话》，人民文学出版社 1990 年版，第 260 页。

② 朱彝尊著，姚祖恩编，黄君坦校点：《静志居诗话》，人民文学出版社 1990 年版，第 260 页。

来看待人事，体察万物，其中《化理》上、下篇，将阴阳、五行理论运用于对世界的勘察和解释中，他解释雷电、神怪曰：“或问‘电雷’，空同子曰：‘吁！胡叩渊于浅人，虽然，窃闻之矣。是阴阳搏击之为也。’曰：‘有鬼神形者，何也?’曰：‘气动之也，气散则散。凡神怪，随气之妖祥，亦有人物形者皆变也。星之妖为欃枪、天狗、彗孛等，亦气之生散。’”① 他以阴阳变化、气之生散来解释自然现象和超自然现象。李梦阳还讨论木、金、水、火、土等各元素之属性及变化而神的原因，并从人的生理机制来验证五行中各元素之属性。他说：

> 五行木、金、水、火四气，不内邪，邪入则坏。惟土内污，污变则化，化则神，是故贯四时而独功也。在人脾为土，游溢精液，输灌肺、肾、肝、心，不然，百物食之，腥荤、臭味秽杂于胃中，何以发神明而行变化？庄子“神化为臭腐，臭腐复为神化”，盖言土也。②

由此可见，阴阳五行运用范围之广，它已经成为李梦阳解释世界的基本的哲学方式。他说：“用先土生先水，天一生水，资始之道也。故人命门在肾”，“极黑之夜，久坐亦明，阴中之阳欤？犹水之中明欤?”“负劲气者，有非威之威，是故松桧不栖蝉，熊豹之皮不上蚁”③。这也是以五行、阴阳、气这些观念来解释日常生活。对于心体，李梦阳也以五行论：“五行火无体，在物则藏，燃物则用，用尽则息，五脏心为火，炯然中伏，遇动则发，不动则已。”④ 以火来比喻心遇物而动的本性。

---

① 李梦阳：《化理》上篇，《空同集》卷65，四库全书本。

② 李梦阳：《化理》上篇，《空同集》卷65，四库全书本。

③ 李梦阳：《化理》上篇，《空同集》卷65，四库全书本。

④ 李梦阳：《化理》下篇，《空同集》卷65，四库全书本。

在诗歌方面，李梦阳有“知《易》者可与言诗”的理论，全面地将易理与诗理作比类。《论学》上篇第五：

知《易》者可与言诗。比兴者，悬象之义也；开阖者，阴阳之例也。发挥者情，往来者时，大小者体。悔吝者，验之言；吉凶者，察乎气。[①]

诗歌如同《周易》，比兴类似于立象尽意，而结构开阖也如阴阳变化，情感的恣意发动，就如变爻之发越挥散。《乾》卦《文言》有言：“六爻发挥，旁通情也。”孔颖达正义：“‘六爻发挥，旁通情’者，发谓发越也，挥谓挥散也，言六爻发越挥散，旁通万物之情也。”爻，在卦象中是说明变化的，所谓“合散屈申，与体相乖，形躁好静，质柔爱刚”[②]，爻的变动可以通于万物之动、万物之情，情的善变性质正与爻之变类似。关于“往来者时，大小者体”是说明变化的时机和吉凶的，这段文字来自王弼《周易略例》，唐邢璹注《周易略例·明卦适变通爻》曰：

夫卦者，时也。爻者，适时之变者也。注：“卦者一统，时之大义。爻者，适时中之通变。”夫时有否泰，故用有行藏。注：“泰时则行，否时则藏。”卦有小大，故辞有险易。注：“阴长则小，阳生则大，否卦辞险，泰卦辞易。”一时之制，可反而用也；一时之吉，可反而凶也。注：“一时有大畜之制，反有天衢之用，一时有丰亨之吉，反有羁旅之凶也。”故卦以反对，而爻亦皆变。注：“诸卦之体，两相反正，其爻随卦而变。”[③]

① 李梦阳：《空同集》卷66，四库全书本。
② 《周易正义》中《乾·文言》，孔颖达正义。
③ 王弼、唐邢璹注，陆德明音义：《周易略例》，四库全书本。

爻适时而变，时有否泰，于是，爻也有行藏。阴阳消长，卦有大小险易，吉凶之变，而爻也随之变化。圣人以卦爻变化来比类万物变化，卦变复杂，爻动难测，所以变化无穷。这整个易变的过程与诗情变化有类似之处，诗情摇曳，遇物生变。从诗歌的时代性来讲，诗情变化又与世之治乱、兴废相始终。从接受的角度来看，读者可以体察文气，斟酌言辞来了解人情世态。

情适时而变，遭遇不同的境遇和时机时，产生无穷变化，情态各异，变化不测。李梦阳所主张的诗情正与此类似，他在《缶音序》中说：

> 诗至唐，古调亡矣，然自有唐调可歌咏，高者犹足被管弦。宋人主理不主调，于是唐调亦亡。黄、陈师法杜甫，号大家，今其词艰涩，不香色流动，如入神庙坐土木骸，即冠服与人等，谓之人可乎？夫诗，比兴错杂、假物以神变者也。难言不测之妙，感触突发，流动情思，故其气柔厚，其声悠扬，其言切而不迫。故歌之心畅，而闻之者动也。①

李梦阳主张诗歌要香色流动。从比兴而言，就是要兴象错杂，产生神变，而有“难言不测之妙”，显然，是以卦爻之变来说明情思变化。从情感形态而言，主张情思的自由流动和应物斯感。宋人以理为诗，削弱了情感的丰富性，简化了万物的情态，李梦阳可谓切中宋人之病。他说：“宋人主理，作理语，于是薄风云月露，一切铲去不为；又作诗话教人，人不复知诗矣。诗何尝无理？若专作理语，何不作文而诗为邪？今人有作性气诗，辄自贤于‘穿花蛱蝶’‘点水蜻蜓’等句，此何异痴人前说梦也。即以理言，则所谓‘深深’‘款款’者，何物邪？《诗》云：‘鸢飞戾天，鱼跃于渊’，又何说也？”②

---

① 李梦阳：《空同集》卷52，四库全书本。

② 李梦阳：《空同集》卷52，四库全书本。

当然，李梦阳并不一味反对理，而是反对专作理语的无性情之作。在《梅月先生诗序》中，明确提出“情者动乎遇”，强调性情的敏感性、丰富性：

> 情者，动乎遇者也。幽岩寂滨、深野旷林，百卉既痱，乃有缟焉之英，媚枯、缀疏、横斜、嵚崎、清浅之区，则何遇之不动矣。是故雪益之，色动，色则雪；风阐之，香动，香则风；日助之，颜动，颜则日；云增之，韵动，韵则云；月与之，神动，神则月。故遇者物也，动者情也。情动则会，心会则契，神契则音，所谓随寓而发者也。梅月者，遇乎月者也。遇乎月，则见之目怡，聆之耳悦，嗅之鼻安，口之为吟，手之为诗。诗不言月，月为之色；诗不言梅，梅为之馨。何也？契者会乎心者也。会由乎动，动由乎遇，然未有不情者也，故曰：情者，动乎遇者也。[①]

林中花木，姿态各异，或媚或枯、或繁或疏、或横或斜，种种形象都能动人情性。再加上日、月、风、云、雪等天工造化，使人感觉萌动，乃至以雪为色、以风为香、以日为颜、以云为韵、以月为神，从而契合为形色生动的情思世界，亦即“故遇者物也，动者情也。情动则会，心会则契，神契则音，所谓随寓而发者也”。艺术境界的产生来自心物之会，来自在物我相会中的契合于神，所谓契合于神即是形成了超越于物，也超越于“我”的意象和境界。但从根本上而言，情感的感发还源于心性中潜在的深沉蕴涵：“昔者逋之于梅也，黄昏之月尝契之矣。彼之遇，犹兹之遇也。何也？身修而弗庸，独立而端行，于是有梅之嗜；耀而当夜，清而严冬，于是有月之吟。故天下无不根之萌，君子无不根之情，忧乐潜之中，而后感触应之外，故遇者因乎情，诗者形乎遇，於戏！孰谓逋之后有先生哉！”[②] 从情感

① 李梦阳：《空同集》卷51，四库全书本。
② 李梦阳：《空同集》卷51，四库全书本。

发动的条件和创作心理而言，审美主体需要独立端行，情有所系，喜怒哀乐潜藏于胸，然后才能遇物生变形诸文字。

归纳而言，李梦阳可以从情物互动的角度论证“情者动乎遇者也”这一命题，这种发生在心物之间的情思流动形态，以《周易》的变化模式来体认和建构是极具理论概括力和创造力的。

情感的自然流溢，必然生成枝蔓舒展的文章形式。李梦阳在形式论中也引入了《周易》思想。他反对文章的“约”与“该”，与“情动乎遇”相应，主张文“随事变化”。他说：“夫文者，随事变化，错理以成章者也。不必约，太约伤肉，不必该，太该伤骨。”① 他说：“昔人谓文至《檀弓》极，迁史序骊姬云云。《檀弓》第曰：‘公安骊姬’，约而该，故其文极。如此论文，天下无文矣。”② 此种用笔精约的文章观念，使后世文章“惟约之务，为湔洗，为聱牙，为剜剔，使观者知所事，而不知所以事，无由彷佛其形容”。③ 在李梦阳看来，为文应当呈现“所以事”，即文章随事变化，而不能简约概括。那么，何种形式能表达丰富的情感遭际，而又能自然而然呢？李梦阳认为，好的文章如同风行水上，自然成文，能够展示出物事之变化，他以《周易》中《涣》卦作比。《化理》下篇曰：

> “风行水上，涣。”天下之至文也，涣者，文随之而生者也，亦天下之至变也。天地之道一耳，齐生而概敛，则其功不普。物之生敛有先后，而无弃遗者，变化之渐也。故曰：乾道变化，各正性命。化极而不生不敛，则萌者始枯，实者始槁，斯倾者覆之也，非变化之罪也。④

---

① 李梦阳：《论学》上篇第5，《空同集》卷65，四库全书本。

② 李梦阳：《论学》上篇第5，《空同集》卷65，四库全书本。

③ 李梦阳：《论学》上篇第5，《空同集》卷65，四库全书本。

④ 李梦阳：《空同集》卷65，四库全书本。

孔颖达正义曰："'风行水上，涣'者，风行水上，激动波涛，散释之象，故曰'风行水上，涣'。"波涛翻滚层出不穷，水文顿生而绵绵不断，天下的变化也是如此。齐生概敛不合天地化生之道，那么，文章的简约赅要，并不尽美尽善，李梦阳将阴阳化生思想引入了文章形式论。李梦阳还从自然物的多样性、生动性原则来证明文章不可拘束：

> 松柏苍然，梧竹疏秀，茶梅冷淡，荆棘针刺，樗栎臃肿，芝菌灵异，荼?秾弱，鹿葱海棠，繁艳并育，而同生气之变化，然也。文固难以拘论也，故文必曰：如此如此者皆拘之类也。[①]

二 香色流动与形容之妙的格调论

李梦阳主张格调论是针对宋人诗歌重理、少趣、简约等局限而发，可谓切中了宋人流弊。他希望表达恣肆洋溢的诗情画意，并通过烂漫自由的文本形式得以表现。但在这种情感和形式的自由诉求之间又提出"格调"规范。"格调"的诗学功能是：既要丰富情感和形式的肌理，又要制约情感与形式的自由度，使其高古化，所以，格调论不仅是复古的标志，从根本上来讲是来自诗歌情感表达和形式显现的现实要求。格调论可以从魏晋、唐人那里找到理论渊源，但它更是李梦阳的理论建构和理论创新。格调论的提出与李梦阳"一以应万"的思想有关：

> 空同子之庐有蝠焉，多而秽，令扑焉，扑者无始而有终。问焉，曰：始扑之，逐焉，逐逐扰扰，其获也少。终立庐之中俟焉，至则扑之，故其获多。甚哉！一之应万也。[②]

① 李梦阳：《物理篇》第三，《空同集》卷65，四库全书本。

② 李梦阳：《化理》下篇，《空同集》卷65，四库全书本。

人言释有体无用。夫体者，对用之名也。无用而有体哉？吾儒寂然不动者，体也。感而遂通者，用也。人之动常活，故感则通，所谓敦化而川流，敛之一，而散之万者也。释毁心人也，夫心既死而有体哉？①

易学中对心体及其功用的认识影响着李梦阳，一以应万的思想正是“一致而百虑”的儒者智慧。在情感世界里，李梦阳既主张情思的自由奔放、触处逢春，也主张心要有“格”，既有“感而遂通”之用，也有“寂然不动”之体。李梦阳关于心体之“格”有论：

空同子省穑坐其场。麦将扬，候风焉。田老曰：风之来视云，云之方，无风也。已而四方云风来，子诘之，田老曰：风即来，无定方，斯谓断续之风也，不信令扬焉，麦果四落。子曰：嗟！斯可以心观矣。夫风无不入者也，云犹格之，况心乎！况心乎！②

李梦阳以生动的比喻来说明心中要有格，否则情感也无定方。具体而言，易理对其启发很大：“席具化理，其篾一横一直者，二仪也。一显一伏者，阴阳也。一篾显伏者，阴阳一道也。篾必错三而成文者，三才也。织之必自中起者，极也。形必方者，四方也。制气尚象孰不由之？而人知之乎？”③“制气尚象”是对“制器尚象”的发挥，《周易·系辞上》：“《易》有圣人之道四焉：以言者尚其辞，以动者尚其变，以制器者尚其象，以卜筮者尚其占。”圣人之道在《易》中可以存在，制造器具者可以从爻卦变化中得到启发，其中的阴阳变化之道可以帮助人们制作实用器具。在此段文字中，李梦阳从

① 李梦阳：《异道篇》第八，《空同集》卷66，四库全书本。
② 李梦阳：《化理》下篇，《空同集》卷65，四库全书本。
③ 李梦阳：《物理篇》第三，《空同集》卷64，四库全书本。

席子的制作中反观到了阴阳之道，然后将这一道理用于“制气”，也即用于心性修养。可以看出，这样的心性是既富变化又有格局的。

格调论表现在文本上，就是既强调情思表现的繁丰层次，也注意心性的格局和表现的法度。《潜虬山人记》：

> 山人尝以其诗视李子，李子曰：“夫诗有七难：格古、调逸、气舒、句浑、音圆、思冲、情以发之，七者备而后诗昌也。然非色弗神，宋人遗兹矣，故曰无诗。”山人曰：“仆不佞，然窃尝闻君子绪言矣，《三百篇》色商彝周敦乎？苔渍古润矣。汉魏佩玉冠冕乎？六朝落花丰草乎？初唐色如朱甍而绣闼，盛者，苍然野眺乎？中微阳古松乎？晚幽岩积雪乎？”李子曰：“夫周道如砥，其直如矢，谁能出不由户，何莫由斯道也。山人之诗其昌矣。”①

此段文字有三层意思。第一层是说，诗歌要做到格古、调逸、气舒、句浑、音圆、思冲、情以发之，以及有神、有色。从气韵、气格、逸调、音律、文思、诗情、章句等方面来衡量诗歌的格调神采。第二层是对历代诗歌格调的形象描述，风格各不相同，具有时代性特征。第三层是说，诗歌有丰富的审美形式，有多变的风格，但都离不开诗歌大道，这大道是对性情的规范，也是对形式的规范。他在《驳何氏论文书》中也有同样思想：

> 柔澹者思，含蓄者意也，典厚者义也，高古者格，宛亮者调，沉着雄丽、清峻闲雅者，才之类也，而发于辞。辞之畅者，其气也。中和者，气之最也。夫然，又华之以色，永之以味，溢之以香。是以古之文者，一挥而众善具也。然其翕辟顿挫，尺尺

① 李梦阳：《空同集》卷48，四库全书本。

而寸寸之，未始无法也，所谓圆规而方矩者也。且士之文也，犹医之脉，脉之濡弱紧数迟缓，相似而实不同。①

李梦阳从意、思、义、格、调、才、辞、色、味等形上、形下层次来说诗歌的审美形式，对审美心性及其表现都有清晰精细的厘清，注意到了情感表达的多层次性、丰富性与表达品位的结合。而这种表达，来源于作者内心的“中和”之气，唯其“中和”，所以能一以应万，变化不穷而不逾规矩，在表达中，达到“一挥而众善具”的效果。所有这些情感的呈现、形式的建立则来源于“翕辟顿挫”的阴阳规矩。

格调论的出现是李梦阳在情感自由与情感法度中选择的结果，其易学思想对这一观念的形成提供了思想基础。当然，格调论的出现还有其他社会、文化及诗学内部的原因，在此不论。

三　李、何之法与易学

从情到格再到法是李梦阳诗学的内在肌理，那么，其诗法与其易学思想存在何种关联呢？这是笔者将要讨论到的。刘勰所说的“文术”能顺应事理和文理的变化，可谓作文之大法；唐人严谨具体的诗法则是特定时代的诗学瑰宝，是针对一定体裁和修辞的可行性法则，在文理方面极具创造性；宋人之活法建立在理性精神与诗学传统之上，而他们所讲的有定法而无定法，无定法而有定法，其实质也是强调诗法最终要了悟事理或文法；至于后期的活法表现为对法本身的了悟。到明清时期则出现了诗法的范古倾向和抽象化倾向，诗法在历史的维度和哲学的维度展开，可以说是对宋人思路的继续，同时也表现出对汉唐诗学精神和法度的承接，虽然理论创新减弱，但表现出高度的总结性。

---

① 李梦阳：《空同集》卷62，四库全书本。

李梦阳是这一时期杰出的代表人物，可惜他的思路并不为后人所理解。李梦阳、何景明主张文必秦汉，诗必盛唐，开复古风气，但李梦阳讲法，何景明则讲悟。正如何景明所云："空同子刻意古范，铸形宿镆，而独守尺寸。仆则欲富于材积，领会神情，临景构结，不仿形迹。"① 李梦阳所说的"法"应有两个层次，一是古法，二是物之"自则"。对古法的讲求表现为对经典作品的尊崇和对"法"的遵守，他在《缶音序》中说："诗至唐，古调亡矣。"② 基于这种认识，李梦阳主张尺寸古法，他在《驳何氏论文书》中说：

> 古之工，如倕，如班，堂非不殊，户非同也，至其为方也，圆也，弗能舍规矩。何也？规矩者，法也。仆之尺尺而寸寸之者，固法也。假令仆窃古之意，盗古形，剪截古辞以为文，谓之影子，诚可。若以我之情，述今之事，尺寸古法，罔袭其辞，犹班圆倕之圆，倕方班之方，而倕之木，非班之木也。③

如果只是领会古人之用意，模拟古人之形制，沿袭古人之辞藻，这样的诗文只能是古人的影子而已，只有以我之情，尺寸古法，才是学古的正途，虽然规矩方圆与古人相同，但依然能有自己情性在其中。他反对何景明舍筏达岸之说："夫筏我二也，犹兔之蹄，鱼之筌，舍之可也。规矩者，方圆之自也。即欲舍之，乌乎舍？子试筑一堂，开一户，措规矩而能之乎？"④ 在李梦阳看来，古人的诗文中是有恒定之"法"的，学古的捷径就是信守"古法"。

另外，李梦阳又将古法普遍化、哲理化，从而沟通了古人之法和今人之法，他说："今人法式古人，非法式古人也，实物之自则

① 何景明：《与李空同论诗书》，《何大复先生集》卷32，四库全书本。

② 李梦阳：《空同集》卷52，四库全书本。

③ 李梦阳：《空同集》卷62，四库全书本。

④ 李梦阳：《驳何氏论文书》，《空同集》卷62，四库全书本。

也。"① 所谓"物之自则"就是李梦阳诗法的第二个层次。《再与何氏书》中说：

> 古人之作，其法虽多端，大抵前疏者后必密，半阔者半必细，一实者必一虚，叠景者意必二。此予之所谓法，圆规而方矩者也。沈约亦云："若前有浮声，则后须切响，一简之内，音韵尽殊，两句之中，轻重悉异。"即如人身，以魄载魂，生有此体，即有此法也。《诗》云："有物有则"，故曹、刘、阮、陆、李、杜能用之而不能异，能异之而不能不同。今人止见其异，而不见其同，宜其谓守法者为影子，而支离失真者以舍筏登岸自宽也。夫文与字一也，今人模临古帖，即太似不嫌，反曰能书。何独至于文，而欲自立一门户邪？②

前疏后密、虚实相生这是李梦阳对古法的总结，无疑是有见地的。无论是沈约四声论，还是唐人律诗绝句，在思维方式、声律修辞、意象摄取等方面都蕴涵着阴阳变化，李梦阳发现了这一"翕辟顿挫"的规律③。李梦阳诗法论的提出是建立在对前人诗法经验和审美格调的总结基础上的，不是凭空发论，有其时代必然性和诗学演进逻辑。同时，他所说的"物之自则"又将诗学规律提高到哲学层次，将阴阳辩证规律当作了自身规定性。

那么，如何处理诗法与文心的关系呢？讲诗法者，无论魏晋人，还是唐宋人，都讲求性情自由、诗法不害文心，在李梦阳这里也是如此。他赞同唐人诗的香色流动，反对宋人讲理，诗歌应该重视比兴，情动于中感发外物，假物而有变化不测之妙。由此看来，李梦阳讲诗法是在尊重文心自由的前提下进行的，而在处理文心和诗法方面也有

---

① 李梦阳：《答周子书》，《空同集》卷62，四库全书本。
② 李梦阳：《空同集》卷62，四库全书本。
③ 李梦阳：《驳何氏论文书》，《空同集》卷62，四库全书本。

其深刻见解，他认为诗法是不可更易的规矩，需要“守之不易，久而推移，因质顺势，融镕而不自知”[①]。即在长期的法度遵守中，因质顺势，潜移默化。在此他重视法，也重视文心。

而文心与诗法的关系，李梦阳认为正如写字时，情性与笔法、结构的关系。他说：“故予尝曰：作文如作字，欧、虞、颜、柳，字不同而同笔。笔不同，非字矣。不同者何也？肥也，瘦也，长也，短也，疏也，密也。故六者势也，字之体也，非笔之精也。精者何也？应诸心而本诸法者也。不窥其精，不足以为字，而矧文之能为？文犹不能为，而矧能道之为？[②] 字体特征、结构的疏密长短，都可以成为书法的法度，但法度本身并不是书法的精粹所在，书法的精粹在于“应诸心而本诸法”。人的才性不同，禀赋各异，以不同的个性、情思、气质来遵循相同的方圆规矩，则形成不同的艺术形态。所以，他不认为何景明所云“辞断而意属，联物而比类”是作文之大法，而认为“辞断而意属者，其体也，文之势也。联而比之者，事也”[③]，这些体势或物事，不能成为诗法，更不能成为文章的典型格调，诗文的关键和精髓还在于文思、文气，接着李梦阳说：“柔澹者思，含蓄者意也，典厚者义也。高古者格，宛亮者调，沉着雄丽、清峻闲雅者，才之类也，而发于辞。辞之畅者，其气也。中和者，气之最也。”[④] 诗人个体的心灵、格调、气质、德行是决定诗文特质的重要的内在因素，它与行文规矩相结合而形成不失个性的诗文艺术。所以，诗法如同脉象一样，即“脉之濡弱紧数迟缓，相似而实不同”[⑤]。

诗法的阴阳变化与文心的微妙中和又是可以统一在一起的。李梦阳引述《周易·系辞》思想来阐释，他说：“故不泥法而法尝由，不求异而其言人人殊。《易》曰：‘同归而殊途，一致而百虑。’谓此

① 李梦阳：《驳何氏论文书》，《空同集》卷62，四库全书本。
② 李梦阳：《驳何氏论文书》，《空同集》卷62，四库全书本。
③ 李梦阳：《驳何氏论文书》，《空同集》卷62，四库全书本。
④ 李梦阳：《驳何氏论文书》，《空同集》卷62，四库全书本。
⑤ 李梦阳：《驳何氏论文书》，《空同集》卷62，四库全书本。

也，非自筑一堂奥，自开一户牖，而后为道也。”[①] 李梦阳引入了“同归而殊途，一致而百虑”的思维方式。这种思维方式，直接来自《周易·系辞下》：

> 子曰：“天下何思何虑？天下同归而殊涂，一致而百虑，天下何思何虑？”日往则月来，月往则日来，日月相推而明生焉。寒往则暑来，暑往则寒来，寒暑相推而岁成焉。往者屈也，来者信也，屈信相感而利生焉。尺蠖之屈，以求信也。龙蛇之蛰，以存身也。精义入神，以致用也。

孔颖达正义：“‘子曰：天下何思何虑’者，言得一之道，心既寂静，何假思虑也。‘天下同归而殊涂’者，言天下万事，终则同归于一，但初时殊异其涂路也。”所谓“得一之道”，也就是寂静其心，任运往来，所以“精义入神”，致其所用，也就是以寂然不动之心来体悟自然的往来、动静。李梦阳正是以无为寂静之心，勘察精妙之义，而生新变。而这种思维方式同样可以用在创作方面，即以中和之气和动静疾徐之法营造出千变万化的、充满个性的艺术效果。在李梦阳坚守的普遍而抽象的诗法背后是个性才情和诗学智慧。李梦阳对诗法基本规则的揭示、对当下创作方法与古代典范的结合、对其诗法理论的哲学化，以及如何处理诗法与文心的关系等，都表现出独到的见解和高度的智慧，我们不可简单对待，盲目否定。他的诗法思想对后世影响很大，尽管后人不见得能领会其思想精髓，艺术感觉和见识也难与其比肩，但将诗法哲学化、抽象化的思路延续。更重要的是，自李梦阳以后的理论家明确认同诗文有恒定的规则存在，而这种规则是自然而然的物之自则，后来它又被简化为阴阳辩证。

王世贞在对待诗法的思路上与李梦阳不同，主张意法相谐。他

---

① 李梦阳：《驳何氏论文书》，《空同集》卷62，四库全书本。

说："吾来自意而往之法，意至而法偕至，法就而意融乎其间矣。夫意无方而法有体也，意来甚难，而出之若易；法往甚易，而窥之若难，此所谓相为用也。"[①] 这一思路旨在调和何、李学古门径，但可以明显看出他对诗文自身法则的重视受李梦阳影响颇深。他认为"走飞夭乔各有则"[②]，他还说："《诗》不云乎'有物有则'？夫近体为律。夫律，法也，法家严而寡恩。又于乐亦为律，律亦乐法也。其翕纯皦绎，秩然而不可乱也。"这是一种理论自觉，是在总结前人创作经验和理论成就的基础上进行的思想升华，或许有人会说文无定法，何须死守法度，但李梦阳要说的是任何事物，包括诗文有其自身的规律性，可以说是宋代以来理性主义在文论领域中的展开。胡应麟主张体格声调，兴象风神，但他将诗法依然看作了延续于文学历史中的具有其自身存在理由的规律，即"第古今辞章，轨筏具在"，"少陵、太白之雄，不免宪章魏晋者"[③]。唐顺之也认为文章有法是自然而然，他认为"汉以前之文未尝无法，而未尝有法，法寓于无法之中"，又说："其为法也，密而不可窥"，到唐代，乃至近代则法严而不可犯，"有法可窥"，最后他有这样的结论："文之必有法，出乎自然而不可易者，则不容异也。"[④] 诗法是传统，也是"自则"，在文学历史经验和文学自然规律中探索诗文的新出路，这是明代人对待诗法的基本态度，所以，在由"诗法"而"诗道"、由"体格"而"风神"的升华过程中采取的不是宋人的"妙悟"思路，而是由"器"而"道"、而"神明"的儒家思路，关于这一点，李梦阳最为典型，可谓是儒家诗法论的复兴者。

总之，李梦阳的诗学复古具有着深刻的文化内涵。他试图从理论上解决情、理、格之间的关系问题，即个人情思、普遍之理和文化韵

---

① 王世贞：《五岳山房文稿序》，《弇州山人四部稿》卷67，四库全书本。
② 王世贞：《五岳山房文稿序》，《弇州山人四部稿》卷67，四库全书本。
③ 胡应麟：《报王承父山人》，《少室山房类稿》卷116，四库全书本。
④ 唐顺之：《董中峰侍郎文集序》，《荆川先生文集》卷10，上海涵芬楼藏明刊本。

味之间的融通合一，这是对宋元以来诗学的积极扬弃。同时，他也正视并思考了诗法问题，认为诗歌有其传统规则，也有其自身规定性，这是诗歌的现实。李梦阳以易学的方式去解决这一理论问题，李、何之争中，李梦阳对法的坚守是有其精深的思考和理论创见的，这应该引起后人的重视。

第十七章　王船山易学与诗学

王船山诗学的建构是在其人生的理想境界中展开的，而他的人生理想则又于天人之间巍然树立。不过，这种道—圣—文的模式在他这里更加精深博大、幽微沉雄。明清易代之时，王船山面对了国家破碎、生民涂炭、世风浇漓的严峻现实，经历了危难四伏的多舛命途。阻击清军，投奔南明，流亡于瑶人中，晚年隐居石船山，致力于学术思想的总结，将救亡图存的未竟理想都凝聚于儒学的恢复，但终归是自感“抱刘越石之孤愤而命无从致，希张横渠之正学而力不能企”。事实上，这位永远站立在波涛汹涌的历史变革中的文化巨人取得了彪炳万代的文化成就，其中在易学方面成绩尤为突出[①]。值得注意的是，他将易学模式运用在诗学之思中，如将“神理”引入诗学，将阴阳错综引入情景关系。以自然化生的模式来观照诗的发生，既深刻洞见了诗歌发生和形成之奥妙，也赋予传统感兴说以深厚的文化内涵和时代特质，同时，建立了精湛的诗学系统，从而将诗学引回到天人之学，由此生发出许多极有价值的诗学命题。

一　“神理”与诗歌生成模式

诗歌以吟咏情性、兴发心思为特征，但缺少形而上之理，情性的

① 王学群对王夫之易学有全面的评价，见王学群《王夫之易学——以清初学术为视角》，社会科学文献出版社 2002 年版。

价值与指归则要受到怀疑。杰出的诗人在其创作实践中情理兼顾，既有鲜活感觉激荡于笔端，也不乏透彻之思如影随形般呈现并照亮在字里行间。刘勰和王船山在理论上有意识地强调了“神理”，并且深刻地指明诗学的“神理”不仅仅在诗学之内，而且弥漫于宇宙大化①。刘勰论文是在宇宙和人生的大格局里立论，在自然神理和文学理性之间驰骋哲思。王船山诗学中引入“神理”，其意义也与刘勰“神理”类似。理解王船山的“神理”，需要在其宇宙观、人生观、审美观中综合观照，换句话说，对“神理”的所有割裂式的解释都是不完整的②。

“神理”作为诗学概念是以哲学内涵为基础的，讨论“神理”需要在王船山“理气论”及“化生论”中进行。王船山继承张载的气本论思想，认为宇宙的本质是气，“凡虚空皆气也，聚则显，显则人谓之有；散则隐，隐则人谓之无”。③“人之所见为太虚者，气也，非虚也。虚涵气，气充虚，无有所谓无者。”④天地间万物的生成变化在于阴阳二气的自然化生，王船山有论：“阴阳具于太虚絪缊之中，其一阴一阳，或动或静，相与摩荡，乘其时位以著其功能，五行万物之融结流止、飞潜动植，各自成其条理而不妄，则物有物之道，人有人之道，鬼神有鬼神之道，而知之必明，处之必当，皆循此以为当然之则，于此言之则谓之道⑤”。正是在阴阳变化中万物生成，因“时

---

① 《文心雕龙》中的“神理”与《周易》中的“神”、“鬼神”或“神明”有关。《周易》中有“阴阳不测之谓神”之论，即用阴阳变化来解释“神明”的存在。就“神”存在本身而言，《周易》始终给神秘性留有一席之地。《原道》中出现的“神理”观念与《周易》有关，但更强调它的主宰功能和神格，这与佛学思想不可分开，关于此点，笔者的老师少康先生有精当的论述。

② 萧驰认为：“大量的研究论文相对孤立地探讨船山诗学。界定船山诗学的许多重要概念如‘神’、‘势’、‘神理’、‘现量’、‘心目’等等，也就失去了能依托的理论参指框架，而相当地具有随意性。”见萧驰《抒情传统与中国思想——王夫之诗学发微》，上海古籍出版社2003年版，第41页。

③ 王夫之：《张子正蒙注》卷1，《船山全书》，岳麓书社1992年版，第12册，第23页。

④ 王夫之：《张子正蒙注》卷1，《船山全书》，岳麓书社1992年版，第12册，第30页。

⑤ 王夫之：《张子正蒙注》卷1，《船山全书》，岳麓书社1992年版，第12册，第32—33页。

位”不同而万物各有不同。但任何事物都能“成其条理”并各具其理，事物之理实则来自气之理，也即气理合一，气外无理，气为实体，而理是气的规则。他说：“凡言理者……，是动而固有其正之谓也。既有当然而抑有所以然之谓也。”[①] 这就是说，“理”是运动中本来有的正当的秩序和条理，而它的呈现是在“气已化”的过程中的：“是唯气之已化，为刚为柔、为中为正、为仁为义，则谓之理而别于非理。”在气化中“理”才显现，即“唯化现理”[②]。

那么，气化的根源又是什么呢？在气化之前何为动因？王船山说：

> 化者，天之化也；而所化之实，则天也。天为化之所自出，唯化现理，而抑必有所以为化者，非虚挟一理以居也。所以为化者，刚柔、健顺、中正、仁义，赅而存焉，静而未尝动焉。赅存，则万理统于一理，一理含夫万理，相统相含，而经纬错综之所以然者不显。[③]

从根本上来说，“所以为化者”是“赅存”“未动”的状态，即众理浑然该备却未显现的状态，王船山称之为“天”，这个“天”也就是太极。太极中一气浑沦，“阴阳未分，二气合一”[④]，“当其细缊而太和，初未尝分而为两”[⑤]。阴阳的分别在太极中不表现为气，但毕竟有阴阳之分别，这种分别便是性情之别[⑥]。他说：“阴阳合于太和，而性情不能不异；惟异生感，故交相䜣合于既感之后，而法象以著。”[⑦] 两种对立性情，使阴阳相感，发生分化。具体而言，阴阳之

① 王夫之：《读四书大全说》，中华书局1975年版，第719页。
② 王夫之：《读四书大全说》，中华书局1975年版，第719页。
③ 王夫之：《读四书大全说》，中华书局1975年版，第719页。
④ 王夫之：《张子正蒙注》卷1，《船山全书》，岳麓书社1992年版，第12册，第35页。
⑤ 王夫之：《张子正蒙注》卷5，《船山全书》，岳麓书社1992年版，第12册，第205页。
⑥ 陈来：《诠释与重建——王船山的哲学精神》，北京大学出版社2004年版，第368页。
⑦ 王夫之：《张子正蒙注》卷1，《船山全书》，岳麓书社1992年版，第12册，第36页。

别就是体性之别，《神化篇》曰：“故直言气有阴阳，以明太虚之中虽无形之可执，而温肃、生杀、清浊之体性俱有于一气之中，同为固有之实也。”[①] 这就是说，阴阳在太和中已经成其体性，“体性是相感和起用的根据与前提”[②]，起用就是引起气化，没有阴阳之体性，感不能生，也就谈不上气化。总之，阴阳在性情或体性的分别，是产生阴阳二气及其化生的条件，但最后的动因，王船山归为“神”。太虚本体清通虚湛，其自身运动为“含神起化”[③]，他说：“盖气之未分而能变合者即神，自其合一不测而谓之神尔，非气之外有神也。”[④] 这里所说的“神”是引起“变合”的根源。

宇宙由气化而来，气化的最终根源则在于神，宇宙的变化可概括为“神”和“化”。“神”是“化”的最初动力，“化”则是过程，因最初动力为“神”“化”的过程便具有“神”的性质：“气有阴阳二殊，故以异而相感，其感者即其神也。无所不感，故神不息而应无穷。”[⑤] “《系传》云：‘阴阳不测之谓神。’不测者，乘时因变，初无定体。”[⑥] 气化的过程中贯穿着“神”的性质，所以有时合称“神化”：“神化，形而上者也，迹不显。”[⑦]

王船山阐明了宇宙化生中神、理、气之间极其精微的关系，指出了“神”的不测性、神秘性。解释《系辞》中“穷神知化”曰：“‘神’者化之理，同归一致之大原也；‘化’者神之迹，殊途百虑之变动也。”[⑧] 由此，推论出万物生化过程与结果的神性及灵性：“自其变化不测则谓之神；自其化之各成而有其条理，以定志趣而效功能者则谓之性。气既神矣，神成理而成乎性矣，则气之所至，神必行

---

① 王夫之：《张子正蒙注》卷2，《船山全书》，岳麓书社1992年版，第12册，第80页。
② 陈来：《诠释与重建——王船山的哲学精神》，北京大学出版社2004年版，第369页。
③ 王夫之：《张子正蒙注》卷2，《船山全书》，岳麓书社1992年版，第12册，第83页。
④ 王夫之：《张子正蒙注》卷2，《船山全书》，岳麓书社1992年版，第12册，第82页。
⑤ 王夫之：《张子正蒙注》卷9，《船山全书》，岳麓书社1992年版，第12册，第377页。
⑥ 王夫之：《张子正蒙注》卷1，《船山全书》，岳麓书社1992年版，第12册，第38页。
⑦ 王夫之：《张子正蒙注》卷2，《船山全书》，岳麓书社1992年版，第12册，第79页。
⑧ 王夫之：《周易内传》卷6，《船山全书》，岳麓书社1988年版，第1册，第592页。

焉，性必凝焉，故物莫不含神而具性，人得其秀而最灵者尔。”[①] 即万物化生，成其条理，也成就了性，“神”不仅是生成动因，而且是“理”和“性”的价值渊薮。所以，在万物化生过程中，任何“化”都是神化，任何“理”都是神理。“神”作为万物化生动因，与气、理偕行，永远在流行于天地间的绵延不绝的过程中。王船山将“神”贯穿在了阴阳变化、宇宙生成的过程中，从而赋予人与万物在根源上的合理性和灵性。任何事物的生成都是“气”“神”“理”同一化生的结果，“理”可以描述化生过程中的有序性，“神”的引入则解决了“理”本身的合理性问题，也进一步阐明了“理”的主宰性特征。概括来说，太虚状态下，阴阳之气尚未分离，但阴阳体性各自有别，“神”即是气化的动因，气化之后，气则“神”，“神”则成理，“理”因理乎气，而成为气之理。“神”“气”“理”在阴阳化生过程中是统合为一的，“神理”可以被描述为阴阳变化、事物化生过程中的根源性、合理性、神奇性的运动和力量。

大化流行，氤氲不已。太虚又有在天、在人之分。“心函细缊之全体而特微尔，其虚灵本一。而情识意见成乎万殊者，物之相感，有同异，有攻取，时位异而知觉殊。”[②] 人心中也有太虚，虚灵湛一是其本然状态，人之各种情识意见的不同，在于心物相感的不同。陈来先生说：“天之太虚在人心体现为心神的清虚能通，这是人心的本然之体；天之气化在人表现为心与物的相感……”[③] 此论诚是。具体而言，在王船山看来，心物相感过程也不出阴阳化生模式：“人心万殊，操纵、取舍、爱恶、慈忍，一唯此阴阳之翕辟，顺其理则为圣，从其妄则为狂。圣狂之分，在心几变易之间，非形色之有善恶也。”[④] 人心之几，变易不居，可谓一本万殊，其取舍爱恶产生在阴阳开合

① 王夫之：《张子正蒙注》卷9，《船山全书》，岳麓书社1992年版，第12册，第359页。
② 王夫之：《张子正蒙注》卷1，《船山全书》，岳麓书社1992年版，第12册，第43页。
③ 陈来：《诠释与重建——王船山的哲学精神》，北京大学出版社2004年版，第345页。
④ 王夫之：《张子正蒙注》卷1，《船山全书》，岳麓书社1992年版，第12册，第43页。

中，这种阴阳关系即是心之几与形色的关系，而圣人能顺应其理故成圣。所谓“心几”是指知觉之动，它与形色之间连绵往来，物色变换，知觉也随之变化。此过程中：“耳与声合，目与色合，皆心所翕辟之牖也。合，故相知；乃其所以合之故，则岂耳目、声色之力哉！”[①] 耳与声的契合、目与色的契合，这些感觉为心知提供了条件，是心与外物交会化合的入口，但只有心的参与，才能有所感觉，心若不动，纵然各种声色罗列目前也是空妄。当然，这里的心体是存在于天人合一的理想生命中的，否则，所谓心知也必然存在局限。与天契合的心体是自然神理赋予人的管道，王船山主张“肖太和之本体”[②]，心神通于太虚之神，人心与外物相感就是存神化物。他说：“知道者凝心之灵以存神，不溢喜，不迁怒，外物之顺逆，如其分以应之，乃不留滞以为心累；则物过吾前而吾已化之，性命之理不失而神恒为主。”[③] 心应万物，因为有超越形体、感官的“神”，且能曲折应物，所以能贯通万物之理，物来得其理。

总之，事物在阴阳化生中产生，“神理”流荡于天地之间；而天之化生表现在人就是心物相感，此过程中，心物感应，彼此往来，如同阴阳翕辟。且心神通于太虚之神，故心神与外物相感便可获得真知，其极致境界便是达到物我为一、天人合一之境。其中的心物相感、物我为一既是人生伦理，也可成诗意境界。王船山正是将上述哲学思想引入了诗学。他从化生角度论诗歌之生成[④]，强调心物相感，以“神理”相取，从而也把阴阳化合模式引入感物吟志、作品赋形

---

① 王夫之：《张子正蒙注》卷4，《船山全书》，岳麓书社1992年版，第12册，第146页。

② 王夫之：《张子正蒙注》卷1，《船山全书》，岳麓书社1992年版，第12册，第17页。

③ 王夫之：《张子正蒙注》卷2，《船山全书》，岳麓书社1992年版，第12册，第95页。

④ 萧驰很早就指出这一点，他说：“一首艺术上成功的诗作乃如天地生化，不可执一必然之序，亦不可‘典要’和规矩。”“船山所强调者乃诗之‘自生’（autogenerative）性质：‘犹天之寒暑，物之生成。’”此论甚是，揭示了王船山宇宙观与诗学观的联系。作者论及太虚中阴阳化生，但对天之气化在人的表现论述很少，也即是说对王船山哲学中的心物化生关系并没有重视，笔者在此加以阐释。（萧驰：《抒情传统与中国思想——王夫之诗学发微》，上海古籍出版社2003年版，第70—71页）

中，也使诗意人生延伸向永恒的宇宙时空。因为诗的世界是观念的和意象的世界，心与物的关系只发生在感觉世界里，是心与所见之物的彼此化合，所以，心物相感在王船山诗学中常被置换为心目相取。如评孝武帝《济曲阿后湖》："写景至处，但令与心目不相暌离，则无穷之情正从此而生"①；"'池塘生春草'，'蝴蝶飞南园'，'明月照积雪'，皆心中目中与相融浃"②；"只于心目相取处得景得句，乃为朝气，乃为神笔"③；等等。情景交融也是诗歌情境中的心物相感，关于话语的转换下文将论及，在此不作具体阐释。总之，诗歌在产生中，无论是心目相取，抑或情景交融都是在阴阳模式中展开的，也均有"神理"灌注其中，也离不开与天通神。它是宇宙化生模式在诗国的推演：

> 言情则于往来动止、缥缈有无之中，得灵蠁而执之有象；取景则于击目经心、丝分缕合之际，貌固有而言之不欺。而且情不虚情，情皆可景；景非滞景，景总含情。神理流于两间，天地供其一目，大无外而细无垠；落笔之先，匠意之始，有不可知者存焉，岂徒"兴会标举"，如沈约之所云者哉！④

天地之间万物化生，神理流行，诗歌的产生也是如此。诗人之心包罗宇宙，我心与天地冥合为一，达到了"大无外而细无垠"的道的境界。这是儒家的道："两间皆阴阳，两间皆道。夫谁留余地以授之虚而使游，谁复为大圆者以函之而转之乎？其际无间，不可以游。其外无涯，不可以函。"⑤ 以道居阴阳之间空虚处是道家的倾向，以

---

① 王夫之：《古诗评选》卷5，《船山全书》，岳麓书社1996年版，第14册，第749页。

② 王夫之：《夕堂永日绪论内编》，《姜斋诗话》，《船山全书》，岳麓书社1995年版，第15册，第820页。

③ 《评张子容〈泛永嘉日暮回舟〉》，王夫之：《唐诗评选》卷3，《船山全书》，岳麓书社1996年版，第14册，第999页。

④ 《评谢灵运〈登上戍石鼓山诗〉》，王夫之：《古诗评选》卷5，《船山全书》，岳麓书社1996年版，第14册，第736页。

⑤ 王夫之：《周易外传》，中华书局1962年版，第149页。

道在阴阳之外是佛家的倾向，王船山排斥佛老的上述局限而崇尚儒道。“《易》固曰：‘一阴一阳之谓道。’一之一之云者，盖以言夫主持而分剂之也。”① “主持而分剂”是说阴阳各有其分，又能互动统一，儒家之道即在其中。王船山为我们描述的诗的境界，也与此儒道的境界类似，“大无外而细无垠”，即是“其其际无间”“其外无涯”，它是“不可知者”，存在于下笔之先，弥漫于文意成形之始，其中永远在孕育着自然生成的诗情画意。这种类似于宇宙化生的阴阳关系是在情景之间展开的，彼此相含，心物合一，“情不虚情，情皆可景；景非滞景，景总含情”，正是化物智慧在诗艺中的呈现，故“神理流于两间，天地供其一目”。在真实世界和心灵世界浑然一体的空间里，神理流荡，情景化合，天人合一。因此，王船山在创作中反对巧思，评江淹诗说：“其或巧心已灵，微伤雕刻，要以斧凿之痕，不施于神理。”② 即强调诗歌的自然性生成，主张“以神理相取”③。而所谓以“神理相取”即是诗歌在生成中得其“神理”，得其“神理”的诗就是完美的诗，它自然、灵妙、人性地展开。

讲求“神理”的作品在其结构形态上是神形合一的。王船山说：“两间生物之妙，正以神形合一，得神于形而形无非神者，为人物而异鬼神。若独有恍惚，则聪明去其耳矣。譬如画者固以笔锋墨气曲尽神理，乃有笔墨而无物体，则更无物矣。”④ 在此，将意象的营造与事物化生加以比照，天地间事物的生成神形合一，那么诗人图写形象，既要有恍惚之思，也要有耳目观览，唯有如此才可神形兼备；也如同绘画，不仅笔墨神奇，而且须要笔下有物。值得注意的是，这里

---

① 王夫之：《周易外传》，中华书局1977年版，第178页。

② 《评江淹〈陆东海谯山集〉》，王夫之：《古诗评选》卷5，《船山全书》，岳麓书社1996年版，第14册，第779页。

③ 王夫之：《夕堂永日绪论内编》，《姜斋诗话》，《船山全书》，岳麓书社1995年版，第15册，第823页。

④ 《评杜甫〈废畦〉》，王夫之：《唐诗评选》卷3，《船山全书》，岳麓书社1996年版，第14册，第1023页。

的“神形合一”是在阴阳化生的宇宙模式下来言说的。

从创作主体方面讲，以“神理相取”表现为情思和物理的彼此因依。王船山说：“以神理相取，在远近之间，才着手便煞，一放手又飘忽去，如‘物在人亡无见期’，捉煞了也。如宋人咏河鲀云：‘春洲生荻芽，春岸飞杨花。’饶他有理，终是于河鲀没交涉。‘青青河畔草’与‘绵绵思远道’，何以相因依，相含吐？神理凑合时，自然恰得。”① “神理”在此指贯穿在诗歌成形过程中的“情”和“理”，诗歌得其“神理”——获得其情感、精神、灵魂以及完美形式的同时，诗心与外物交流沉浸入“神理”流动的境界中。当作品获得“神理”时，恰好是心物彼此化合到生机不断、出神入化之时，在此交流过程中，心物平等，既不可主观也不可了无情性，需要“情”和“景”彼此因依，相互含吐。而“才着手便煞，一放手又飘忽去”，则是说此种境界需要找到恰当的形式显现。也即，诗歌的产生和呈现都应当自然而然地存在于阴阳化生模式中。

这种宇宙化生模式引入诗学思维，为情理合一理论注入了精深的哲学内涵。诗歌的“意”与“象”、“情”与“理”的最佳关系应该是合一的，因为诗中的意境与现实世界同样是神完气足、独立成体、形神合一。文学理论史上，理论家们都致力于建构二者间的理想关系，并寻找哲学的解决路径，王船山对此问题的思考无疑关乎根本，其中贯穿着正统的儒家精神并显示着他独有的灵知慧识。在王船山宇宙论中，事物的产生由阴阳化生而来，气、神、理贯穿其间，当将这种思维模式引入创作时，情思、物理一定是浑然为一的。

鉴于上述思想，我们就可以理解王船山诗学中对“理”的重视，“理”不是作者外加的，而是内在地与作品的情思、意象同生共处的。“理”有机地显现在作品中，同时也天然地与情思不可分开。评

① 王夫之：《夕堂永日绪论内编》，《姜斋诗话》，《船山全书》，岳麓书社1995年版，第15册，第823页。

陶潜《饮酒》:"真理真诗"[①],评陆机《赠潘尼》曰:"诗入理语,惟西晋人为剧。理亦非能为西晋人累,彼自累耳。诗源情,理源性,斯二者岂分辕反驾者哉?"[②] 这是说诗情、人性、诗理是不可分的,理发于性情处则不是累人之理,所以,评陆云《失题八首》曰:"晋初人说理,乃有如许极至"[③],在此并没有排斥理的意思。他反对的是名言之理,而不是诗性之理,评司马彪《杂诗》曰:"王敬美谓:'诗有妙悟,非关理也。'非谓无理有诗,正不得以名言之理相求耳。"[④] 在王船山看来,与情思合一的诗性之理,是自然而然的。评陶潜《癸卯岁始春怀古田舍》曰:"通人于诗,不言理而理自至,无所枉而已矣。"[⑤] 而自然而然的诗性之理是通过高超的艺术方法潜滋暗长于结体成诗的过程中的,也即形成"心理所诣,景自与逢"的艺术化境[⑥]。其诗学方法并非即物妙悟,而是理与感兴的同一化生,其间有气脉通融。评庐山道人《游石门诗》曰:"一丝密运,不立经纬而自成文章,唯晋、宋人能之。此及远公诗说理而无理臼,所以足入风雅。"[⑦] 说理而无理臼的奥妙在于理不结穴而居,它与情思同生共长。《游石门诗》写道:"超兴非有本,理感兴自生。忽闻石门游,奇唱发幽情。褰裳思云驾,望崖想曾城。驰步乘长岩,不觉质有轻。矫首登灵阙,眇若凌太清。端坐运虚轮,转彼玄中经。神仙同物化,未若两俱冥。"在这首诗中,游览的过程就是感兴、了悟的过程,诗人的姿态、情趣与自然山水的情状都显现出来,达到了诗情妙理完美结合。所谓的感兴,正是诗中所说的"超兴",即不是一般的情感发动,这情感是有超然的理念内容的,而理与情以"理感兴自生"的

---

① 王夫之:《古诗评选》卷4,《船山全书》,岳麓书社1996年版,第14册,第720页。

② 王夫之:《古诗评选》卷2,《船山全书》,岳麓书社1996年版,第14册,第588页。

③ 王夫之:《古诗评选》卷2,《船山全书》,岳麓书社1996年版,第14册,第549页。

④ 王夫之:《古诗评选》卷4,《船山全书》,岳麓书社1996年版,第14册,第687页。

⑤ 王夫之:《古诗评选》卷4,《船山全书》,岳麓书社1996年版,第14册,第719页。

⑥ 《评江淹〈无锡县历山集〉》,王夫之:《古诗评选》卷5,《船山全书》,岳麓书社1996年版,第14册,第779页。

⑦ 王夫之:《古诗评选》卷4,《船山全书》,岳麓书社1996年版,第14册,第725页。

方式存在，它们存在于整个诗歌的过程中，一丝密运而自成文章，也即“亦理，亦情，亦趣，逶迤而下，多取象外，不失圜中”。[①]我们再追问一层，既然是“理感兴自生”，而兴由心生，那么，理来何处呢？王船山认为理在空有之外。他说：“以奇丽之笔，而能韬襟敛度，寻理绪于空有之外，言不喧坐，动不蹍尘，几扣苏李宫廷矣。”[②]“理在空有之外”，意味着理不是心念所执，而同样是在过程中获得的，这类似于王船山自然观中的“唯化现理”。于是王船山诗学中的“理”也即是“神理”。

强调“神理”的诗学意义在于，在动态的生成过程中揭示诗歌表情状物的奥秘，在过程中情理、物我熔铸为一，构成了超越自我、闪耀着理性光辉的第二自然，从而将诗情与物理、人性与自然、现实与理想、短暂与永恒结合在一起。大多数学者强调了王船山诗学中的情景交融，但对其交融机制只是己意揣度，事实上，他将司空见惯的情景关系纳入阴阳化生，赋予心物之感以卓然独绝的宇宙生命内涵和精深密匝的哲思方式。也正是这样的诗性精神和诗学智慧，为诗情与哲思的完美统一提供了可能的文化模式，使诗人与圣人合二而一，为诗歌艺术拓展了从未有的境界。

二　阴阳模式下的情景关系及其价值

中国文论史上有关情景关系的讨论蔚为大观，已有专门著作论及，在此不赘。王船山之情景关系是具有深刻的文化内涵和独特的个性气质的，是其杰出的哲学观念与恢宏幽微的诗情完美结合的产物。王船山从其宇宙发生论出发，从情感发动本身及其在阴阳化生模式下的与物相感，来讨论情景关系。正因如此，情景关系便成为心性论照

---

① 《评谢灵运〈田南树园激流植援〉》，王夫之：《古诗评选》卷5，《船山全书》，岳麓书社1996年版，第14册，第737页。

② 《评柳恽〈赠吴均〉》，王夫之：《古诗评选》卷5，《船山全书》，岳麓书社1996年版，第14册，第811页。

拂下的含藏着精微哲思的新型审美关系[①]。也即是说，王船山在性、心与物的相互关系中谈论“情”，将“情”建构在与物相感的阴阳模式及天人合一的伦理中，讨论了情的伦理之源和发生之几。

《礼记·乐记》曰：“人生而静，天之性也；感于物而动，性之欲也。物至知知，然后好恶形焉。”船山解释道：

> “欲”，谓情也。“知知”，谓灵明之觉因而知之也。人具生理，则天所命人之性固在其中，特其无所感触，则性用不形而静。乃性必发而为情，因物至而知觉之体分别遂彰，则同其情者好之，异其情者恶之，而于物有所攻取，亦自然之势也。[②]

性是天赋予的本然的状态，最初是无形而静。心包含性，性通过心之动得以表现，王船山在解释《孟子》时有“心含性而效动”的说法[③]。心可以效动，一方面源于有“物至”；另一方面是因为有灵明之感觉，于是心效动而好恶之“情”萌生。由此，可以推论出“情”的两个基本特征。其一，“情”中有仁义，不是任意的无根之觉。心的灵明包含心之实和心之几，王船山曰：“仁义者，心之实也，若天之有阴阳也。知觉运动，心之几也，若阴阳之有变合也。”[④]天之实是阴阳二气，心之实是仁义，仁义之心遇物感动，在其知觉中一定有仁义之心，也即是说，“情”中有存在仁义之可能。其二，“情”在心与物的“攻取”中发生，是自然之势，而“自然之势”是阴阳变合的结果。王船山说：“情固是自家底情，然竟名之曰‘自家’，则必不可。盖吾心之动几，与物相取，物欲之足相引者，与吾之动几

① 萧驰认为：“吾人欲深求其有关情景交融的‘语法学’，还须明了其宇宙学。此学乃自王氏易学抽绎而出。”见萧驰《抒情传统与中国思想——王夫之诗学发微》，上海古籍出版社2003年版，第70—71页。此论甚是。

② 王夫之：《礼记章句》，《船山全书》，岳麓书社2011年版，第4册，第897—898页。

③ 王夫之：《读四书大全说》，中华书局1975年版，第502页。

④ 王夫之：《读四书大全说》，中华书局1975年版，第502页。

交而情以生，然则情者，不纯在外，不纯在内，或往或来，一来一往，吾之动几与天地之动几相合而成者也。”[①] “情”是“心之动几”与“物”相取的产物，“情”来自自己的感觉但又不离外物，“情”是感物之“情”，“物”是情境中“物”，互相含蕴，往来不绝。正如前文所提到的，心物感应，彼此往来，如同阴阳翕辟。

心物遭遇而情感发动，此种发生在心极中的化合，也不出一阴一阳之道。这一思想渗透和显现在对情景关系的讨论中：

> 兴在有意无意之间，比亦不容雕刻。关情者景，自与情相为珀芥也。情景虽有在心在物之分，而景生情，情生景，哀乐之触，荣悴之迎，互藏其宅。天情物理，可哀而可乐，用之无穷，流而不滞；穷且滞者不知尔。[②]

所谓“珀芥”，也见于崔铣《读易余言》，该书卷2解《咸》卦曰：“云龙风虎，不期而至，磁针珀芥无约而交，冥理自然，莫之知其原也。”孔颖达疏：“其造化之性，陶甄之器，非唯同类相感，亦有异类相感者。若磁石引针，琥珀拾芥，蚕吐丝而商弦绝，铜山崩而洛钟应，其类烦多，难一一言也。皆冥理自然，不知其所以然也。”珀芥之合，自然神妙，“情景相为珀芥”是指情景相感的彼此含吐的自然神妙境界。王船山在此以阴阳变易模式来观照情景关系，具体说来，“景生情，情生景”，是指情与景彼此感发，正如阴阳相生。情有哀乐，景有荣悴，哀、乐、荣、悴，是情与景的不同状态，“哀乐之触，荣悴之迎”即是说不同情景状态的触发迎接，形成了“互藏其宅”的态势。所谓“互藏其宅”，其基本意思是，阴阳彼此相含又彼此对立；在情景关系中则表示，情景彼此相含，又成对立态势，为

① 王夫之：《读四书大全说》，中华书局1975年版，第675页。

② 王夫之：《诗译》，《姜斋诗话》，《船山全书》，岳麓书社1995年版，第15册，第814页。

化生不已准备了条件。所以，王船山接着说：“天情物理，可哀而可乐，用之无穷，流而不滞，穷且滞者不知尔。”这是在情景互藏其宅为体的前提下，讲情景变化之“用”的流行不尽。杨名时说：“阴阳之体，互藏其宅，是对待之阴阳；阴阳之用，互为其根，是流行之阴阳。惟其体互藏，故其用互根。”[①] 情与景相互对待又互为其根。

对情景关系的阴阳观照折射了王船山“乾坤并建”的易学思想。他说：“阴阳二气絪缊于宇宙，融结于万汇，不相离，不相胜，无有阳而无阴、有阴而无阳，无有地而无天、有天而无地。故《周易》并建《乾》《坤》为诸卦之统宗，不孤立也。”[②]《周易》以卦象来象征宇宙化生规律，阴爻与阳爻为基本因素，而每卦中的阴阳爻的形成都离不开阴阳结合，只是隐显不同，阳显时阴依然存在，阴显时阳依然存在，易卦六阴六阳，或显或隐，两者相济而构成一卦十二位的整体。乾坤是阳爻与阴爻的代表，六子卦及五十六卦都由乾坤两卦展开。其模式为“错综关系”：“‘错’，治金之器，交相违拂之谓；‘综’，以绳维经，使上下而交织者，互相升降之谓也”[③]，“其错也，一向一背，而赢于此者诎于彼；其综也，一升一降，而往以顺者来以逆”。[④] 这就是说，彼此相错的卦象存在向背、屈伸的对立，彼此相综的卦象，其爻象存在升降往来的不同。从爻象看，前者阴阳相反，后者升降不同。两个错卦之间存在互藏其宅之关系，两个综卦之间存在升降往来之关系。“乾坤并建”的思想反映了阴阳彼此相合、升降往来不穷的宇宙化生状态，在此状态中，天地阴阳没有时间先后而是同时共感。

王船山诗学中理想的情与景，既不相离也不相胜，正与乾、坤类似[⑤]。从卦象角度看，乾有六阳六阴，坤也有六阴六阳，乾为纯阳，

---

① 杨名时：《周易札记》卷上，四库全书本。

② 王夫之：《周易内传》卷1，《船山全书》，岳麓书社1988年版，第1册，第74页。

③ 王夫之：《周易内传》卷5，《船山全书》，岳麓书社1988年版，第1册，第553页。

④ 王夫之：《周易内传》卷5，《船山全书》，岳麓书社1988年版，第1册，第554页。

⑤ 萧驰引王船山“主持而分剂”说，讨论“情景关系”，立论精确简明，笔者从卦象角度立论。

六阴幽处其德，坤为纯阴，六阳隐而不见，两者互相向背而不相离。从情景角度来看，情显现时是含景之情，景呈现时是含情之景。情景在一而二的一刹那，已经有了对立，而在对立之时，彼此又相互吸引展开了一往一来的具有无穷可能的融汇。如果说一首抒情诗是情景交融的小宇宙的话，情和景的彼此不离如同“互藏其宅”的阴阳，乃是变易的必备前提。

当然，情景交融也有不同层次，在阴阳模式视域下王船山将其分为两类：一是妙合无垠的“神”境，一是“情中景”或“景中情”的“巧”境。他说：

> 情、景名为二，而实不可离。神于诗者，妙合无垠。巧者则有情中景，景中情。景中情者，如“长安一片月”，自然是孤栖忆远之情；“影静千官里”，自然是喜达行在之情。情中景尤难曲写，如“诗成珠玉在挥毫”，写出才人翰墨淋漓、自心欣赏之景。凡此类，知者遇之；非然，亦鹘突看过，作等闲语耳。①

情景不离并不意味着理想的交融关系，这种情景关系之境界的高下划分也并非随意得来，其分界点正在于是否“妙合”、是否有“神”？“神于诗者”是情与景彼此往来、流而不滞的结果；而“情中景”或“景中情”虽然具备了情景相合的条件，但没有如同阴阳化生一样进入神奇之境。如“长安一片月”这句诗，可谓景中有情，但景与情并非彼此不离，此景不是此情的景，此情也非此景的情，两者不能充分渗透契合为一，也即是说“长安一片月”所表达的情感是笼统的，而只有在景色面前不留不滞的化物之心才可与景为一。王船山以阴阳模式为准绳区分了两种情景关系，理论意义是巨大的。多数论者讨论“情中景”和“景中情”的不同，对情景关系的“神”

① 王夫之：《夕堂永日绪论内编》，《姜斋诗话》，《船山全书》，岳麓书社 1995 年版，第 15 册，第 824—825 页。

“巧”之别语焉不详，即使有所辨析也大多流于随意之思，而不能知其所以然。阴阳模式进入“情景”理论的建构，其意义何在？

其一，王船山将情景交融的实现肇始在心物发端处。他说：“取景则于击目经心”[①]，“写景至处，但令与心目不相暌离”[②]，“情景相入，涯际不分”[③]，等等。由于心本身的了无偏见，所感发者必然是情与景的不依不离。因为二者在时间上并无先后关系，写景或写情均是情景交融的入口，所以，王船山说：“不能作景语，又何能作情语耶？古人绝唱句多景语，如‘高台多悲风’，‘胡蝶飞南园’，‘池塘生春草’，‘亭皋木叶下’，‘芙蓉露下落’，皆是也，而情寓其中矣。以写景之心理言情，则身心中独喻之微，轻安拈出。”[④] 写景即写情的前提是，情景本不分离，正如在“乾”的幽而不察处是“坤”一样，情和景的分别虽有阴阳二分，但其本体是心之太极，故“以写景之心理言情，则身心中独喻之微，轻安拈出”。这就是说，写景言情的枢机在于“心”，而情与景呈现的是“身心中独喻之微”，也即心目相取处的秘密。再如评岑参《首春渭西郊行呈蓝田张二主簿》曰：“景中生情，情中含景，故曰景者情之景”[⑤]，评刘禹锡《松滋渡望峡中》曰：“自然感慨，尽从景得，斯谓景中藏情”[⑥]，凡此种种，情景的呈现都从心中太极的絪缊中来，即来于圣人式的穷情极物，探赜索隐。

---

① 《评谢灵运〈登上戍石鼓山〉》，王夫之：《古诗评选》卷5，《船山全书》，岳麓书社1996年版，第14册，第736页。

② 《评孝武帝〈济曲阿后湖〉》，王夫之：《古诗评选》卷5，《船山全书》，岳麓书社1996年版，第14册，第749页。

③ 《评谢灵运〈邻里相送至方山〉》，王夫之：《古诗评选》卷5，《船山全书》，岳麓书社1996年版，第14册，第731页。

④ 王夫之：《夕堂永日绪论内编》，《姜斋诗话》，《船山全书》，岳麓书社1995年版，第15册，第829页。

⑤ 《评岑参〈首春渭西郊行呈蓝田张二主簿〉》，王夫之：《唐诗评选》卷4，《船山全书》，岳麓书社1996年版，第14册，第1084页。

⑥ 《评刘禹锡〈松滋渡望峡中〉》，王夫之：《唐诗评选》卷1，《船山全书》，岳麓书社1996年版，第14册，第1112页。

存在于心物发端处的情景交融，以诗人的心动为诗歌产生的内在动因，以外物的实际存在为外在动因，强调言必由衷，身历目见，从而摒弃浮泛的私情，以及在其观照下的虚假的印象。如此尊重内心的感动，即是向往本真的、理想的情思，呼唤自然的人性，向着外物真诚地开放。王船山将抒情诗重新带回到坚实的生活和内心中。

其二，于心目契合处展开情与景的彼此对待和两两相生。多数论者认为在情景关系中是以“情”为主导，其实不然。王船山主张“以神理相取，在远近之间”[①]，即认同“在有意无意之间”的兴[②]。因为太多的私情，必然扼杀诗意，正如唐李颀《题卢五旧居》云“物在人亡无见期”[③]，此语情感直露，了无蕴藉；当然，没有个人情思的进入，同样也缺少诗意，例如“春洲生荻芽，春岸飞杨花”句[④]，虽有趣味却又疏离题旨。所以，王船山强调如“青青河畔草，绵绵思远道”之句般的情与景的彼此因依。

如何能在“远近之间”“有意无意”中感物抒情？王船山在阴阳模式中寻找灵感的路途。他说：“夫景以情合，情以景生，初不相离，唯意所适。截分两橛，则情不足兴，而景非其景。”[⑤] 这就是说，在“不相离”中自由地让那彼此对待的情和景往来互生，如果将情与景截然撅断，彼此交通便戛然中止。果真如此，情就不能兴发，可能成为枯燥的观念；景也可能成为物的堆砌。可见，在情景二分的化合过程中，二者须彼此含吐，平等相迎。王船山说：“‘池塘生春

---

① 王夫之：《夕堂永日绪论内编》，《姜斋诗话》，《船山全书》，岳麓出版社 1995 年版，第 15 册，第 823 页。

② 王夫之：《诗译》，《姜斋诗话》，《船山全书》，岳麓出版社 1995 年版，第 15 册，第 814 页。

③ 王夫之：《夕堂永日绪论内编》，《姜斋诗话》，《船山全书》，岳麓出版社 1995 年版，第 15 册，第 823 页。

④ 王夫之：《夕堂永日绪论内编》，《姜斋诗话》，《船山全书》，岳麓出版社 1995 年版，第 15 册，第 823 页。

⑤ 王夫之：《夕堂永日绪论内编》，《姜斋诗话》，《船山全书》，岳麓出版社 1995 年版，第 15 册，第 826 页。

草'，'胡蝶飞南园'，'明月照积雪'，皆心中目中与相融浃，一出语时，即得珠圆玉润，要亦各视其所怀来而与景相迎者也。"① 一旦出语，情景呈现就是珠圆玉润般的融洽，但在心之太极中情与景要彼此相迎，所谓"各视其所怀来，而与景相迎"。情与景无论在构思还是形诸文字中都是一路同行。情景相融之路即是形诸语言之路，缥缈如雾又剔透晶莹的诗语虚相，包孕了新生的情与景，它们既真也假、既虚且实，所以才能化合为一，以语言的形态存在。他说："只于心目相取处，得景得句，乃为朝气，乃为神笔，景尽意止，意尽言息，必不强括狂搜，舍有而寻无，在章成章，在句成句，文章之道，音乐之理，尽于斯矣。"②

所谓"得景得句"，就是使情感包孕其中，驻足为语言文字，无论是情还是景，还是语言，三位成一体。刘勰有类似说法："夫设情有宅，置言有位；宅情曰章，位言曰句。"即是对情感在语言寓所中的安顿。这一过程中情与景和谐流动，并驾齐驱，"景尽意止，意尽言息"，以至出神入化，从而达到"情之所至，诗无不至；诗之所至，情以之至"的理想的艺术效果③。

情景的交融在瞬间之几，但为了避免主观玄想，王船山在情与景的互相开放中陶铸诗思。这是符合诗歌本质的理论设想，它将感兴的瞬间扩展为运动着的内蕴着无数可能的场域，将情与景的理想距离放置在动态的化生模式中。这是符合审美实际的，也体现了理论建设中的深刻智慧。更重要的是此种情景互动关系在审美实践中实现了圣人式的诗意存在。王船山认为："若君子瞬有存，息有养，晨乾夕惕，以趋时而应物，则即所感以见天地万物之情，无物非性所皆备，即无

① 王夫之：《夕堂永日绪论内编》，《姜斋诗话》，《船山全书》，岳麓出版社 1995 年版，第 15 册，第 820 页。

② 《评张子容〈〈泛永嘉江日暮回舟〉》，王夫之：《唐诗评选》卷 3，《船山全书》，岳麓书社 1996 年版，第 14 册，第 999 页。

③ 《评李陵〈与苏武诗〉》，王夫之：《古诗评选》卷 4，《船山全书》，岳麓书社 1996 年版，第 14 册，第 654 页。

感而非天道之流行矣。”[①] 与物推移，应物存神的感物论从情景交融中得到完美体现。其最明显的后果是立足于情景，超越了情景，所谓“以追光蹑景之笔，写通天尽人之怀，是诗家正法眼藏”[②]，即在阴阳相感中获得道的境界、美的境界。

其三，情景交融继承感兴论，强调心物间的瞬间感动，但又避免了天人间、心物间的直接感应，而营造出深刻的意境。因为情景交融是在心的层次上，而不是感官层次上，层叠不穷的情景往来中，哀乐之情、荣悴之景会应时而生，它们在某个时机里瞬间形成复杂情形，并不是乐情与乐景的直接感应、哀情与哀景直接对应。如果是直接对应，人心即成为感官，成为感官的人心只能见到世界的表象而无法触及真谛，也不会见到人的性灵，显然，这样的审美是乏味而狭窄的，甚至失去其可能性。王船山提出“以乐景写哀，以哀景写乐”，从而使丰富的情与景在文本中彼此相生。他说：“‘昔我往矣，杨柳依依；今我来思，雨雪霏霏。’以乐景写哀，以哀景写乐，一倍增其哀乐。知此，则‘影静千官里，心苏七校前’，与‘唯有终南山色在，晴明依旧满长安’，情之深浅宏隘见矣。况孟郊之乍笑而心迷，乍啼而魂丧者乎?”[③] 将离别之时，目睹景色有依依之态，心中也萌生恬淡之喜，但毕竟是离别情形，心生哀愁一定不可避免。一则是哀，二则是喜，因为有喜，心不被忧愁遮蔽，更清晰看见生活之美好，于是伤心离别之意更茁壮滋生。别后相见，目睹雨雪霏霏之状，勾起心中曾有的愁思，但毕竟重逢了，在愁思中更看见现实的美好，心中之喜倍增。孤阳与孤阴不生，乐景写哀情则更哀，“以乐景写哀，以哀景写乐”是有其心理学和哲学依据的。情与景阴阳相生具有重要的实践

① 王夫之：《张子正蒙注》卷9，《船山全书》，岳麓书社1992年版，第12册，第366页。

② 《评阮籍〈咏怀二十首〉》，王夫之：《古诗评选》卷4，《船山全书》，岳麓书社1996年版，第14册，第681页。

③ 王夫之：《诗译》，《姜斋诗话》，《船山全书》，岳麓出版社1995年版，第15册，第809页。

意义，它使抒情写景切入心灵深处，其艺术感染力也很强。那么，王船山对杜甫的推崇和对孟郊的反对就不难理解。“影静千官里，心苏七校前”出自杜甫《喜达行在所》（其三），该诗写于身陷贼手、死里逃生后，表现了诗人历经艰苦跋涉，抵达唐肃宗凤翔行在的心情。何焯评曰：“‘影静’二句是喜身际中兴，次第宾主。”[①] 杜甫笔下的喜悦是深沉的，写逃奔的身影立于百官中渐次平息，情绪静定后为国讨贼之志在校卫前又慢慢苏醒，情与景并非直接感应，而是让深邃、雅正的心灵复杂流露。与之相反，孟郊写情却是肤浅的，“乍笑而心迷，乍啼而魂丧”，这种情况就是因为写感觉而失去精魂，将情景交融浅表化。

如果说人情在与景色的交融中，深入心性，从而使肤泛的情感偏向得以消祛，那么，在对景致的感受中，王船山也力求将景致呈现在由玄妙之思带来的理性的光辉中。也就是说，被情思看见的景色不是主观的或肤浅的，而是能从景外入景——不以感官直接去审美，却通过由情景构成的一层情境去观照另外的情境。王船山评李憕《奉和圣制从蓬莱向兴庆阁道中留春雨中春望之作应制》曰：“从雨外入雨景，似秋月影物，不同灯烛，使人但见其光丽。‘年芳入睿才’，寻常赞颂中得此佳句。”[②] 联系原作，可以悟到其中妙趣，其诗曰：“别馆春还淑气催，三宫路转凤凰台。云飞北阙轻阴散，雨歇南山积翠来。御柳遥随天仗发，林花不待晓风开。已知圣泽深无限，更喜年芳入睿才。”本应该写雨景，却去写雨前“淑气”“云飞”“轻阴”的流转，写雨后“积翠”“御柳”“林花”的往来姿态，这是从景的幽微处看景，是从雨的其他情态去看雨景本身，所谓雨景本身即在这种观照和读者的想象中呈现。由此可见，雨外写雨景离不开人的神妙心灵，所以有“灯烛”“秋月”之喻。以灯烛照物，了无情性，秋月影

① 何焯：《义门读书记》卷53，四库全书本。

② 《评李憕〈奉和圣制从蓬莱向兴庆阁道中留春雨中春望之作应制〉》，王夫之：《唐诗评选》卷4，《船山全书》，岳麓书社1996年版，第14册，第1076页。

物，却趣味高洁灵光内蕴。情思因为能与景色交融，它便可以透过景色来观照景色，景色也因为有了灵性，它便成为其他景色的参照与视角。于是，所有的景色都存在于彼此映照中，那么景色的奥妙和真实就更显露出来了。

王船山还有“寓目警心，景外设景”之论[①]，在诗人的眼中，景色发端于何处，它不仅在感官处，而且在心灵处，唯有写关乎心灵之景，方能有景外设景的情况出现。从苏颋《扈从鄠杜间奉呈刑部尚书舅崔黄门马常侍》可以体会到，其诗曰：“翠辇红旗出帝京，长杨鄠杜昔知名。云山一一看皆美，竹树萧萧画不成。羽骑将过持袂拂，香车欲度卷帘行。汉家曾草巡游赋，何似今来应圣明。”无论是昔日帝京之盛、长杨宫之华美，还是云山列列、竹树萧萧的自然景致，都是眼前近景的背景，一者是人文风貌、古代留影，一者是自然生灵、当下生机，它们与目前盛况彼此辉照，所有的美在一起汇合了。这些汇合之美基于富有层次感的“景外设景”。层次迭现之景在彼此的交响中使诗歌以层层意象为阶梯步入深永的意境，呈现出接近理念世界的真实，也更加流露出人性的光芒。

“景外设景”，其实就是“两镜取影”。王船山以“刻写入冥，如两镜之取影”评岑参《和贾至舍人早朝大明宫之作》诗[②]。其诗写道：“鸡鸣紫陌曙光寒，莺啭皇州春色阑。金阙晓钟开万户，玉阶仙仗拥千官。花迎剑佩星初落，柳拂旌旗露未干。独有凤凰池上客，阳春一曲和皆难。”所谓两镜取影即是景与景互照。鸡鸣、曙光、春色、莺啭，以及金阙晓钟、千门万户、玉阶仙仗、文武百官，这些情景一一呈现，随着光影流转，所有情事都次第展开，就在彼此的光芒中，我们看到了时间的流动、空间的改变，窥见天地之气的变动，也体察到人世中的那份世俗和辉煌。特别是“花迎剑佩星初落，柳拂

① 《评苏颋〈扈从鄠杜间奉呈刑部尚书舅崔黄门马常侍〉》，王夫之：《唐诗评选》卷 4，《船山全书》，岳麓书社 1996 年版，第 14 册，第 1074 页。

② 王夫之：《唐诗评选》卷 4，《船山全书》，岳麓书社 1996 年版，第 14 册，第 1082 页。

旌旗露未干”这一联中，通过花木星辰、杨柳露雾这些景致与人所构成的特有情境，从层叠意象进入难以言表的境界中，其中有清冷，也有火热；有繁华，也有超逸，这种复杂而深刻的感知来自作者“两镜取影”的独特写法。

以阴阳模式阐释和建构情景关系促进了这一理论的发展，在思考层次和理论的系统性方面可谓空前绝后，重要的是解决了许多实际的诗学问题，并提供了具体的诗学方法，从而使其情景理论成为蕴涵传统精神的严谨而富创造性的审美方式。

三　自然之美与曲折生动之姿态

诗歌乃心物相感的形式化存在，其间天情物理聚合为一。其产生在王船山看来，如同万物化生一般——心与物彼此往来，阴阳翕辟。在这样的审美中，心与物的关系是人与天的合一，即“人肖太和之本体”[①]，心神通于太虚之神。心感于物，也通于天，感于物使物被人情照亮，通于天使人心有了光亮渊源，不至于昏寐偏狭。当然从根本上来说，心上工夫还是不离于物的，它不停滞于物，并求得穷心尽性，心与物的关系也直接表现为情景关系。此种关系中，情生景，景生情，互藏其宅，两两相生，诞生出生动逼真、情理合一的第二自然，同时也灌注了超越自我的永恒之神理。因为以太和为理想，所以在诗歌审美上以自然为归，因为创造过程中化生不息，对作品充溢的曲折生机又十分重视。

王船山将浑然天成、元气淋漓作为理想之美。《姜斋诗话》说：“古诗无定体，似可任笔为之，不知自有天然不可越之矩矱。”[②] 即认为自然之美和法度是可浑然一体，毫无隔膜的，他主张“浑然一气”“曲折无端”，而反对机械的“起承转收”，他也为潘岳之后，诗坛

① 王夫之：《张子正蒙注》，《船山全书》，岳麓书社1992年版，第12册，第17页。

② 王夫之：《夕堂永日绪论内编》，《姜斋诗话》，《船山全书》，岳麓出版社1995年版，第15册，第822页。

“元声几息”而惋惜。评张文恭《七夕》曰：“雄、浑、整、丽”①，以浑然整饬为美；评蔡邕《饮马长城窟行》曰：“此以天遇，非以意中者”②，以自然恰得为美；评鲍照《拟行路难九首》曰：“《行路难》诸篇，一以天才天韵吹宕而成。……又如铸大像，一泻便成”③，以自然天工为美；评左思《咏史四首》则以“温厚”“元气”为崇尚。④ 评斛律金《敕勒歌》：“诗歌之妙，原在取景遣韵，不在刻意也”⑤，以不刻意为工；评蔡孚《打球篇》则肯定汉晋诗歌生气充沛，而不满开元以降的刻削之弊，他说：“矜气中自有朴气。故知齐梁虽靡于汉晋，而生理自固。开元以降，雕琢苛细，靡乃已甚；降及元和，剥削一无生气，况生理邪？”⑥ 对元气、自然之美的追求灌注在王船山的审美中，而这种美学情趣直接导源于他的哲学观念，世界气化而成，理想的诗作也是人心与物化合的结果，无论是实在还是人文都由气而来，文学作品最美的存在方式正是元气淋漓的美好姿态。这样的审美观念，便要求作者在心神和物的玄妙会合中完成作品，而不仅仅停留在感性层面。

因此，主张创作主体以神行文，与自然合一。评谢灵运《登池上楼》曰：“始终五转折，融成一片，天与造之，神与运之。呜呼，不可知已！”⑦ 即在构思行文、结体布局中以神用笔、取法自然。评谢朓《新治北窗和何从事》曰：“汉、魏作者，惟以神行，不藉句端著语助为经纬”⑧，即是说，超出字句雕饰而游于天人合一之境。评刘庭芝《公子行》：“脉行肉里，神寄影中，巧参化工，非复有笔墨

① 王夫之：《古诗评选》卷6，《船山全书》，岳麓书社1996年版，第14册，第877页。
② 王夫之：《古诗评选》卷1，《船山全书》，岳麓书社1996年版，第14册，第497页。
③ 王夫之：《古诗评选》卷1，《船山全书》，岳麓书社1996年版，第14册，第534页。
④ 王夫之：《古诗评选》卷1，《船山全书》，岳麓书社1996年版，第14册，第684页。
⑤ 王夫之：《古诗评选》卷1，《船山全书》，岳麓书社1996年版，第14册，第559页。
⑥ 王夫之：《唐诗评选》卷1，《船山全书》，岳麓书社1996年版，第14册，第890页。
⑦ 《评谢灵运〈登池上楼〉》，王夫之：《古诗评选》卷5，《船山全书》，岳麓书社1996年版，第14册，第732页。
⑧ 王夫之：《古诗评选》卷5，《船山全书》，岳麓书社1996年版，第14册，第773页。

之气。”[①] 也是强调超越笔墨匠气，而能鬼斧神工地将人的灵性与化工融合为一。评李白《春日独酌》：“偶然入感，前后不刻画求与此句为因缘，是又神化冥合，非以象取。玉合底盖之说，不足立以科禁矣”[②]，同样是强调创作中的神化冥合之妙。总之，上述引文都讨论了一个问题，那就是如何以神行文？所谓以神行文，就是不拘泥笔墨，不凭借“语助”，甚至不以取象为高的天然自得、生气流动的行文过程。评谢庄《北宅秘园》曰：“两间之固有者，自然之华，因流动生变而成其绮丽。心目之所及，文情赴之，貌其本荣，如所存而显之，即以华奕照耀，动人无际矣。古人以此被之吟咏，而神采即绝。”[③] 诗文的形成如同阴阳化生，气韵絪缊而采丽自生，这样的创作过程即是“以神行文”。

元气自然之美并不意味着混沌纷杂。恰恰相反，气韵天然、精神流荡的自然之美存在于曲折有态的形式中。评谢灵运《燕歌行》曰：“藏曲于直，极变而善止”[④]，评鲍照《代白纻曲》曰：“忽然集，唐然纵，言之砉然止，飘然远涉，安然无有不宜”[⑤]，评谢灵运《拟行路难》曰：“先破除，次申理，一俯一仰，神情无限。经生于此，不知费几转折也”[⑥]，评梁武帝《河中之水歌》曰：“推含不测，就事逼真”[⑦]，评谢灵运《七夕咏牛女》曰：“恰紧只两句，乃来回视之，通首皆缘此生。章法之妙，亦至斯耶”[⑧]，评江淹《效阮公诗》：“已迫之，又缓之，或曲之，复直之，意致若萧散，而言情益切”[⑨]，评柳恽《赠吴均二首》：“大收摄，大开纵，极意往回，不犯一字，令音

① 王夫之：《唐诗评选》卷 1，《船山全书》，岳麓书社 1996 年版，第 14 册，第 889 页。
② 王夫之：《唐诗评选》卷 2，《船山全书》，岳麓书社 1996 年版，第 14 册，第 955 页。
③ 王夫之：《古诗评选》卷 5，《船山全书》，岳麓书社 1996 年版，第 14 册，第 752 页。
④ 王夫之：《古诗评选》卷 1，《船山全书》，岳麓书社 1996 年版，第 14 册，第 525 页。
⑤ 王夫之：《古诗评选》卷 1，《船山全书》，岳麓书社 1996 年版，第 14 册，第 534 页。
⑥ 王夫之：《古诗评选》卷 1，《船山全书》，岳麓书社 1996 年版，第 14 册，第 535 页。
⑦ 王夫之：《古诗评选》卷 1，《船山全书》，岳麓书社 1996 年版，第 14 册，第 545 页。
⑧ 王夫之：《古诗评选》卷 5，《船山全书》，岳麓书社 1996 年版，第 14 册，第 743 页。
⑨ 王夫之：《古诗评选》卷 5，《船山全书》，岳麓书社 1996 年版，第 14 册，第 784 页。

缓度，雅善成之”[①]，评王僧达《依古》：“古人但因事序入，或直或纡，前后不劳映带，而自融合首末，结成一片，随手意致自到矣”[②]，凡此种种，王船山认为，曲折有态的形式来于或曲与直，或纵与集，或俯与仰，或推与含，或缓与迫，或收与纵的阴阳变化，在此模式下生成无端而神的文章姿态，从而将自然之美与丰赡之姿合二为一。

既要自然，又要丰富变化，那么，诗歌的理想形式或走势即是无端变化。评赵南星《短歌行》：“全不刻画，所以随顺随逆，一平一突，无所不可；一有刻画痕，则凡今之人皆能为之矣。‘维山有阿’一转，是何端来去，吟魂吟理，正在空微中。”[③] 诗人避免静止的巧构形似与物象形成不绝如缕的交流，在谐合的往来互动中直取深义精魂。关于“顺逆”，《说卦传》曰：“数往者顺，知来者逆，是故易逆数也。”意思是说随事物往来而勘察其数理，“随顺随逆”即是心随所遇而体察情理。这与苏轼《书吴道子画后》所提到的“逆来顺往”有相类处。苏轼说：“道子画人物，如以灯取影，逆来顺往，旁见侧出，横斜平直，各相乘除，得自然之数，不差毫末。”王船山与苏轼在创作上都强调了对物理的体悟，以及在书写形式上的自由变化。不同之处在于，王船山不求自然之数，他认为世界变化“不可以数计，而神皆行乎其间”[④]，期待在审美上“无所不可”。这一观念也在他对《说卦传》的解释中可得到印证，他对数知往来主张“神明而随遇之，皆无不可，而何执一必然之序，橥括大化于区区之局格乎”？[⑤] 在诗学上，也表现为不求必然之序，而神遇万物，顺应大化，于无端变化中“吟魂吟理”求真求美。评陈子龙《江南曲二首》曰：“转折

---

① 王夫之：《古诗评选》卷5，《船山全书》，岳麓书社1996年版，第14册，第811页。

② 王夫之：《古诗评选》卷5，《船山全书》，岳麓书社1996年版，第14册，第764页。

③ 王夫之：《明诗评选》卷1，《船山全书》，岳麓书社1996年版，第14册，第1179页。

④ 王夫之：《张子正蒙注》卷9，《船山全书》，岳麓书社1992年版，第12册，第378页。

⑤ 王夫之：《周易外传》卷7，中华书局1962年版，第211页。

不形，魂神自动，结句蕴藉，一字百意”[①]，评刘基《大墙上蒿行》曰：“一直九折，竟以舒为敛，天授非人力也。”[②] 上述批评都体现了于变化无端中求美的诗学观念。

那么，在写作上，自然之美如何与曲折生动的姿态结合，而抵达变化无端的美的境界呢？王船山重视“意”。在王船山的心性论中，对“意”的认识是深刻的，他说：“欻然情动而意随，孰使之然耶”[③]，“刻意以贞性，犹惧其弗能贞也”[④]，“念之所觊得者意也”[⑤]，“惟夫志，则有感而意发，其志固在，无所感而意不发，其志亦未尝不在”[⑥]，“意或无感而生，心则未有所感而不现”[⑦]，等等。“意”相对于情、志而言是自由的，相对于“念”来说又能有所寄寓。在审美上，王船山巧妙地借用了这一概念。他说：“无论诗歌与长行文字，俱以意为主。意犹帅也。无帅之兵，谓之乌合。李、杜所以称大家者，无意之诗十不得一二也。烟云泉石，花鸟苔林，金铺锦帐，寓意则灵。若齐、梁绮语，宋人挦合成句之出处，役心向彼掇索，而不恤己情之所自发，此之谓小家数，总在圈缋中求活计也。”[⑧] 意是文字的统帅，真正无意之诗十分少见，物象通过寓意而有灵，文字也自然有情，从而避免了苍白的“挦合成句”。此处的意乃是情之所发，从而自然而然地融感情、物象、文字于一体。从化生角度来讲，诗歌赋形之初到脱然而成，诗人之“意”瞬息不可不存在，但这样的“意”必须是具体的气息、生动的情性、有秩序理性的完美统一。因为意是内在地本然地存在，所以王夫之将其比作诗之经络。评魏后甄

① 王夫之：《明诗评选》卷1，《船山全书》，岳麓书社1996年版，第14册，第1181页。

② 王夫之：《明诗评选》卷1，《船山全书》，岳麓书社1996年版，第14册，第1151页。

③ 王夫之：《诗广传》卷1，《船山全书》，岳麓书社1996年版，第3册，第309页。

④ 王夫之：《诗广传》卷1，《船山全书》，岳麓书社1996年版，第3册，第319页。

⑤ 王夫之：《诗广传》卷1，《船山全书》，岳麓书社1996年版，第3册，第325页。

⑥ 王夫之：《读四书大全说》卷1，中华书局1975年版，第8页。

⑦ 王夫之：《读四书大全说》卷1，中华书局1975年版，第23页。

⑧ 王夫之：《夕堂永日绪论内编》，《姜斋诗话》，《船山全书》，岳麓书社1995年版，第15册，第819—820页。

氏《塘上行》曰："诗固自有脉络，但不从文句得耳。意内初终，虽流动而不舍者，即其络也。……于无言之表寻其意之起止，固累累若贯珠。"[①] 诗歌需要有肌理脉络，它不从文字形式获得，而是从内在的意而来，意流动不舍，造就了浑然辽远的诗性世界，不过，悉心搜索还是可见其痕迹的。"意"的运用使作者情思自然而然地以曲折自由的姿态赋形，也使自然之美与生动形式天衣无缝地结合。

王船山主张"以意为主"，意为文之"脉络"，那么，意如何通过语言进入文中呢？王船山有"以言起意"之论，这一理论的提出，具体而微地为情思如何走向言辞提供了一种诗学可能。他说："以言起意，则言在而意无穷。以意求言，斯意长而言乃短。言已短矣，不如无言。故曰：'诗言志，歌永言。'非志即为诗，言即为歌也，或可以兴，或不可以兴，其枢机在此。"[②] 这里，王船山反对"以意求言"，他认为"诗言志"并不意味着诗人之志就是诗，关键在于是否"可以兴"，即主张通过"兴"的感发而"寓意于言"。在此他批评了唐人与宋人"刻画立意"的弊病："唐人刻画立意，不恤其言之不逮，是以竭意求工，而去古人愈远。欧阳永叔、梅圣俞乃推以为至极，如食稻种，适以得饥，亦为不善学矣。襄阳于盛唐中尤为褊露，此作寓意于言，风味深永，可歌可言，亦晨星之仅见。"[③] 当诗人专注于其意，使语言竭力于表意时，诗歌就停留在诗人的主观之中，从而切断了情物的绵绵交流，于是，必然导致诗意尽失。孟浩然的这首诗，能在缓缓展开的情景与语言中，去流露诗意，故而有风味深永之感。

需要注意的是，当来自太和的自然之美在文字中实现时，不仅离不开形式曲折，而且必须有此种无端变化，同时也需要人的心性参

---

① 王夫之：《古诗评选》卷1，《船山全书》，岳麓书社1996年版，第14册，第510页。

② 《评孟浩然〈鹦鹉洲送王九之江左〉》，王夫之：《唐诗评选》卷1，《船山全书》，岳麓书社1996年版，第14册，第897页。

③ 《评孟浩然〈鹦鹉洲送王九之江左〉》，王夫之：《唐诗评选》卷1，《船山全书》，岳麓书社1996年版，第14册，第897页。

与，否则其情空乏。王船山提出“意”保证了这一诗学理想的实现。“以意为主”、“意”为文之“脉络”的观念，使曲折的形式中藏含了人的心性；而“寓意于言”的观念，使语言形式流动为诗意的形式本身。当然，王船山的“意”还活跃在阴阳变化的模式中。他说：“把定一题、一人、一事、一物，于其上求形模，求比似，求词采，求故实；如钝斧子劈栎柞，皮屑纷霏，何尝动得一丝纹理？以意为主，势次之。势者，意中之神理也。唯谢康乐为能取势，宛转屈伸，以求尽其意，意已尽则止，殆无剩语：夭矫连蜷，烟云缭绕，乃真龙，非画龙也。”[①]“意”脉灌注的过程中，以其生动曲折的变化将自然之美寄寓在曲折的形式中。苏轼诗学也追求自然之美，希求行文如水，自由呈现，并起曲折变化，《答谢民师推官书》说：“所示书教及诗赋杂文，观之熟矣。大略如行云流水，初无定质，但常行于所当行，常止于所不可不止，文理自然，姿态横生。”[②] 王船山对苏轼的这一与自己雷同的观念却不以为然。评曹操《秋胡行》：

> 当其始唱，不谋其中；言之已中，不知所毕；已毕之余，波澜合一；然后知始以此始，中以此中：此古人天文斐蔚、夭矫引伸之妙。盖意伏象外，随所至而与俱流，虽今寻行墨者不测其绪，要非如苏子瞻所云“行云流水，初无定质”也。维有定质，故可无定文，质既无定，则不得不以钩锁映带、起伏间架为画地之牢矣。[③]

王船山认为，诗情的展开和意象的呈现是在“不谋”和“不知”中完成的，何时开始、何为中间、何时结束也非事先策划，对诗歌的

① 王夫之：《夕堂永日绪论内编》，《姜斋诗话》，《船山全书》，岳麓书社 1995 年版，第 15 册，第 820 页。

② 苏轼撰，孔凡礼点校：《苏轼文集》卷 49，中华书局 1986 年版，第 4 册，第 1418 页。

③ 《评曹操〈秋胡行〉》，王夫之：《古诗评选》卷 1，《船山全书》，岳麓书社 1996 年版，第 14 册，第 499 页。

结构安排也不特意用心，似乎懵然不知。姿态横生的形式最终赋形时，结构之肌理赫然目前而无不中节。王船山称其为“古人天文斐蔚夭矫引伸之妙”，即自然化生之妙。这一“自然”是“夭矫”“引伸”的自然，也就是“屈伸”“消长”“往来”而形成的自然，正是在这样的阴阳变化中“不测”之妙也属必然。其实，这与苏轼“初无定质”的无意为文是存在共同点的。但王船山更强调这种无意中的“有意”——“意伏象外，随所至而与俱流”，即将主体精神巧妙地引入文章形成中，使感物活动成为人心与外物之间内极才情、外周物理，既注重自然，又守望心性的审美体验活动。在此过程中，心神通于太虚之神，人心与外物相感就是存神化物。其结果是，不仅道与文可以天然地结合，而且可以将主体的理念天然地注入形式表达中，使形式成为有意味有内容的形式。

那么，苏轼“初无定质”的观念中是否真的是散漫无意呢？如果是有意，是否真的不能与曲折形式自然合一呢？按照苏轼的理路，“初无定质”是指行文的无意而成，是苏轼在诗学中对“用息功显”“我有是道，物各得之”的自然之道的效仿①，也是在诗学中对“所遇而为之，是心着于物”的圣人应物精神的运用②。其圣人应物论中，心以无意遇物，这样的结果是：一方面以无意之心顺应自然秩序；另一方面，心与物的应合也进入自得入神的境界。心与物相遇之初，心以无意遇物，以自然秩序为归，当心与物感时，在什么情况下依然自得于自然之道中呢？那就是心与物感应的结果应该是对自然之理的把握。也就是说，苏轼在其入神的创作境界中，他是自得于观照外物而获得的自然之理的，心与物的关系是心对物的探赜索隐，心对物观照则又是在自然之道的前提下的。所以，在整体逻辑上，苏轼的创作论也遵循了其自然观模式，先有自然之道，然后以自然之道去应物，既然以现成自然之道去应物，“心”必然主动地去通过“物”获

① 苏轼：《东坡易传》卷7，四库全书本。
② 苏轼：《东坡易传》卷7，四库全书本。

得自然之理，心物也冥合在更生动的自然之道中。就形式展开而言，从“初无定质”到形成文章肌理也是在自然中，王船山说的“不得不以钩锁映带、起伏间架为画地之牢”，就是多余的担心，因为苏轼的“映带”“起伏”是其内在的自然之理的表现。不过，苏轼的理论和创作也就拘泥于自然之理，当题材内容扩大时，就出现了朱熹所说的：“今东坡之言曰：‘吾所谓文必与道俱。’则是文自文，而道自道。待作文时，旋去讨个道来入放里面，此是它大病处”[①]，如果是这种情况，形式和内容就不是理想地浑然一体，那么王船山的批评也不无道理。由此看出，王船山苦心经营的理论体系自有其深厚渊源和理想之寄托。

对于王船山的文学理论只能作如此的解释，这样才能接近它的本来面目，对于他提出的诗学观念的阐释才不至于随意揣度，关于其理论的局限性唯有留给读者去批判。

① 朱熹：《朱子语类》卷139，四库全书本。

主要征引书目

一 原典与专著

陈大章:《诗传名物集览》卷9,四库全书本。

陈来:《诠释与重建——王船山的哲学精神》,北京大学出版社2004年版。

陈来:《宋明理学》(第2版),华东师范大学出版社2004年版。

陈来:《现代中国哲学的追寻》(增订版),生活·读书·新知三联书店2010年版。

陈来:《朱子哲学研究》,华东师范大学出版社2000年版。

陈岩肖:《庚溪诗话》,四库全书本。

陈寅恪:《陶渊明之思想与清谈之关系》,生活·读书·新知三联书店2001年版。

陈良运:《周易与中国文学》,百花洲文艺出版社1999年版。

[美] 成中英:《创造和谐》,上海文艺出版社2002年版。

[美] 成中英著,李志林编:《世纪之交的抉择——论中西哲学的会通与融合》,知识出版社1991年版。

[美] 成中英:《易学本体论》,北京大学出版社2006年版。

程石泉:《易学新诠》,文景书局1996年版。

程颐、程颢:《二程集》,中华书局1981年版。

程颐：《伊川易传》，四库全书本。
党圣元：《还原与建构——党圣元古代文论研究论集》，河南大学出版社 2010 年版。
邓晓芒：《康德哲学诸问题》，生活 · 读书 · 新知三联书店 2006 年版。
丁福保辑：《历代诗话续编》，中华书局 1983 年版。
董光璧：《易图的数学结构》，上海人民出版社 1987 年版。
方立天：《佛教哲学》（增订本），中国人民大学出版社 1991 年版。
冯友兰：《清代道学之继续》，《中国哲学史》，中华书局 1961 年版。
冯友兰：《中国哲学史》，中华书局 1961 年版。
冯友兰：《中国哲学史新编》，人民出版社 1992 年版。
干宝：《搜神记》，四库全书本。
葛晓音：《汉唐文学的嬗变》，北京大学出版社 1990 年版。
葛兆光：《中国思想史》，复旦大学出版社 2001 年版。
郭庆藩：《庄子集释》，中华书局 1972 年版。
韩经太：《理学文化与文学思潮》，中华书局 1997 年版。
韩愈撰，马其昶校注：《韩昌黎文集校注》，上海古籍出版社 1986 年版。
［德］汉斯－格奥尔格 · 加达默尔：《哲学解释学》，夏镇平、宋建平译，上海译文出版社 1994 年版。
何焯：《义门读书记》，四库全书本。
何景明：《何大复先生集》，四库全书本。
胡应麟：《少室山房类稿》，四库全书本。
胡仔：《苕溪渔隐丛话》，四库全书本。
胡仔：《渔隐丛话前集》卷 35，四库全书本。
黄侃：《文心雕龙札记》，中国人民大学出版社 2004 年版。
黄黎星：《〈易〉学与中国传统文艺观》，上海三联书店 2008 年版。
黄宗羲原著，全祖望补修：《宋元学案》，中华书局 1986 年版。
纪昀著，袁彦平、王恒柱、鲁南言校点：《阅微草堂笔记》，齐鲁书社 2007 年版。
江怡：《分析哲学教程》，北京大学出版社 2009 年版。
蒋清翊：《王子安集注》，上海古籍出版社 1995 年版。
金春峰：《〈周易〉经传梳理与郭店楚简思想新释》，中国言实出版社 2004 年版。
金景芳讲述，吕绍刚整理：《周易讲座》，广西师范大学出版社 2005 年版。
康德：《判断力批判》，邓晓芒译，人民出版社 2002 年版。
赖贤宗：《儒家诠释学》，北京大学出版社 2010 年版。
黎靖德编，王星贤点校：《朱子语类》，中华书局 1986 年版。
李鼎祚：《周易集解》，四库全书本。
李零：《郭店楚简校读记》，北京大学出版社 2002 年版。
李梦阳：《空同集》，四库全书本。
李申：《易图考》，北京大学出版社 2001 年版。
李修生主编：《全元文》，江苏古籍出版社 1999 年版。
李泽厚：《华夏美学》，安徽文艺出版社 1994 年版。
李泽厚：《美学论集》，上海文艺出版社 1980 年版。
李泽厚：《美学三书》，天津社会科学院出版社 2003 年版。
李泽厚：《实用理性与乐感文化》，生活・读书・新知三联书店 2005 年版。
厉鹗：《宋诗纪事》，四库全书本。
廖名春：《〈周易〉经传十五讲》，北京大学出版社 2004 年版。
刘大钧：《周易概论》，巴蜀书社 2008 年版。
刘纲纪：《〈周易〉美学》，武汉大学出版社 2006 年版。
刘钢：《哈贝马斯与现代哲学的基本问题》，人民出版社 2008 年版。
刘克庄：《后村集》，四库全书本。
刘小枫：《现代性社会理论绪论》，上海三联书店 1998 年版。
刘义庆著，刘孝标注，余嘉锡笺疏：《世说新语笺疏》，上海古籍出版社 1993 年版。
刘跃进：《秦汉文学论丛》，凤凰出版社 2009 年版。
楼昉编：《崇古文诀》，四库全书本。
鲁迅：《中国小说史略》，人民文学出版社 1973 年版。
陆九渊：《陆九渊集》，中华书局 1980 年版。
骆宾王著，陈熙晋笺注：《骆临海集笺注》，中华书局 1961 年版。
马王堆汉墓帛书整理小组：《中国天文学史文集》，科学出版社 1978 年版。
马一浮：《复性书院讲录》，台湾广文书局 1976 年版。
茅坤：《唐宋八大家文钞》，四库全书本。
欧阳维诚：《周易的数学原理》，湖北教育出版社 1993 年版。
欧阳修：《欧阳修全集》，中华书局 2001 年版。
欧阳询：《艺文类聚》，上海古籍出版社 1999 年版。
潘雨廷：《读易提要》，上海古籍出版社 2003 年版。
普济：《五灯会元》，中华书局 1984 年版。
齐己：《白莲集》，四库全书本。
钱穆：《朱子学提纲》，生活·读书·新知三联书店 2002 年版。
钱志熙：《魏晋诗歌艺术原论》（修订版），北京大学出版社 2005 年第 2 版。
钱钟书：《谈艺录》，中华书局 1984 年版。
阮籍著，陈伯君校注：《阮籍集校注》，中华书局 1987 年版。
僧祐：《弘明集》，四库全书本。
邵雍：《皇极经世书》，四库全书本。
邵雍：《击壤集》，四库全书本。
石介：《徂徕先生文集》，四库全书本。
苏轼：《东坡易传》，四库全书本。
苏轼：《苏东坡集》，商务印书馆 1958 年版。
苏轼撰，孔凡礼点校：《苏轼文集》，中华书局 1986 年版。

苏洵：《嘉祐集》，四库全书本。

孙昌武：《诗苑仙踪——诗歌与神仙信仰》，南开大学出版社 2005 年版。

孙绪：《沙溪集》，四库全书本。

唐明邦：《邵雍评传》，南京大学出版社 1998 年版。

唐顺之：《荆川先生文集》，上海涵芬楼藏明刊本。

［英］特雷·伊格尔顿：《二十世纪西方文学理论》，伍晓明译，北京大学出版社 2007 年版。

王弼注，孔颖达疏：《周易正义》，北京大学出版社 1999 年版。

王船山：《船山全书》，岳麓书社 1988 年版。

王船山：《读四书大全说》，中华书局 1975 年版。

王船山：《周易外传》，中华书局 1977 年版。

王嘉：《拾遗记》，四库全书本。

王柯平：《理想国的诗学研究》，北京大学出版社 2005 年版。

王路：《走进分析哲学》，中国人民大学出版社 2009 年版。

王若虚：《滹南集》，四库全书本。

王世贞：《五岳山房文稿》，《弇州山人四部稿》卷 67，四库全书本。

王学群：《王夫之易学——以清初学术为视角》，社会科学文献出版社 2002 年版。

王阳明：《阳明全书》，中华书局四部备要本。

王植：《皇极经世书解》，四库全书本。

王宗传：《童溪易传》，四库全书本。

汪春泓：《史汉研究》，上海古籍出版社 2014 年版。

闻一多：《四杰》，《唐诗杂论》（闻一多全集选刊之三），古籍出版社 1957 年版。

吴澄：《吴文正集》，四库全书本。

吴澄：《易纂言》，四库全书本。

吴楚材、吴调侯选：《古文观止》，中华书局 1959 年版。

萧驰：《抒情传统与中国思想——王夫之诗学发微》，上海古籍出版社 2003 年版。

谢灵运撰，顾绍柏校注：《谢灵运集校注》，中州古籍出版社 1987 年版。

邢文编译：《郭店老子与太一生水》，学苑出版社 2005 年版。

兴膳宏：《〈文心雕龙〉论文集》，彭恩华编译，齐鲁书社 1984 年版。

熊十力：《乾坤衍》，上海书店出版社 2008 年版。

徐芹庭：《易经源流——中国易经学史》，中国书店 2008 年版。

徐氏：《易传灯》卷 1，四库全书本。

徐兴无：《谶纬文献与汉代文化的构建》，中华书局 2003 年版。

玄烨：《性理大全书》，四库全书本。

严羽著，郭绍虞校释：《沧浪诗话校释》，人民文学出版社 1961 年版。

杨简：《慈湖遗书》，四库全书本。

杨名时：《周易札记》，四库全书本。

杨明：《〈文心雕龙〉精读》，复旦大学出版社 2007 年版。

杨万里：《诚斋集》，四库全书本。

杨万里：《诚斋易传》，四库全书本。

杨万里：《诚斋诗话》，丁福保辑：《历代诗话续编》，中华书局 1983 年版。

杨万里著，辛更儒笺校：《杨万里集笺校》，中华书局 2007 年版。

姚奠中主编，李正民增订：《元好问全集》（增订本上），山西古籍出版社 2004 年版。

叶梦得：《石林诗话》，《历代诗话》上册，中华书局 1981 年版。

叶燮：《原诗》，霍松林校注，人民文学出版社 1979 年版。

[德] 于尔根·哈贝马斯：《现代性的哲学话语》，曹卫东等译，译林出版社 2011 年版。

于植元：《文史探幽》，辽宁大学出版社 1988 年版。

余敦康：《汉宋易学解读》，华夏出版社 2006 年版。

虞集：《道园学古录》，四库全书本。

［美］詹姆斯·K. 林恩（James K. Lyon）：《策兰与海德格尔——一场悬而未决的对话（1951—1970）》，李春译，北京大学出版社 2010 年版。

张伯伟：《全唐五代诗格汇考》，凤凰出版社 2002 年版。

张岱年：《中国哲学大纲》，中国社会科学出版社 1982 年版。

张华：《博物志》卷 1，四库全书本。

张晶：《辽金诗学思想研究》，辽海出版社 2004 年版。

张君劢：《新儒家思想史》，中国人民大学出版社 2006 年版。

张耒：《张耒集》卷 56，上海古籍出版社 1990 年版。

张善文：《周易与文学》，福建教育出版社 1997 年版。

张少康：《刘勰及其〈文心雕龙〉研究》，北京大学出版社 2010 年版。

张少康：《中国文学理论批评史教程》，北京大学出版社 1999 年版。

张少康主编：《中国历代文论精品》，时代文艺出版社 1995 年版。

章启群：《论魏晋自然观——中国艺术自觉的哲学考察》，北京大学出版社 2000 年版。

郑刚中：《周易窥余》卷 13，四库全书本。

郑谷：《云台编》，四库全书本。

郑午昌：《中国画学全史》，上海古籍出版社 2001 年版。

周敦颐：《周元公集》，四库全书本。

周云之、刘培育：《先秦逻辑史》，中国社会科学出版社 1984 年版。

朱伯昆：《易学哲学史》，昆仑出版社 2005 年版。

朱刚：《唐宋四大家的道论与文学》，东方出版社 1997 年版。

朱鉴编：《朱文公易说》卷 1，四库全书本。

朱谦之：《老子校释》，中华书局 1984 年版。

朱熹：《晦庵集》，四库全书本。

朱熹：《孟子集注》，四库全书本。

朱熹：《诗经集传·序》，四库全书本。

朱熹:《四书或问》，四库全书本。

朱熹:《四书章句集注》，中华书局 1983 年版。

朱熹:《文公易说》，四库全书本。

朱熹:《易学启蒙》，四库全书本。

朱熹:《御纂朱子全书》，四库全书本。

朱熹:《周易本义》，四库全书本。

朱熹:《朱子语类》，四库全书本。

朱彝尊著，姚祖恩编，黄君坦校点:《静志居诗话》，人民文学出版社 1990 年版。

祝穆撰，祝洙增订:《方舆胜览》，中华书局 2003 年版。

二　期刊

查正贤:《试论王勃的易学时命观及对其文学创作的影响》，《文学遗产》2002 年第 2 期。

党圣元:《苏轼的文章理论体系及其美学特质》，《人文杂志》1998 年第 1 期。

方旭东:《吴澄太极思想述论》，《国学研究》第 14 卷。

冯友兰:《〈易传〉的哲学思想》，《哲学研究》1960 年第 Z2 期。

高怀明:《〈易纬·乾凿度〉残篇文解析——西汉形上思想的成就》，《周易研究》2001 年第 1 期。

葛晓音:《论初盛唐诗歌革新的基本特征》，《中国社会科学》1985 年第 2 期。

葛兆光:《众妙之门——北极与太一、道、太极》，《中国文化》第 3 辑，1990 年 12 月。

胡士颖:《〈易纬〉的气论及其哲学意义》，《周易研究》2009 年第 4 期。

黄克剑:《〈论语·述而〉“游于艺”义趣辨正》，《哲学动态》2012 年第 8 期。

姜广辉：《〈易经〉：从“鬼谋”到“人谋”》，《湖南大学学报》（社会科学版）2011 年第 5 期。

姜海军：《苏轼与程颐易学思想之比较》，《周易研究》2009 年第 5 期。

金春峰：《〈周易〉卦及卦爻辞的诠释方法——〈大象〉对〈周易〉解读的启示》，《陕西师范大学学报》（哲学社会科学版）2010 年第 2 期。

孔涛：《论苏轼与程颐在道论和性情论上的差别》，《齐鲁学刊》2008 年第 3 期。

李景林：《通以显体——从老庄道论看中国古代哲学的本体学说》，载成中英主编《本体与诠释：中西比较》（第三辑），上海社会科学院出版社 2003 年版。

李正民、牛贵琥：《试论佛教对元好问的影响》，《民族文学研究》2005 年第 3 期。

钱志熙：《论〈文选〉〈咏怀〉十七首注与阮诗解释的历史演变》，《文学遗产》2009 年第 1 期。

王新春：《吴澄理学视野下的易学天人之学》，《周易研究》2005 年第 6 期。

杨松年：《论元好问评苏轼诗》，《苏州大学学报》（哲学社会科学版）2001 年第 2 期。

余敦康：《朱熹〈周易本义〉卷首九图与〈易学启蒙〉解读》，《中国哲学史》2001 年第 4 期。

[日] 佐藤贡悦：《浅探〈易传〉的“道，范畴——读〈易传·系辞传〉札记》，《中山大学学报》1986 年第 4 期。

张岱年：《中国古代哲学中若干基本概念的起源与演变》，《哲学研究》1957 年第 2 期。

张岱年：《论〈易大传〉的著作年代与哲学思想》，《中国哲学》（第 1 辑），生活·读书·新知三联书店 1979 年版。

张荣明、刘明辉:《阮籍思想研究中的三个问题》,《孔子研究》2010年第2期。
章伟文:《试论吴澄易学的理气论思想》,《中国哲学史》2001年第4期。

后　　记

宇宙天地之间不能没有易学，《易》与天地准，易学为我们阐释出理想的自然世界、人文世界、审美的世界。本书讨论的是集思想家、诗人于一身的士大夫的易学与诗学思想。我们发现了他们易学与诗学中极其缜密敏锐的理路，他们创造性地阐释前贤的文化精神，建构属于他们的观念与形式，从而形成理性、自足的意、象、言体系。其中的心物关系、审美结构、形式化生都体现出极其独特的文化蕴涵与灵心慧识，寄寓着他们的文化传承、现实诉求、人生图景，他们的苦心孤诣在于试图提示和反映那个时代。现在，他们变成了光明本身，从历史的罅隙中醒目地照射出来。

易学是圣人忧患之书，是君子立身处世的法典，它不会因为历史的变迁而褪色，因为其中坚韧的、素朴的理性因素使它永远是维新的，它在逻辑图式、具身认知、语言符号组成的复杂的思维体系中始终保持着理性、中庸、敏捷的认知与态度。它设置了一个大同世界，与自然天地为一体，现实而理想。本书中所着力刻画的诗学样式都是这一大同世界的影子，所揭示的思维巧构、情性感悟、修辞意象则是古典时代里的景观。这多少可以丰富当下的想象，慰藉我们的心灵，也给古人送去一点可怜的共情。因为我们是那样的鲁莽，他们在另一个空间里是多么的寂寞、绝望，就像《星际空间》中归来人在呼唤，在掀动一本书，在敲击本来也属于他们的时间，他们繁华沉重的历史人生难道要在我们手上了结或扭曲吗？易学及其诗学先天地设置了一套阐释的规则，敞开了几乎所有的可能，但它谢绝了阐释的任性。

现实已经面目全非，生活还将继续，易学和诗学中善良的虚构的天地自然也将存在。这不是缘于天地自然的神圣，而是易学和诗学使人永远不被异化，它建筑时空的堡垒，抵御侵袭，并在坍塌的一瞬使人逃离到新世界并脱胎换骨。凭借易学和诗学而获得的天地自然给人以安宁，审美中的活泼繁缛的形式如同经纬编织出明晰晴朗的时空。这种农业时代的文化诗情会不会在机器时代里只是一厢情愿的装饰，正如冬日的下午坐在暖气房里回忆着春天和煦的阳光。冷暖四季不同，人生的感觉可以相同，更重要的是无论如何，阳光是真实的。那种始终可以使主体保持生生不息的、理性中的偶然性与创造性，就是真实存在的光芒。诗意的温情无法抗衡一个退却的时代，但一往无前的变易不测，终归可以让人守住古老的自然地盘。在顺应自然中自然而然固然是被无数次证明了的道理，但如何顺应自然，特别是在机器时代里该当如何则是易学和诗学将要面临的问题，沉湎在古典的自然美中毕竟是暂时的温馨之梦，不断地穷之又穷的创化何尝不是顺应自然！不必将自然和现实隔离开来，易学和诗学是我们可以随身携带的一切。

我与易学和诗学，或者直接称之为“易诗学”的结缘也并非直接来自某种诗意或人文关怀，它的产生对我来说是学术生存中的遭遇。当你在国学、文艺学的领域里遭遇畏途时，就将易学和诗学结合起来，期望能有所特色。所以，在 2006 年，我利用一个假期完成了大约 8 万字的讲义，已经包括了大部分的后来几经修改才发表出来的论文雏形，就我所知，也是国内外首次开设出了《中国诗人易学与诗学》这门课程。鉴于学界泛论《周易》与文学或美学关系，本题目一开始就试图从个案研究中来讨论易学与诗学之关系，以便找到诗学的理论逻辑。研究证明，在中国诗学史上确实存在清晰的诗学精神和审美方法演进的线索，这是一种客观存在，而我们目前的困难是如何证明这种易学阐释具有先天的合理性，因为理论家们每一次的易学阐释都将易学和诗学推进到一个新的方向上，而且很快就被人们接受与传播。这本身就是一个关于易学的谜。我们也发现，历史上曾经有诗论家刻意排除掉易学思路，拓展新途，这种摆脱易学的想法也更值得去探求。当然，诗歌中不同类型的体制在本书中没有被论述到，辩体性的研究历来深邃而纷杂，如何评价不同时代里不同体制的实际情况确实是诗学难题。由此反观，可以发现本书研究的局限。

无论如何，这本书是我学习的痕迹，有几个段落写得不错，我记得在某年某个公寓里一边敲击键盘，一边叹赏，于无聊中惊见无穷的趣味，可惜这样的场景非常稀少，绝大多数时间里是如同蜗牛一样爬行，浪费了很多美好的时光。本书内容先后发表在《文艺理论研究》、《古代文学理论研究》（辑刊）、《北京大学学报》、《文学评论》、《文学遗产》、《周易研究》、《国际易学研究》、《中外文论》（辑刊）等刊物上，历时几近二十年，于此可见我探索易道与诗学诸种可能性的蹒跚步履。新近发表和写成的章节名之为《中国诗人易学与诗学续编》，也即将出版，在此对编辑师友的辛勤付出致以深深的谢意。感谢我的导师张少康先生对我在学术和人生上的全面影响，感谢党圣元先生、高建平先生很多年前为本项目书写推荐信，给予肯定和鼓励。父母、祖父母在事业上对我的支持和督促、内子刘淑丽教授与我在学术上疑义相析，在生活上相濡以沫，当然还有“电子迷”儿子为我的易学之思带来的新鲜思维，也是在这里要感谢的。感谢本书的责任编辑郭晓鸿编审的耐心与严谨，感谢北京第二外国语学院和北京语言大学给我教学和研究的平台，而诸多师长的提携与厚爱是永远要铭记的。